豊田とトヨタ

産業グローバル化先進地域の現在

丹辺宣彦
岡村徹也
山口博史 編著

東信堂

はしがき

豊田市を訪れると、「世界のトヨタ」を擁する都市にふさわしい光景はなく、多くの人が拍子抜けした気分におそわれる。都心部は再開発で一部が小奇麗に整備されたが面積は狭く、にぎわいに乏しく歓楽街もない。どちらの方向に向かっても、ものの5分も歩けば、郊外的な市街地の光景が現われる。車で市街地を走ればすぐに田園風景となり、そこに一戸建ての住宅団地や集合住宅、学校などが散在している。工業都市特有の騒音や塵埃(じんあい)はほとんどなく、走っている車にトヨタ車が多いことを除けば、人口15万人程度の地方都市のようにみえる。しかし、観察眼の鋭い人なら、田園の広がる光景のあちらこちらに、大小の地味な工場の建物が建っているのを見逃さないだろう。一辺1km以上にもおよぶきれいな巨大な緑の土手が見えたら、トヨタの本社工場群のどれかだと考えてよい。早朝からの勤務が終わると、トヨタ車に乗った従業員たちがそこから吐き出されて道路が渋滞し、カーキャリアーに乗せられた新車が続々とどこかに運ばれていく。車に乗った従業員たちの多くは、都心を通らず、それぞれのマイホームに直接帰宅していく。都心部にいては見えないこの場所と時間にこそ、日本経済を牽引してきたこの都市の活力と中心機能がある。

2008年9月のリーマン・ブラザーズ破綻に端を発する世界金融危機の影響を受けて、トヨタの2009年度決算は4500億円という大幅な赤字（営業損益）となった（純損益で3500億円）。翌2010年は、欧米からはじまった自動車の大量リコール問題の渦中にトヨタも巻き込まれ、自動車メーカーにとって最も重大な自動車の安全性への信頼が揺らぐ中、企業業績への深刻な影響が続いた。こうした中、愛知県の神田真秋知事（当時）は2010年2月1日の定例記者会見で「とても心配している。一日も早い問題解決を期待したい」と述べ、地元の自治体トップとして懸念を示した。神田知事は、トヨタが地元の有力企業との認識を示した上で、海外のリコール問題が国内の事業展開に飛び火する事態を憂慮していた。そして「今回の問題を乗り切り、より成長してほしい」と、トヨタへの期待を示した。背景には、トヨタの赤字転落に伴う県税収入の大幅な落ち込みによって、県の2010年度予算で約2800億円の財源不足が見込まれていたことがあった。

金融危機後のトヨタ自動車の業績悪化は、トヨタに税収を依存している愛知県や同県内の自治体などにも大きな影響を与えた。愛知県は、2009年度に3500億円を超える財源不足に陥った。県税収入の4割を占める法人税のうち、トヨタ一社で毎年その約1割を占め、トヨタ関連企業を含むと5割を超えていたことから、愛知県は「財政危機宣言」を出すに至った。

トヨタが本社を構える豊田市の状況はさらに深刻であった。2009年度の法人市民税収は過去最高を記録した2008年度当初予算から95%を超える減額となり、豊田市となってからの記録が残る1965年度以来、40%超の税収減は初めてのこととなった。トヨタが豊田市に最初の工場を建設したのは1937年だが、金融危機直後の豊田市はトヨタ操業以前の挙母町（豊田市の前身）が、当時の主要産業であった養蚕業の壊滅的打撃によって火の消えたような静けさとなった状況と重なる。こうした深刻な状況はトヨタの関連企業が多く立地する周辺の刈谷市、田原市でも見られ、それぞれ法人市民税が2008年度比で80%以上減少した。

トヨタの業績悪化は、税収をトヨタおよびその関連企業に依存している愛知県や県内自治体はもちろん、市民サービスにも大きな影響を与えている。「バブル景気」崩壊後も予算に恵まれ、充実した展示活動を展開してきた豊田市美術館は2008年度、それまで2億円あった作品の収集予算がゼロとなった。約1億円あった展覧会予算は約40%カットされ、2009年度に予定していた3本の企画展のうち1本が中止になるなど、美術館運営の大幅な見直しを余儀なくされた。2008年には100人を超える編成の「バイエルン放送交響楽団」といった世界の一流オーケストラによる演奏会をおこなうなど、一流志向で知られていた豊田市コンサートホールも事業内容の大幅な見直しを迫られた。愛知芸術文化センターの大規模ホールで事業展開している愛知県文化振興事業団を超える事業予算は、それまで年間1億7000万円だったが、1億円へ減らされた。豊田市内最大のお祭りで、40回を超える踊りと花火のイベント「おいでんまつり」も市の負担金が前年比で4000万円削減され、縮小を余儀なくされた。

こうした文化活動への影響も深刻だが、雇い止めとされた非正規労働者の雇用対策や地域住民へのサービスの低下も懸念された。そもそも豊田市は安定的な税収を背景に、2008年度から中学校を卒業するまでの子どもの医療費を無料化していた。教育面でも小学校1～3年生と中学1年生で実施されていた少人数学級を新年度から中学2年生にも拡大するなどしていたが、こうしたサービスを継続できるかにも注目が集まることになった。

一企業の業績悪化が、周辺自治体の財政にとどまらず、市民生活全般にまで大きな影響を与えるということは、トヨタが単にその地域で事業を展開しているだけでなく、地域社会に深く根を下ろしていることを意味する。豊田を研究するうえでは、やはりこのことを社会学的にみなくてはならない。本研究の目的は、産業グローバル化先進都市である豊田市を事例に、この30年ほどの間に地域コミュニティに生じてきた長期的な構造的変化を示し、それが地域住民の生活と彼らがおこなう社会活動、市民活動にどのような影響をおよぼしているのかを明らかにすることである。豊田市を調査対象地域として選んだのは、言うまでもなくそれが自動車関連産業の集積地で、中部・東海地域のみならず、グローバルな競争にさらされている日本の製造業の中心都市の典型例であるからである。トヨタ自動車や豊田市を対象とした先行研究の数はもちろん少なくない。しかし開発期以降の長期的変化に目を向け、地域で暮らす住民の生活と社会活動レベルに踏み込んだ研究はほとんどなかった。企業都市でも、開発や立地の時期と、その後の発展期、成熟期では、地域社会の構造や住民の特性が大きく変化する。このため、タイムスパンを大きくとった研究が必要になる。

現在の先進諸国のなかでも、この地域ほど、先端的な産業に支えられた生産機能が分厚く集積し長期間繁栄してきたところは稀である。国際競争とプロダクト・サイクルに左右されやすい製造業は、地価や人件費が高い先進国都市部では長期的に繁栄するのは難しい。本研究の実施期間に、世界同時不況に端を発したトヨタ・ショックや、リコール問題、東日本大震災後の操業停止などが発生し、繁栄を続けてきた本地域も経済的、財政的、社会的に大きな影響を受け、岐路に立たされている。それだけに、本書で明らかにされる地域コミュニティの構造は、長期間かけて形づくられてきたユニークな固有種として評価されてよい。従来も、豊田を企業城下町として位置づける研究はもちろんあったが、地域特性をふまえて、広く都市社会学的な座標軸に位置づけるような分析は存在しなかった。本書では、豊田が都市社会学全体にとってもユニークな類型的意義をもっていることをあわせて示したい。

そのために、本書では、豊田の地域社会をさまざまな分野で調査、研究してきたメンバーたちが執筆を担当している。企業、社会階層、行政・まちづくり、多文化共生、保健・医療、食と農など、研究テーマも研究歴も異なるメンバーが13名集まり協力している。豊田といえば、企業経営、生産方式、労働に関する研究と、日系ブラジル人の集住や支援活動をめぐる研究が有名であるが、本書の研究は異なるパースペクティブを取り、地域社会・都市としての豊田を主なテーマとしている。本研究はまた、価値評価をなるべく交えず、価値観の異なる人でも認めざるをえない「事実」を記述するよう心がけている。企業活動や生産方式に関する賛美やその反対のイデオロギー的な批判、多文化共生に対する過剰な思い入れは、経験的な事実や因果関係をみつけ出すうえで妨げになることが多いため、意識的に留保している。もちろん簡単に「価値自由」で客観的な研究ができるとは思わないが、立場が違う人ですら認めざるをえないような事実やデータを前提にすること、積み上げることがやはり重要だと考えたのである。先行研究の知見も、事実である限りはもちろん受け入れている。それでも事実を選択的に取り上げてしまう危険があるが、これを避けるために、可能なかぎり、量的調査データを用いて、統計的な代表性を確保することに努めた。また、個人と組織のどちらを分析の単位にするかをなるべく明確にするようにした。トヨタ従業員が実は「個人として」まちづくりに参加している場合でも、それは外からみれば、会社の指示や管理のもとでやっていると解釈されやすい。このようなとり違えは生じやすく、組織のもつ力によって発生する「物象化」的錯覚の一種であるが、これを避けるためにも、量的データ、質的データの慎重な解釈が必要になる。

本書の内容は以下のように4部で構成されている。第Ⅰ部では議論の前提となる地域社会のマクロな動向を、社会経済的側面、地域・社会とのトヨタ自動車の関係、自治制度と行政のまちづくり施策という点から概観した。第Ⅱ部では、質問紙調査のデータをもとに、地域住民の生活を男女別に分け、地域参加とその諸要因についてみながら明らかにした。第Ⅲ部では、ホスト社会で活発化しているまちづくり団体の活動の状況と、主体的な取り組みについて、事例研究を中心に描き出した。第Ⅳ部は、多文化共生にかかわる支援活動と、トヨタ自動車の教育システムを対照しながら、地域統合のありかたについてまとめている。構造的条件を前提にアクターの生活・意識に焦点をあて、行為・社会関係とそのアウトプットを記述していく、という順序を意識した章の配列になっているが、手に取られる方の興味関心に応じて、どの部分から読んでいただいてもとくに不都合はないだろう。

本研究の量的調査は、2次にわたる文部科学省科学研究費（19530437/22530542）によっておこなうことができた。調査の実施方法、質問紙の詳細については巻末資料を参照していただきたい。本書は多くの調査対象者と関係者の協力によりようやく成果の公表にこぎつけることができた。貴重な時間を割いてインタビュー調査にご協力いただいたまちづくり団体、市役所、企業・関連団体の方々、質問紙調査に回答いただいた市民の皆さんに心よりお礼を申し上げたい。また東信堂の下田勝司社長には終始興味を示していただいた。本書がようやく刊行できたのは同氏の見識と温かい励ましのおかげである。あわせて感謝したい。

2014年9月1日

丹辺宣彦・岡村徹也・山口博史

豊田とトヨタ——産業グローバル化先進地域の現在

目　次

コラム

凡　例

1．欧米の人名についてはカタカナ書きで表記する。
2．注は各章末に記載する。
3．初出の図表は文中にゴシック体で示している。
4．個人名は原則として匿名、アルファベット表記とし、その表記は各章独立で用いている。
5．団体・機関名は原則として実名を用いている。

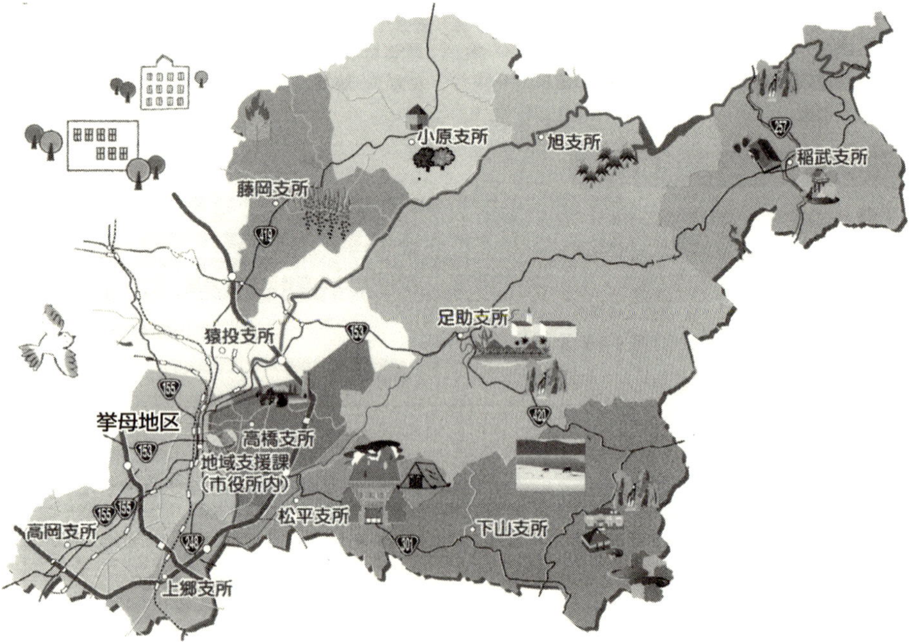

地域自治区・地域会議マップ

豊田とトヨタ

——産業グローバル化先進地域の現在——

序章　変貌する豊田と研究の視点

丹辺　宣彦

第1節　豊田へのまなざし

2005年4月に豊田市は周辺6町村を合併し、面積918.47km^2、人口41万2000人余りの新豊田市が誕生した。これと同時に市は地方自治区制度を導入し、旧市内に6区、編入された町村に各1区を置き、旧来の自治体制を継承・再編しそのもとで新たな自治施策、市民活動施策を展開しようとしている。新しい自治体制は、地域自治条例を法的根拠とし、現時点までのところ、そのもとに置かれた26の地域会議の活動と、地域住民団体の申請するわくわく事業を実質的な柱として展開されてきている。西三河地域を中心とする地域の経済は2007年までは堅調に推移し、そこからもたらされた税収が豊田市の都市基盤整備と自治振興施策を支えてきたのである。しかし2008年秋以降、世界同時不況後のトヨタ・ショックと、引き続いて勃発したリコール問題に見舞われ、地域経済と市の財政状況は深刻な状況に陥った。さらに2011年春には東日本大震災により部品供給がストップし、トヨタの工場も約1ヶ月操業停止を余儀なくされた。ハイブリッド車の売れ行きが好調で、国内の生産体制はなんとか維持されているが、自動車関連産業とともに約半世紀にわたって繁栄を続けてきた地域も、先行きが不透明な状況に入っていることだけは間違いない。

本書の研究では、「産業グローバル化」[1]の先進都市である豊田市の地域社会を対象とし、自動車関連産業立地の影響をとらえたうえで、地域住民の生活をふまえて、市民活動・まちづくりのありかたを明らかにしてみたい[2]。そのことを通じて、豊田というユニークな都市の特徴を明らかにするだけでなく、産業活動が都市形成に与える影響という、シカゴ学派も新都市社会学も十分明らかにしていない問題にも取り組みたい。ただし、豊田市の地域社会については、トヨタ自動車の生産活動との関連で、有力な研究がすでにいくつも存在している。まずこれらに対して、本研究の位置づけを明らかにしておかなくてはならないだろう。

豊田の地域社会については、日本人文科学会（1963）の調査研究が開発期前半の地域社会の変貌をとらえていたが、1980年代半ば以降に質の高い実証研究がまとめられ、すでに明確な特徴づけがおこなわれている。都丸・窪田・遠藤ら（1987）によれば、豊田市はトヨタ自動車による「地域独占」と「地域支配」を受けている「くるま社会」の企業城下町であるとされている。トヨタ自動車の企業活動のために「地方自治体の行財政・地域資源の徹底した利用・利用独占、すなわち『地域独占』を主要な側面としつつ、その上に『地域独占』を支えるために政治的・社会的な『地域支配』がなされる」関係が成立しているとされたのである（1987: 36）。野原・藤田（1988）の研究、小山編（1988）は、企業の生産方式・労働者管理や地域労働市場を中心にそれぞれ地域社会をとらえた重厚なものであるが、執筆者たちが重なっていることもあり、やはり同様のスタンスから豊田市をとらえている。こうした観点は、90年代の研究（職業・生活研究会編1994; 猿田1995）や、2000年代の猿田らの研究（猿田編2008; 猿田2009）や、労働研究の伊原（2003）にも基本的に引き継がれている。

こうした見方に立つと、豊田市の都市形成はトヨタ自動車による「物的空間支配」を受けておこなわれたことになる。すなわち、安価な土地提供と生産基盤整備にもとづく工場誘致と立地、工場労働者の増加に対応した「低密分散型」の市街地形成、工場が立地する周辺町村の合併という都市形成の形態である。

工場周辺に形成される低密分散型の市街地と人口急増は、生活基盤整備や公共施設整備の遅れとあいまって、地域住民に、交通の便、医療施設に対する不足とニーズを恒常化させる（都丸・窪田・遠藤1987:172-4, 196-203）。都市発展が生み出すこうした状況に対して、中田実は、自治区とそこでの活動を中心とした伝統的な「住民社会」と、合理的に編成され強固な「企業社会」

とが緊張関係のなかで分裂しにらみあっており、共通利害の剔出と自治活動への統合が課題になっていると整理している（都丸・窪田・遠藤 1987: 322-329）。このような見方は、地域社会と企業の論理が「乖離」しがちであるという指摘と軌を一にしていた（本間 1980）。伝統的諸関係と企業社会の論理の挟み撃ちにあって圧倒されており、市民活動的な自治が発展する状況にはなかったわけである。

90年代に入るころから、経営学を中心に、海外進出にも適応したトヨタ生産方式の強みが改めて注目され、豊田はリーン生産方式の「聖地」とされたが（Roos, Wamack & Jones 1990=1990）、地域社会そのものの変化は注目されなかった。他方、豊田をめぐる社会学の研究は、出入国管理法の改訂を機に就労のため地域に流入してきた日系ブラジル人の居住や定住化をめぐる問題に向かった。とくに、豊田市には、保見団地という日本最大規模の集住地区が形成されたため、コミュニティ形成やセグリゲーション、周囲の日本人住民との関係、外国人児童の教育問題、なによりも彼らをめぐる支援のありかた、といった視点から問題にされやすく、実証研究上格好のテーマとなった（都築 1993; 1996; 新海・加藤・松本編 2002; 梶田・丹野・樋口 2005; 丹野 2007; 鶴本・西山・松宮編 2008 など）。全国各地で外国人住民の就労・定住をめぐる問題が発生し、社会学の新たなテーマとして注目を浴びたが、とくに豊田をはじめとする東海圏の都市ではその数が多く、自動車関連産業で就労するケースも多かったため、注目を浴びることが多かったのである。このことは、ある意味で自然な成り行きであったが、日系ブラジル人とトヨタ生産システムへ注目が集まることは、地域社会で暮らすマジョリティ側である日本人の地域住民に対する関心が背景に退くことを意味していた。後の諸章でもみるように、外国人の支援をおこなっている個人や団体は、住民のなかのごく一部で、活動層のなかでも特殊なグループにすぎない。この結果、一般の地域住民、生活者としてのトヨタ従業員たちをとらえる視点は更新されず、80年代の先行研究当時のフレームと変わらないままにとどまったのである[3]。しかし、この間に地域社会では大きな構造的変化が、ゆっくりと確実に進行していた。

したがって、本書の目的をよりくわしく言えば、80年代後半以降の変化に焦点をあてながら、冒頭で提示したように産業グローバル化の先進都市である豊田市の地域社会構造を描き出し、地域住民の生活と市民活動のありかた、その規定要因を明らかにすることである。

第２節　豊田市をめぐる社会経済的条件の変化

それでは1980年代以降、豊田の地域コミュニティをめぐる社会的条件の何がいったい変化したのだろうか？　第一に、市内でのトヨタ自動車・関連企業の工場新設がほぼ終わり、続いて自動車産業のグローバル化と競争の激化、成長が続いたことである。工場の新設と地域開発が一段落すると、新規の来住者は減り、地域社会はそれなりの落ち着きをみせるようになる。経営基盤を確立したトヨタ・関連企業にとって、業績を左右する資源やチャンスは、しだいに地域の「外で」獲得されるようになる。これは、地域資源をめぐるゼロサム的葛藤が減少することを意味する。日本経済が90年代以降長期的に停滞し、多くの製造業、地場産業が衰退するなかで、この地域はその強みを活かし相対的に安定した成長を続けていた。そもそも先進諸国のなかで、これほど製造業が集積して残っていることがレア・ケースである。こうしたなか、次節でみるように、企業と地域社会のあいだでおこなわれる社会的交換の条件はしだいに大きく変化していったのである。

第二は、地域経済の成長が、自治体の財政基盤を強化し、都市基盤整備やまちづくり施策に予算を振り向ける余裕を長期にわたって（2008年までは）もたらした点である。2007年はリーマン・ショック前の好況期であったが、豊田市の当初予算額は1672億円に上り、財政力指数は1.71で、全国自治体平均の0.55に比べ、また愛知県自治体の平均1.10に比べてもはるかに大きかった。経常収支比率は59.3であり、全国自治体平均が92.0、県自治体平均が84.9であるのに比べてやはり弾力性が大きく、予算上の制約が少なかったことがみてとれる[4]。ただし、リーマン・ショック後の景気低迷にともない、2010年、2011年の財政力指数は1.57、1.30と落ち込んでおり、今後については予断できない。

第三は、このように安定的な地域経済の成長が続くなかで、高度経済成長期以降に自動車産業で働くため来住した住民たちが大きな割合を占め、定住化の度合いを強めてきた点である。第一の点にも関連するが、ひとつの企業を頂点とする企業城下町で、半世紀も地域経済の安定成長が続くのは例外に属する。産業が衰退し地域を代表する企業が撤退したり、あるいは操業規模を縮小するだけでも、地域コミュニティは大きな影響を受けてしまう（三浦 2004)。豊田市では、地域経済の成長が続いたために、来住した地域住民が子供を産み育て、成長した子供がふたたびトヨタ関連の企業に就労するケースがよくみられる。後にみるように、こうした条件もまた、定住意識の高まりや地域への愛着を高める結果を生んでいるのである。

第四が、これも地域経済のグローバル化の半面であるが、柔軟で多様な労働力編成が必要とされるなかで、日系ブラジル人をはじめとする外国籍住民が来住したことである。異なる社会的カテゴリーに属する住民が地域に来住し働くことは、ホスト社会にとっても地域づくりの上で、大きな刺激になり、またさまざまな課題に直面する機会をもたらす。それが共生を志向するにせよ、排除に向かうにせよ、こうした外国人居住者の来住は、地域住民の生活や自治、市民活動に少なからぬ刺激を与える。

以上のような80年代以降の社会経済的条件の変化を図示すると、**図序-1**のようになるだろう。先行研究が扱ったのは主に図左側破線で囲んだ問題群であったが、本書で検討するのはそれ以降の実線で囲んだ要因とその結果である。

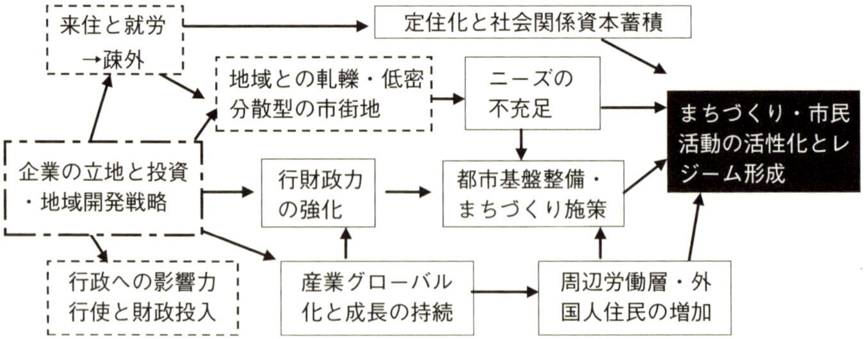

図序-1　市民活動・自治活動をめぐる構造的条件の変化

第3節　先進産業都市研究の課題と方法

このように長期的な構造条件の変化とともに、地域住民たちの地域社会へのかかわりにも大きな変化が目につかないかたちで少しずつ進んでいた。後続する章でもみるように、現在豊田では住民の地域的紐帯が強まり、市民活動団体が増えてまちづくり活動が活性化し、自動車産業従事者・退職者の男性も積極的に参加するようになっている（丹辺・新城・美濃羽 2011; 丹辺 2011; 丹辺編 2011）。このような事態は、企業による地域支配やトヨタ生産方式による管理・疎外の効果を強調していた、先の先行研究群の指摘とはおよそ正反対である。事実の紹介は本論にゆずり、ここでは、このことを説明する理論的フレームを明らかにしておきたい。

工場で働き、郊外住宅地に住む従業員たちが、積極的に地域活動にかかわる事例は、脱産業化や階級対立をバックグラウンドにもつ欧米の都市研究では、正面から扱われることは比較的少なかったし、そのための理論枠組も発達してこなかった。

第一に、階級対立を強調する見方からは、都市空間で集合財を供給する市民活動に労働者が参加する視点は生じにくい。このことは、F.エンゲルスが19世紀前半に書いた『イギリスにおける労働者階級』での視点をみればよくわかる。そのマンチェスターの描写は有名だが、そこで強調されているのは、階級的な居住の分離と労働者、失業者たちが住む地区の環境・インフラの劣悪さ、そしてそうした事態を押し隠している都市の欺瞞的なつくりである。それらの根本的な原因は、生産点での搾取であるから、労働者にとっての集合財は、穏健なかたちでは労働条件の改善や組合活動、政治活動によって得られ、より過激なかたちでは、生産手段の社会化や体制変革といったものになる。これらは、資本家階級にとってはマイナスの価値をもつ集合財になる。そうした対立図式のもとでは、労働者たちの社交や友愛クラブ、サークル活動への関心は注目されても、「市民活動」への関心は生じにくい。M.カステルらに代表される新都市社会学では、都市の「集合的消費」やその改善要求を求める視点が明確に打ち出された（Castells 1977=1984）。しかしここでも、階級対立の図式は維持されていたし、さまざまな都市での集合

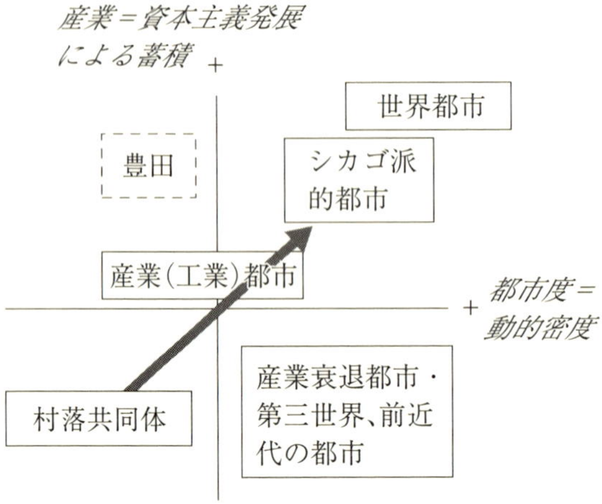

図序-2　都市化の類型と２要因

的消費手段の不足ないし欠乏状態が前提となっていた。

シカゴ派のとった第二の視点では、都市度＝動的密度がコミュニティ、集団や個人に与える影響が重視される一方で、説明要因としての産業活動や階級対立は等閑視される傾向が強かった。同心円モデルに対して、産業立地と労働者居住地の自律性・独立性を指摘したH. ホイトの指摘（1939）、経済成長を志向する階層と権力の次元を欠落させているというH. モロッチの指摘（1976）や[5]、新都市社会学サイドからの批判などは挙げるまでもないだろう。産業の立地や成長が都市やコミュニティ、内部のアクターたちにおよぼす影響は、都市度からは区別してとらえ直す必要がある。

図序-2は、都市度＝動的密度と、産業－資本主義発展による都市空間への資源・人材の蓄積を直交させた図式である。シカゴ派の図式では、横軸上に都市を配列する発想が強かった。村落共同体から近代的な都市への発展は、近代的産業の発展とも相関しているが、ワース的な図式では、もっぱら右方向への変化としてとらえられた。新都市社会学の研究では、都市危機下の階層的対立や開発期、開発地域の都市が取り上げられることが多かったが、これは産業の未発達や衰退と関連していて右下の第４象限の問題に位置していたと言えよう。いずれからも正面から取り上げられていなかったのが、左上の第２象限に位置する都市群である。これは、人口密度が比較的低く産業が発達している都市空間であるから、農村的・郊外的な環境に製造業が立地して形成される工業都市群が該当する。このタイプの地域や都市の研究は、かつての「構造分析」や新産都市研究、そして豊田研究がそうであったように、企業や国家が地域を開発する際に地域資源を占有・支配したり、あるいは公害や環境破壊を引き起こす文脈を——第4象限の都市をみるのと似た視点から——批判的に取り上げることが多かった。そうした立場からすればこのような矛盾をかかえた都市が長期間繁栄することはあってはならないことであったろうし、実際にも競争圧力のもとで脱産業化が進む20世紀後半以降の先進諸国では相対的に珍しく、恵まれた社会経済的条件のもとでしか可能でなくなった。一般的に、特定の産業や製品には消長のサイクルがあり、発展途上国に比べ高い賃金に見合った高付加価値生産——高レベルの固有技術や部品調達ネットワーク、高密度で柔軟な労働力に支えられた——を実現できる地域でのみ存続可能だからである。とくにこの第2象限の上側は、高度な技術と人材を擁することで資本主義的産業が発達する都市空間であり、消費者としての人口の集中を要さない、先進的な産業都市に特徴的なポジションだと言えよう。グローバル化した状況のもとにある、このような先進的な産業都市の成熟をとらえるには独自の枠組が必要になる[6]。以下ではこれについて考えてみたい。

このような産業都市では、まず高い付加価値やイノベーションを維持するために、立地企業が有為な人材を広く外部から移入し、企業内外で訓練をおこなう。動的密度の高い大都市で多様な人材が切磋琢磨することから下位文化が発展し強化しあうようなプロセスは必ずしも必要とされない。製造業の繁栄は、技能系ブルーカラーと技術職ホワイトカラーを中心とした、安定した中間層と「中流社会」の形成を地域にもたらす。他方で、景気の調節弁として機能する周辺的労働力が必要とされ、女性労働力以外は地域への出入りを繰り返すことになる。こうした点で、産業空洞化に悩むシカゴ派的な都市や、サービス産業を軸に階層的両極分解が生じる「世界都市」とは対照的な階層構造が地域に形づくられる。地域の産業が成長している場合、企業利潤やそこで働く人々の所得も大きくなり、財政力も強くなるから、資源の面でもその都市は恵まれた条件のもとにある。つまり、人材、資源が安定的に供給され、定住層の移動が少ないことが先進的な産業都市の特徴になる。

続いての特徴は、比較的人口密度の低い都市域に、このような高度な人材と、豊富な資源が安定的に配置されることである。このことが、「動的密度の高さ」というシカゴ派的な都市空間とは対照的な活動空間をつくりだす。

田園的な環境に工場と従業員の住宅地が散在すると、どちらかと言えば、郊外的な環境が広く都市全体を覆い、都心地区の構造や機能が不明瞭な都市域ができあがるわけである。

この結果、社会的活動をするアクターの間の関係は、比較的安定した顔ぶれの者たちどうしが、長い時間をかけてお互いを評価し、信頼できる者どうしで社会的交換のネットワークをつくり協力して成果を出すようなかたちのものが基調になるだろう。移動と出会いが少ないため、他の選択肢は少なく、利己的なアクターによる「ただ乗り」も許されない。競争は、長期的な信頼を獲得するために実績を積み上げていくような形態でおこなわれる。顔なじみのメンバーによる団体形成や、アクター間の社会的交換とネットワークが発展していくだろう。新参者も排除されたくなければ、信頼と評価を得られるよう秩序を尊重し実績を積んでいかなくてはならなくなる。家庭に基盤がある女性パート労働力以外の周辺階層は流動的で地域への出入りを繰り返しているため、こうした秩序には参入しにくくなる。このような視点に立ち、本書では、「社会関係の蓄積」にもとづく社会的交換のネットワークと、これを促す「時間」の経過というふたつの変数——開発期に照準を定めていたかつての豊田研究がほとんど注目してこなかった変数である——にとくに着目して事実を検討していく。この点については本論中で詳細に検討するが、われわれのみようとする都市空間の性質は、シカゴ派的な都市空間とはある意味で対照的なものであり、新都市社会学がみていたものとも異なることを再度確認しておきたい[7]。

このような都市空間と階層構成の特質を想定して、本書では、地域社会のアクターたちの関係を、産業都市特有の時間軸の上で地域住民を中心とした社会的交換のネットワークとしてとらえることにした。豊田のような産業都市では、企業活動の展開局面を抜きに地域社会のうごきをとらえることはできない。豊田研究では企業は地域資源を独占しようとしそのため支配力を行使するととらえられたが、他の都市でも大規模な近代的産業の立地とこれにともなう開発が急激に進む場合は同様の事態が生じることが多い。これは企業が生産インフラ、従業員の生活インフラも含めた経営基盤を地域内にまず確立しなくてはならないからである。しかし地域との交換条件は経営活動が展開するのに応じて変化していく。ここでは先の図序-2の第2象限を念頭に置いて、企業と地域社会の関係を軸に近代産業が立地し成長し続ける都市の時間経過をとらえると、以下のような三つの段階を理念型として考えることができる。①企業が操業する資源・条件を地域内に確保・整備し、従業員が内外から新規採用され来住する「開発期」。企業と地域社会のあいだには資源確保や基盤整備、環境問題をめぐって一定の緊張関係が引き起こされるケースが多い。②経営規模を拡大する企業が地域外部にもチャンス・資源を求めて投資をおこなう一方、往来した従業員たちが子世代を育てる「成長期」。企業は地域社会になお影響力を行使する一方で一定の協力関係・交換関係をつくりだそうとする。③地元外部・国外への投資が中心になる一方で、初期の従業員の退職、子世代の入社が進む「成熟期」。地元の地域社会と企業の社会的交換関係は安定化していく。豊田では市内工場の立地が一段落した1960年代後半までの時期が開発期に相当し、海外進出が本格化した90年代からは成熟期を迎えていると考えられる。長期的にみると浮き沈みの激しい産業都市は第二の時期から衰退に向かうことも多いが、本書が対象とする豊田は、第三の時期に入ってからすでに一定期間を経ている。

他方発展した産業都市では、インフラ整備やまちづくりへのニーズが大きく、財政基盤も強くなるため、「市行政」が有力なプレーヤーとして要請され活動する可能性が高くなる。市民活動やまちづくりの実態をみるうえで、市行政と地域住民との関係、市行政と企業との関係をとらえることが欠かせない。

地域住民の内部構成も当然均質ではない。地付層と、来住した新住民との関係も、開発期から成熟期にかけて大きく変化する。労働力のジェンダー構成に偏りがある場合は性別役割やさまざまな性差にも注意を向けなくてはならない。経営のフレキシビリティを保つために利用される「周辺的」労働力・階層の存在も重要である。パート労働者・期間工に加えて近年増加してきた派遣・請負労働者、1990年代以降多く来住するようになった外国人住民たちは、経済的には「周辺的労働力」を構成するとともに、政治的、社会的には正式な「市民」としてのステータスをもたない層が多くを占める。このようなグループは、分析上やはり別のカテゴリーとして区別しておく方がよい。「市外のアクター」の存在も重要であるが、これは多文化共生のような「非通

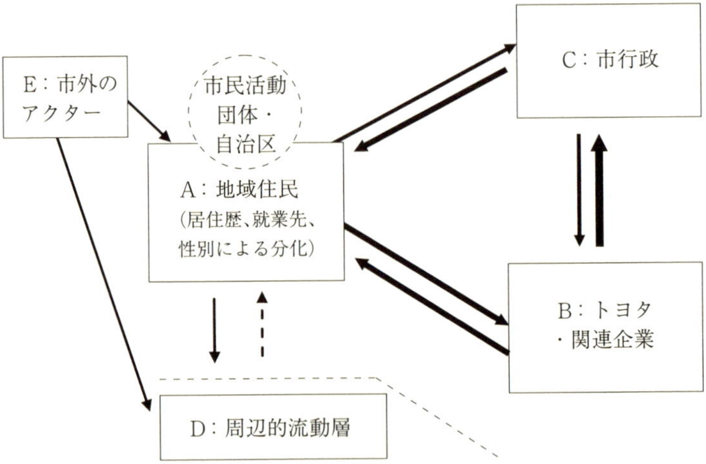

図序-3　豊田市の地域社会におけるアクター間の社会的交換

念的」な活動――豊田の市民活動のなかでもっとも知られた活動――を語るうえで、市外からの活動参加者を抜きに語ることが難しいからである。地域社会における以上のアクター間の関係をわかりやすく示したのが**図序-3**である。

最後に考えなくてはならないのが、市民活動、地域活動の水準と内容、言いかえれば市民による集合財供給の量と質の問題である。上でみたような産業都市特有の都市空間は、どのような市民活動を促進し抑制するのだろうか。先行研究の多くが、トヨタ生産システムによる地域支配と、従業員たちに対する管理が、また夫を中心とした性別役割分業が、住民たちの地域社会へのかかわりを阻害しているととらえてきた。しかしこれは、開発期の地域社会と、見知らぬ土地に来てからまだ日が浅い地元外出身の自動車産業就業者たちの状況をやや一般化しすぎたとらえかたであったように思われる。上でみたように、先進的な産業都市の活動空間では、時間経過とともに変化する交換条件と、住民たちの社会関係の蓄積や活動者の長期的選抜のプロセスが非常に大きな意味をもつ。来住後一世代を経過した新住民たちの地域社会へのかかわりかたはかつてと比べて一変しており、そのかかわりかたにも産業都市の特性がみられる。

豊田市は、グローバル企業が立地する「都市地域」の機能的中心であり、平均的な産業都市でもないし、まして平均的な40万都市ではない。本書はこの都市を、産業社会学的な視点からではなく、地域社会学的あるいは都市社会学的な観点から取り上げる。なぜこの都市に注目しなくてはならないのだろうか。ひとつには、先進国では相対的に珍しい、高度に発展した産業集積地の社会的構成、条件、帰結の典型的事例を明らかにする意味がある。本書の課題を超えてしまうが、先進国でなお健在な先進産業都市どうしを将来比較するうえで、豊田は間違いなく興味深い事例の一つになるだろう。

第二に、豊田の事例は、今後のアジアの都市の動向をみるうえでも、興味深い事例になるだろう。現在アジア地域は、世界のものづくりの中心になりつつある。農村的な環境に工場群が立地して、短期間のうちに産業都市として発展していく例は枚挙にいとまがないし、程度の差はあれ中流社会化へのうごきがみられる。それぞれの都市のたどる発展の方向は多様であろうが、豊田の事例は座標軸上の特異点として意味をもつだろう。

最後に、豊田を研究することは、都市社会学上の盲点にスポットライトをあてる意義がある。すでにみたように、シカゴ派の都市成長や下位文化的なコミュニティ形成の図式は多くの都市社会学者たちを惹きつけてきたが、豊田の都市形成や地域コミュニティ形成はこれとは大きく異なる特性がみられる。階級やエスニック・グループ間の対立やセグリゲーションを強調した新都市社会学の視点でも豊田の動向をとらえることはできない。これには図序-2でみたような都市類型上の根拠があり、その典型例として豊田を研究することに大きな意味があるのである。

現在日本の製造業は、技術水準の低い業種からじょじょに海外との競争に敗れて空洞化が進んでおり、自動車関連産業といえども国内生産体制の先行きは不透明である。しかし、立地した産業が繁栄し長期間存続しえたときに、地域コミュニティがどのように変貌していくのか、豊田の事例は雄弁にその典型例を示していると言えよう。

注

1　この概念については加茂（2005）を参照のこと。

2　本研究では、市民活動はつねに集合財供給の観点からとらえている。ペッカネン（2008）のとらえ方にならい、「地縁的市民活動」も市民活動の重要なジャンルだととらえておく。行政用語にあわせて「まちづくり活動」と表記する場合もある。

3 本論で触れるコミュニティ会議の組織と活動については、中島・中田（2000）が逢妻地区について報告している。都築も、日系ブラジル人の集住が始まった時期以降、保見団地を中心に自治区、NPOの活動などを共生への模索という観点から継続的に報告している（1993他）。

4 豊田市HP（http://www.city.toyota.aichi.jp/division/ab00/ab03/1199981_7024.html）による。

5 企業誘致のための都市開発段階でよく妥当するH. モロッチらの見解は、現在の豊田市にはあてはまらない。

6 類似の状況は、都市郊外に住むブルーカラー層の地域生活というテーマで研究されてきた。しかしB. バーガーによるサンノゼ郊外に住む自動車産業労働者たちの研究（Berger 1960）やH. J. ガンスによるレヴィットタウン（ニュージャージー州）の研究（Gans 1967）は、新興コミュニティの調査研究だったこともあり、郊外的環境独自の影響を積極的に示すものではなかった（Eells & Walton 1968=1971）。ガンスは、ブルーカラーを市民活動には消極的な層と位置づけている。W. コーンブラムのサウス・シカゴの研究はU.S.スチール大工場周辺のブルーカラー居住地区を対象とした貴重な研究であるが、コミュニティ形成というテーマはエスニック・グループの階層差、棲み分けや権力争いの陰に隠れてしまっている（Kornblum 1974）。デトロイトの脱産業化の過程を社会史的に描き出したのちのT. J. サグリューの研究（1996）も、この点は同じである。都市郊外で「通念的」な地域活動が盛んになることを指摘したC. S. フィッシャー（1984=1996）やS. グリアの指摘（Greer 1962=1970）は興味深いものだったが、これも都市度の「低さ」から説明される消極的説明にとどまっていた。その後も「郊外的」環境が社会関係形成を抑制する（Baumgartner 1988）、あるいは郊外の「豊かさ」や「均質性」が市民活動を抑制する（Oliver 2001）、という消極的見解が支配的である。総じて、アメリカの都市では二十世紀後半に脱製造業化が進展したために、製造業との関連は問われにくく、工場閉鎖や雇用の喪失として問われたのだと言えよう。

7 日本は先進国のなかでは製造業のシェアが大きかったため、産業都市の研究には長い蓄積がある。しかし、新都市社会学が興隆する以前からマルクス主義的なパースペクティブの影響が非常に強く、企業による地域開発、都市開発を—とくに階級的搾取と地域支配、公害発生という二面から—批判的にとらえる傾向が目立っていた。企業活動が外へ発展する場合は地域社会との「乖離」がみられると批判される（本間 1980）。このような視点からは、産業都市の発展をニュートラルにとらえる発想は出にくく、産業衰退が引き起こす問題も、企業による「合理化」やリストラの結果ととらえられることになる。こうしたなかで、地域内の定住化や職住接近の問題をニュートラルにとらえた業績として、松島（1978）、原田（1981）、長谷川（1993）、似田貝・蓮見編（1993）、三浦（2004）などがあげられる。

第 I 部

豊田：地域社会の俯瞰図

第1章　産業グローバル化先進地域の経済活動と階層構成
――西三河地域と豊田市:1970~2005年

丹辺　宣彦

地域と産業の関係はグローバル化する経済競争のもとで、一様にはとらえにくくなっている。本章ではまず愛知県の階層構造の推移を取り上げ、とくに西三河の地域特性を明らかにしてみたい。愛知県と西三河を取り上げるのは、自動車産業を中心とする圧倒的な製造業の集積を誇り、世界都市化現象とはまた異なる産業グローバル化の効果を検討するのにとりわけ適した地域特性をもつからである。高度サービス部門の集積はないものの、日本をリードする製造業集積地域でどのような「都市地域」[1]が形成され、そこに位置する都市群はどのような発展をとげたのだろうか。またその結果県内の地域間でどのような分化のパターンがみられるようになったのだろうか。

章の後半ではこれを受けて、調査対象地域である豊田市について製造業の動向、人口の動き、地区ごとの特徴を概観する。工場生産と車での通勤が機能の中心である都市のすがたを見ておきたい。最後に、外国人住民の居住・就労をめぐる動向をみて、多様化と一部で定着への兆しがみられることなどを確認する。このような作業をおこなうことで、以後の章の議論も見通しやすくなるだろう。

第1節　愛知県の階層構成と産業構造

都市単独でも、地域間の関係という文脈でも、産業の発展と地域の階層構造の関連を問うことは、理論的空白とともに調査手法やデータ入手上の制約もあって、比較的取り扱いにくい問題であった。近代化の過程では、都市の近くに産業が立地し、そこへの人口移動が、階層的上昇移動と密接な関係をもつ、あるいは階層的すみわけを発生させるという大命題があり、この問題をとくに問い直す必要性は乏しかった。しかし現在では、グローバルな経済競争と情報化の進展のもとで、企業経営のリストラ・空間的再編が進み、地域の競争力を左右する「位置価」が重要になっている。こうした状況のもとでそれぞれの地域のうごきをとらえるためには、経済的、社会的な特徴＝変数の「組みあわせ」や要因を明らかにしなくてはならないだろう。とくに愛知県の特徴をとらえる上では製造業との関係がカギになる[2]。ただし、地域の産業の生産性や広域の階層構造は、個人や事業所を対象とした質問紙調査や事例研究・質的調査ではとらえにくい。ここではまず自治体を単位にした官庁統計を活用し、県レベル、県全体での地域階層構造の中長期的なうごきをみていきたい[3]。

まずは産業構造を簡単にみておくのがわかりやすいだろう。愛知県は名だたる工業県であり、製造品出荷額では1977年以来、付加価値額でも85年以降全国1位の位置を占めている。製造品出荷額で全国の1/7近くを占めるといえばその集積の大きさがわかるだろう。もっとも、つねに1、2位を争っていたわけではない。終戦直後は1位の東京の半分ほどの製造出荷額にすぎず、その後徐々に追い上げ、東京、大阪と同列に並んだのは70年代半ばになってからであった（小池編, 1992: 260）。工業統計データを掲載、要約している平成22年度版『あいちの工業』によると出荷額は38兆2108億円で、リーマン・ショック後2割余りも落ち込んだ前年に比べ11.0%増加している。業種別内訳をみると輸送機械が19兆3792億円（50.7%）と圧倒的なシェアを占め、ついで鉄鋼（2兆4725億円:6.5%）、食料品（1兆5656億円:4.1%）、プラスチック（1兆5504億円:4.1%）の順になっている。全体として重工業の出荷額シェア（83.1%）が高く、1事業所あたりでも（17億2703万円 vs. 6億7198万円）、従業員1人あたりでも（4782万円 vs. 2641万円）軽工業を大きく上回っている。2010年のこの製造品出荷額を地域別にみると、輸送機械が圧倒的に強い西三河が19兆8628億円（前年比14.8%増）ともっとも大きく、豊田市はこのうち53.5%を占めている。ついで尾張地区が14兆3454億円（6.2%増）となっており、東三河地区の絶対額は4兆26億円と小さいが、西三河地域の75.8%についで輸送機械の割合が高くなっている（57.9%）。

このように生産性の高い輸送機械産業を中心にした構成をもつため[4]、愛知県製造業のパフォーマンスは高く、経済活動全体のパフォーマンスも高めていた。リーマン・ショック前年の2007年には県内総生産は37兆2991億円、県民所得は1人あたり365万1000円（2007年）に達し、失業率も全国平均3.9%に対して2.7%と比較的良好な数値になっていた[5]。ただし、中小企業の競争と選別はリーマン・ショック以前から厳しく、2006年の事業所企業統計（2008年）で2001年と比較すると、中小の事業所は規模1~4人で17.6%、5~9人で16.6%、10~19人で9.7%もその数を減らしていて、300人以上の事業所数が6.2%増加しているのと対照的であった[6]。

地域の人口や社会階層のありかたは、担い手として産業を支えると同時に、産業活動によって形成されていく両面をもつ。国勢調査データによると、愛知県の人口は2012年8月1日現在742万3211人で、全国4位を占めている[7]。2000~05年の人口増加は21万1404人、3.0%であり、2005~10年の増加は15万6015人、2.2%で、全国平均の0.7%と0.2%を大きく上回っている。5年ごとの自然増減は1975年の国勢調査までは伸び率10%代を維持していたが、それ以降は1桁代に低下し、2000~05年では1.7%、2005~10年では1.1%となっている。人の出入りを示す社会増減は高度経済成長期には入超分（転入が転出を上回る数）が毎年5万人内外と大きかったが以降はやや減少し、1975~85年、バブル崩壊後の1993~96年、リーマン・ショック後の2009~10年は出る方が多くなり、ほぼ景気変動にあわせて上下している（愛知県 2012b）。

地域を大きく三つに分けてみると、2010年の時点では尾張地域が507万8947人、68.5%と県人口の2/3を占め、西三河地域（156万6085人/21.1%）、東三河地域（76万5687人/10.3%）がこれに続いていた。**図1-1**は、市町村合併が始まる前の1995~2000年の国勢調査データで各自治体の5年間の人口増減をみたものである。尾張地区では、名古屋市が区によって人口減となっている一方で、東南部に隣接する郊外自治体で8%を超える高い人口増加がみられる。県西部や知多半島でも人口減がみられる。西三河地区は、岡崎、安城、刈谷市の周辺や藤岡町で4%以上の増加がみられ、三河湾沿岸や山間部では人口減少地域もみられる。東三河地域では、豊橋、豊川市の周辺部以

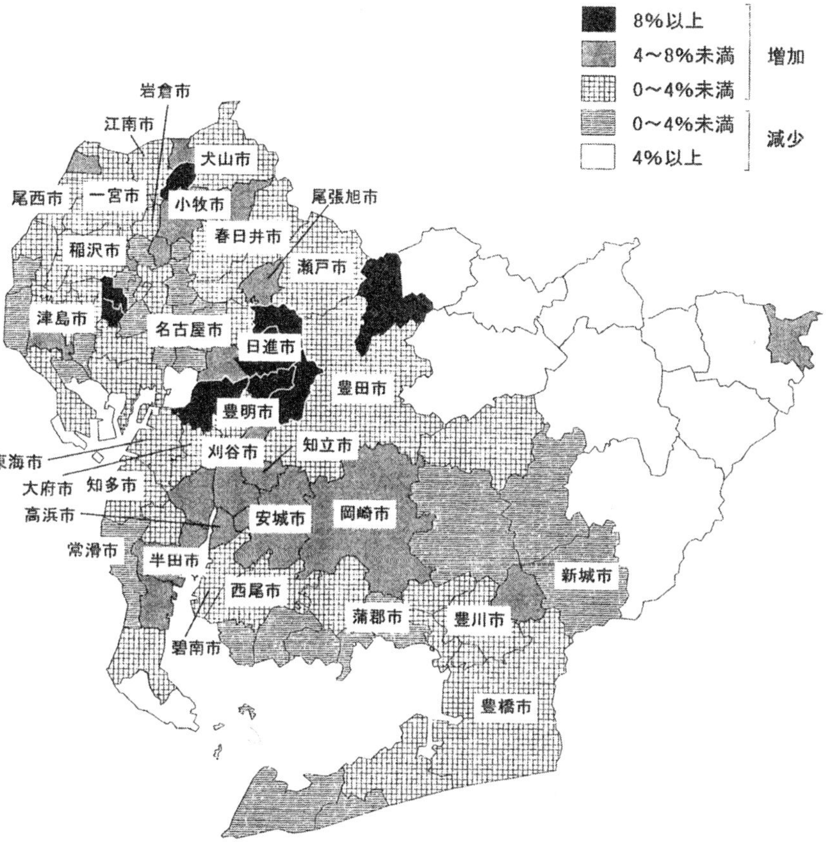

図1-1　愛知県市区町村別人口増減率（1995~2000年）
資料出所：総務省統計局（2003）による。

外はほとんどが人口減少自治体になっている。

つぎに階層構成をみよう。本章では地域産業のパフォーマンスに着目して1970年以降のデータをみていくため、国勢調査の職業分類を用い、従業地による職業階層に着目する。より厳密には、従業上の地位や性差、勤務先やその規模といった指標と組みあわせて分類することが望ましいが、そのようなクロス集計が利用できないので、最低限必要な分類をおこなう。国勢調査の職業大分類は、10（11）項目からなり分析には多すぎるので、性格の似たものをさらにまとめて4分類にくくった[8]。ひとつは「オフィス系ホワイト

表1-1　愛知県の職業階層構成（2005年）

地域	従業者総数	オフィス系ホワイトカラー	現業系ホワイトカラー	ブルーカラー	農業従事者
愛知県	人	%	%	%	%
常住地ベース	3,707,828	33.2	24.6	37.0	2.7
従業地ベース	3,798,785	34.1	24.7	38.1	2.9
全国	61,505,973	35.5	26.2	31.7	4.8

資料：国勢調査報告（総務省統計局編2009他）による。

カラー」で、大分類の「専門的・技術的職業従事者」「管理的職業従事者」「事務従事者」をふくめた。間接部門のホワイトカラーはここにふくめた。第二は「現業系ホワイトカラー」で、「販売従事者」「保安職業従事者」「サービス職業従事者」の三つからなる。第三は「ブルーカラー」で、「技能工・生産工程作業者及び単純作業者」(「採鉱・採石作業者」)「運輸・通信従業者」をここにふくめた。最後に「農林・漁業作業者」をあわせて「農業従事者」とした。

表1-1は、愛知県全体の階層構成（2000年）を全国と比較したものである。愛知は全国平均よりホワイトカラー比率がやや低く、農業従事者も少なく、それに対してブルーカラー就業者比率がかなり高いという特徴がみられる。県外からの通勤人口の方がその逆より多いため、従業ベースの就業人口は9万人ほど多くなっているが、階層構成にはほとんどちがいがない。

表1-2は、70年、90年、2000年、平成の合併が始まった後の2005年について、県内三地域（名古屋市を別にした）の階層構成の変化を市部・郡部ごとに比較したもので、この期間、とくに90年までの変化の大きさが窺える。全体として、都市化の進んだ地域でホワイトカラーの比率が高く、農業人口の比が低くなっていることがわかるだろう。ところが、時間経過とあわせてみると、さらに次のような特徴が明らかになる。全体として2000年までは、オフィス系ホワイトカラーの増加ポイントは、いずれの地域でも郡部の方がわずかに高くなるというやや意外な結果がみられた。市部では近年ホワイトカラーの比率はもはや増えなくなっている。第二に、ブルーカラーの就業者比率は、70年時点では市部の方が高いが、2000年、2005年の時点ではいずれの地域でも郡部の方が高くなるという逆転現象がみられる。市部ではがい

表1-2　愛知県内各地域の就業者階層構成（従業地ベース:1970~2005年）

地域	年	就業者数	オフィス系ホワイトカラー	現業系ホワイトカラー	ブルーカラー	農業従事者
		人	%	%	%	%
名古屋市	70	1,220,006	33.2	25.4	40.2	0.9
	90	1,423,684	40.2	28.5	30.6	0.3
	00	1,425,173	40.0	31.3	27.6	0.3
	05	1,361,680	40.1	31.5	26.4	0.3
尾張地域	70	597,430	18.9	16.0	53.8	11.3
	90	779,742	29.7	19.1	47.7	3.3
市部（名古屋市を	00	845,028	31.1	22.3	43.7	2.4
除く）	05	938,558	30.8	22.3	42.6	2.6
郡部	70	216,765	15.6	11.7	49.8	22.1
	90	300,461	27.4	16.4	48.6	7.4
	00	329,335	29.5	19.9	44.4	5.7
	05	268,210	30.0	21.5	43.0	4.1
西三河地域	70	439,649	18.3	14.5	54.0	12.8
	90	632,712	26.7	16.4	51.4	3.3
市部	00	687,821	30.6	19.5	46.8	2.6
	05	759,092	30.9	18.8	46.5	2.4
郡部	70	64,644	12.0	11.3	36.4	39.2
	90	86,150	21.6	13.2	53.7	11.5
	00	94,768	24.9	15.4	50.6	8.8
	05	82,706	24.0	15.3	52.3	7.4
東三河地域	70	249,876	19.8	20.2	44.0	15.7
	90	300,857	27.8	21.2	43.2	7.7
市部	00	314,941	28.8	23.3	40.7	6.6
	05	362,755	26.9	22.3	40.4	9.4
郡部	70	78,015	11.8	11.5	31.6	45.2
	90	83,679	19.2	11.9	42.5	24.6
	00	85,206	21.0	13.8	42.0	23.1
	05	34,129	24.2	14.4	47.8	12.9

資料：国勢調査各年版による。

して都市度の高い地域ほどブルーカラーの減少率が高かったが、現在は減少率もわずかになっている。2005年の数値は市町村合併が開始された後の数値で単純に比較できないが、全体に2000年から2005年までの階層構成の変化は少なくなっていて、「定常状態」に近づいているかのようにみえる。

西三河地域を見ると、就業人口が順調に増加していて、市部でもまだブルーカラー比率が45%を超えている。郡部では、農業人口の減少の半分ほどをブルーカラーの増加が吸収していて、過半数が生産労働に従事している。ここからも名だたる工業地帯であることがうかがえるだろう。

第２節　自治体別データにみる趨勢と先進工業地域特性

続いて、上で紹介した階層構成と産業構造を社会経済的なパフォーマンスという点から検討していく。具体的には、階層構成比と地域産業の生産性との関係について確認し、自治体のくくりが安定していた1970年から2000年、さらに平成の市町村合併が始まった2005年もふくめ長期的トレンドをみていく。2005年のデータは合併によって小さい町村が合併されているため、おなじ基準では比較できない。

表1-3は、70年以降の5時点について、自治体就業者に占める（従業地による）4つの職業階層の就業比率それぞれと、その自治体の次年度の就業者１人あたり純生産額との相関をみたものである[9]。相関には各自治体の就業者数によるウェイトをかけてある。集計データを用いていることもあり、もとより因果関係の解釈には慎重でなくてはならないが、時点の推移とともに関係が変化していることがはっきりみてとれる[10]。高度成長期の末期にあたる70年の時点では、オフィス系ホワイトカラー層の比率と生産性にかなり強いプラスの相関がみられる。現業系ホワイトカラーの比率もこれより弱いが正の相関がみられた。逆に農業従事者の比率は、生産性と強くマイナスに相関している。この時期のブルーカラーの構成比率は生産性とあまり関連がない。

高度経済成長期以降、ドルショック、オイルショック後の75年、80年に

表1-3　自治体別階層構成比率（従業地ベース）と次年度の市町村内純生産額就業者1人あたり平均（愛知県）の相関

	1970	1980	1990	2000	2005
オフィス系ホワイトカラー	0.705	0.242	0.069	-0.240	*-0.220*
現業系ホワイトカラー	0.480	0.012	-0.152	-0.414	*-0.418*
ブルーカラー	**-0.128**	**0.170**	**0.224**	**0.435**	***0.338***
農業従事者	-0.668	-0.432	-0.299	-0.049	*0.158*

資料：国勢調査および愛知県統計年鑑各年版による。

なると、この傾向は変化する。オフィス系ホワイトカラーの比率は弱い相関に変化し、現業系ホワイトカラーの率は、ほぼ無関連になる。90年以降になると、相関のパターンはさらに変化し、ホワイトカラー層の比率はいずれも無相関から弱い負の相関に転じる。これに対して、ブルーカラー層の比率は反対に相関のない状態からプラスの相関へと変化している。農業就業者の比率とのマイナスの相関もじょじょに弱くなり、2000年以降はほぼ無相関になっている。2005年の相関が2000年に比べて若干弱くみえるのは、平成の市町村合併が始まり、豊田市もふくめ小さな町村が合併されたことによるものだろう。

つぎに地域の産業構成・事業規模と生産性の関連を検討してみよう。**表1-4**は、70年以降について、各自治体の事業所に占める製造業、商業、サービス業、金融保険業事業所の割合と、それぞれの平均規模をとり、純生産平均額との相関をみたものである[11]。金融・保険業の数値を入れたのは、世界都市化との関連をみるためである。1980年以降の変化はここでも非常に目立っている。70年の時点では、非製造業の各部門で、事業所の数と規模が増えるほど、その地域の生産性を上昇させる傾向がかなり強かった。例外はサービス業事業所比率だけである。事業所の数が増え、事業規模が大きくなるほど、就業者１人あたりの生産性が増していたのだから、企業が組織（事

表1-4　各業種事業所の比率・規模と生産性の相関

	1970	1980	1990	2000	2005
製造業事業所比率	-0.518	-0.427	-0.302	-0.219	*-0.261*
製造業平均規模	**0.408**	**0.525**	**0.664**	**0.792**	***0.722***
商業事業所比率	0.646	0.346	0.109	-0.116	*-0.109*
商業平均規模	0.772	0.421	0.319	0.136	*0.060*
サービス業事業所比率	0.037	0.112	0.172	0.270	*0.319*
サービス業平均規模	0.676	0.264	0.244	0.032	*0.179*
金融・保険業事業所比率	0.552	0.294	0.193	-0.065	*-0.191*
金融・保険業平均規模	0.604	0.243	0.061	-0.089	*0.081*

資料：愛知県統計年鑑各年版（愛知県統計課2009他）による。

業所）の数を増やし規模を拡大すると経済が成長するという関係ははっきりしていた。ところが、80年以降になると、このような関連は消失し、強い関連を示し続けるのは、製造業事業所の規模だけになる[12]。

以上は簡単な相関関係の確認にすぎないが、全体として、ホワイトカラー層の拡大をともなう組織拡大と分業の進展が、とくに商業・サービス業ではほぼ飽和状態に達したことを示唆している。とくに現業系ホワイトカラーでは負の相関が強まり、過剰気味であることをうかがわせる。サービス経済化とホワイトカラーの増加は長く続いていたが、表1-2でもみたようにようやく安定化しつつあるようである[13]。第二に、ブルーカラー層の比率が生産性向上とむすびつくようになった変化は、地域の産業が自動車産業を中心にグローバルな競争力を増したことを示すと考えられる。80年代は、自動車の対米輸出が増加したのにともない、アメリカの産業界からの対日圧力が強まり、輸出の「自主規制」が発動され、自動車メーカーの海外進出、対米進出が活発化した時期であった（Kennedy & Florida, 1993: 95-99）。このような時期を経て、90年から2000年にかけて、上にみたポスト成長期の傾向がはっきりしてきたのだといえよう。

ある地域の生産性が高ければ、賃金が高くなるだけでなく求人が増え、就業人口が、ついで常住人口が増加していくというサイクルが生じるだろう。しかしこうした変数間の関係は、相互の相関に高いものがあり、因果関係や相関関係が複雑なため、構造方程式モデルにかけることは簡単でない。ここでは主成分分析を用いてデータを要約し、地域特性を分類して何が読み取れるか検討したい[14]（**表1-5**）。新たに加えた項目は、基準年次以降にみられた常住人口の増減比率である。

表右側2000年の第一成分には、オフィス系ホワイトカラー、ブルーカラーの比率とプラスに相関（農業従事者層比率とはマイナスに相関）し、人口と経済的パフォーマンスを高め、製造業、商業の平均規模と正相関する成分がみられる。大規模な製造業事業所が立地する傾向を示し、ブルーカラー比率だけでなく、管理職（ここには経営層も含まれている）、技術職を含むホワイトカラー人口の比率と正の相関を示しているので、これを「先進工業都市化」成分と呼んでおこう。1970年の第三成分は寄与率は半分以下だがやや似た

表1-5　階層構成と人口、経済的パフォーマンスに関する主成分

	1970年			2000年		
	第一成分	第二成分	第三成分	第一成分	第二成分	第三成分
	大規模サービス化・ホワイトカラー化	群部工業化	工業化	先進工業都市化	サービス化・ホワイトカラー化	郡部工業化
オフィス系ホワイトカラー	**.944**	-.270	-.073	.477	**.634**	-.256
現業系ホワイトカラー	**.844**	-.379	-.288	.263	**.744**	-.406
ブルーカラー	-.475	.047	**.816**	.576	**-.669**	-.085
農業従事者	**-.769**	.362	-.420	**-.785**	-.118	.365
常住人口増減比(70-75/00-04)	-.057	.133	.345	**.720**	-.081	-.113
就業者一人当たり市町村内純生産	**.831**	.267	.359	**.654**	-.158	.510
人口一人当たり市町村民所得	**.760**	.267	.390	**.814**	-.289	.236
製造業事業所比率	-.547	**-.732**	.348	-.011	**-.716**	**-.620**
〃　平均規模	.010	**.744**	.584	**.630**	-.248	**.650**
商業事業所比率	**.833**	.345	-.301	.408	.557	.094
〃　平均規模	**.906**	-.178	.097	**.818**	.088	-.165
サービス業事業所比率	-.065	**.868**	-.365	-.285	.507	.576
〃　平均規模	**.839**	-.023	.148	.551	.337	-.064
固有値	6.211	2.502	2.047	4.473	2.797	1.878
寄与率	47.8%	19.2%	15.7%	34.4%	21.5%	14.5%

特徴がみられる。その階層構成はブルーカラー層との強い正の相関がみられるだけなので、「工業化成分」と名づけた。

第二成分は、ブルーカラー比率や製造業事業所比率とはマイナス傾向の相関、ホワイトカラー比率や、商業・サービス事業所比率とはプラス傾向の相関を示す（規模との相関は弱い）、「サービス化－ホワイトカラー化」の成分である。「先進工業都市化」が人口増加と経済的パフォーマンスの高さと強く関連しているのに対して、この成分はほとんど関連がない。1970年にはこれに似た成分が圧倒的な比重を占め、付加価値や所得、組織規模との相関も高かった。

第三成分は、農業従事者が比較的多いにもかかわらず、常住人口、就業者数を増やしていて、製造業比率・規模とプラス傾向、ホワイトカラー比率とはマイナス傾向の相関を示しているので、「郡部-工業化」成分とでも呼べるだろう。第二成分とは異なり、第三成分には経済的パフォーマンスとプラス傾向の弱い相関がみられる。1970年当時は第二成分におなじ特徴をもつものがみられた。

まとめると、1970年時点ではホワイトカラー比率が高く、商業を中心に大規模なサービス業を擁している都市で付加価値や所得の大きさと強く相関する成分の比重が高かったが、2000年時点では比重が下がり、経済的パフォーマンスとの相関もなくなっている。代わって、ブルーカラーとホワイトカラー上層という組みあわせの労働構成を示し、大規模製造業が立地し人口増、経済的パフォーマンスと相関する成分が比重を増すようになっている。参考までに、どのような自治体が高い主成分得点を示しているのかをみておこう（**表1-6**）。2000年の時点で「先進工業都市化」成分で高い得点を得たのは豊田市、三好町、田原町（当時）であり、やはりトヨタ関連の工場やメーカー、部品工場が立地している三河地域の自治体でもっとも得点が高くなっている。大口町（1.50）や豊山町（1.35）、小牧市（1.10）など、機械関連の製造業が強い尾張地域の自治体も上位に入っている。これに対して、「サービス化－ホワイトカラー化」成分でもっとも高い得点を示しているのは、名古屋市やその周辺の郊外型自治体である[15]。注目すべきは、田原町、豊田市が第三成分でも高い得点を得ていることである。両自治体は、ともにトヨタ本体の工場が立地し、関連業種・企業が集積し高い工業生産性を誇っているが、ここで示した「先進工業都市化」の特性と、「郡部工業化」という特性を兼

表1-6　主成分得点の上位自治体（2000年）

順位	先進工業都市化成分	サービス化－ホワイトカラー化成分	郡部工業化成分
1位	豊田市（2.00）	長久手町（2.66）	田原町（4.60）
2位	三好町（1.89）	名古屋市（2.37）	豊田市（2.26）
3位	田原町（1.88）	日進市（1.73）	赤羽根町（2.09）

ね備えていると考えられる。

以上の検討は自治体を単位とした集計データにもとづくもので、大きな限界があるが、まとめるとどのようなことが言えるだろうか？　典型的な経済成長期には、企業組織の拡大にともなうホワイトカラー層の増加が生産性と付加価値を押し上げ、それがまたその雇用を促すという循環的な因果関係がみられることが多い。この関係は、都市周辺部、とくに大都市周辺部に新中間層を増やし、階層的上昇のチャンスを増やす。しかし70年代以降、愛知県でもこのような関連が全体として弱まったことがみてとれた。グローバルな競争力をもつ製造業が立地している愛知県の特徴として、製造業の規模と労働力構成が比重を増しながら生産性とプラスの相関をもつようになっていることも示された。

当然ながらこの傾向はすべての自治体・地域におなじようにあてはまるのではない。地域特性によって、階層構成のもつ意味合いも分岐している。前節の分析からは、第一に、競争力の高い製造業が立地する——西三河、尾張の一部に分布する——工業都市群が、ブルーカラーとオフィス系ホワイトカラーの比率と地域的関連をもち、生産性と所得を高め、人口を引き寄せていると推測される。二つの階層の組みあわせ——技能工と経営管理層・技術者たちの——が高い生産性を発揮し、また逆にその雇用をうながしていると考えることができる。第二に、近年は田原町（当時）の例にもみられるように郡部でも比較的大規模な立地工場が生産性を高める傾向があらわれている。他方こうした諸結果を裏返して読めば、製造業にも中小経営を中心に非効率なセクターが存在し、グローバルな競争のもとで淘汰にさらされていることがうかがえる。ブルーカラー層も当然一様ではなく、大企業と中小企業、正規従業員と非正規労働力、日本人／外国人労働力へと階層分化している。

以上で、西三河を中心とする先進的工業都市が独自の地域社会上の特性をそなえていること、豊田市がその典型であることが確認できた。次節では、これを受けて、豊田市の社会経済的プロフィールをより詳細にみておきたい。

第３節　豊田市の産業、人口・階層構成と地区特性

本節では、調査対象地である豊田市の検討に入りたい。前節でみたように、豊田市は、きわめてユニークな社会経済的特性を示している。リーマン・ショック前年の2007年についてみると、市内総生産額は4兆4115億円、市町村内純生産は1人あたり1324.6万円（県内2位）、1人あたり市町村民所得は693万8000円と高い水準となっていた（愛知県統計課 2009）。2007年度の工業生産についてみると、製造品出荷額は13兆2480億円で全国自治体で1位、1人あたりでは1億2017万円、付加価値額は市全体で3兆7867億円、従業員1人あたりでは3435.0万円ときわめて高いパフォーマンスを示していた（豊田市総務部庶務課 2007; 2009）。市独自の集計によると、同年の「自動車関連製造業」のシェアは、工場数で455（32.7%）、従業者数で9万1835人（83.3%）、製造品出荷額では12兆5931億円（95.1%）に及んでいた。従業者のうち女性は1万2506人、13.6%を占めるにすぎない。2006年の事業所企業統計で「雇用者」18万9595人の内訳をみると、「正社員・正職員」が14万3408人（67.6%）、「正社員・正職員以外」の常用雇用者が6万3097人（29.8%）、「臨時雇用者」が5563人（2.6%）になっている。2001年からの従業員の増減を地位別にみると、「正社員・正職員」の常用雇用者の増加が8348人、6.2%だったのに対して、「正社員・正職員以外」の常用雇用者は1万3017人、26.0%、「臨時雇用者」は1108人、24.9%増えていて、労働力の非正規化がこの間に進んでいたことがわかる[16]。2008年のリーマン・ショックの影響は大きく、工業統計によると翌年には製造品出荷額は9兆1130億円と、じつに前年比30.2%も落ち込んだ（**図1-2**）。従業員数は5.1%、工場数も5.6%減少している（豊田市総務部庶務課 2009）。

本研究が対象としている旧市内を地区別にみると（**表1-7**）、トヨタ自動車の本社工場・関連企業群が立地している挙母、高岡地区のシェアが従業者数、製造品出荷額ともにやはり大きくなっている――市の中心地区である挙母はたんなる「都心」や「市街地」ではないことがわかるだろう。「輸送機械」産業に分類される工場は数の上では自動車関連産業の半分ほどだが、従業者、出荷額のシェアは圧倒的である。合併6町村の数値は入れてないが、旧市域

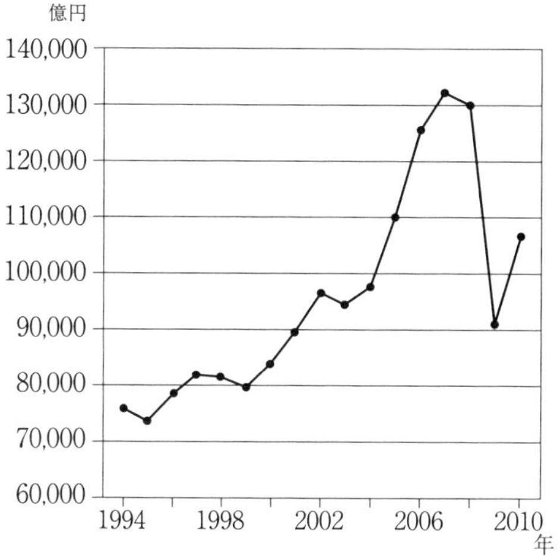

図1-2　豊田市における製造品出荷額の推移

資料：豊田市（2012）『豊田市の工業（平成22年工業統計報告書）』による。

表1-7　旧市内各地区の自動車関連産業工場数・従業者数・製造品出荷額（2009）

地区	工場数（うち輸送機械）		従業者数（男性数）（人）		うち輸送機械分（男性数）（人）		製造品出荷額等（万円）	うち輸送機械分（万円）
挙母地区	108	（56）	43,208	（37,806）	39,899	（35,374）	586,751,943	576,444,741
高橋地区	24	（12）	803	（473）	446	（279）	1,776,400	1,032,635
上郷地区	49	（19）	6,132	（5,294）	5,007	（4,545）	44,787,816	42,247,814
高岡地区	125	（59）	22,150	（19,996）	18,198	（16,812）	190,374,343	170,769,480
猿投地区	58	（29）	9,840	（8,274）	8,277	（7,130）	31,532,473	26,265,346
松平地区	15	（ 7）	813	（642）	767	（628）	1,534,619	1,515,584
全　市	426	（209）	87,909	（76,432）	75,894	（67,479）	869,786,935	827,013,722

資料：豊田市総務部庶務課（2009）『豊田市の工業（平成21年工業統計報告書）』による。

6地区計と全市計との差は小さく、その比重が小さいことがわかるだろう。男子従業者の比率がやはり各地区ともひじょうに高いことも見逃せない特徴である。

このように、自動車関連の製造業を中心とした産業の集積と高いパフォーマンスを反映し、人口と階層構成もそれなりに特異な構成を示していると考えられよう。まず人口のうごきからみていこう。2005年4月の市町村合併

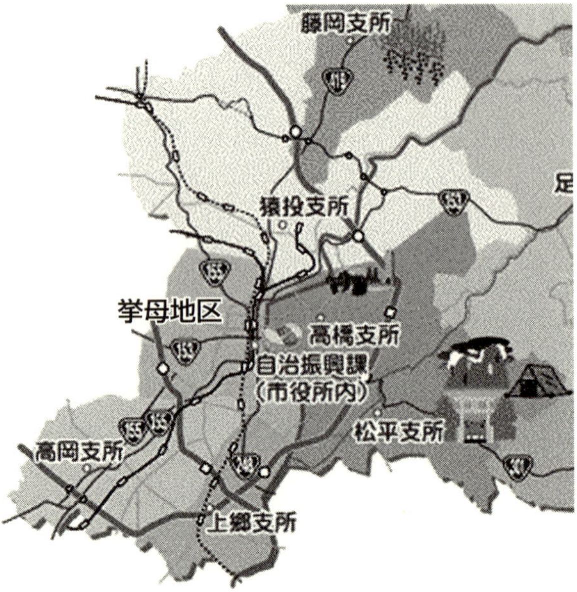

図1-3　旧市域支所エリア図

資料：豊田市社会部地域支援課「地域自治区・地域会議マップ」より抜粋、一部改変。

で、旧豊田市（当時の人口は36万2157人）は藤岡町（1万9277人）、小原村（4345人）、足助町（9661人）、下山村（5557人）、旭町（3531人）、稲武町（3154人）の六町村を合併し、人口40万7682人、世帯数13万5768の新豊田市が誕生した。旧市域の男女別人口が男性18万9562人、女性17万2595人と性比が偏っていたため、合併人口の男女人口はほぼ等しかったにもかかわらず、新市域の人口も男性21万2363人に対し、女性19万5319人であって性比108.7となっていた。その後も人口は少しずつ増え、『豊田市の人口平成23年版』（豊田市総務部庶務課 2012）によると、2010年国勢調査時の人口は42万1487人（男性22万1198人、女性20万289人、性比110.4）、世帯数16万2065となっている。豊田市は2005年以前にも、1956年に高橋村、64年に上郷町、65年に高岡町、67年に猿投町、70年に松平町を合併し、そのつど人口を増やし市域をひろげてきた。このため、人口は55年挙母市時代の3万4010人から十倍以上に増えているが、人口増加の動向を純粋にみることは難しくなっている。現在の市域に相当するエリアを基準として人口の趨勢をみると、人口の伸びが大きくなるのは1960年代であり、工場の新設が続いた60年代には毎年5%以上の高い伸びを記録し、68年には20万人を突破している。70年代前半まで人口の伸びは3~4%と高い水準を維持して78年には30万人を越えたが、このころから増加率は1%代に低下し、93年以降は1%以下に落ちたため、人口40万人に達したのは、2002年になってからである。

産業グローバル化の動向をみるため、本研究は2005年合併以前の旧市域の区域を主な対象地域としているから、このエリアの人口動向についても少し整理しておきたい。合併前2004年の旧豊田市の人口は36万698人、合併直前の人口密度は1243人/km^{2}に達していた（豊田市総務部庶務課2006）。松平町を合併した1970年が681人/km^{2}であったから、この間に2倍近くに増えていたことになる。人口の多いのは中心地区の挙母地区（2005年:12万9797人）であり、人口密度も3306人/km^{2}と相対的に高い。ついで高岡地区（7万8279人:2000人/km^2）、猿投地区（6万2738人:536人/km^2）、高橋地区（5万4245人:1857人/km^2）、上郷地区（3万2702人:1497人/km^2）で、丘陵地・中山間部地区の松平地区はやや少なく1万264人、235人/km^{2}となっている（豊田市2008）。数字だけではわかりにくいが、名古屋市の現在の人口密度が全体で7000人/km^{2}近く、多い区で1万人/km^{2}近くに達しているのに比べれば、人口密度は旧市域でも高くない。旧市内のそこかしこで田園的な光景が広がり、「低密分散型」と呼ばれた豊田の特徴は基本的に変わっていない（都丸・窪田・遠藤編1987）。合併市町村域をみると藤岡をのぞいて人口減少がみられるのに対して、旧市域の地区は、ほとんど変化がない松平をのぞいて、ゆるやかに人口増加が続いているのが特徴で、2010年の当該区域人口は37万8828人になっている。豊田は若い働き手を多くひきつけてきたため、65歳以上の人口を基準とした高齢化率は14.2%となお比較的若い構成を示しており、中山間部をふくむ松平地区でも16.6%とさほど高くなってはいない。

自然動態をみると、合併前の2004年現在では、出生4118人、死亡1818人、その比は2.23となっている。自然増はなお続いているが、1970年にはこの比は5.88であり、1980年時点で5.25、1990年で3.55であったから、少子化、高齢化により減少傾向にあることがうかがえる。

社会動態は人の空間的移動という重要な要素をふくんでいるので、もう少し詳しくみなくてはならない。豊田市、とくに旧市域では、自動車関連の製造現場で働く人の出入りが多いため、経済の動向に応じて転入と転出のバランスは影響を受け、男性の社会移動が女性の移動より多くなる。2000年代はだいたい入超が続いていたが、リーマン・ショック翌年の2009年についてみると、転入1万7737人（男性1万888人、女性6849人）、転出1万9704人（男性1万2211人、女性7493人）と社会減に転換している（豊田市総務部庶務課2011）。高度経済成長末期の1970年にさかのぼってみると、転入2万2193人（うち男性1万4353人、女性7840人）に対して転出1万4063人（うち男性1万233人、女性3803人）であり、現在よりさらに性比が偏り、転入の絶対数が多く、転出は逆に少なかった。その後70年代後半からは大きかった入超は減り、性比の偏りも小さくなる。90年代の不況期には、転出の方が転入を1割前後上回っている年が多くなっていた。

都道府県別に2005年国勢調査時点の社会動態をみると、他の都道府県ほぼすべてに対して入超であるのに対して、愛知県内のみが1565人の出超（転入6940人に対して転出8505人）になっていることが特徴的である。転出に対する転入の割合が2:1を超えている県は、北海道、青森、宮城、秋田、福島、新潟、京都、山口、徳島、高知、佐賀、大分、熊本、宮崎となっており地方の県が多い。県内市町村に対してはなぜ出超となるのだろうか。合併前のユニットでみるため2004年（1年間）の数字で出超が多い順に並べてみると、三好町（471人）、岡崎市（362人）、日進市（254人）、名古屋市（236人）、刈谷市（200人）、知立市（163人）、東郷町・藤岡町（各127人）、安城市（122人）などとなっている。おそらく雇用の場を求めて豊田に来住した人が、住宅取得や家族の進学などのために名古屋方面への交通の便がよい地区に移り住んでいくパターンと、トヨタや関連メーカーの事業所がある地区へと転出していくパターンがあるのであろう。出超の数字が多いのに対して、入超になっている県内自治体は、豊橋市（85人）、旧足助町（40人）、犬山市（36人）、江南市（31人）、豊川市（28人）、旧下山町（26人）、師勝町（22人）などと絶対数が少ないが、工業基盤が比較的弱い自治体や、2005年に合併された旧町村からの転入が多いようである（豊田市総務部庶務課2006）。

通勤による流出・流入の数字にも、自動車関連産業の立地を反映した特徴的がみられる。2005年の国勢調査では、豊田の工場地区への交通の便がよい岡崎市、知立市への通勤者はそれぞれ5695人、1845人であったのに対して、両市から豊田への通勤者は1万6477人、3930人と倍以上になっている。名古屋市寄りに隣接しベッドタウンとしての性格をもつ日進市、東郷町からも3倍前後の入超になっているが、トヨタの本社工場が立地している三好町（旧）には、8165人が通勤していたのに対して、豊田市への通勤は8046人と比較的バランスがとれている。通常なら大幅な出超になりそうな名古屋市に対しても、流出7581人に対して流入が1万2303人と、逆に人をひきつけている（豊田市2008）。通勤手段についてみると、豊田市では自動車通勤が多いのが特徴になっている。2005年国勢調査の市独自集計によると、豊田に住む自宅外就業者・通学者19万7320人のうち、自家用車を利用する人は70.3%に達し、市内に通勤する人（15万1296人）でも69.5%と比率は変わらない。運転免許をもたない通学者・通勤者を除けばこの率はさらに上がる。これに対して「鉄道・電車」を利用する人は9.0%、「乗り合いバス」を利用する人は2.1%にすぎず[17]、やはり「クルマのまち」であることを印象づける数値になっている（豊田市2008）。

本研究では、市外から豊田市に就労し、その後定着した住民たちの地域へのかかわりを重視している。そこでのちにみる2009年の質問紙データをもとに、旧市内の地区ごとに、市外出身者（中学校卒業時点で市外、県外に居住していた者）の市内居住年数がどのように分布しているのかをみてみよう（**図1-4**）。これをみると、市内居住が各地区とも長期化していることがみてとれる。市中心部で流動性が高い挙母と、名古屋への通勤圏を広くふくむ猿投にくらべて、高岡、上郷、高橋では、男女とも市内での居住が30年以上に、別の言い方をすると1970年代以前に来住している人が市外出身者の半数以上に及んでいる。

続いて、社会階層の代表的指標として用いられることが多い、職業階層の分布についても確認しておこう。地域の産業構造の特性は職業階層の構成にも現れている。2005年の国勢調査の職業大分類をもとに常住地ベースの職業階層構成をみると、全体では21万8366人であるが、生産・労務職の割合が44.5%とひじょうに高く、反対に事務職（16.6%）・販売職（8.7%）・サービ

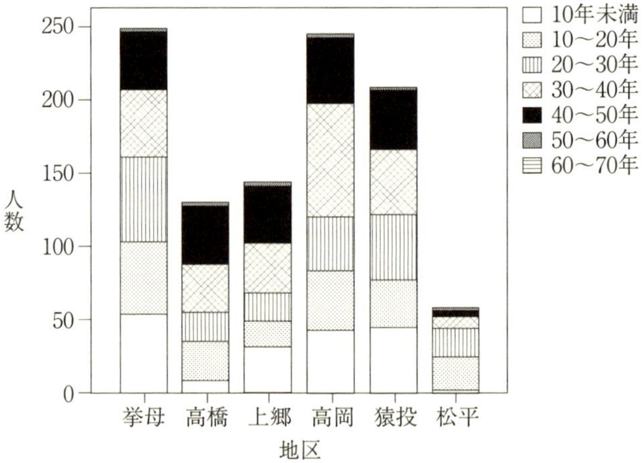

図1-4　旧市域居住地区別の市内居住年数（男女：市外出身者のみ）

データ：2009年質問紙調査による。

ス職（8.1%）の比率はやや低くなっている。男性従業者のみの構成をみると、生産・労務職の割合は54.2%にも達し、事務職（10.8%）・販売職（7.4%）・サービス職（3.9%）に従事する人の比率はあわせても20%前後にすぎない。ブルーカラー就業者の比率がいちじるしく高く、ホワイトカラー下層職種の比率は低いことが特徴といえよう。豊田では生産活動が盛んなため、従業地ベースの人口は25万3617人と、常住地ベースの人口より3万5000人ほど多くなっている。その超過分のほとんどが、男性従業者によるものである。男性従業者の階層構成も、やはり生産・労務職の比率（53.6%）が大きいが、常住地ベースにくらべて専門・技術職の比率が13.9%と若干高くなっている。前節の分析でみた、「先進工業都市」成分が示す階層的特徴と一致することをここで確認しておきたい。

図1-5は、豊田市旧市域を地域自治区別の6地区についてみた、職業階層別の居住分布である[18]。男女で大きく異なる階層分布がみてとれ、しかも地区別の特徴がよく反映されている。男性では、「技能・労務職」の比率が高く、しかも工場が地区、あるいは近くに立地している高岡（57.7%）、上郷（52.9%）ではひじょうに高くなっていることがわかるだろう。丘陵地・中山間部の松平でも車による工場への通勤が多くその比率は高い（73.3%）が、

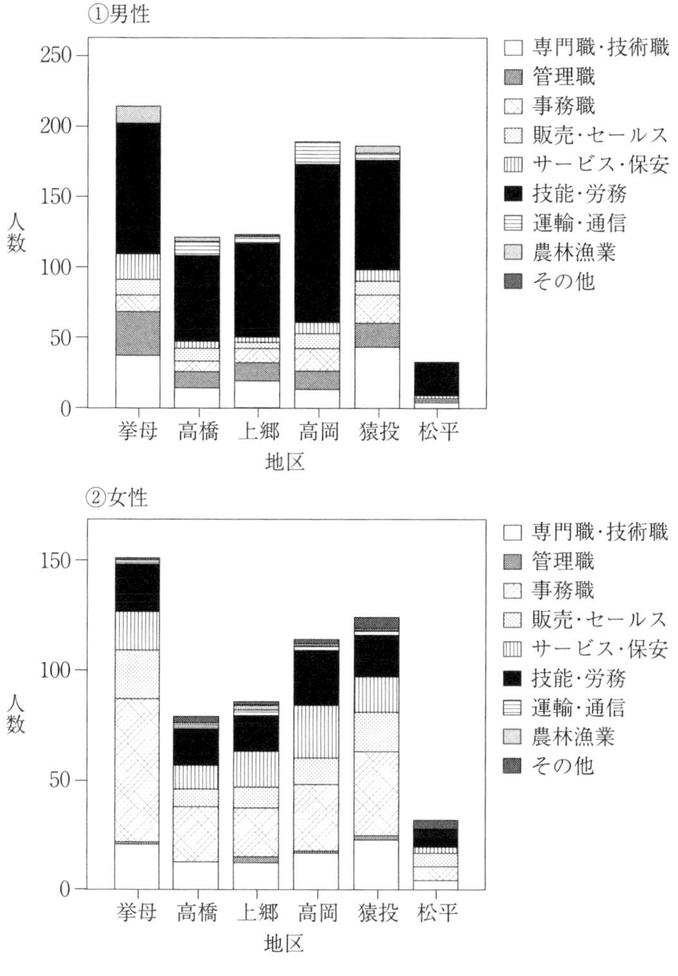

図1-5　居住地区別の職業階層構成（パート・退職者ふくむ）

データ：2009年質問紙調査による。

名古屋への通勤圏を多くふくむ猿投地区では、ホワイトカラーの比率、とくに専門・技術職の比率が高くなっている。中心地区の挙母では、管理職（14.0%）やサービス・保安職（8.1%）の比率が相対的に高いが技能・労務職の割合も低くはない。女性では、全体としてホワイトカラーの下層職種が多く、とくに挙母では、事務職（41.4%）、販売・セールス職（16.2%）の二つ

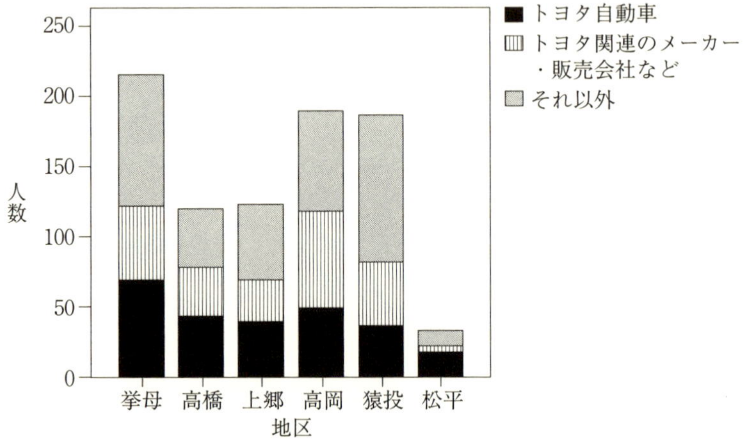

図1-6　居住地区別の就業先構成（男性：パート・退職者ふくむ）

データ：2009年質問紙調査による。

で6割に達している。

図1-6は、男性について地区ごとの就業先構成をみたものである。名古屋方面への通勤者がやや多い猿投地区以外では、どの地区も過半数がトヨタ・関連企業に勤めていることがわかるだろう。このようにみてくると、全体として地区間の違いはもちろんあるが大きくなく、旧市内はどこもトヨタ・関連企業の、とくに工場に勤務する人の割合が高い郊外的な地区から構成されていることがわかる。

第4節　外国人住民をめぐる状況

豊田市が日系ブラジル人をはじめとする外国人の居住地となってすでに20年以上の月日が経過している。この間多くの研究者が保見地区を中心に集住地での居住や教育をめぐる問題を取り上げてきた（都築 1993; 新海・加藤・松本編 2002; 梶田・丹野・樋口 2005; 鶴本・西山・松宮編 2008など）。詳細は第Ⅳ部にゆずるとして、現状を簡単に確認しておきたい。丹野清人は、2000年に豊田市の製造業事業所に対しておこなった調査をもとに、1990年代後半には外国人労働力を活用し始める企業と雇用を停止した企業の両方がほぼ拮抗していて、日本人のパート、請負労働者に一部置き換えられていったと言う。にもかかわらず、外国人居住者は全体として増えており、これは調達がより容易でコストの安い不安定就労が必要とされているためではないかと推測している（丹野 2007: 147-174）。外国人の登録人口についてみると、1万581人と大台を超えた2001年時点の最大グループは日系ブラジル人で5883人（55.6%）と過半数を占めており、2位の韓国・朝鮮籍1794人（17.0%）、3位の中国人875人（8.3%）、4位フィリピン人597人（5.6%）、5位ペルー人543人（5.1%）を大きく引き離していた。外国人人口はその後も確実に増え続け、2008年のリーマン・ショック時点では1万6800人に達した。この間に、構成比率はかなり変化している。1位はブラジル人7264人と変わらないが、その比率は46.2%に減っている。代わって、中国人が3092人、18.4%と割合を大きく増やしている。10位以下をくくった「その他」グループも351人（3.3%）から1363人（8.1%）へと増加しており、全体としてこの間にやや多様化が進んでいることがわかる（豊田市総務部庶務課 2011）。このように増えてきた外国人居住者の数であるが、雇用の受け皿が減り、リーマン・ショック後には減少し始める。2009年には総数1万5694人になり、前年に比べ6.6%減少した。減少分1106名のうち653名、59.0%がブラジル人で占められており、彼らがリーマン・ショックの影響を大きく受けたことを数字の上でもみることができる。

居住期間も国籍によって異なる。豊田市は2009年、2011年の2回にわたり「外国人住民意識調査」を実施している。このうち、リーマン・ショック翌年の7月に実施された、サンプル数（557票）がより多い第1回の調査によると、滞在年数が10年以上におよぶ人の割合が、ブラジル人（170人中）では62.4%、ペルー人（43人中）では65.1%とかなり長くなっている。これに対して、この割合は中国人（130人中）では20.0%、フィリピン人（55人中）では32.9%と少ない（豊田市 2009a: 13）。単身世帯の比率も、ブラジル人では12.4%、ペルー人で11.6%であるのに対して、中国人では29.2%と高く、居住年数とともに世帯形成が進んでいることがわかる。またこれにともない、自治区活動への参加も、「よく参加している」「ときどき参加している」を合わせて、ペルー人で58.2%、フィリピン人56.4%、ブラジル人49.4%と（豊

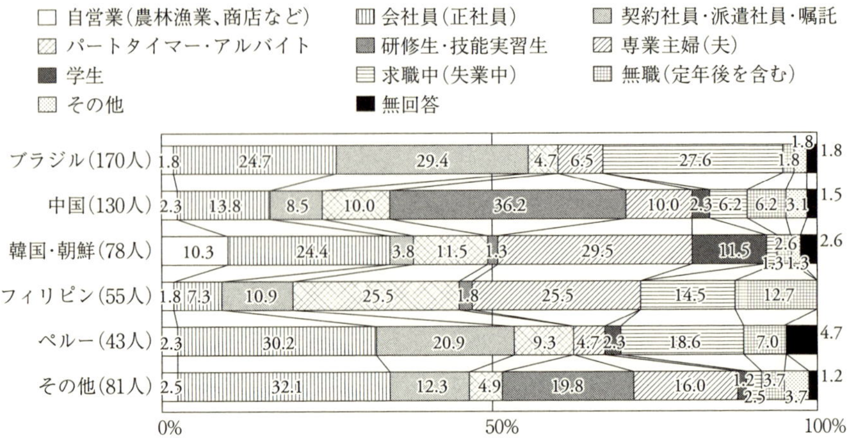

図1-7　国籍別による外国人の就業状態

資料：豊田市(2009)による。

田市 2009a: 34)、予想されるよりはるかに活発になっている。

就労についてはどうであろうか。国籍別の集計結果（**図1-7**）によると、ブラジル人、韓国・朝鮮人、フィリピン人では「求職中（失業中）」と答えた割合が1/4以上に及んでいて、リーマン・ショックが与えた影響の大きさがうかがえる。これに対して、中国人では失業は6.2%と少なく、「研修生・技能実習生」と答えた割合が36.2%にも達していることが目を引く[19]。以上のように、一方では定住化が進み、他方では景気悪化にともない雇用が流動化し、エスニック・グループの構成も少しずつ変わってきている。現在（2013年）の外国人住民の状況は、先行研究が問題とした1990年代から2000年代前半の状況とはかなり変化していることに注意しておかなくてはならない。

小　括

以上みてきたように、豊田市は、西三河の先進産業都市としての社会経済的特徴を典型的に示しながら発展してきている。自動車関連産業を中心に、技術系のホワイトカラーと正規従業員ブルーカラーが居住を長期化させており、のちにまた見るように「中流社会」的な地域をつくり上げてきている。

定住層に関して言えば、階層格差拡大が基調になっている現代の日本では、経済的、社会的に安定した比較的恵まれた地域になっている。他方で、期間工、請負労働者、派遣労働者たちと外国人労働力は、周辺的で流動的な階層を構成していて、リーマン・ショック＝トヨタ・ショック後のリセッションのなかでは不安定な社会的位置に置かれている。

旧市域では、中心市街地の挙母、名古屋への通勤適地をふくむ猿投、工場地区あるいは工場へ通勤する住宅・団地をふくむ高岡、上郷、高橋地区、丘陵地・中山間地区からなる松平など、地区により人口と階層の構成は若干異なる様相を呈している。地区により住民たちの転入の時期や居住期間もやや異なる。ただしみてきたように、地区間の差は、「都心」、「郊外」「中山間部」という言葉がイメージさせるほど大きなものではない。豊田市人口と階層をめぐるこのような空間的・時間的特性に留意しながら、次章以降の分析を進めていかなくてはならない[20]。

注

1　「都市地域」という概念についてはScott（2001）を参照のこと。

2　K. Fujita（1991）は、東京の世界都市性を、「柔軟な専門化」を志向する生産体制のセンターである点にみている。加茂利男（2005）も、「産業的世界都市」の性格をもつ東京が「日本型世界都市」としてどのように発展したかを問うている。本章は、自動車産業を中心に関連部門が集積し、「産業グローバル化」が進行した工業都市地域に、中長期的にどのような変化がみられたのかを確認することをねらいとしている。

3　データのユニットとしては、30年の連続性を重視し、主として2000年時点の88市町村を採用している。自治体の名称も合併以前のものをそのまま用いている。

4　このことは、多様な産業集積をもつ地域で経済的パフォーマンスが高くなるという知見（内閣府統括官2004）と一見矛盾しているようにみえる。しかし、輸送機械産業は、一般機械、電気機械、鉄鋼、化学、繊維、ゴム製品など、それじたいが多様な産業部門を前提とし、これらの一地域を超える分業を前提として成り立つものである。

5　愛知県庁HP（http://www.pref.aichi.jp/cmsfiles/contents/0000011/11921/h19_syu.pdf）による。

6　愛知県HP（http://www.pref.aichi.jp/0000054313.html）および（http://www.pref.aichi.jp/cmsfiles/contents/0000049/49015/kaitei3a.xls）による。

7　愛知県HP（http://www.pref.aichi.jp/cmsfiles/contents/0000007/7668/k18jigyosho

_hyo3.xls）による。

8 国勢調査の職業大分類にはごく少数ながら「分類不能の職業」が含まれるが、これは除外してある。

9 各自治体の就業者数による重みづけをかけてある。階層比率それぞれのなかには相関が非常に高い組みあわせがあるため、重回帰分析にかけることは―多重共線性の問題が生じるため―できない。また、1971年の純生産額のデータは、18市町村（犬山市/木曽川町/平和町/七宝町/美和町/甚目寺町/十四山村/佐屋町/立田村/八開村/幸田町/三好町/小原村/足助町/下山村/稲武町/作手村/音羽町）については得られず、分析から除外されている。

10 2005年のデータでは平成の市町村合併により小さい町村が合併されているので、データのユニットが変わっている。

11 事業所企業統計調査の実施年度のため、データはそれぞれ1969年、1981年、1991年、2001年、2006年のものを用いた。

12 製造業の平均規模と生産性がプラスに相関するとしても、これはリストラクチャリングへの圧力がないことを意味するわけではない。また製造業の規模を介在させたブルーカラー比率と純生産平均の偏相関係数はやはりプラスの有意な値を示す。

13 多和田らによると（2005）愛知県ではなおサービス関連需要の比重が増える一方で、輸送機械を中心とした産業クラスターは成熟産業型に移行し、域内調達度を低下させ、地域経済へのインパクトを弱めているという。

14 成分は上位3位までを示した。負荷量0.4以上のものに下線を引き、0.6以上のものは太字で示してある。

15 この成分では、岡崎や豊橋のような中核都市のほか、富山村や設楽町など過疎化が進み、役場や学校関係者の比重が高くなった過疎地の町村や、美浜町や南知多町、足助町など観光産業の比重が相対的に高い自治体も上位を占めている。

16 豊田市HP（http://www.city.toyota.aichi.jp/division/ab00/ab01/1199742/18jigyosho_hyo4.xls）による。

17 名鉄豊田市駅の乗降客数は1日平均2万6825人（2005年）にすぎなかった（豊田市総務部庶務課 2006）。なお、文中の利用交通手段は複数回答によるので全体の合計値は100%を超えている。

18 後出の2009年の質問紙データに独自の補正を加えた分類による。

19 これと対応して、中国人では、「会社の寮」に居住している人の比率が43.8%にも及んでいる。居住地区については、ブラジル人回答者の41.8%が保見地区に集中しているのに対して、中国人は旧市域の市街地、郊外に広く散在している（豊田市 2009a:9-10）。

20 2010年のデータについて付言すると、国勢調査の結果は原稿執筆時点でほぼ出揃いつつあるが、①合併の進行により比較が難しいことと、②社会経済統計でまだ利用できないものが多いため、今回の検討からは外している。今後の課題としたい。

第2章　トヨタ自動車の地域戦略と組織再編
──地域社会との接点としての社会貢献活動

岡村　徹也

1960年代以降の高度経済成長は、社会の経済的発展をもたらすと同時に自動車の大衆化を大きく進展させた。しかし、公害問題や社会思潮の変化といった問題を同時にもたらすことになる。その結果、自動車業界は、自らが発展し続けるためには、社会環境の変化と向き合わざるをえなくなった。

本章では、自動車業界が社会の変化とどのように向き合っているのかについて考察する。具体的にはトヨタ自動車株式会社（以下、「トヨタ」と略記）の社会貢献活動に注目し、その歴史的展開から自動車業界と社会との関係を考察する。トヨタの社会貢献活動は「豊かな社会の実現とその持続的な発展のため、社会の幅広い層と力を合わせ、持てる資源を有効に活用しながら、『環境』『交通安全』『人材育成』の分野を中心に、社会的課題の解決に向けて展開している[1]」ものだが、社会貢献活動プログラムは、その時々にトヨタが地域社会との良好な関係を保つための手段として取り組んだものである。つまり、自動車生産会社としてのトヨタにとっては単に性能の良い車をつくるだけでなく、企業の外部としての地域社会との共存は避けて通ることができない重要課題となっていたのである。本章では、1960年代以降のトヨタにおいて社会貢献という考えがどのように生まれ、具体的な貢献活動として展開されたのかを概観し、さらに社会貢献活動を通じたトヨタと地域社会との関係性を「社会的交換」という視点から見ていく。それによって、トヨタの社会貢献活動の形成プロセスをたどりながら、その機能的意義を明らかにしたい。

第1節　トヨタによる地域支配への批判

トヨタは高度経済成長期の1960年代に入ると急成長し、1965年11月に上郷工場を、翌1966年に高岡工場、1968年に三好工場をと、豊田市をはじめとする周辺地域で次々と新しい工場の操業を開始した。こうした急成長に伴い、それまで地元の労働力で足りていた工場は人手不足に陥り、北海道や九州など全国各地の若年労働力に頼らざるを得ない状況となった。トヨタは人手を確保するために、周辺地域に次々に独身寮を建て、地方からの労働者を豊田と周辺地域に迎え入れていった。

その結果、それらの地域で、土地・道路・電気・水道といった工場建設に関連するインフラ整備の不足を引き起こすとともに、住宅・学校・幼稚園・病院といった生活基盤の不足を引き起こすことになった。それはまた、さまざまな軋轢を地域社会に生み出すことになった。

このような状況下で、より迅速に必要な基盤整備をおこなうため、直接に市行政を動かす方策もとられた。そのため、関連企業を含めた従業員たちが構成する「ゆたか会」という地区組織を市中に張り巡らせて選挙運動を有利に進めたり、トヨタ出身者を市議会に送り込んだりするなど政治・行政への影響力を強める動きがみられるようになった。こうしたシステムによってトヨタが地域をいわば「支配」していく段階を高橋伸一は大きく3つの時期に分けて説明している（職業・生活研究会編 1994:471-473）。

第一の時期は1960年代で、1950年代末にトヨタ出身の市会議員が3分の1を占有するようになり、市政の支配権を掌握、その象徴として市名変更（挙母から豊田）が行われた時期である。日立製作所のように地名を企業名にする例はあったが、企業名を地名とするのは全国でも初めてのことであった。豊田市は名実ともにトヨタの企業城下町として歩みはじめたのである。市職員は北海道や九州などを回り、トヨタの人材確保にも協力した。また、全国各地から集まる労働者による急激な人口増に対応し、団地や学校の建設にも協力し、職住が接近する地域の原形ができあがった。その後、1964年にトヨタ出身の市長が誕生、県議会（1967年）、国会（1966年）へもトヨタ出身者を送り込むことで地域の政治支配の浸透を図った、いわば「市行政への浸透段階」期である。

第2の時期は1970年代で、1970年前後から労働力の主力となった地方からの単身若年男子が、結婚、家族生活に移行したことにより、大量に流入してきた労働者が地域に定着し始めた時期である。「住民」としてのトヨタ従業員の生活を包括する組織化を進め、企業の意向を地域に反映する「ゆたか会」の結成や行政主導のコミュニティ政策の重視がみられた「地域生活管理の段階」期である。

第3の時期は1980年代で、トヨタは巨大独占の地域支配を完了したものの、自治体、住民それぞれが所属する地域社会において、いわばトヨタ社会とでもいうべき側面が突出し、その社会の鋳型にはめ込まれ独自性を奪われ、画一化された存在となっていく企業社会・都市のもとで、地方自治・住民自治の「育成」が課題となった時期である。行政のコミュニティ政策の転換、トヨタの住民社会の「重視」姿勢がみられるようになった「企業都市の確立段階」期である。

このように工場立地期・開発期のトヨタと地域社会との関係については、トヨタが地域の資源を独占して政治的に地域を支配しているとの見方（野原・藤田編 1988）が、先行研究の基調であったといえよう。本研究の調査は過去の地域社会を対象としてはいない（できない）から、このような主張を直接肯定、否定する材料はない。しかし、企業の立地にあたっては、一般的に土地、用水、電力などの資源、生産インフラ、労働力とその生活インフラなど地域内に存在する資源が揃うことが経営上必須であり、それを確保するさまざまな努力が必要になることは否定できない。上の見方は同時代の地域開発研究に共通する見解でもあった。

第２節　トヨタと地域関係の変化

現在の豊田は企業と地域のこのような開発期から成長期にかけてみられる関係が大きく変化している段階にある。トヨタが直接市行政や地域社会に直接影響力を行使することはなくなってきているのである。トヨタは1980年代の半ばから円高や貿易摩擦への対応から海外生産・海外進出を本格化させ、アメリカ・ヨーロッパ諸国、アジア諸国へと次々と工場を建設していった。世界各地へのグローバルな進出がはじまる1980年代以降、すでに経営基盤を確立していたトヨタは豊田でさらに資源を獲得する必要は少なくなり、中部圏レベル、国レベル、さらにはグローバルなレベルでの展開に力を入れるようになった。広域には高速道路を含む各種道路網を張り巡らせたり、車を輸出するための港湾を整備したりするようになるが、そこでは地元地域外のさまざまな資源確保ないし投資に重点が移行していた。国レベルではそれまで中央の財界活動とは距離を置いてきたが、1984年に豊田英二が経済団体連合会（経団連、現・日本経済団体連合会）の副会長に就任し、以後財界での活動が本格化していった。1994年には、豊田章一郎が自動車業界からは初となる経団連会長に就任し、「税制改革」「規制改革」など、国家レベルでの活動、グローバルな活動へと重点が移っていった。

のちの章でみるように、1980年代以降、豊田でトヨタおよびグループ企業の従業員の多くが生活の根をおろす状況はより鮮明なものとなっていく。トヨタおよびグループ企業の集中は、部品調達コストを省き、高収益体質を生み出す原動力となり、地域経済を成長させていった。世界有数の企業体となったトヨタは非常に大きな力や資源をもつようになったが、すでに経営基盤を確立していたために、生産活動のために地元地域の資源をさらに求め、支配を行使する必要は少なくなっていた。むしろ地域にはトヨタ・関連企業の従業員がすでに多数暮らしており、企業内福利的な意味あいからも、生活インフラを整備したり地域に貢献する必要性が年々増してきたと考えられる。つまり、企業と地域社会との社会的交換の構造的条件が開発期とは正反対と言ってよいほど大きく変わってしまったわけである。成熟した産業都市を研究する際には、構造的条件のこの長期的変化を視野に入れなくてはならない。

そうした流れのなか、1980年代以降、トヨタの対外活動はどのように変化したのだろうか。ひとつは企業イメージに力を入れるようになったことである。社会・文化に対する貢献に力を入れるようになり、「もうけるだけでなく、もうけた金で何をするかを考える時代」（大島彊副社長、当時）を意識するようになり、「社会に貢献する企業」としての姿勢を打ち出しはじめた。こうした流れは、その後、90年代に入り、欧米との自動車摩擦問題などもあり、利益優先の印象を避けるためにも加速するようになる。

1992年には、1935年に豊田佐吉が定めた「豊田綱領」に代わる新しいトヨタの指針として「基本理念」が定められた。そこには「オープンでフェアな企業行動」「国際社会から信頼される企業市民」「長期安定的な成長と共存共栄」といった言葉が盛り込まれ、地域社会や世界経済、地球環境との「共生」を模索する「ビッグカンパニーからグッドカンパニーへ」というトヨタの姿勢転換が強調されていた。

こうした動きと前後して、従業員を取り巻く労働環境にも変化が見られた。1989年にはホワイトカラー層を中心にフレックスタイム（自由勤務時間）制を導入し、1995年には、工場労働者に対して、1962年から実施してきた昼夜2交替制勤務（第1シフト8:00~17:00、第2シフト21:00~6:00）を、連続2交替制勤務（6:25~15:05、16:00~00:40）へと変更した。それまで行われていた未明の長時間勤務をなくすため、早番の始業時間を早めると同時に早番・遅番の間を短縮する制度へと労働環境を切り替えた。早番と遅番の間が短いために、この間の残業による大量増産はできず、生産に弾力性を欠くシステムへの変更であったが、トヨタは女性の社会進出や若年者の労働観の変化など社会情勢の変化に合わせて導入を決めた。労働時間の短縮にも連続2交替制勤務は効果的とされ、労働外時間が趣味や家族サービスなどに活用されることを期待していた。

世界的なグローバル企業となったトヨタはアメリカやヨーロッパ、そしてアジアに生産の場を広げている。だが、その中心地が豊田であることは変わらない。一方で、トヨタの成長とともに、この地域にはプラスマイナスさまざまな影響が及んでいる。企業が地域に存在し、相互に社会的交換を行いながら、地域社会が形成されていく。このような視点から、トヨタの社会貢献活動に着目し、変容する地域社会をみていかなくてはならない。社会貢献活動には、企業の戦略だけでなく、地域社会との構造的条件の変化が反映されるし、企業の意図を超えた影響も現れる。この点を明らかにするのが本章の狙いである。

第3節　社会情勢の変化と企業の社会的責任

自動車は物流の拡大に対応した輸送機関として中心的な役割を果たすようになった1970年代後半、普及率が50%を超えて消費者生活と切り離せない存在となった。一方で、生活圏の拡大、レジャーの多様化など、自動車の普及によって消費者の生活行動様式は大きく変化し、同時に宅地開発の広域化、商業立地の変化など社会的側面でも影響を与える存在となった。

1960年代後半以降、高度成長政策に対する社会の評価は次第に変化し、経済成長は必ずしも国民福祉の向上につながらないとの考えが台頭してきた。こうした社会思潮の背景には、物質的豊かさを満たした消費者の欲求が高度・多様化し、生活の質的向上を重視するという傾向が強まったことに加え、自然環境の破壊、公害の深刻化などの問題が高度成長の歪みとして認識されてきたことが挙げられる。

それは高度成長の担い手であった企業に対する厳しい視線へとつながっていった。その主原因は公害問題であった。公害問題は先進各国に共通した課題として世界的に関心が高まり、日本でも1970年12月に公害対策基本法の改正をはじめ関連法の改正・新設が行われ、規制が強化された。

さらに、消費者主義（消費者保護運動）の世界的な高まりが、企業の社会的責任をクローズアップさせた。アメリカでは、1966年、GM車の欠陥に対して、世論の盛り上がりがその生産を一時ストップさせる事態にまで発展した。アメリカにおける消費者主義の高まりは、日本にも影響を与え、1960年代後半には自動車業界におけるリコール車問題を起因として、誇大広告、さらにはエネルギー・公害問題など企業活動のあらゆる側面へと関心が向けられた。企業は、社会の中の企業、消費者あっての企業であることを認識するとともに新たな企業理念と行動指針の確立を迫られた。経済に対する社会の価値観の変化に対して、従来の自由な市場競争に基づく経済合理性に加えて、社会環境への適応という観点が企業活動において重要視されるようになった。

商品を消費者に提供し、経済を発展させるだけでなく、社会環境への適応がトヨタにも求められたのである。企業の長期的発展のためには、社会環境とのバランスを保つことが重要になったのである。

第４節　社会との対話の推進――トヨタ社会貢献活動の源流

トヨタは社会環境との均衡を保つためにどのような対応をしたのか。トヨタは1950年に生産開発会社のトヨタ自動車工業株式会社（以下、「自工」と略記）と販売会社のトヨタ自動車販売株式会社（以下、「自販」と略記）の２社に分かれていた[2]。生産開発会社と販売会社の分離によって、自工が自動車の生産・開発・品質保証の分野を担い、自販が自工のつくった自動車を販売するというマーケティング分野、いわば消費者との窓口役を担当していた。

消費者の窓口となった自販が社会的責任遂行の一環として最初に着手したのは、自工とともに開催した「交通安全キャンペーン」であった。「交通安全キャンペーン」は、この時点では「社会貢献活動」とは謳わず、自動車業界が生みだした急速な車社会において発生するようになった各種問題への対応として「社会協力活動」と謳っていた。こうした取り組みに先立ち、1968年4月に「トヨタ交通環境委員会」を社内に組織していた。委員会では、交通を取り巻く諸問題を取り上げ、調査・研究から改善策の提案、問題解決のための活動が行われた。目的は「自動車を通じ豊かな社会をつくる」こととされた。1969年4月からは、増加の一途を辿っていた交通事故にトヨタグループとして対処するため、全国のトヨタ販売店が中心となって「第1回交通安全キャンペーン」を実施した。このキャンペーンに賛同する販売店は全国に拡大し、トヨタ販売店がおこなう全国的な初の社会貢献活動として定着していった。

同時期、世論が経済・産業優先から福祉優先へと方向転換するなかで、企業の社会性が大きくクローズアップされる事態に直面して、中央の経済団体、経済同友会や経団連などで相次いで「企業の社会的責任」問題を取り上げ、企業それぞれに自覚と実行を呼びかけた。1973年3月、経済同友会は、「社会と企業の相互信頼の確立を求めて」という提言を発表、社会からの企業批判に応えるためには地域社会との信頼関係を築くことが重要であるとして、社会との対話の必要性を強調した。経団連は1973年5月に「福祉社会を支える経済と我々の責務」と題する決議を採択した。その要旨は、①自由企業と健全な市場経済機構に基づく適度の経済成長を持続すること、②福祉社会の実現の条件——インフレ抑止と省エネルギーに努めること、③企業の社会的責任を追求すること、④国際経済との調和を推進すること、以上4点であった。

こうした状況から、トヨタも社会的な在り方を振り返る必要に迫られることになった。課題克服のために、安全・公害対策を含めた社会的ニーズを商品化するだけでなく、よりよい交通環境の実現に対する協力、福祉社会実現など、時代の要請への協力を果たすことが求められたのである。これらは結局のところ、社会との交換条件が変化したため、組織的な取り組みが必要になったことを意味していた。

第5節　トヨタ財団の設立——社会貢献活動の組織化

前節でもふれたように自動車の大衆化は、一方で交通渋滞・交通事故の増加、騒音排気ガスによる公害といったさまざまな社会問題を引き起こすようになっていた。自動車は社会的に問題視されるようにもなり、自動車業界への風当たりは強くなっていた。こうした状況を受けて1972年8月、中央公害対策審議会が排出ガスを規制する法律の中間答申を行い、排出ガス規制論議が高まった。これを受けてトヨタは「いかなる企業といえども、社会の理解・支援がなければ、発展はおろか、存続すらも危うくなる[3]」ことを再認識した。当時は、高度経済成長期の只中で企業業績の向上がおおいに期待されていた時期だったが、多くのひずみが表面化し、相次ぐ批判を受けてより一層の社会的責任を問われるようになっていた。こうした状況下、1973年、自工と自販が共同で財団設立を構想しはじめた。それまで自動車に関連した分野に留まっていた自工と自販の社会貢献活動としての「社会協力活動」において財団設立は新たな動きとなった。

財団の具体的な事業内容は、①交通安全、生活・自然環境領域、②社会福祉領域、③教育・文化領域の3領域における研究・事業に対する助成とした。そして、国際的視野に立った活動の展開という観点から、海外（主として発展途上国）における研究・事業も助成対象とした。しかし、企業批判が高まるなか、商社や自動車業界で財団設立構想が相次いだ時期で、財団は企業批判に対する「免罪符」とも受け取られかねない状況も一方にあった。こうした事情から、トヨタ財団は、出自を企業財団とするものの、運営面は「独立財団」となったのである。

トヨタ財団の設立は、それまで自動車に関連した分野に留まっていた自工と自販の社会貢献活動である「社会協力活動」において、新しい動きとなった。また、この時期、「緑化キャンペーン」や海外留学生を対象に日本の企業活動を理解してもらう「YFU（トヨタ・スカラシッププログラム）」をトヨタ・アメリカが開催するなど、1980年代に本格化する社会貢献活動へとつながる取り組みも現れはじめた。

一企業を越えて自動車産業の社会的重要性が高まったことは、自動車のもつ負の外部経済が問題視されるようになったことをきっかけとするものであった。これによって、トヨタは社会環境といかに均衡状態を保っていくかを考えなければ、長期的発展が望めないと考えるようになっていた。こうした状況下で、社会貢献活動が開始されることとなり、そのメルクマールとなったのが、トヨタ財団の設立であった。財団設立までの一連のプロセスは、トヨタが社会貢献活動の土台を形成した初期段階であったと考えられる。

第６節　企業のグローバル化と社会貢献活動

トヨタの社会貢献活動の変化には、トヨタ本体の動向も影響した。そのひとつ目は、トヨタの海外進出である。アメリカ・ケンタッキー州ジョージタウン市での工場建設計画の発表は1985年12月に行われた。しかし、早くも翌年3月には、トヨタはアメリカ進出において危機を迎えていた。アメリカでの生産拠点づくりは、対米輸出による摩擦回避が狙いで、ケンタッキー工場の建設には、現地法人の執行副社長兼CEO（後、現地法人社長）の張富士夫[4]が責任者として任務にあたっていた。そして赴任早々から現地での混乱と対立の処理に追われることになった。

対米輸出による摩擦回避が狙いのトヨタのアメリカ進出だったが、アメリカでは工場の激しい誘致合戦が生じた。20億ドルを投資し、年間24万台の乗用車を生産するというトヨタの工場計画に対して、アメリカ各地で激しい誘致運動が展開された。しかし、進出を歓迎しない層も存在し、自動車生産に伴う課税に各種優遇措置がある「外国貿易地域」の許可がなかなか得られない状況が続いていた。加えて、トヨタの工場建設を当初歓迎していたジョージタウン市民の間に、不信感が広がりつつあった。トヨタが工場建設の場となるジョージタウン市への根回しを後回しにしていたということに加え、州政府債をもとに建物と設備整備を進めた結果、建物が州政府名義となって、固定資産税と市の収入となる学校税が免除されることが、地元住民からトヨタへの不信を買う原因となっていた。この時の状況について張富士夫は次のように話す。

　歓迎しようと日本語を習っていた人もたくさんいたのですから、怒るのも当然でした。私は幸い、市内に家を建設中でしたので別格扱いしてくれましたが。その後、あわてて市、市議会、商工会関係者らの間を謝り歩き、以後は定期協議の場を設けるほか、学校税相当分を別に市に寄付することでなんとか了解してもらった[5]。

この時のトヨタの状況について、トヨタ自動車のA氏は次のように話す。

　グッドコーポレートシチズン（良き企業市民）という概念が日本にもまだ浸透していない時代で、何をやって良いかわからなかった。そのなかで一生懸命地元で何をやるかを考えた。すると、地元のレキシントン市に、識字教育プログラムがあった。びっくりしたけど、当時のアメリカには、字が書けない人がまだ大勢いた。話はできるが、読み書きができない。そうした親の子どもは、文盲になる確率が高かった。この悪いサイクルを断ち切るために、親と子どもが一緒に識字教育をしましょうというユニークなプログラムであった。これにトヨタは飛びついて、それが成功した。社会的な問題・課題に対する貢献事業で、どんどん発展して、トヨタは素晴らしい社会貢献プログラムを行っているとアメリカ社会から認知された。この時に社会貢献は、地域ニーズが一番と思った[6]。

以来、トヨタは、従業員と地域社会の生活の質向上、地元及びアメリカの経済発展に貢献することを経営理念の柱の一つとして掲げるようになった。

1988年、ジョージタウンにトヨタは乗用車組立工場を完成させた。同時に開始されたアメリカでの乗用車の単独生産が、社会貢献活動におけるトヨタの意識に変化を与えた。アメリカにおいては、企業にとって地域社会への貢献が重要視[7]されており、経常利益の1%を社会に寄付する「1%クラブ」などの活動が存在していた。アメリカ国内で現地化[8]を目指していたトヨタにも地域社会への利益還元が求められたのである。ケンタッキーでのプロジェクトを当時張富士夫と担当していたB氏はトヨタの当時の状況について次のように話す。

> 保守的なケンタッキーで工場を二つつくるには、良き企業市民としての認知を得ることが全ての原点だった。そのために現地の人たちが困っていること、して欲しいことに対して、トヨタは一生懸命努力をしてきた。そして、アメリカで社会貢献活動がいかに重要か、それが一番身に染みたのは、トヨタの上層部の中では張さん。中西部のケンタッキーに進出して、良き企業市民として、地元の企業として認知・理解してもらわないとどうにもならない。そのためのメッセージをどう出すか、具体的にどういうことをやるのかについて、張さんはケンタッキーの社長だったから、身にしみてわかったと思う[9]。

トヨタの社会貢献活動には、こうした海外での経験も影響を与えている。トヨタの社会貢献活動の充実は一面で自社のグローバル活動によってもたらされたものであったと考えられる。

トヨタの社会貢献活動の拡大には、さらにもう一つ国内の動きが影響したと考えられる。トヨタは、かつて社長を務めた石田退三が出した「財界活動はカネにならない」「自分の城は自分で守れ」といった方針から、財界活動とは一線を画してきた。しかし、日本を代表するグローバル企業としてトヨタへの注目が高まると中央財界のポストも務めざるを得ない状況に置かれていた。結果的に、社長の豊田章一郎が経団連副会長となったことから、トヨタの社会貢献活動はさらに促進されることになった。

経団連は、1990年4月13日、企業の地域社会、国際社会への積極的な貢献を目的に準備を進めてきた「1%クラブ」をスタートさせた。当時の日本企業は、諸外国から「利益至上主義」とみられがちで、こうした視点がアメリカをはじめとする国々において対外経済摩擦を生む一因となっていた。そのため、経団連が音頭をとって、国際文化交流や地域への福祉事業など、企業の社会貢献活動に力を入れることになったのである。「1%クラブ」は経常利益の最低1%を、福祉団体などに寄付することを義務付けており、またその義務を果たすことができる「良き企業市民」のみがクラブ会員となることを許される制度であった。経団連による「1%クラブ」設立の背景には、アメリカやヨーロッパ各国においてはすでに同様の趣旨のクラブが存在し、地域社会から高い評価を受け、期待を寄せられていたことがあった。

経団連の「1%クラブ」設立発表から1ヶ月後には、トヨタ社内において、地域社会へのスタンスに変化が現れていた。すでにトヨタは北米進出における経験を生かして、1989年末に「社会貢献活動委員会」を設置していた。社長の豊田章一郎が委員長となって、それまで担当部門ごとに個別に判断していた寄付や協賛活動について、委員会でふるいにかけ、重点分野に積極的に取り組む姿勢へと変化させた。ここで重点分野とされたのは、①文化活動の支援、②環境問題への取り組み、③国際交流の進展、④地域社会への貢献、⑤学術研究の手助け、以上5点であった。この時点で注目すべきは、「②環境問題への取り組み」よりも前に、「①文化活動の支援」が謳われていたことである。この点については、「1%クラブの前から広報部には社会文化室があり、規模は別にして、例えば、アマチュアオーケストラへの支援としてTCC（トヨタコミュニティコンサート）をはじめていた」（トヨタ自動車A氏）ことが理由として挙げられる。企業による社会貢献活動の内容は、展開する国・地域、操業先、企業の社会貢献活動に対する認識等に加えて、企業独自の歴史的経緯によって異なることがある。すなわち、トヨタはアメリカ進出によって社会貢献活動の重要性を学びつつ、日本国内ですでに展開していた社会貢献活動を活用しながら、トヨタ独自の活動のあり方を表明したのである。

当時はいわゆる「バブル景気」の絶頂期であった。しかし、トヨタはアメリカでの経験を生かして、企業への評価が利益や収益などの経済的側面ばかりでなく、他の要素、とりわけ社会貢献活動が重要となっていくだろうことを感じ取っていた。アメリカで現地化の努力を重ねるうち、国際企業として歩むには、社会貢献活動が重要であることを痛感したのである。経団連との関係は、トヨタがまさに日本を代表する企業へと階段を駆け上がっていく段階にあった点が影響している。さらに、設立された経団連の「1%クラブ」の代表世話人・会長に、当時経団連の副会長を務めていた社長の豊田章一郎が就任したことも大きい。豊田章一郎には、自らが所属するトヨタ社内においても、他社に率先して積極的に社会貢献活動をおこなう体制をつくることが求められたのである。

第７節　トヨタ社会貢献活動の組織再編

トヨタの社会貢献活動体制は90年代を通じて拡大し続け、そのピークが豊田章一郎が会長を務めた2005年に開催された愛知万博のころであった。その愛知万博終了後の2006年1月、トヨタは既存の社会貢献関連窓口を統合して「社会貢献推進部」を設置した。これは、その年にアメリカのゼネラル・モーターズ（GM）を抜き、生産台数で世界一になる見通しをもった上での組織改編であった。世界一を前に世界的な大企業として、国内外での社会貢献活動を専門部署で統括、社会の要望に沿った、より効果的な支援につなげることを目標にしていた。そして、「企業利益を社会に還元する」姿勢も明確にするとした。

体制としては、海外拠点や東京と豊田市の両本社にある広報部、総務部がそれまで個別に対応してきたものを組織として一本化して社会貢献推進部へまとめることになった。海外を中心に拡大する活動への対応や、業務の重複、ばらまき型支援を避けるなど、効率的で迅速な支援活動を目標にした。社会貢献推進部は東京本社に設置することになった。

トヨタは展開対象として、グローバルには環境・交通安全・人材育成を掲げ、ローカルには芸術・文化、共生社会を掲げている。しかし、それぞれのバランスは組織としてどのように取っているのだろうか。

現状では、まず「CSR委員会」が最上部組織となっている。この組織は、前節で触れたが、1989年に立ち上げた「社会貢献活動委員会」が発展したものである。このCSR委員会のなかの一分科会として「社会貢献活動委員会」があって、そこで、寄付・協賛プログラムや「自主プログラム」と呼んでいるTCCなどの大枠の予算を決めている。自主プログラムとしては、現状では開催してきた歴史や経緯が尊重されている。景気の影響から、この数年は新しい自主プログラムは増えていない。最も新しい自主プログラムは、「子どもとアーティストの集い」で2004年につくられたものである。

寄付・協賛プログラムで社会貢献推進部が判断するものは、主催者が決まっていないものや、NPOがおこなうものとなっている。ただし、行政の場合は、渉外部が判断している。それぞれの貢献対象との付き合いがある担当部が決定権をもっている。その際重視されるのは、その団体との関係性、団体の安全性や信頼性で、担当部の判断を入れてから、最終的な判断を社会貢献部がおこなう。

社会貢献推進部では、支援する分類、分野を決めるために、社会貢献活動方針を作成している。分野としては、環境、交通安全、教育、共生とあり、さらに芸術文化支援と共生社会（ボランティア、福祉など）がある。しかし、例えば、「交通安全は自動車会社なんだから、社会貢献じゃないだろうと、コンプライアンス上の話に含まれる」（同A氏）という議論がある。こうした点については、「CSRが今ほど盛り上がっていない時代につくった位置づけで、現在では、この部分についてやるのは当たり前のこと。自動車会社が社会貢献をやるのに交通安全を偉そうに社会貢献と言うんじゃない」（同A氏）との語りがある。この部分の経緯は4節で触れたとおりであるが、1960年代から春の交通安全キャンペーンをはじめて、警察がキャンペーンを行った時に全国の幼稚園にムーミンの紙芝居を配ったことに由来している。全国にある販売店を通じて紙芝居とグッズを配布したという。現在はチャイルドシートの着用啓発などもおこなっている。

トヨタは社会貢献活動をおこなう際に、どのように地域をとらえているのだろうか。それぞれを展開していくときに地域性は考慮しているのか。グローバルにはどのように展開しているのだろうか。

まず、大きな前提として海外事業体がある。北米、ヨーロッパ、アジアに続いて、それぞれ展開している国がある。地域統括会社がそれぞれの地域を統括し、その対象外となる国では、それぞれの国の現地事業体が統括している。

現地事業体は同じトヨタの名前を冠しているがトヨタジャパンと同じ会社ではない。連結対象子会社ではあるが、それぞれの地域でおこなう社会貢献活動には、トヨタジャパンでは支出できないことになっている。社会貢献活動予算を日本では予算化できないのである。そのため、現地、例えばアメリカでおこなう社会貢献活動はアメリカの事業体が予算化して実行している。ヨーロッパやアジアも同じ状況となっている。なぜなら、トヨタジャパンが予算化してアメリカの社会貢献活動をやると、その利益を日本人は受けることができないから、日本の税務当局から罰則を受けることになるからである。つまり現地にはトヨタノースアメリカがあり、そこへの利益供与になるからである。こうした状況についてA氏は次のように話す。

20年ぐらい前はその辺りはおおらかだった。誰のために、誰がメリットを受けるのかと言う部分はまだまだおおらかだった。まだ、トヨタの現地事業体がそんなになくて輸出が厳しかった時代に、トヨタジャパンが現地で社会貢献活動をする時には、トヨタジャパンのお金を使って現地で社会貢献活動をしても問題とならなかった。例えば日米貿易摩擦のころ、トヨタジャパンのお金でアメリカで何かやることが、回り回って、日本のためになるという言い分が通った時代があった。しかし、現在はトヨタはそれぞれ現地で生産しており、利益も出していることから、現地の経済活動は現地の会社が面倒をみなければならない[10]。

海外で展開するそれぞれの支援内容については、「戦略もなくやってもらっても困る。縛りも何もないが、弱いバインディングはある。お金も出せないから、お願いするしかない」（A氏）という状況となっている。トヨタジャパンから資金を支出する状況ではないため、それぞれの事業体が独自に判断している。こうした状況下で海外での社会貢献活動として重視している点をA氏は次のように話す。

海外では営業。ビジネスがよりダイレクト。日本の場合はビジネス以外にもトヨタの存在を高めるために社会貢献活動をおこなうが、海外では企業としての価値を直接高めていかなければならない。そのため、より即物的に車を売ることにつながる展開になっている。例えば、プリウスを買ってもらうことで、環境イメージを高めることが商品イメージを高めることであり、理解を得やすい。各海外事業体が社会貢献活動の予算を組むにあたって中心的なことは、現在、環境の分野となっている。どうせやらなければならず、どんな分野でやりますかというと環境となる場合が多いからである。しかしそのイメージは、環境＝プリウスとなっている[11]。

海外で社会貢献活動の歴史が長いのがアメリカで、アメリカではケンタッキーに進出した当初から教育、人材育成に力を入れてきた。これはアメリカの風土による影響が大きいと考えられる。アメリカは、識字率が未だに低く、本を読んで聞かせるような社会貢献プログラムは、日本では成立し得ないが、アメリカでは重要なプログラムとなっている。

以上のようにグローバル企業として各地域を束ねて、具体的なひとつのプログラムとして世界中で展開することは難しい状態となっている。ただし、事業地域ごとにバラバラでは企業ブランドとしての統一感に欠けるため、大きなエリアでまず環境への貢献を表明し、その上で社会貢献活動に取り組むという順序になっている。トヨタの社会貢献活動の歴史を見ると芸術文化支援活動へのウェイトが大きいが、現在は環境へウェイトは移っている。これは社会的に環境問題がクローズアップされてきたからである。それぞれのニーズが異なるため、トヨタは社会貢献活動を地域ごとに、社会環境に合わせて展開しているのである。また、「トヨタのモノづくりは人づくり」との方針があることから、人材育成や教育も海外の事業体から賛同を得やすいテーマとなっている。

第８節　トヨタ社会貢献活動の地域戦略

トヨタの社会貢献活動の地域性については、その歴史、とくに担当部の成り立ちとの関係から形づくられてきたと考えることができる。

先述したように現在、社会貢献活動の窓口として中心的な位置にあるのが社会貢献推進部である。その本拠は東京となっている。トヨタの本社は豊田市にあるが、なぜ東京に置くのか。本社地区の社会貢献活動は歴史的には総務部が担ってきた。ところがその中心は本社の一角にあるトヨタ会館であり、豊田市周辺への貢献活動しか行っていない。しかし社会貢献推進部ができた時に本社総務部が行ってきた社会貢献活動とその機能を社会貢献推進部に移管することになった。このことを説明するには、自工と自販に分かれていた時代にまで遡らなければならない。自工の時代は社会貢献活動は主に本社で総務部が担当していた。この時トヨタ自販の本社は名古屋だったが、社会貢献活動については東京にあった広報部の社会文化室が行っていた。その中に社会文化グループと交通環境グループがあった。社会文化グループが主にアマチュアオーケストラによるTCCを管轄し、交通環境グループが交通安全に取り組んでいた。「環境フォーラム」も広報部で開催していた。すなわち、自工と自販は別々に社会貢献活動をしていたのである。どちらかというと、自工は活動というよりは、「箱もの」が中心であった。例えば、トヨタ財団や豊田工業大学をつくって、これを社会貢献活動と位置づけていた。すなわち、現在豊田市で行われているトヨタの社会貢献活動は自工の流れを汲むもので、自販の流れを汲むものは豊田市にはほとんど存在しないのである。自工と自販は1982年に合併することになるが、合併後もその機能はそれぞれの部署に残った。そのため、豊田市の本社総務部の中にも社会貢献の機能が残り、広報部に関しては東京が本社機能をもつことになった。

トヨタが最近、力を入れ始めた環境問題はどこが担っているのかについてもその成り立ちから追う必要がある。1997年に環境部が新設されて環境社会貢献を始める。現在は環境部の流れを汲むCSR環境部が担当している。トヨタの社会貢献活動における環境のジャンルにおいて大きなウェイトを占めているのが「白川郷自然学校」である。中国での植林活動、砂漠化防止活動は基本的には現地の事業体が主体性をもって行っているが、中身については、CSR環境部のなかにあるバイオ緑化事業部が木を栽培して剪定し、あるいは、ボランティアとしてトヨタジャパンの従業員を中国に送り込んで植林している。「トヨタの森」については、かつて本社総務部が地元地域社会の活動としてやっていたものを社会貢献推進部ができた時に移管した。正確に言えば、豊田の本社総務の機能が一部東京へ移ったのである。

このように見ていくとトヨタの社会貢献活動の地域性と組織の関係が明らかになる。例えば、ボランティアセンターについては本社にあって東京にはない。これはもともとトヨタの総務部の活動であったことに由来している。福祉関連の活動も豊田市内の活動に限られている、というよりも豊田本社エリアに限定されている。さらに付け加えるなら、地域社会に対してはさまざまな形で対応している。例えば、地域で行われるさまざまなイベントへ寄付が欲しいとか、花火大会があるからスポンサーになって欲しいとか、地域との付き合いの類については、とくに社会貢献活動とは位置づけていない。それらは総務部が担当窓口となっているのである。

注意してみると、豊田の地元には芸術文化支援プログラム以外の全てのプログラムがあり、他方全国に目を向けた場合、ボランティアとか福祉といった類の活動は社会貢献活動プログラムとしては存在しないのである。そもそも、豊田市内を中心とした活動は、「社員（従業員、労働組合員）≒地域住民」という視点を抜いて語るわけにはいかない。豊田市は1964年から67年にかけて高岡町、上郷町、猿投町の合併によって市域を拡大してトヨタの足元を支えた。トヨタの発展に伴う人口の流入も加わり、市の人口は急激に増えた。これに対して、住宅・学校・公園にはじまり、その他の文教施設、厚生施設の整備は全く追いつかなかった。そのためトヨタの従業員でもある地域住民の生活環境の改善を望む声が高まっていた。こうした地域の公共施設・インフラの問題は、本来は行政が担うものである。こうした状況が、一方では、社員、従業員の生活課題に対する懸念や配慮につながり、行政とトヨタの連携による地域インフラの整備拡充へと結び付いた。これによってトヨタは行政サービスを補完する地域社会の担い手ともなったのである。豊田市内でのトヨタの社会貢献活動に「箱もの」が多くなるのはこうした理由もある。トヨタ自工時代にこの部分が社会貢献活動と位置づけられ、そうした流れが現在まで続いてきた。

以上のような視点から地域社会との関係を見ると、社会貢献推進部の担当は個別の地域というよりは全国レベルの活動である。これに対し、総務部の担当はあくまでも本社所在地豊田という特定地域での活動に限られているのである。社会貢献推進部の言う「地域」は実際には全国それぞれの地域で、特定地域に対する活動は極力避け、常に全国での展開を志向している。社会貢献推進部が唯一、東京という地域を対象としておこなうものに「ロビーコンサート」があるが、これはトヨタが東京にも本社ビルを構えているからである。このプログラムも東京総務部と共催している。東京総務部は東京でもボランティア活動を小規模ながらも行っている。「ロビーコンサート」ではボランティアを社内外から募って、当日の運営を行い地域の福祉団体と連携している。車いすの補助など、身体障害者への応接も総務部が行っている。この他に、例えばウィーン国立歌劇場との共同事業である「トヨタ・マスタープレイヤーズ,ウィーン」にしても、5大都市が意識され、そこに開催地に仙台が加わっているのは、宮城に東北工場があるからと考えられる。ここからも、緩やかながらも事業所を基準に活動エリアとしていることがみてとれるだろう。

小　括[12]

最後に、社会貢献活動を通じて構築されたトヨタと地域社会との関係性について、序章で設定した3つの時期に分けて、社会的交換という視点から考察したい。

製造業の企業が最初に立地したり、操業規模を拡大する時には、用地、用水、電力、交通インフラといった生産基盤の確保、従業員の確保に加えて、彼らの生活基盤を整備することが必須の前提となる。地域社会側では、企業活動のもたらす雇用や富に関心をもつため、社会的交換が成立することになるが、操業開始は廃棄物や騒音、交通量増加などをもたらすため、業種によっては環境悪化や公害を引き起こす。企業の規模が大きいか規模の拡大が急激であれば、立地する地域には大きな負荷がかかり、地域内でも得失をめぐってさまざまな軋轢が生じる可能性が高まる。整備を進めるため、資源をもつ企業側がさまざまな経路で地域社会・行政に対して影響力を行使する可能性も高まる。税収は増えるが、支出もそれ以上に増え、財政状況は一時的に苦しくなる。1950年代後半から60年代後半にかけての豊田は——自動車産業が部品製造や組み立てを中心としていたため他地域ほど深刻な公害はもたらさなかったが——おおよそこのような状況にあったと考えられよう。

ところが、企業が地域の経営基盤を確立し、成長期を迎えると、こうした状況と交換条件は大きく変化していく。地域経済は成長し人口は増え、企業の再投資、従業員の所得、税収として利益が地元に還流する。経営を左右する資源やチャンスは地域の外で追求されるようになる一方、事業を展開した企業は広く社会的責任や企業活動の負の側面にも対処せざるをえなくなる。企業イメージは製品の価値を左右するため、企業側としてもこれを軽視することはできないのである。他方地元では、生産基盤は先行して整備され、次第に充足されるが、従業員の生活基盤は市街地が広がっていることもありなかなか充足されない。このため、企業としては企業福利的意味合いからも地域貢献に力を入れるようになる。その活動は、一面では「箱もの」的な生活インフラの整備を含むことになる。企業の立地をめぐる地元の利害対立や葛藤もこうして次第に落ち着き、従業員たちも家族を形成し少しずつ地域の生活に馴染んでいく。これは、70年代から80年代にかけてトヨタがナショナル・カンパニーとしての地位を確立して環境を意識した社会貢献と企業イメージづくりに力を入れ出し、地元でも寄付活動や交通安全キャンペーンに力を入れていった時期に対応している。全国的な社会貢献と地元への地域貢献では性質が異なるため、上でみたようにトヨタ自動車社内でも管轄する組織が異なり、対応も分かれたのはある意味で当然の帰結であった。

最後の段階は、企業の成長がさらに続き、開発期に入社した従業員が退職期を迎えてなお地元に居を定めるという、プロダクト・サイクルによる浮沈の大きい製造業では比較的珍しい局面（成熟期）を迎えた時である。従業員の子弟が同じ企業やグループ企業に入社するケースが多くなり、第三世代が生まれるのもこの時期である。この段階の地域社会について本章では本格的に論じていないが、企業の社会的貢献と平行して、時間に余裕ができた従業員が地元地域社会に目を向け、地域活動に参加していくようになる。製造業、とくに製造現場は人の移動が比較的少ないため、職場の人間関係が地域に一部もち越されてゆき、それが自治活動・地域活動の基盤になり、産業都市特有の市民活動が活性化していく。企業や労働組合も労働条件をめぐって交渉するだけでなく、従業員のセカンド・ライフに向けたプランを充実させていくことになる。企業からの人材・資源の提供はさらに多くなり、地域社会の側からは、企業に承認と正当性が与えられるようになっていく。この段階こそが、本書が対象としている現在の豊田とトヨタの状況で、90年代以降の時期である。トヨタといえどもこの時期を迎えて経営を軌道に乗せるには、国際競争とグローバル化への対応が必要であった。第Ⅱ部以降の諸章ではこうした局面にある地域社会の状況を詳しくみていくことにしよう。

注

1　トヨタ企業サイト／社会貢献活動（http://www.toyota.co.jp/jpn/sustainability/social_contribution/）
2　1949年から1950年にかけて日本経済は激しいデフレの渦中にあり、多くの企業が経営不振に陥っていた。トヨタも例外ではなく、従業員の給与支払いができなくなるなど、資金難に見舞われた。最終的に、トヨタの生産開発部門と販売部門を分離することを条件に銀行から融資を取り付け、この難局を乗り切りきることができた。
3　財団法人トヨタ財団30年史編纂委員会（2006:17）
4　1999年に社長就任、2006年に会長就任、2013年に退任し名誉会長。
5　『読売新聞』1993年4月1日付夕刊。
6　聞き取りは2009年12月17日におこなった。
7　世界的にみて、富豪個人ではなく企業が芸術文化支援に取り組みはじめたのは、1960年代に入ってからのこと。その牽引役となったのがアメリカで、1967年にロックフェラーの提唱によりBusiness Committee for the Arts, Inc.がニューヨークに設立され、啓発活動や情報提供、顕彰事業などを通じて、企業による芸術文化支援を積極的に推進していた。また、アメリカにおいては、純然たる寄付（donation）を除いて金銭的な支援全般をスポンサーシップ（sponsorship of the arts）で表している。（企業メセナ協議会2000: 9-12）
8　現地化とは、需要のある現地で開発・設計から生産、販売まですべておこなうことで、トヨタの基本方針となっている。
9　聞き取りは2009年5月20日におこなった。
10　聞き取りは2009年12月17日におこなった。
11　聞き取りは2009年12月17日におこなった。
12　この節については丹辺が執筆している。

第3章　豊田市のコミュニティ施策の展開

――制度化される市民活動

谷口　　功
丹辺　宣彦

豊田市では、近年まちづくり施策が積極的に展開されており、地縁型の市民活動を中心に活性化している。他方で、広域的に活動するテーマ型の市民活動は、大都市でみられるNPOを中心とした活動のレベルには必ずしも達していない。それは、歴史的に構築されてきた自治制度と地縁的関係によるものであり、他方で「低密分散型」の都市形成を背景に生じる住民たちのニーズによるところが大きい。

本章では、まず、豊田市による市民活動支援制度、自治制度の歴史的経緯と担い手を確認し、さらに合併以降に展開した近年の都市内分権、まちづくり施策を概観する。そしてそれらが、地区のニーズ、充実した補助制度とあいまって地縁型市民活動を中心に活性化していること、他方でテーマ型市民活動のひろがりと活性化が結果的に遅れがちであることを示していく。

第1節　はじめに――自治区の形成：平成の合併以前のコミュニティ施策

1998年のNPO法施行以降、市民活動は、町内会・自治会を基盤とした地縁型活動と、特定のミッションを掲げるNPOなどのテーマ型活動とに区分されることが多い。NPOの認証数が増加していくなか自治体では、市民と行政との連携だけでなく、地縁型団体とテーマ型団体の連携が政策的課題とされている[1]。

豊田市においても、2002年に『市民と行政の協働の推進に関する提言』（豊田市社会貢献活動促進協議会[2]）が提出され、市民主導の「新しいNPO型市民活動と行政とが、対等・平等の立場で良好な協働関係を築いていくこと」

の必要性が指摘された。2005年の周辺6町村（小原村・藤岡町・旭町・足助町・稲武町・下山村）との合併を契機に、まちづくり3条例（まちづくり基本条例・地域自治区条例・市民活動促進条例）が制定され、具体的に地域自治システムの構築と市民活動促進という二つの柱によって「共働によるまちづくり」がすすめられていくこととなる。この理念には、町内会・自治会・ボランティア団体・NPO・企業・大学・行政などの多様な主体が、単に協力しあうだけでなく、まちづくりという共通の目的に対してそれぞれの立場から活動することも含められている。この理念には、地域自治システムの構築と市民活動促進のための制度によって、テーマ型市民活動を拡げていくというねらいがあった。じっさいの施策も、理念や制度設計、組織改変にとどまらず、のちにみるように全国的にも類をみない充実した予算措置と補助事業メニューによって都市内分権と市民活動参加を支援するものになっていた。

実際に市民活動の団体やボランティアグループは、豊田市直営の市民活動センターには201団体（2011年5月15日現在）、豊田市社会福祉協議会ボランティアセンターには163団体（2011年11月18日現在）が登録しており、それぞれが目的に掲げるテーマに沿った分野で活動をおこなっている。2011年2月に丹辺が実施した団体調査データで設立年次をみると（**図3-1**）、その数は、1990年代末以降、とくに上の制度改変が行われた2005年前後から急増して

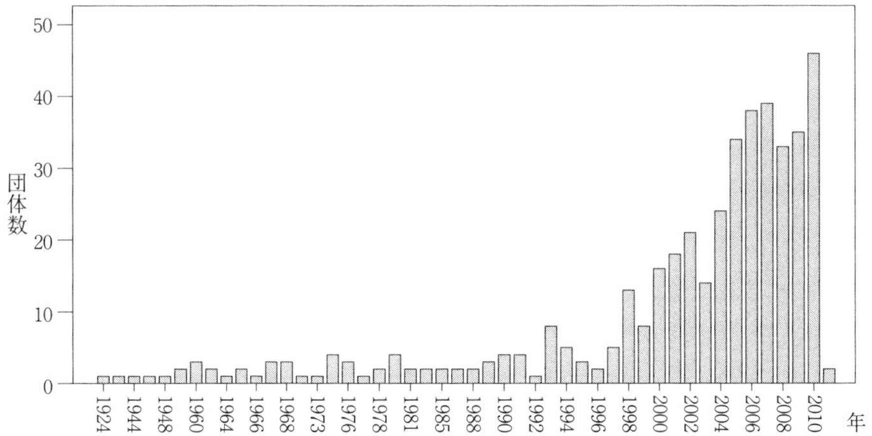

図3-1　豊田の市民活動団体の設立年次

データ：2011年団体調査による

いることがわかる。ただし、豊田市に拠点を置くNPO法人は55団体（2012年9月18日現在）であり、人口比でみた団体数は全国平均や名古屋市、岡崎市、豊橋市などと比較してもけっして多いとはいえない。のちにみるように、「市民活動促進計画」がねらいとしたNPO法人の増加やテーマ型市民活動の広がり、そして地縁組織との連携といった点で、行政が思い描いたとおりに市民活動が展開されているとは必ずしもいえない。

豊田市では、町内会・自治会のことを「自治区」と表現する。全域で302自治区（2011年4月現在）あり、旧豊田市[3]には、226の地縁型市民活動の基盤となる自治区がある。まずは、その自治区設置の歴史的経緯を見ていく（豊田市区長会 2010）。

1　自治区の設置

戦後、GHQによって行政末端の戦争協力団体として位置づけられた町内会・自治会は解散させられることとなったが、生活物資の配給等で混乱を防ぐために、これに代わる機能として、首長が任命する「駐在員制度」が各地で導入された。

豊田市においては、西加茂郡挙母町が挙母市（市制施行日の人口: 3万2400人）として市制施行した1951年から「駐在員制度」は導入され、サンフランシスコ講和条約の発効によって、さまざまな制約が解除されて以降も1959年まで継続された。町内から推薦で選ばれた駐在員が市から委嘱を受け、行政からのさまざまな業務が地域に委託されることとなった。

一方、戦後復興のなかで自動車産業が本格的に軌道に乗り始めたことにより、市の名称変更が議論され、1959年1月に挙母市から「豊田市」となった。その翌年の1960年1月には、駐在員制度に代わって「行政区」が誕生し[4]、区は自主的な民主的任意団体として位置づけられることとなった。同時に、「挙母市自治振興会」はその性格や内容を一新して「豊田市区長会」と名称変更をした[5]。

1960年代は、トヨタ自動車の生産拡大に伴い、工場が次々と建設されて多くの若者が全国から集まってきた[6]。そして、工場操業開始にともない周辺町村の編入合併が実施され[7]、人口が急増することとなった。1971年には、人口は20万人を超す。編入町村にも同一のシステムが導入され、新住民たちは「行政区」に加入していくことになるが、「行政区」という名称は、鈴木公平元市長も指摘するように[8]、任意の住民組織を行政の末端組織であるかのようにとらえていた。1974年には、豊田市行政制度審議会答申により、行政とは別の任意団体であることをより明確にし、住民主導の組織にするために、「行政区」から「自治区」に名称を変更することとなった。

住宅地が整備され新しく自治区が組織され、自治区自体の数も増えていく中、地域の「まとまり」をより広域的にして、新住民を豊田市民として地域活動に巻き込んでいく仕組みが求められ、導入されることとなった。それが、中学校区を区域としたコミュニティ会議である。

2　活動拠点とコミュニティ会議

繰り返すが、1960年代以降、自動車産業の飛躍的成長に伴い、豊田市は新旧住民の混在する自治体となる。1965年には、1中学校区1公民館設置構想がたちあがり、住民たちの活動拠点として公民館が整備されることとなる。

さまざまな地域課題が発生し、地域内秩序の維持、自治区の存在意義、交通安全、環境美化、伝統文化の衰退などに関して、区長会で議論がおこる。一方で、急激にふくれあがる地域社会に対して、市民の中から新しいコミュニティを形成する必然性が意識され始め、目指すべき目標を定めようとする議論が全市的に展開されるようになった[9]。こうした声をうけ、1978年3月に「豊田市民の誓い」[10]が制定されることとなった。そして、地域課題への主体的な対応を目的に1978年度に、11中学校区を単位に地区コミュニティ会議が発足することとなった。構成員は、自治区をはじめとした地域に展開する青少年健全育成推進協議会、老人クラブ、PTAなどの各種団体である。

1980年には、各地区コミュニティ会議に部会（スポーツ・文化・青少年育成）が設置され、市に直接の担当部署として社会部が新設されることとなり、補助制度が拡充されていった。1982年度からは、財団法人豊田市文教施設協会（1980年設立）に公民館の管理委託がなされ[11]、公民館単位での事業展開が可能となった。公民館とコミュニティ会議の連携がすすめられ、区長会の部会活動による提言がコミュニティ会議で実践されるようになっていった。

1984年には、地区コミュニティ会議会長連絡会が新設され、地区間の連携強化が図られるようになる。さらなる住民活動の促進のために、コミュニティ活動に対する共済制度も創設された。恒例の成人式の開催についても、各地区コミュニティ会議による地区分散方式となった。

一方で、コミュニティ活動の基本単位を自治区としている。1990年には、区長会は、「とよた市住民自治憲章」を定め、「自治区コミュニティ構想」を発表した。現在に至るまで、「まちづくり、人づくり、幸せづくり」の礎として自治区を位置づけている。

1990年には、全中学校区に地区公民館が完備され、20地区体制となった。各公民館は会議室やホール、図書館、調理室などを備える。一方で、老朽化した公民館もあり、機能拡充のため建て替え工事が開始される。活動方針も見直され、地域課題解決に向けた連絡調整機能が中心となっていった。コミュニティ事務員制度を廃止し、公民館職員による事務局運営に変更された。

1998年には、地区区長会長と地区コミュニティ会議議長を兼務することになり、連絡調整機能の強化がなされていった。会長職の兼務により、区長会役員会と地区コミュニティ会議会長連絡会が毎月併催されることとなり、ますます、コミュニティ会議における自治区の役割は重要な位置を占めるようになっていった。

2002年には、この中学校区を区域とする公民館は生涯学習センター「交流館」と名称変更され、住民の交流、文化活動など住民活動の場、そして、まちづくりの拠点として位置づけられた。2005年には、交流館を管轄する生涯学習課が教育委員会から社会部に移され[12]、交流館の「地域課題の解決を支援する拠点」としての役割強化がなされ、「都市内分権」推進の拠点としても位置づけられるようになった。

2005年の周辺6町村との合併後には、合併された地域にも同様の仕組みが導入され、中学校区を単位に交流館が置かれ、コミュニティ会議が設置されることとなった。市町村合併がおこなわれた場合、住民組織の仕組みについては、旧来のまま引き継がれることがあるが、豊田市の場合は、合併町村すべてに交流館を置き、コミュニティ会議を設置し、行政的な統合だけではなく、住民組織の統合もおこなったのである。2011年には、新設された藤岡南中学校とともに藤岡南コミュニティ会議が設立され（豊田市2011a）、豊田市内の27の中学校区に交流館が置かれている（豊田市生涯学習センター条例による）。

3　自治区と行政の相互関係

以上のように、豊田市では、新住民を地域社会に組み込んでいくための仕組みが自治区にとっても行政にとっても必要であり、中学校区を単位としたコミュニティ会議がその機能を担うことになっていった。この仕組みの中で、自治区と行政の相互依存関係がより強固なものとなっていった。とくに自治区長は、「とよた市住民自治憲章」によって、「従来のコミュニティ育成の総括的リーダーという役割に加えて、地域運営の中で役割分担を推進し、『地域の人々の参加と責任』による住民自治の振興に努めること」が求められている。

自治区長は、住民の任意団体の代表者であるから、法的な権限はなく、市からの報酬もない。しかし、行政施策の推進のために自治区および自治区長へ依頼される協力事務は以下のように多数ある。

例えば、①「広報とよた」の配布、②市行事への参加、協力依頼、③行政案内等文書の回覧、④交通安全街頭監視活動、⑤ごみ減量、リサイクル推進運動の協力、⑥市指定ごみ袋の販売、⑦ごみステーションの維持管理、⑧環境美化運動、⑨ちびっ子広場、児童遊園の維持管理、⑩各種委員の推薦、⑪各種表彰候補者の推薦、⑫防犯灯の設置及び維持管理、⑬地区コミュニティ会議活動への協力、⑭国、県、警察等行政機関からの依頼、協力事務、などである。

さらに、これらの業務に加えて、少子高齢化、国際化、安心・安全といった社会的問題や専門化する地域課題の発生によって、自治区長の取り組む内容は、さらに難しくなっている。区長会による2009年度の自治区実態調査によれば（回答数299自治区）、問題の第1位として高齢化（206自治区）、第2位が自治区長及び役員の担い手不足（171自治区）、第3位としてごみの不法投棄（155自治区）をあげている（豊田市区長会2009）。

区長は総じて、多様な業務をこなし全うしている。例えば、ゴミの分別が徹底されていない場合には、区長自らが分別をおこなったり、回収日と異なる曜日にごみが出されていれば区長が引き取る場合もある。防犯活動などにも積極的に取り組む。それは、自らも「地域の世話になっている」という思いから生じる責任感によるものでもある。そして区長を経験することによって、地域社会のキーパーソンであることの自覚が生み出される。

一方で行政は、自治区や区長会などに対してその活動を支援するという名目で、各部署からさまざまな形で補助金を出している。自治区に対しては、地域振興事務交付金（委員会活動費、防犯活動費、広報配布事務費、環境整備活動費など）、過疎地域特別交付金、自治区活動備品整備事業補助金、自治区防犯灯設置費補助金、自治区放送施設整備事業補助金、地域集会施設整備事業補助金、地域集会施設整備資金融資あっせん制度、地域集会施設耐震診断事業費補助金である。区長会に対しては、豊田市区長会補助金、コミュニティ会議に対しては、地区コミュニティ推進事業交付金、豊田市コミュニティ助成事業補助金が交付されている。

これらは、補助金の種類により均等割り、世帯割、面積割などで分配され、総額約7億4000万円（2010年度）が交付されていることになる。そのうち旧豊田市（挙母、上郷、高岡、高橋、猿投、松平）が約6億4000万円を占めている（豊田市 2011c）。

1991年以降、区長会は重要課題を協議決定する役員会を中心に、総務委員会、地区区長会、自治区という組織構造をとっている。総務委員会は、1983年から8年間継続した総務部会、環境部会、体育文化部会、福祉部会、生活安全部会の5部会を一本化し、調査研究活動[13]をより柔軟で強力に実施できる組織として位置づけられている。

とくに、まちづくり発表会の開催と安全・安心なまちづくり活動については、積極的に取り組まれてきた[14]。まちづくり発表会は、2001年度から3年間開催され、自治区まちづくり事例紹介、自治区活動パネル、自治区だより展示などがおこなわれ、各自治区で取り組まれている活動についての情報交換がおこなわれた。このまちづくり発表会を発展的に継承したのが、2006年度から開催されている「あったかフェスタ」である。「あったかフェスタ」は、自治区の活動だけではなく、ボランティア団体やNPOなど、全市的なまちづくり活動が紹介される場となっており、地縁型市民活動とテーマ型市民活動の交流の場としても位置づけられている。

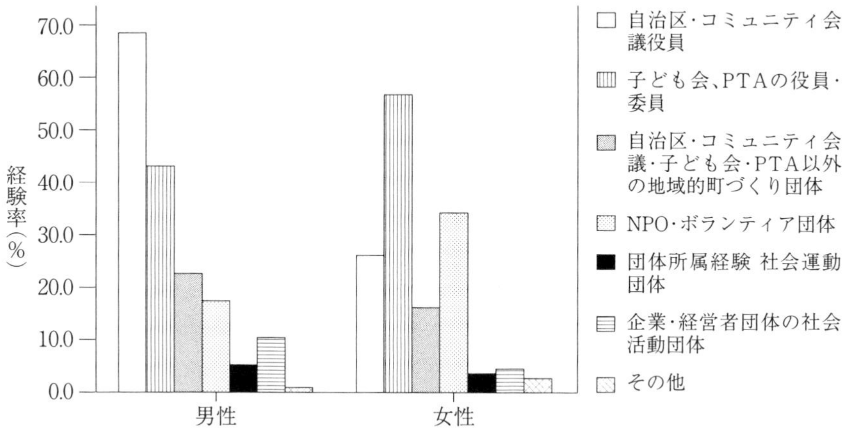

図3-2　市民活動団体リーダーの過去の団体活動経験率（男女）

データ：2011年団体調査による

以上のように、豊田市では自治区を基礎とした地縁型市民活動が、地域課題に対応し、中学校区を単位としたコミュニティ会議によってその活動が統合されていく仕組みが、新住民を地域に取り込む形で構築されていった。それに対して行政は補助金という形で応え、活動支援や地域のインフラ整備を手厚くすすめてきた。こうした自治区・コミュニティ会議の活発な活動は、他のまちづくり活動の担い手の有力な供給源ともなっている。2011年に実施した団体調査データでは、まちづくり団体リーダー（438団体）の57.8%が「自治区・コミュニティ会議の役員」を経験していた（**図3-2**）。とくに男性をリーダーとする団体がこのうち327団体を占めており、男性リーダーの68.5%に「自治区・コミュニティ会議の役員」の活動経験があったことに注目しておきたい。

4　地域住民の意識とニーズ

ここまで、平成の合併以前のコミュニティ施策・自治制度の沿革について簡単にみてきたが、そもそも地域で生活する住民たちのニーズはどのようなものだったのだろうか。旧市域の市民を対象におこなわれた最後の調査である第15回（2003年）「市民意識調査」をもとに、生活環境への満足度、行政への要望事項をみておこう。生活環境20項目について－2から2点のあいだの5点尺度で評価を求めた設問をみると、満足度の高い項目は、「緑・自然の豊かさ（0.49）」「工場の振動・騒音からの静かさ（0.36）」「住宅の住み心地（0.26）」「近所とのつきあい（0.25）」「自治区活動（0.17）」の平均が上位5項目を示していた。これに対して、「バスの便利さ（-0.95）」「電車の便利さ（-0.66）」「近くの夜道の明るさ（-0.54）」「歩道の安全性・快適さ（-0.53）」「川・排水路の水のきれいさ（-0.38）」などが下位を占めている。これをみると、自然環境、自宅、近隣との交流への満足度は高く、交通・都市インフラや治安などの評価が低いことがわかり、よくも悪くも郊外的居住への評価が色濃く出た結果となっており、自治活動への評価は比較的高い。市の施策26項目に対して「力を入れて欲しい」「できれば力を入れて欲しい」と答えた割合が高いのは、「防災対策（64.8%）」「医療提供体制の充実（64.7%）」「高齢者福祉・介護保険（64.1%）」「公共交通体制（62.8%）」「中心市街地の活性化（57.6%）」の順となっていた。こちらも、公共サービスへのアクセスを望む郊外的居住に関係した要望項目が多くなっている（豊田市 2003）。

財政基盤の強い市により都市基盤・インフラ、公共施設を整備する努力と財源投入が続いてきたにもかかわらず、居住地域の生活基盤への要望がなお強く残っていたのはなぜであろうか？　これはやはり、低密度で郊外的市街地が広がっている豊田の都市構造に主な原因があるといえよう。市街地が広がっていればいるほど、生活を支える公共施設やサービス、交通手段をすべての地区が身近に充足することは難しくなる。このような都市では、身近に必要な公共財、集合財が充足されにくい。別の言いかたをすると、住民のまちづくりが活発化する場合は、それぞれの地区にとって必要な集合財を供給する活動に向かいやすいとも言えよう。自治区の活動も、そのような活動の中心にあるわけだが、後にみるように、他のまちづくりもそのような地縁的活動へ向かって活性化していくことになる。

第2節　地域自治システムの構築と市民活動の促進

1　地域会議の設置

全国的な地方分権化の流れを背景に、鈴木公平市政（2000～2012年）が掲げた、「共働のまちづくり」というテーマのもと、豊田市では市民が直接まちづくりに参画する仕組みが模索・構築されてきた。2005年の市町村合併を契機に、地域自治システムの構築と市民活動の促進が制度的にすすめられている。

2005年10月、市民による自治の確立を図り、自立した地域社会を実現することを目的として、自治の基本理念を定めた「豊田市まちづくり基本条例」が施行された。同時に、自立・持続型の自治体を目指すために、都市内分権の推進を視野に入れ、改正地方自治法（2004年5月公布）に基づき、「豊田市地域自治区条例」を制定し、地域自治区制度を導入した。

これらの条例と地方自治法をもとに、豊田市内は12の地域自治区に区分けされ、26の中学校区ごとに地域住民によって構成される地域会議（地方自治法における「地域協議会」）が設けられることとなった[15]。同じ中学校を区域とするコミュニティ会議が市民の自主団体であるのに対して、地域会議は、地域課題の検討や、市からの諮問事項について審議をおこなう審議機関である。地域課題の解決に対して、住民諸団体と行政との連絡調整機関ではなく、行政組織として、地域の意見を集約・調整し、住民参加のもと地域課題に対してどのように対応していくかを立案していくことが期待されている。

地域会議は、地域課題の検討や、市からの諮問事項について審議をおこなう審議機関であるゆえ、例えば、総合計画や観光交流基本計画など地域にかかわる基本構想の策定において、市からの諮問に対し、自治区（町内会・自治会）等地域団体との意見交換も踏まえた地域会議からの答申がなされる[16]。

また、地域会議が審議した地域課題の解決策を市の施策（予算）に反映させる仕組みがある。それが、「地域予算提案事業」（上限2000万円/地域会議）である。そして、地区内で活動する市民が企画立案して実施する事業（「わくわく事業」）の審査をし、その事業をサポートする。「わくわく事業」は、地域資源を活用し、地域課題の解決や地域の活性化に取り組む団体の事業に対し、補助金（上限500万円/地域会議）を交付する制度である。

地域会議の構成員は、当該地域自治区の区域内に住所を有する者（20人以内）で、①公共的団体が推薦する者、②識見を有する者、③公募による者を、市長が選任する（豊田市地域自治区条例第7条）。すべての地区ではないが、実際に新しい委員を選定する際には、支所に「選考委員会」を設置し、行政組織として男女構成や各種活動団体のバランスや活動者の実績が考慮されて決定されていく。わくわく事業などで地域委員に認知された市民が、次期の地域委員に推薦される場合もあり、地域会議は、活動者のネットワークを広げる機能も有している。コミュニティ会議は、自治区との関係からその役員などにはなれなかった市民が、地域会議の委員として地区の意思決定にかかわる機会となりえている。委員の任期は1期2年で、連続2期まで務めることができる（同条例第6条）。委員報酬は支払われない（同条例第12条）。

地域での事業について、行政組織の一員として意思決定をおこなう地域会議の仕組みに、当初は地域会議委員を担う市民に戸惑いがあったというが、コミュニティ会議との違いを理解していく過程で、地域自治というものを実感していくことになる[17]。中学校区を範囲に、市民の合意形成を図って事業

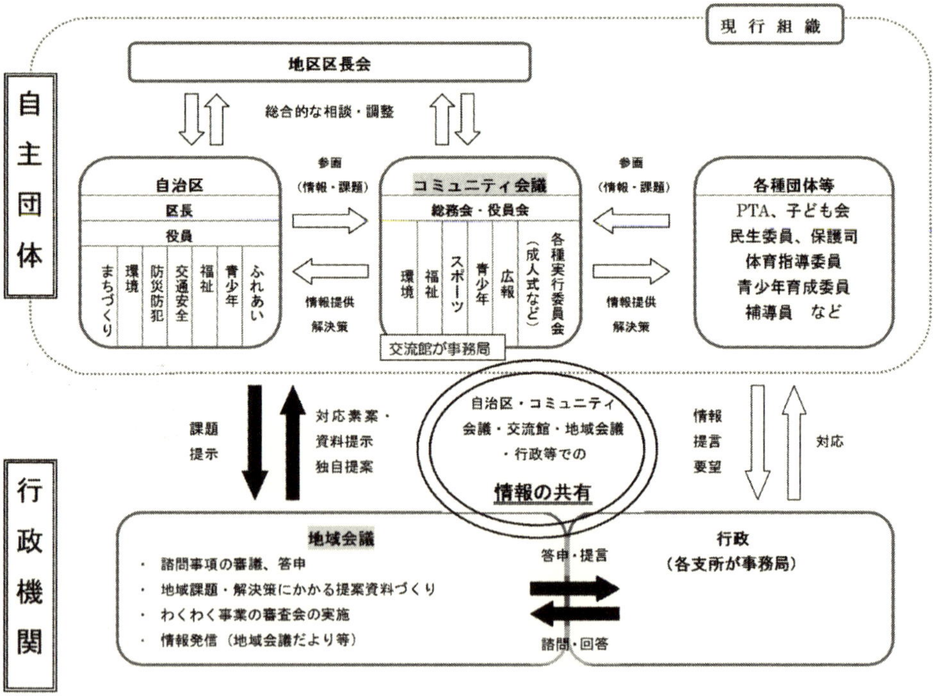

図3-3　自治と行政をめぐる組織関係

データ：豊田市『コミュニティの手引き』による

化していく仕組みが、コミュニティ会議と地域会議の制度的連続性によって設けられたのである。しかし地域会議はコミュニティ会議と異なり、「実行部隊」を有していないため、結局のところコミュニティ会議や自治区に活動や意見調整を「お願い」しなければならない。さらにコミュニティ会議の方が歴史的に古いということで、地域会議委員も無意識に上下の関係でとらえる傾向がある。結果的に、自治区の意向が地域会議でも大きく反映されることになる。

地域の団体と行政・地域会議の複雑な関係をわかりやすくすると**図3-3**のようになる。行政と自治団体、地縁的まちづくり団体、地域会議のあいだに、情報交換と相互行為のパイプがはりめぐらされていることがうかがえる。図には示されていない人的、物的資源のやりとりも存在しており、全体として、地域自治・まちづくりをめぐる団体間の社会的交換のレジームが構築されつつある。以下ではさらに、補助事業、提案事業のありかたについてみてみよう。

2　地域予算提案事業とわくわく事業

毎年継続される予算措置のもと、各地区では市民の意思が直接的に反映された事業が実施されているが、その傾向をみておく。

前項でも触れた地域予算提案事業は、住民の声を市の事業に反映させ、効果的に地域課題を解決するための制度である。地域課題の解決や地域を活性化するための事業（上限2000万円/地域会議・年）で、実施にあたってはその地域会議のある中学校区での合意形成、すなわち地域における十分な共通認識を必要とする。そして、地域と行政との役割分担に基づく共働の取組みを基本としているが、実施主体は行政となる。地域会議で、事業提案をおこない、翌年の予算に反映させて事業を実施することになる。

2012年度の実施事業数は27地域会議で67事業（新規28事業、継続39事業）が実施され、当初予算は、約2億7600万円となっている。旧豊田市では、交通安全、防犯対策、健康増進を事業化する地区が多く、過疎化が進む旧町村は、観光交流や定住対策が事業として提案されている（豊田市2011b）。

例えば、豊田市の中心業務地区にある豊南地域会議では、防犯をテーマに、「重点パトロール区域」をPRする看板を設置したり、住民のアイディアによって作成された防犯ブザーを全戸に設置したり、また啓発講座等を継続的に実施している。住民たちが自らの問題として認識していくように徹底的に住民同士が話しあい、合意形成を図っているという。

また、豊田市内（愛知県内）でも交通事故件数が多い逢妻地区では、地元の大学と連携した「安全・安心・ゆとりの通学路事業」が実施され、小中学生とともに「ヒヤリハットマップ」を作成するなど、啓発事業が実施されている。

事業予算規模については、2011年度の各地区の主要事業を見てもわかるように（**表3-1**）、散策路整備といったインフラ整備以外は、数百万円規模の事業であり、地域会議の提案上限である2000万円に近い予算提案をするところはほとんどない。それは、地域会議の事業提案の力量の問題もあるが、とくに旧市内においては、生活にかかわるインフラ整備は多くの地区ですでに自治区やコミュニティ会議、そして行政によって取り組まれており、地域課題と認識され実際に事業化されるものの多くは、意識啓発や健康増進といった予算規模の小さいものが多いからでもある。

行政が実施主体である地域予算提案事業に対して、2005年から導入、実施された「わくわく事業」は、住民自らが団体をつくり実施する活動に対する補助事業である。具体的には、地区内で5名以上で活動し、地域資源を活用し地域課題の解決や地域の活性化に取り組む団体の事業に対し、補助金（上限500万円/地域会議）を交付する制度である。地域会議が公開審査のもとで内容を審査し、その結果を踏まえ支所長が補助内容を決定する。

わくわく事業の流れだが、3月に募集要項が作成され、4月に事業公募される。公開審査が4月下旬から5月中旬におこなわれ、5月に事業採択の決定がなされる。年間を通して事業がなされ、その成果報告が翌年の2月、3月におこなわれる。事業が完了したときは、団体は、その日から30日以内、または翌年度の4月10日のどちらか早い期日までに実績報告書を市長に提出しなければならない（わくわく事業補助金交付要綱第13条）。

活動に対する審査基準、補助金額などは地区ごとに決定される。活動内容は、地域の生活環境改善、景観づくり、自然環境保全をテーマにした事業が圧倒的に多い（2011年度）。趣味サークルの延長でおこなわれるような事業や、

表3-1　各地区の代表的な地域予算提案事業（2011年度）

地区	事業名	事業年度	事業種別	平成23予算額
逢妻地区	安全・安心・ゆとりの通学路事業	平成21年度〜	交通安全	3,676千円
旭地区	旭ぐらし体験事業	平成23〜24年度	定住対策	1,183千円
朝日丘地区	人の絆を強めて、安心して暮せる朝日丘の防犯事業	平成22〜26年度	防犯対策	4,009千円
足助地区	耕作放棄地事業	平成22年度〜	農業振興	4,671千円
井郷地区	交通弱者を守る安心・安全事業	平成22〜26年度	交通安全	858千円
石野地区	高齢者の生きがいの場づくり事業	平成22〜24年度	高齢福祉	1,786千円
稲武地区	名倉川景観整備事業	平成21〜25年度	観光交流	7,466千円
梅坪台地区	犯罪に強いきれいで明るいまちづくり事業	平成22〜24年度	防犯対策	5,654千円
小原地区	訪問サポーター事業	平成22年度〜	高齢福祉	1,986千円
上郷地区	うねべ里山整備事業	平成23年度	文化活動	2,000千円
猿投地区	ふれあい豊かなまちづくり・猿投	平成22〜26年度	環境対策	1,157千円
猿投台地区	安心して暮らせる安全なまちづくり事業	平成22〜25年度	防犯対策	286千円
猿投台地区	高齢者いきいき・サポート事業	平成24〜26年度	高齢福祉	286千円
下山地区	食による地域活性化事業	平成21年度〜	自治振興	720千円
末野原地区	末野原地域歴史的遺産等活性化事業	平成22〜23年度	防犯対策	8,150千円
崇化館地区	あいさつや声かけによる、ふれあい豊かな地域づくり事業	平成22〜24年度	防犯対策	2,423千円
高橋地区	防犯力のある地域づくり推進事業	平成22〜24年度	防犯対策	885千円
藤岡地区	「ふじの回廊」の再生及び周辺環境整備事業	平成22年度〜	観光交流	410千円
藤岡南地区	安全で快適な歩行空間づくり事業	平成23年度〜	交通安全	8,446千円
豊南地区	豊南の地、絆を深めて人と人とが安心安全なまちづくり事業（防犯）	平成22年度〜	防犯対策	5,609千円
保見地区	保見地域の安全・安心事業	平成22〜23年度	防犯対策	2,552千円
前林地区	逢妻女川散策路整備事業	平成22〜24年度	健康増進	11,930千円
益富地区	犯罪の起こりにくい地域づくり推進事業	平成22〜24年度	防犯対策	2,610千円
松平地区	通学路の安心安全の推進を図る事業	平成22〜24年度	交通安全	3,740千円
美里地区	高齢者を中心とした地域住民の交流の場づくり事業	平成22〜24年度	健康増進	600千円
竜神地区	ごみ出しマナー向上推進事業	平成22〜23年度	環境対策	497千円
若園地区	通学路の防犯、交通安全対策	平成22〜23年度	交通安全	7,398千円
若林地区	高美団地遊歩道の整備（若林地区ウォーキングコースの整備）事業	平成22〜24年度	健康増進	11,162千円

資料：豊田市60周年記念事業「地域自治シンポジウム」展示パネルより作成。

コミュニティビジネスとして活動範囲を拡大しているような事業もある[18]。

地区による予算額の多少は、わくわく事業においてもみられるが、旧町村では申請団体数が多く上限の500万を超えるため、各団体への配分が減額されることも多い。少子高齢化、耕作放棄地、森林の荒廃、獣害、公共交通の確保など、中山間地域の抱える生活に直結する多様な課題に向きあう事業が多い。一方で市街地では、大きな地域課題が見えにくく、申請数も金額も少ない傾向にある。自治区やコミュニティ会議の活動とかさなったり、その延長上にある事業も少なくない。

2011年の団体調査では、調査団体のうちじつに303団体、70.3%が過去にわくわく事業を利用したことがあると答えており、名実ともに豊田のまちづくりを支える事業として定着している。とくに設立まもない資源調達の不安定な活動団体にとって、年額数十万円前後の支援を受ける意義は大きい。事業が本格実施された2006年以降の設立団体（186団体）では、74.7%がわくわく事業を利用していて、スタートアップ時の団体活動を資金面で支えていることがうかがえる。2000年代後半の活動団体の急増（図3-1）は、わくわく事業実施によるところも大きいと評価できる。とくに、制度設計からして当然のことだが、地区のまちづくりに取り組む「地縁型」の市民活動団体にとっては、補助がうけやすく身近な補助制度である。活動範囲の広がりについた調査項目で、「町内」「自治区内」「中学校区内」と答えた団体を「地縁型」の活動団体と定義すると、268団体中じつに95.1%がわくわく事業を利用していた。これに対して、活動範囲について「豊田市全域」「豊田市および近隣自治体」「とくに決めていない」答えた団体を「広域型」に分類したところ、わくわく事業を利用していたのは163団体中29.4%にとどまっていた。さらに注目されるのが自治区活動との関係である。代表が自治区・コミュニティ会議の役員を経験した団体はすでに述べたように57.8%、244団体に上るが、そのうちわくわく事業を活用した率は84.8%に達していて、代表に役員経験のない団体の51.1%を大きく上回っている（p=.000）。これは、自治区の役員として活躍した人材が、わくわく事業の代表となってまちづくり活動を担うケースが多いこと、また地域会議のメンバーは自治区役員経験者が多いため、審査でそうした団体が評価されやすいことを意味している。

このように、わくわく事業は、市民活動団体の数を大きく増やし、とくに「地域課題」に取り組むとしたため地縁型の市民活動を活性化した。2011年度の事業内容をみると（**表3-2**）、274事業中、「地域の生活環境改善、景観づくり、自然環境保全関係」の活動が46.4%、ついで「地域の伝統、文化、郷土芸能又はスポーツの振興」が19.7%を占めており、一見して地区向けの集

表3-2　わくわく事業実施件数・種別（2011年度）

地域自治区名	地域自治区別実施件数	地域自治区別合計助成金額（円）	地域会議名	地域会議別実施件数	地域会議別合計助成金額（円）	保健、医療、福祉の推進	地域の伝統、文化、郷土芸能又はスポーツの振興	安心・安全な地域づくり	地域の生活環境改善、景観づくり、自然環境保全	子どもの健全育成	地域の特性を活かした産業振興	地域づくりに有効な助言や提案を受けるための事業	その他個性豊かな住みよい地域社会を構築するための事業
旭	14	5,000,000	旭	14	5,000,000	0	1	0	8	0	2	0	3
足助	12	3,911,000	足助	12	3,911,000	0	1	0	9	0	2	0	0
稲武	12	4,942,000	稲武	12	4,942,000	1	1	1	2	5	2	0	0
小原	14	4,990,000	小原	14	4,990,000	1	3	0	8	1	0	0	1
上郷	27	7,409,000	上郷	14	4,193,000	0	6	1	5	2	0	0	0
			末野原	13	3,216,000	0	1	2	9	1	0	0	0
挙母	45	12,644,000	逢妻	9	2,724,000	0	1	0	7	1	0	0	0
			朝日丘	9	2,676,000	1	3	0	3	2	0	0	0
			梅坪台	9	2,612,000	0	1	1	6	1	0	0	0
			崇化館	11	3,094,000	1	3	1	2	4	0	0	0
			豊南	7	1,538,000	0	3	0	2	2	0	0	0
猿投	54	19,013,000	井郷	15	2,633,000	1	4	2	8	0	0	0	0
			石野	7	3,196,000	0	2	3	1	0	0	1	0
			猿投	11	4,811,000	0	2	1	6	0	0	0	2
			猿投台	12	4,882,000	2	1	2	6	1	0	0	0
			保見	9	3,491,000	0	2	3	2	1	0	0	1
下山	3	510,000	下山	3	510,000	0	0	0	3	0	0	0	0
高岡	36	9,602,000	前林	14	4,238,000	1	4	1	7	1	0	0	0
			竜神	9	1,863,000	1	0	2	3	2	0	0	1
			若園	8	1,926,000	0	1	3	1	3	0	0	0
			若林	5	1,575,000	0	0	0	4	1	0	0	0
高橋	36	4,034,000	高橋	9	876,000	2	1	1	4	1	0	0	0
			益富	7	1,158,000	0	1	0	5	1	0	0	0
			美里	16	2,000,000	2	3	1	7	2	1	0	0
藤岡	16	8,782,000	藤岡	9	4,907,000	0	3	0	5	0	0	0	1
				7	3,875,000	2	1	0	3	0	0	0	1
松平	9	3,511,000	松平	9	3,511,000	0	5	0	1	3	0	0	0
合計	274	84,348,000		274	84,348,000	15	54	25	127	35	7	1	10

資料：豊田市社会部『平成23年度 わくわく事業 実施事業一覧』。

合財供給に関連した事業が多くなっている。わくわく事業はまたそうした活動に自治会役員経験者を動員し、従来自治会の手がおよばなかったまちづくりを活性化する効果をもたらしたのである。

3　市民活動センターと共働事業提案制度

地域会議やわくわく事業は、結果として地縁型の市民活動をさらに活性化させた仕組みであるが、広域のテーマ型市民活動を支援する有力な場がとよた市民活動センターとその事業である。2002年に、豊田市駅前のT-Face・A館（松坂屋豊田店）9階に開設されて以降、行政による直営で事業がおこなわれている。

それは、相談事業（NPO法人化認証手続きの支援、専門家による特別相談会の開催など）、研修・啓発事業（市民への啓発、登録団体が企画・実施する事業の支援など）、情報管理・提供事業（広報誌や情報サイトによる情報の提供など）、ネットワークづくり事業、共働・市民活動促進事業（市民活動促進委員会の開催、市民活動コーディネーター「つなぎすと」の養成など）、センター管理事業（会議室など活動の場の提供など）、そして、補助事業（補助金交付）である（とよた市民活動センター 2010）。

2006年12月、市民活動の促進を図り、共働によるまちづくりの推進に資することを目的として、市民活動の促進に関する基本理念及び市の施策の基本となる事項を定めた「豊田市市民活動促進条例」が制定された。それに基づき市民活動促進計画が策定され、「はじめの一歩助成制度」や「市民活動促進補助金制度」など（はじめの一歩部門、活動ステップアップ部門、新規事業チャレンジ部門）、活動をはじめようとする団体や、活動を軌道に乗せようとしている団体へ広く助成する制度を整えていった。助成金は市民審査員による審査などを経て、市民活動団体の取り組みや事業に交付される。

市中心への立地と、こうした支援メニューから、市民活動センターを利用する市民活動団体には「広域型」の活動を展開するものが多くなっている。2011年団体調査によると、市民活動センターに登録している、あるいはその事業に参加した団体は132団体、全体の30.6%であったが、「広域型」の活動団体（163団体）にかぎれば、70.6%の団体がセンターに登録するか、事

表3-3　共働事業提案制度による事業例

事業年度	募集テーマ	実施活動団体	行政担当課
20年度（21年度実施）	遊休農地の活用による市民農園の開設	竜岡どんぐり里山会	農政課
		NPO法人豊田・加茂菜の花プロジェクト	
		新盛里山耕流塾実行委員会	
	料理教室などのイベント開催による地産地食の推進	新盛里山耕流塾実行委員会	
	ひとり暮らし高齢者を地域で支えるネットワークを作ろう	ゆずりはの会	高齢福祉課
		うぐいす会	
		チームころころ	
	体験者発！市民に伝える「わくわく事業」	藤岡石畳地区地域づくり協議会	自治振興課（地域支援課）
		小坂郷づくりの会	
		足助山草研究会	
		大平の自然環境を守る会	
	市民の手づくりによる「マイタウンおいでん」の開催	井郷を考える会	商業観光課
21年度（22年度実施）	ひとり暮らし高齢者を地域で支援する取組	NPO法人ほっとほーむよっとでん	高齢福祉課
	エコドライブ市民を増やすための取組～できることからみんなで始めるエコ～	NPO法人とよたエコ人プロジェクト	環境モデル都市推進課
	自分も他の人も大切にする子どもを増やしたい～「こども条例」・「子どもの権利」の普及啓発～	ボランティア人形劇団　ころりん座	次世代育成課
		NPO法人ナースリーハウス	
	体験者発！市民に伝える・広げる・つなげる～わくわく事業PR～	NPO法人あいちNPO市民ネットワークセンター	地域支援課
		＋まちづくり	
22年度（23年度実施）	遊休農地を活用した市民農園の開設	NPO法人Earth as Mother	農政課
	女性も男性も共に“自分らしく”生きられる社会に！～講座・PR事業の企画・運営	ファザーリングジャパン東海	男女共同参画センター
22年度（24年度実施）	柳川瀬こども園跡地で子育て支援施設を運営してみませんか？	キッズプランナー	保育課
23年度（24年度実施）	遊休農地を活用した市民農園の開設と農業体験指導教室開催	高橋アスパの会	農政課
	旧逢妻交流館で「子どもの居場所づくり」をしてみませんか？	NPOあいちNPO市民ネットワークセンター	次世代育成課

資料：豊田市社会部提供資料「これまでに共働事業提案制度で事業化された共働事業」

業に参加するかしている。これに対して、「地縁型」活動団体ではその割合はわずか6.3%にとどまっている（p=.000）。これらの団体は、地区固有の課題に取り組み、それぞれの地区の交流館や区民会館で用が足りるため、センターの利用はかぎられるのだろう。

さらに、地域会議の区域を越えて活動する市民活動団体と行政との共働事業を推進する制度も用意されている。「共働事業提案制度」は、行政が市民活動団体と協力・連携して取り組みたいと考えるテーマに対する団体からの事業提案を、評価及び協議・調整を経て事業化する仕組みである。予算化された事業は、翌年度に、提案団体と担当課による共働事業として実施することになる。

制度の流れは、2月~3月に行政内テーマ募集、4月~6月に市民活動団体からの事業提案を募集、7月中旬に公開評価会、8月~3月に提案団体と行政の協議・調整と予算化、翌年4月から事業実施となる。2012年度までに実施された事業は、10のテーマのもと21団体によっておこなわれた。

共働事業提案制度は、専門性を有した活動団体が、行政の後押しによって地区に入って事業をおこなうことによって、テーマ型市民活動団体と地縁型市民活動団体の接点を生み出そうという仕組みでもある[19]。**表3-3**からもわかるように、福祉や男女共同参画、環境などテーマ型活動を組み込んでいることがうかがえるが、その数はまだ限られているため、市の活動全体のバランスを変えるには至っていない。

小　括　市民活動の制度化と社会的交換

以上、豊田市の市民活動を支える施策・制度と実態についてみてきたが、そこから見出せる特徴について暫定的に整理しておきたい。

第1は、自治制度に接続するかたちで制度化された市民活動の区域性の強さである。自治区を基礎としたコミュニティ会議が中学校区を単位として設定され、活動拠点として同区域内に交流館が設置され、地域会議も中学校区を範囲におかれ、このため地域予算提案事業やわくわく事業は、中学校区という区域の枠の中で実施されるようになっている。行政は、この区域性によりそれぞれの事業の達成度を比較している。生涯学習フェスティバルや文化祭、体育大会、成人式などの地域行事の単位も中学校区となっている。そのため、この系列にある市民活動団体の活動範囲は中学校区に限定された地域住民によるものという色合いが強く、そのように意図されているわけではないが、区域を越えて活動する「テーマ型」の市民活動団体はおのずと参入しにくくなっている。

第2は、活動財源の担保と手厚い補助の仕組みがこの区域性とリンクしていることである。豊かな財政基盤を背景に、行政は自治区やコミュニティ会議への補助に加え、さらに都市内分権を推進するため、地域予算提案事業やわくわく事業、そして市民活動促進補助金や共働事業提案制度を導入してきた。手厚い補助はとくに地区向けの集合財を供給する事業に向けられており、「地縁型」活動を活性化してきた。2008年のリーマンショックに端を発するトヨタショックによって市の法人税収が9割減少するという状況にありながらも、地域会議や市民活動促進関連の予算が維持されてきたのは都市内分権と市民参加を重視してきたためである。

制度化された活動の区域性と補助体制がこのようにリンクした結果、意図せざる結果として、行政サイドからの資金補助やアドバイスと、地域住民側からのまちづくり活動への参加や市政に対する正当性承認とのあいだで「社会的交換」が成立し、定着してきた。このような社会的交換のしくみやパイプは、これまで「地縁型」の活動が中心となってまちづくり活動を活性化し、市政を安定させてきたが、地区有力者の「力」の基盤を再生産する機能をはたす場合もある。また住民の活動が行政からの資源提供に依存したり方向づけられたりする可能性もともなう。他方で、資源提供が活動の場や情報の提供、スタート・アップ時の支援に限られがちな「テーマ型活動」にとっては、自由に活動できる半面、広域的な活動を支える資源や資金が不足する恐れもある。つまり、地域課題の解決を重視する補助体制により、地縁型の活動から広域的・テーマ型の活動が相対的に分離され、「周辺化」される可能性がある。**表3-4**は、団体調査データを用いて、市民活動センターの利用（これまでに利用したことがあるか）と、わくわく事業の利用（これまでに利用したことがあるか）との関連をみたものであるが、両方を利用したことがある団体

表3-4　市民活動センターの利用とわくわく事業の利用（%:（　）内は団体数）

	わくわく事業を活用したことなし	わくわく事業を活用したことがある	合計団体数
市民活動センターへの登録・事業参加なし	8.7（26）	91.3（273）	299
市民活動センターへの登録・事業参加あり	77.3（102）	22.7（30）	132
合計	29.7（128）	70.3（303）	431

データ：2011年団体調査による。

は、30団体、全体のわずか約7%にすぎない。一時点だけをとれば、この比率は大幅に下がるはずで、さきにみたデータとともに広域型活動と地縁型活動とが、制度的、空間的に分離されていることを示唆する数字である。

以上全体として、R. ペッカネン（2006＝2008）が指摘していた、自治会を核とした日本の「地域市民社会」をかたちづくるうえで行政と法制度がはたしていた機能を、市行政によるまちづくり施策もより強力にはたしていたと言えよう。この問題に関連して、団体の担い手や内外のネットワーク、活動の成果をめぐる問題もふくめて、第7章で改めてくわしく検討することにしたい。

注

1　『国民生活白書』平成16年度版、第3章第3節「地域の中で進む協働」。

2　メンバーには、市民活動団体の代表者やトヨタボランティアセンター、豊田市社会福祉協議会も入る。事務局は自治振興課・とよた市民活動センターに置かれている。

3　旭地区には5、足助地区には15、稲武地区には13、小原地区には12、下山地区には7、藤岡地区には24の自治区がある。

4　当時の行政区の数は63であった。

5　1960年、豊田市区長会が朝日丘、崇化館、豊南、高橋の4地区で発足する。

6　1959年に元町工場、1965年に上郷工場、1968年に三好工場、1970年に堤工場の操業が始まる。

7　1964年に上郷町、1965年に高岡町、1967年に猿投町、1970年に松平町と合併する。

8　『豊田市区長会（50周年記念誌）』の巻頭特集、対談「今後の地域自治のあり方と区長会の果たす役割」より（2010:3）。

9　1969年、国民生活審議会によって『コミュニティ生活の場における人間性の回復』と題する報告書が出されて、これを契機に、当時の自治省はじめ他の行政施策の中で、コミュニティという言葉が頻繁に使用されるようになる。愛知県では、1973年に、コミュニティ施策の推進に関し、県・市町村に対し専門的な助言をおこなう機関として「愛知県コミュニティ研究会」(1973~1997年）が設置され、毎年度、県の施策の基本方向として「コミュニティ振興方針」(事業計画を含む）を策定し、これに基づき、コミュニティ地区の設定やセミナー開催、調査研究等の取組みを実施してきた。全国的に、おおむね小学校の校区を単位にコミュニティとして指定されていたが、豊田市では、全市で中学校区を単位としてコミュニティが制度化された。

10　「ふれあい豊かなまちづくり」の目標として、前文と市民共通の願いとして5項目が掲げられている。制定以降、市や各種団体の会議などで全員で唱和されており、その趣旨を市民が共有する機会となっている。

11　1999年4月、豊田市文教施設協会と豊田文化協会は合併し、豊田文化振興財団となる。2006年からは、指定管理者制度のもと管理運営をおこなう。

12　社会教育や生涯学習にかかわる行政はおおむね教育委員会がその担当所管であるが、1990年代の地方分権改革や市町村合併による「地方自治」の実現という構造改革の流れの中で組織の再編が実施された。全国的にも政令指定都市や中核市のいくつかで組織機構の再編がおこなわれている。豊田市の場合も、社会教育や生涯学習といわれるものを、都市内分権、地域自治、まちづくり、市民活動といった文脈でとらえ直すという意味があった。

13　ごみの減量化対策、交通安全対策や地域福祉対策の推進、買物袋持参運動の普及・促進など。

14　自主防災会は、2005年度の321組織から2009年度の330組織へ、自主防犯団体は、2005年度の249組織から2009年度の365組織に増えている。

15　藤岡地域、小原地域、足助地域、下山地域、旭地域、稲武地域の旧町村と旧市内の松平地域においては、地域会議はひとつであり、その他の旧市内の挙母地域、高橋地域、上郷地域、高岡地域、猿投地域においては複数の地域会議が設けられている。

16　ただし、2011年度までの諮問数は3回であり、地域会議が、諮問に応えうる組織としての力量を有しているのかという課題を抱えている。

17　とくに、合併旧町村では、合併によってコミュニティ会議と地域会議という二つの仕組みが導入されることによって、2年ぐらいは混乱があったという。例えば、合併以前には毎年実施される体育大会や文化祭は行政が主催し、市民は手伝いをしていたが、合併後は市民（コミュニティ会議）が主催し、行政が手伝うという関係にかわった。「これまでは行政にお願いをすることがあたりまえだったが、地域会議での意思決定を経験するなかで、こんなにも自分たちでやりたいことができるのかと驚いた」という声もある。「自分たちのことは自分たちで決める」という意識の高まりの中で、旭地区や小原地区のように地区計画や集落ビジョンを作成する地域会議も出てきた。わくわく事業や地域予算提案事業をより正当化するものは、住民によって作成された地域会議単位の地域づくり計画や自治区のビジョンである。一方で、地域会議が、地域課題を把握しきれるか、とくに、旧町村における行政サービスの低下を地域課題としてカバーしうるかという、行政の役割にかかわる課題をかかえている。

18　例えば、高橋地区の「おせんしょの会」は、この制度をきっかけに結成され、一人暮らしの高齢者や体の不自由な人を対象に、蛍光灯の交換や障子の張替、草刈などの福祉サービスを提供している。作業に必要な道具等の購入にわくわく事業補助金を充てているが、コミュニティビジネスとして活動を自立化させるにしたがい、年々その額は減少している。

19　例えば、環境学習施設の管理運営（委託）によって力量を高めたNPO法人エコ人プロジェクトは、エコドライブと交通安全を融合させた豊田の地域性が反映された共働事業を実施している。交通安全をテーマにした地域予算提案事業を実施する逢妻地区などで、自治区やコミュニティ会議の協力を得て、エコドライブ講習がおこなわれた。

第 II 部

産業グローバル化先進都市の地域コミュニティ

第4章　産業グローバル化先進都市豊田の地域コミュニティ形成

丹辺　宣彦

本章では、2009年8月に実施した質問紙調査のデータをもとに、豊田の地域社会の現在の構造を明らかにしてみたい[1]。高度経済成長期の工場建設ラッシュ時に働くため全国から来住した新住民は、住み続けていればすでに半世紀前後を豊田ですごしたことになる。居住が長期化していたとして、それは彼らの生活にどのような変化をもたらしただろうか。また彼らは3章でもみた自治活動や地域活動に参加するようになっているのだろうか。量的データではたしてこのような傾向が確認できるのか、またそうだとすれば、元・新住民たち、とくに自動車関連産業従事者たちの地域への関与には、どのような特徴があり、どのような社会的条件によって促されているのだろうか。本章では、とくに定住化にともなう問題と職住の近接性に焦点を当て、自動車関連産業従事者たちの社会的属性と階層構成、意識、社会的ネットワーク、社会活動に注目し、地域コミュニティでの生活状況を概観する。

第1節　地域住民の社会的属性と階層構成

本章で用いるデータは2009年8月に実施した質問紙調査で、旧市内に居住する30~69歳の成人男女を対象とし、二段の確率比例抽出法によって50地区より3000サンプルを無作為に抽出し、自記式の調査票を郵送で配布・回収する方法で実施した[2]。有効票の回収率は51.1%（1534票）であった。最初に、就業状態と就業先別の構成をみておきたい。「外で働いたことはない」とした人（男性で1名、女性20名）を除き、男女の回答者を、就業先別に「トヨタ自動車」「トヨタ関連企業（関連のメーカー・販売会社）」「その他」に分け、

表4-1①　就業先別の就業状態（男性/女性）%:（ ）内は人数)

就業先	フルタイム	パート・非常勤	今は働いていないが過去に働いていた	合計人数
トヨタ自動車	79.4(201)/ 46.7(14)	1.6(4)/16.7(5)	19.0(48)/ 36.7(11)	253/30
トヨタ関連企業	79.7(188)/ 30.1(25)	12.3(29)/27.7(23)	8.1(19)/ 42.2(35)	236/83
その他	72.5(272)/ 21.3(99)	12.3(46)/37.7(175)	15.2(57)/40.9(190)	375/464
合計	76.5(661)/23.9(138)	9.1(79)/35.2(203)	14.4(124)/40.9(236)	864/577

χ^2=34.224（p=.000）/ χ^2=14.371（p=.006）

表4-1②　男性就業者・退職者と配偶者の就業状態（%）

男性の就業状態＼配偶者の就業状態	フルタイム	パート・非常勤	今は働いていないが過去に働いていた	合計（人）
トヨタ自動車	9.7	34.3	56.0	216
トヨタ関連企業	16.1	36.3	47.6	193
その他	24.3	35.2	40.5	301
合計	17.6	35.2	47.2	710

χ^2=22.316（p=.001）

就業状態を「フルタイムで働いている」「パートや非常勤で働いている」「今は働いていないが、過去には働いていた」の3つに分けて、それぞれをクロスさせたのが**表4-1**①である。

男性ではフルタイム就労が多く、それ以外はほとんど退職期を迎えている人たちである。トヨタ自動車に勤めている人、いた人をあわせて、全体では29.3%に上り、関連企業も27.3%、あわせれば56.6%になる。現役の男性従業員はあわせて661名で、ここでもトヨタ自動車が201名（30.4%）、関連企業が188名（28.4%）、計58.8%を占めている。「その他」に官公庁や学校、自営の商店・飲食店なども含まれることを考慮すれば、この割合はやはり大変大きいと言えるだろう。パート・非常勤の割合はトヨタ自動車では非常に低くなっており、該当する4名の年齢層をみるとすべて60歳以上である。トヨタ関連企業の非常勤層も29名中28名が60歳以上であり、残る1名も50代後半である。豊田に定住しているトヨタ・関連企業就労者は基本的にフルタイムの正規雇用者であり、残りの非常勤層も退職後に再雇用されている元従業員なのである。「その他」従業員の非常勤層46名ではようやく40歳代後半に1名が現れるが、50代が4名、残り41名はすべて60代である。地元の男性住民に限ってみれば、おどろくほど完全雇用の状態に近い[3]。

女性では、トヨタ自動車あるいは関連企業に勤める人、いた人はそれぞれ全体の5.2%、14.4%、計19.6%であるから、多いとはいえ男性の1/3程度にとどまっていて、自動車産業での働き手がやはり男性を中心にしていることがわかる。女性ではやはりパート・非常勤や退職者が多く、主婦としての役割を引き受けていることがうかがえる。ちなみに**表4-1②**は、男性の勤務先別に、妻の就業状態をみたものである。これをみると、トヨタ、関連企業、その他の順に、専業主婦が多く、フルタイム就労が少なくなっていて、夫が自動車産業で働く世帯では、近代家族的な性別役割分業のパターンがはっきりしている。

以下では、まずそれぞれのカテゴリーに属する就業者の社会的属性を時間的に先行する要因から確認していこう。トヨタ・関連企業に勤める女性は数が少なく統計的に比較しにくいので、男性を中心にみていく。

表4-2は、就業先を分け、出身地（中学卒業時に住んでいた場所で代替したもの）の別に豊田市と現住地での居住年数をみたものである。男女ともに居住年数はかなり長くなっている。トヨタ自動車従業員・退職者男性では、「県外」出身が190名、74.8%にものぼるが、これに対し豊田市内出身はデータでみると、現住所4.3%、市内10.2%、あわせて14.5%にすぎない。「その

表4-2　男女就業者（パート・退職含む）の市内居住年数（年：（　）内は人数）

	市内居住年数（男性）	現住所居住年数（男性）	市内居住年数（女性）	現住所居住年数（女性）
トヨタ自動車	30.2（254）	18.3（251）	28.8（29）	15.8（28）
うち県外出身者	27.3（190）	15.7（188）	17.8（8）	7.0（8）
関連企業	32.6（237）	19.4（234）	33.6（83）	21.6（82）
うち県外出身者	25.1（83）	16.7（82）	28.1（26）	19.9（25）
その他	37.2（376）	23.0（367）	30.0（461）	18.9（449）
うち県外出身者	26.4（105）	17.0（104）	22.6（144）	17.1（142）
全体	33.9（867）	20.6（852）	30.5（573）	19.1（559）
うち県外出身	26.6（378）	16.3（374）	23.2（178）	17.0（175）

他」勤務の男性では、地元出身が多く、対照的である。県外出身者が多いということは、地域への定着が弱いことを思わせる。しかし豊田市での居住年数をみると、トヨタ自動車男性も平均30年に達していてひじょうに長くなっている。とくに、県外出身者について市内居住年数をみると、いずれも平均は25年を超えており、予想されるより長くなっている。

現在の住所での居住年数についてみても、男性全体の平均は20.6年に達しており、トヨタ自動車男性はやや短いとはいえ18.3年に達している。県外出身者だけをとっても、平均は16.3年、トヨタ自動車男性で15.7年となっており、けっして短くはない。全体として、豊田市の男性従業員・退職者をみると、居住が長期化し、定住化が進んでいることがみてとれる。数値の大きさは、異動が少ないこと、また異動があった場合でも近くの工場・事業所間ですむため転居する必要が少ないことを物語っている。このことは、全体として、地域への愛着の深まり、地域でのネットワーク形成や、地域活動への参加を促すと予想されるだろう。

地域へのコミットメントをみるうえで重要な要因になりうるので、職住の近接性についても確認しておこう。職場が居住地に近いばあい、①生活全体が地域内で完結しがちになるし、②職場の同僚が、居住地近くに住んでいる可能性が高くなるからである。本調査では、勤務先を「豊田市内」「名古屋市」「それ以外」の3つに分けてたずねた（**表4-3**）。男女ともに、市内で勤務する人の割合が3/4前後と大きい。とくに男性のフルタイム就業者についてこれをみると、「その他」勤務では、名古屋市に通勤する人が10％程度いるのに対して、トヨタ関連企業ではきわめて少なく、トヨタ自動車では全くいない。彼らの93.5％が市内に通勤しており、相対的に職住が接近しているこ

表4-3　フルタイム就業者の勤務地の構成（男性/女性:%）

	豊田市内	名古屋市	それ以外	合計人数(N)
トヨタ自動車	93.5/100.0	0.0/0.0	6.3/0.0	201/14
関連企業	67.0/80.0	1.6/0.0	31.4/20.0	188/25
その他	66.4/75.5	10.3/5.1	23.2/19.4	271/98
全体	74.8/78.8	4.7/3.6	20.5/17.5	660/137

χ^2=76.331（p=.000)/5.663（p=.226）

表4-4　就業先別（パート・退職者含む）の学歴（男性/女性：%）

	新制中学・旧制小学校	新制高校・専門学校	短期大学・高等専門学校	大学	大学院	合計人数
トヨタ自動車	11.0/6.7	63.0/40.0	6.7/43.3	9.1/6.7	10.2/3.3	254/30
関連企業	14.0/22.9	49.2/45.8	8.1/16.9	23.3/14.5	5.5/0.0	236/83
その他	16.8/7.7	42.6/50.9	5.3/32.7	33.5/8.3	1.9/0.4	376/468
全体	14.3/9.8	50.3/49.6	6.5/31.0	23.6/9.1	5.3/0.5	866/581

χ^2=71.652（p=.000）/ χ^2=33.344（p=.000）

とがみてとれる。「それ以外」は、トヨタで6.3%ほどいるが、これは隣接する三好市などの本社工場へ通勤する人たちであろう。これに対し関連企業では、「それ以外」が30%強を占め、刈谷や知立、安城、岡崎方面への通勤者もかなりいることをうかがわせる。

続いて、就業経験者たちの階層的地位と階層意識について確認しておこう。まず最終学歴について確認しておこう（**表4-4**）。全体として、男女ともに高卒が約半数と相対的に多い。男性では、大卒が1/4、義務教育修了レベルが1/10を占め、女性は短大・高専卒が約3割と多い。トヨタ自動車男性では、高卒レベルのケースが6割以上と非常に多く、また大学院卒の比率も10.2%と高いのに対して、大卒が10%に満たないというユニークな構成を示している。工場に勤務する技能者と、高度な技術者がともに多い特徴的な組みあわせが学歴からもうかがえる。関連企業男性は、ちょうど中間的な構成を示し、「その他」男性では、高卒4割強、大卒が1/3に対して、大学院卒はごく少数で、一般的な比率となっている。

そこで次は階層的地位のなかでももっとも重視される職業階層についてみておこう。本調査では、退職した人については「一番長く勤めていた仕事」をたずねていて、基準が異なるので、在職者についてみてみよう（**表4-5①②**）。全体として、自動車関連産業のまちにふさわしく、生産に従事する技能・労務職の割合が35.9%（補正値[4]では48.6%）、専門・技術職が23.4%（補正値では16.7%）と多くなっているのが特徴である。これに対して、事務職、販売・セールス職、サービス・保安職の比率は相対的に低い。トヨタ自動車

表4-5①　男性就業者（パート・非常勤含む）の職業階層構成比率（%: 下段の数値は補正値）

	専門・技術	管理	事務	販売・セールス	サービス・保安	技能・労務	運輸・通信	農林	その他	合計人数
トヨタ自動車	25.1 *19.2*	10.3 *7.4*	2.0	0.0	0.0	61.1 *70.0*	1.5	0.0	0.0	203
関連企業	19.0 *13.4*	22.2 *12.0*	10.2	2.3	4.2	35.2 *50.9*	6.9	0.0	0.0	216
その他	25.4 *17.0*	14.8 *10.9*	9.6	10.6	10.0	19.9 *32.2*	6.8	1.3	1.6	311
全体	23.4 *16.6*	15.8 *10.3*	7.7	5.2	5.5	35.9 *48.2*	5.3	0.5	0.7	730

χ^2=156.951（p=.000）

表4-5②　女性就業者（パート・非常勤含む）の職業階層構成比率（%: 下段の数値は補正値）

	専門・技術	管理	事務	販売・セールス	サービス・保安	技能・労務	運輸・通信	農林	その他	合計人数
トヨタ自動車	36.8 *26.3*	0.0 *0.0*	36.8	0.0	5.3	15.8 *26.3*	0.0	0.0	5.3	19
関連企業	0.0 *0.0*	6.4 *6.4*	46.8	8.5	10.6	21.3 *21.3*	4.3	0.0	2.1	47
その他	26.9 *18.5*	0.7 *0.7*	23.6	16.6	17.7	7.4 *15.9*	1.1	1.1	4.8	271
全体	23.7 *16.3*	1.5 *1.5*	27.6	14.5	16.0	9.8 *17.2*	1.5	0.9	4.5	337

χ^2=51.484（p=.000）

ではこの傾向はさらに際立っており、技能・労務職が61.1%（補正値で70.0%）、専門職が25.1%（補正値19.2%）に対し、事務職は2.0%、販売・セールス職、サービス・保安職にいたっては全くいない。このような編成は、先進的な工業都市の特徴を凝縮して示していると言えよう。これに対して、女性の職種は全体では「管理職」以外のホワイトカラーに分布しており、技能職は、トヨタ・関連企業を合わせた66名中の13名、19.7%にとどまっている。

階層分類では、就業先の企業規模も重要なファクターである。在職層（パート・非常勤含む）のデータによると、関連企業に勤務する男性のほぼ半数（48.6%）が従業員規模1000人以上の大企業で働いており、30人未満の事業所は6.9%にすぎない。これに対して、「その他」事業所はで30人未満の小規模事業所での勤務が41.5%（女性は48.9%）、300人以下の事業所を合わせると7割（女性は8割）に達する。比較する際にはこのことを念頭に置いておく必要がある。

従業上の地位も階層構成上の重要なファクターである。男性在職層では、トヨタ自動車、関連企業ともに、ほとんどが被雇用者（それぞれ100%,97.7%）になる。これに対し「その他」では、自営・家族従業が16.8%（女性では9.9%）、雇用者も5.1%（女性では0.4%）の比率を占めていた。

所得も言うまでもなく階層的地位を構成する重要なファクターである。世帯収入を男女全体でみると、配偶者の収入が含まれ退職者世帯も入ってくるため、就業先によるちがいをみるには適さない。そこで退職者を除き、男性世帯だけの年収分布を300万円刻みのレンジ6段階で示したのが**図4-1**である。この分布をみると、全体としてトヨタ自動車、関連企業、その他勤務先の順で高くなっていることが見てとれる。ただし最富裕層で多いのは「その他」であり、トヨタと関連企業はならんでいるが、これは「その他」に会社経営者、自営業者がふくまれているためだろう。ちなみに、フルタイム就業者だけをみると、トヨタ従業員では、600万円~899万円が40.8%に達し、900万円~1199万円の層も28.9%に上っている。これに対して、「その他」は最富裕層で7.6%と若干多いが、最頻値（38.9%）は300~599万円の層であ

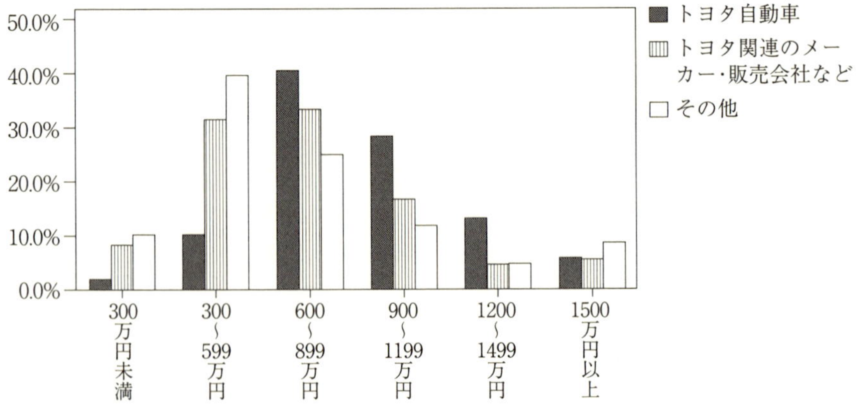

図4-1　男性（退職者のぞく）就業先による世帯年収分布

表4-6　階層帰属意識の分布（男/女）（%:パート・退職者含む）

	上	中の上	中の中	中の下	下	合計人数
トヨタ自動車	0.8/0.0	31.7/27.6	54.8/41.4	10.7/31.0	2.0/0.0	252/29
うちブルーカラー男性	*0.6*	*16.1*	*65.2*	*14.8*	*3.2*	*155*
関連企業	1.3/0.0	15.2/19.5	56.1/56.1	24.5/17.1	3.0/7.3	237/82
うちブルーカラー男性	*1.0*	*9.1*	*48.5*	*38.4*	*3.0*	*99*
その他	1.1/2.1	15.4/18.2	51.5/60.1	26.5/17.6	5.6/1.9	377/466
うちブルーカラー男性	*0.0*	*8.8*	*45.1*	*38.2*	*7.8*	*102*
全体	1.0/1.7	20.1/18.9	53.7/58.6	21.4/18.2	3.8/2.6	866/577

χ^2=49.834（p=.000）/ χ^2=16.745（p=.033）

る。この結果は、トヨタ従業員、関連企業、その他の順に格差があると単純には言えないことを示している。図4-1には中間層が分厚い所得分布パターンがあらわれているが、ここからトヨタ、関連企業を取り除き「その他」だけでみれば、多数の中低所得層と少数の最富裕層に分化したパターンになる。自動車産業の存在は、中間層から上の下にいたる層を分厚くする効果ももたらしているのである[5]。

階層帰属意識については、「あなたの現在の暮らし向きは、世間一般からみてどのくらいですか」という内閣府（旧総理府）の「国民生活に関する世論調査」とおなじ質問を入れてあるのでこのデータをみてみよう（**表4-6**）。これによると、全体では、約半数が「中」、「中の下」「中の上」が20%、「下」と「上」はわずか、と対称的な分布となっている。しかし、トヨタ自動車従業員では、「中の上」が明らかに多く、「中の下」は少ない。産業グローバル化先進地域ということもあり、参考までに、それぞれブルーカラー層の意識だけを示したのが表中の下段の数値であるが、トヨタのブルーカラー従業員・退職者では他に比べて上寄りに分布していて、65.2%もの人が「中」、16.1%が「中の上」と回答していることに注目すべきだろう。

第2節　仕事と地域生活に関連する社会意識

つづいて仕事と居住地域に関連した意識の特徴についてみておきたい。まず、仕事への愛着と満足度、生活上の多忙感についてみておこう。仕事への愛着や満足は、仕事のやりがいにつながる一方で、地域への社会参加を抑止する可能性もある。多忙さは、生活上の不満につながり、社会参加にとってはマイナスに作用する可能性がある。通説的な見解では、トヨタ生産システムのもとで働く従業員たち、とくにラインでの密度の高い労働に従事する作業員たちは、多忙をきわめ、仕事に疎外感を感じているはずである。本調査票では「現在のお仕事にどれだけ愛着がありますか」「日ごろはどれくらい忙しいですか」という設問があり、これを回答者にそれぞれ5段階で評定してもらっている。また生活満足度についてたずねた設問の下位項目に、仕事の面について4段階の評定を求めたものがあり、これを満足度の指標として用いた。

調査データによると、仕事の満足度については全体に満足側に寄っており、トヨタ自動車従業員男性の満足感はやや高めで、ブルーカラー職どうしで比較しても結果は変わらない（**表4-7**）。パート就業が満足度に影響する可能性があるため、フルタイム就業者だけで比較してみたが結果はやはり同じであった。仕事への愛着も全体に高く、「強い愛着がある」で「その他」の就業先がやや多く、「ある程度愛着がある」ではトヨタ・関連企業がやや多いが大きな違いはない（**表4-8**）。多忙感については全体として高めで、トヨタ・関連企業では「非常に忙しい」がいくぶん低く、「どちらかと言えば忙

表4-7　仕事の満足度の分布（男/女）（%:退職者は除く）

	満足している	どちらかといえば満足	どちらかといえば不満	不満である	合計人数
トヨタ自動車	13.9/41.2	67.3/29.4	14.9/17.6	4.0/11.8	202/17
うちブルーカラー男性	*14.4*	*63.2*	*17.6*	*4.0*	*125*
関連企業	12.7/19.1	54.0/66.0	24.4/14.9	8.9/0.0	213/47
うちブルーカラー男性	*11.2*	*51.7*	*27.0*	*7.9*	*89*
その他	11.0/12.3	57.1/63.1	21.0/18.7	11.0/6.0	310/268
うちブルーカラー男性	*6.2*	*56.8*	*24.7*	*9.9*	*81*
全体	12.3/14.8	59.0/61.7	20.3/18.1	8.4/5.4	725/332

χ^2=17.210（p=.028）/ χ^2=18.522（p=.018）

表4-8　仕事への愛着の分布（男/女）（%: 退職者を除く）

	強い愛着がある	ある程度愛着がある	どちらとも言えない	あまり愛着はない	まったく愛着はない	合計人数
トヨタ自動車	16.2/15.8	58.3/57.9	16.2/10.5	7.4/15.8	2.0/0.0	204/19
うちブルーカラー男性	*15.1*	*54.0*	*16.7*	*11.1*	*3.2*	*126*
関連企業	13.0/12.8	55.8/57.4	16.7/19.1	9.8/8.5	4.7/2.1	215/47
うちブルーカラー男性	*13.3*	*56.7*	*13.3*	*11.1*	*5.6*	*90*
その他	22.2/15.9	49.5/55.4	18.4/18.1	6.7/7.0	3.2/3.7	315/271
うちブルーカラー男性	*15.9*	*41.5*	*29.3*	*8.5*	*4.9*	*82*
全体	17.8/15.4	53.8/55.8	17.3/17.8	7.8/7.7	3.3/3.3	7]34/337

χ^2=15.242（p=.055）/ χ^2=8.095（p=.424）

しい」がやや多いが、こちらについてもあまり大きな違いはみられない[6]。

以上全体として、トヨタ自動車従業員男性が仕事に関して疎外されているとは言えない。満足度については、むしろ逆の傾向さえみられるのである。ブルーカラー従業員だけについてみても、この点で大きな違いはない。

地域へのかかわりをみるため、続いて地域に関連する意識項目について確認してみよう。**表4-9**は、「あなたは現在お住まいの地域に愛着がありますか」という設問に対する5段階評定の結果をまとめたものである。これをみると、大きな違いではないが、地域への愛着はトヨタ自動車男性でやや弱く、関連企業、その他の順に強くなっていることが読み取れるだろう。しかし、トヨタ従業員は、地元出身者以外が多く、居住年数も相対的に短いので、このような結果が出るのはむしろ自然である。

表4-9 地域への愛着 の分布（男/女）（%: 退職者を含む）

	強い愛着がある	ある程度愛着がある	どちらとも言えない	あまり愛着がない	まったく愛着はない	合計人数
トヨタ自動車	9.8/13.3	59.8/66.7	17.7/16.7	9.1/3.3	3.5/0.0	254/30
関連企業	17.7/19.3	55.7/45.8	17.3/16.9	6.8/15.7	2.5/2.4	237/83
その他	24.5/12.2	49.2/60.9	17.0/16.7	7.2/7.3	2.1/3.0	376/468
全体	18.3/13.3	54.1/59.0	17.3/16.7	7.6/8.3	2.7/2.8	867/581

χ^2=23.300（p=.003）/ χ^2=13.627（p=.092）

表4-10　生活満足度（地域との交流で）の分布（男/女）（%:退職者を含む）

	満足している	どちらかと言えば満足	どちらかと言えば不満	不満である	合計人数
トヨタ自動車	4.7/6.9	74.7/51.7	19.0/34.5	1.6/6.9	253/29
関連企業	8.9/12.5	61.9/65.0	26.7/18.8	2.5/3.8	236/80
その他	7.6/7.7	60.5/70.9	29.5/17.6	2.4/3.7	370/454
全体	7.1/8.3	65.1/69.1	25.6/18.7	2.2/3.9	859/563

χ^2=15.570（p=.016）/ χ^2=8.483（p=.205）

本調査質問紙には地域への満足度をたずねた項目はないが、生活満足度の中に「地域との交流」について4段階評価でたずねた項目がある。これをまとめた**表4-10**によると、ここではむしろ、トヨタ自動車男性の方が満足度が高い傾向にある。また「地元地区のまちづくりや地区環境の改善」に「つよい関心がある」あるいは「ある程度関心がある」と答えた割合は、関連企業男性では61.1%、「その他」では64.5%に対し、トヨタ自動車男性では74.8%とこれも高い。他県出身者が多く、居住年数が相対的に短い人たちが、なぜ地域の交流に満足し、地区環境の改善に意欲的なのであろうか。これは一見矛盾しているようにも思われる。これを解くカギになるのが、彼らが地域で築いた社会的ネットワークないし社会関係資本の質と量である。これについては、次節で検討することにしよう。

第３節　社会的ネットワークの形成

まず社会的ネットワークについてみよう。親しい友人がどれだけいるかをみるため、「あなたは、ふだんいっしょにお茶や食事を楽しむ人が、何人くらいいますか」という設問のデータを取り上げよう（**表4-11**）。全体についてみると、「とくにそういった人はいない」と「2~3人」「4~5人」が多く、女性は男性よりやや多い。男性を就業別にみると、「関連企業」では「2~3人」、その他事業所では「6~9」人が多いが、とくに大きな違いはない。したがって地域へのコミットメントのちがいがあるとしても、それは友人との親密な紐帯やその数じたいに求めることはできないだろう。

表4-11　ふだん一緒にお茶や食事を楽しむ友人の数の分布（男/女）（%:退職者を含む）

	とくにそういった人はいない	1人	2〜3人	4〜5人	6〜9人	10人以上	合計人数
トヨタ自動車	16.2/20.7	3.2/0.0	39.9/44.8	26.5/20.7	7.1/3.4	7.1/10.3	253/29
関連企業	16.2/4.8	3.0/0.0	45.3/26.5	23.9/42.2	5.1/16.9	6.4/9.6	234/83
その他	19.7/8.8	4.5/3.2	33.0/29.6	23.9/34.1	11.2/14.6	7.7/9.7	376/466
全体	17.7/8.8	3.7/2.6	38.4/29.9	24.7/34.6	8.3/14.4	7.2/9.7	863/578

χ^2=16.339（p=.090）/ χ^2=18.058（p=.054）

それでは、地域の「なか」にその原因となるネットワーク要因を求めることはできるだろうか。本調査では、「ご近所の親しい方とはどのようなおつきあいをされていますか」という設問で、「お茶や食事をいっしょにする」「趣味・娯楽をいっしょに楽しむ」「情報を交換したり相談にのる」「子どもを通したつきあい」「困ったときに助け合う」「外で立ち話をする程度」「とくにつきあいはない」という7項目について複数選択方式で回答を求めていた。これをグラフにしたのが**図4-2**である。これをみると、就業先により、近隣とのつきあいが異なっていることがわかる。まずトヨタ自動車従業員・退職者男性では、他の2つに比べて、「とくにつきあいはない」の割合は低く(p=.004)、逆に「立ち話をする」(p=.027)、「趣味・娯楽をいっしょに楽しむ」比率は有意に高い（p=.004)。この他の項目も有意差はないが高めで、

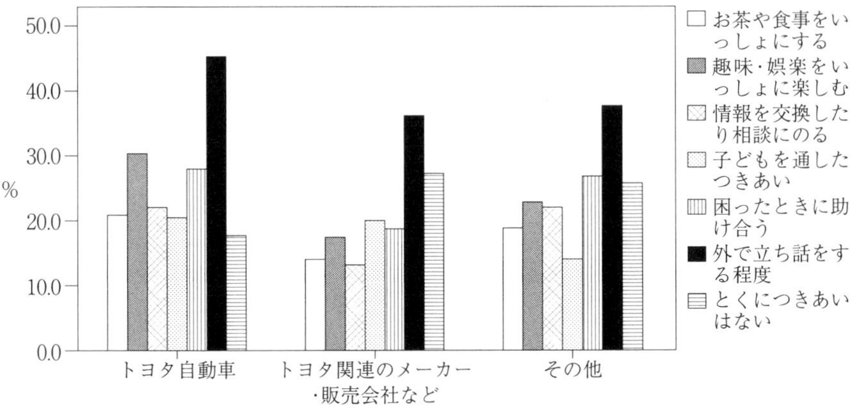

図4-2　近所づきあいの内容と比率（男性のみ）

全体として、地域コミュニティにおけるつきあいが他より活発な傾向がみられる。サンプル数は少ないが、トヨタ自動車の女性従業員ではこのような傾向はみられない。これに対し、「関連企業」従業員の地域交流は、「子どもを通したつきあい」以外の項目ではやや低めの数値となっている。

ただし、すべての地区でトヨタ自動車男性の近所づきあいが強いわけではない。上の7項目中実質的なつきあいがあることを示す最初の5項目をそれぞれ1点とし、足し合わせた値を近隣的紐帯の強さと考え[7]、地区別・就業先別に示したのが**図4-3**である。中心市街地の挙母では就業先による差はみられないのに対して、郊外地区ではトヨタ従業員・退職者のつきあいが絶対的にも相対的にも強くなっている――地元出身者が少ないにもかかわらず――ことがわかるだろう。ここから、彼らの近所づきあいがとくに盛んなのは、工場周辺に形成された郊外住宅地であることが推測できる。

地元外出身者が多く、居住年数が短いトヨタ自動車従業員・退職者の男性でこのように地域交流が相対的に活発であることがわかった。それにしても、彼らの間でなぜ活発なのか、それじたいがひとつの謎になる。トヨタ生産方式は、職場や作業チームへのコミットメントを求めるが、常識的に考えれば、それは地域コミュニティへのコミットメントを弱める方向にはたらくと考え

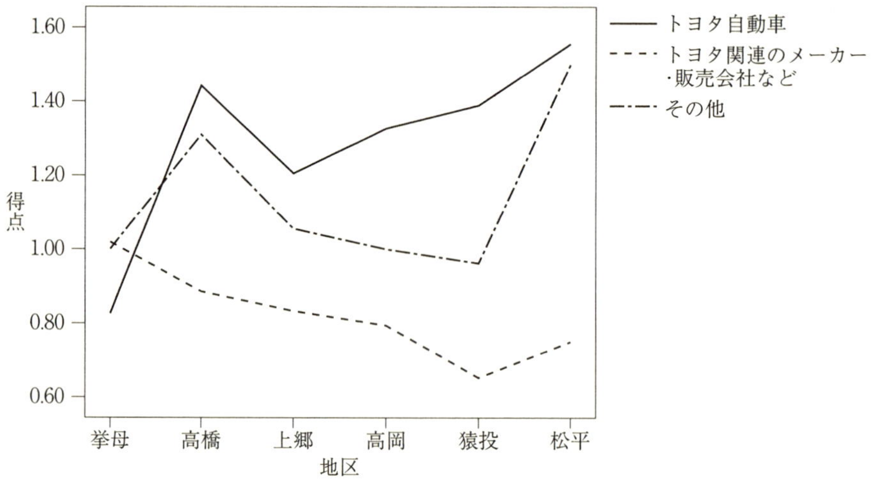

図4-3　地区別・就業先ごとの近所づきあいの強さ（男性全体）

表4-12　居住地域にもっている職縁（男/女）（%:退職者を含む）

	いない	1～2名いる	数名いる	たくさんいる	わからない	合計人数
トヨタ自動車	10.2/25.9	21.1/18.5	52.0/44.4	16.7/11.1	0.0/0.0	246/27
うちブルーカラー男性	*8.6*	*19.7*	*54.6*	*17.1*	*0.0*	*152*
関連企業	25.2/27.3	20.7/10.4	40.5/46.8	13.1/14.3	0.5/1.3	222/77
うちブルーカラー男性	*28.6*	*19.8*	*36.3*	*14.3*	*1.0*	*98*
その他	31.2/27.2	18.1/18.3	31.5/38.0	17.3/10.2	1.9/6.2	365/449
うちブルーカラー男性	*27.0*	*24.0*	*33.0*	*15.0*	*1.0*	*100*
全体	23.4/27.2	19.7/17.2	40.0/39.6	16.0/10.8	1.0/5.2	833/553

χ^2=56.103（p=.000）/ χ^2=11.942（p=.289）

られるからである。しかし、職住が接近し、職場で働く同僚・友人が自分とおなじ地域に住んでいるとすればどうであろうか。このときには、職場へのコミットメントが地域に対するコミットメントを強める条件になる可能性がある。本調査票では、「お住まいの地域に、勤め先や仕事関係で知り合った知人の方はいらっしゃいますか」という設問を入れたので、これに対する回答の分布をみておこう（**表4-12**）。これをみると、「数名いる」「たくさんいる」を合わせて男女とも過半数に上り、豊田では、全体として地域に埋め込まれている職縁の密度がきわめて高いことがわかる。なかでも、トヨタ従業員・退職者男性では、合わせて約2/3が職場の知り合いが地域に数名以上（具体的には3名以上）いると答えており、きわめて密度が高くなっている。居住地域のなかに、職場の知り合いがこのように多数住んでいる事態は、大都市圏に住む会社員では通常考えられないだろう。先進的な製造業が長期間繁栄し、職住が相対的に近く、遠隔地への異動が比較的少ない企業城下町ならではの特徴がよく現れていると言えるだろう。トヨタ自動車男性のうちブルーカラー層の数値をみるとさらにやや高めで、また他の勤め先に比べ相対的に高くなっている。ホワイトカラー従業員より異動が少ないため、上記の傾向がより明確に現れているのだろう。関連企業ではなぜこの傾向が弱いのだろうか。これは、第２節でみたように、勤め先の場所が市外にある人が相対的に多いためであろう。

第４節　まちづくり活動と団体参加

こうした地域生活の構造的特徴をふまえた社会活動への参加やその種類、それらを規定している因果関係の分析が次の考察課題であるが、詳しくは次章以降でみることにし、ここではごく簡単に確認しておこう。調査票でたずねた、「青少年の育成・世代間の交流（PTA・子供会ふくむ）」「地域の伝統・文化やスポーツの振興」「地区の住環境の整備・向上活動（美化・緑化など）」「防犯活動や交通安全、防災活動など」「自然環境の保全活動」「健康・医療・福祉活動の推進」「多文化共生や国際交流に関する活動」「その他」という8種類の活動を「この1年間に活動した」割合を示したのが**図4-4**である。男女ともに、「地区の住環境の整備・向上」「防犯・交通安全・防災」など、いわば地区密着型の活動に従事した人の割合が高くなっている。女性の場合、PTAや子ども会活動に参加することが多いため、「青少年育成・世代間交流」が相対的に多く、男性では「自然環境の保全活動」がやや多い。調査票では、「もっとも熱心にかかわっている活動」には「なにがきっかけで参加」したのかをあわせてたずねている。これによると、「自治区活動をきっかけに」(48.7%)、「順番が回ってきたため」(33.6%) が圧倒的に多く、これに「活動の様子をみて」「友人がやっていたため」(それぞれ8.8%) が続いている。とくに男性では「自治区活動をきっかけに」(男性57.9%・女性39.3%) が相対的に多

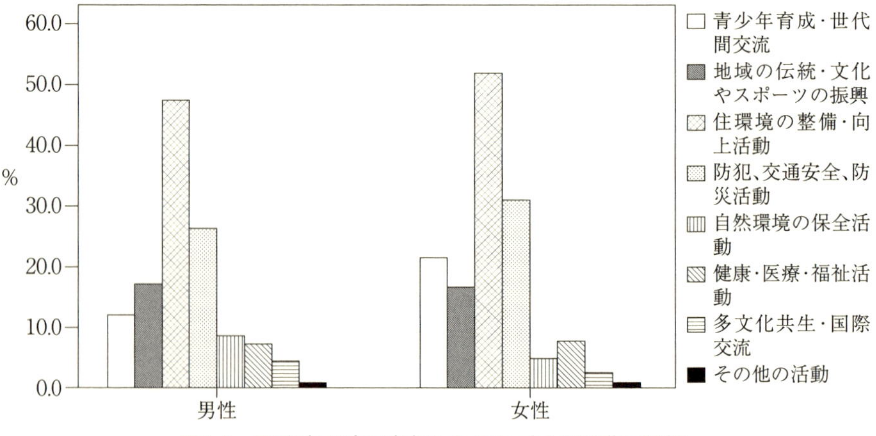

図4-4　最近1年以内に参加したまちづくり活動の種類

く、「順番が回ってきたため」(27.4%/40.0%) は相対的に少なかった。男性では「職場の社会貢献活動を機に」(7.6%)、「仕事関係の知り合いがいた」(3.0%) もきっかけとして認知されていた。

また、就労経験がない人も含め、調査対象者全体のうち61.4%が1年以内にどれか一つで活動していることになり[8]、かなり高い参加率になっている。この参加率について、就労経験のある人を性別とフルタイム就労であるかどうかで分割したのが**表4-13**である。女性が男性より高く (p=.008)、パート・退職者の方が参加率が高い (p=.001) のは予想通りと言えるだろうが、その差は意外に小さい。むしろ、男性のフルタイム就労者のゆうに半数以上が参加していることに注目すべきだろう。

就業先別にみると (**表4-14**)、トヨタ自動車従業員・退職者男性では、7割近くもの人がなんらかの活動に従事していて、他よりさらに高くなっている。通説とはぎゃくに、トヨタ自動車の従業員はまちづくり活動に関しては、より積極的に参加しているわけである。おどろくべきことに、現役のトヨタ従業員の参加率は66.7%で、ちょうど2/3にのぼる。参加している活動のジャンルが複数ある人もトヨタ自動車従業員・退職者男性では多く、2つが21.7%、3つ以上も16.1%に上る。なぜこのように高い参加率を示すのか、これについては次章で検討してみたい。またそれぞれの就業先で市外出身者

表4-13　就労状況・性別によるまちづくり活動参加率（1年以内1つ以上）の違い（%）

	男性	女性
フルタイマー	56.5	59.7
パート・退職者	63.0	66.7

表4-14　1年以内にまちづくり活動に参加した人の割合（男/女：%　( ) 内は人数）

	1年以内の活動参加経験一つ以上	市外出身者の参加者
トヨタ自動車	68.0 (172)/40.0 (12)	69.1 (150)/46.7 (7)
関連企業	52.1 (123)/61.4 (51)	52.2 (71)/66.0 (35)
その他	53.8 (203)/67.3 (315)	53.4 (87)/65.4 (200)
全体	57.4 (498)/65.1 (378)	59.7 (308)/64.7 (242)

χ^2=16.369 (p=.000)/ χ^2=9.805 (p=.007)

男性をみると、それぞれまったく遜色なく活動に参加していることも興味深い。女性の市外出身者（就業先別は省略）では全体として参加率が低くなるのに、なぜ男性ではそうならないのだろうか。

続いて、団体活動への参加について確認しておこう。質問紙では、「この1年以内にメンバーとして参加したことのある団体はありますか」という質問に対して、「自治区やコミュニティ会議の会合・活動」「子ども会の活動・PTAの役員・委員としての活動」「地域的なまちづくり団体」「NPO・ボランティア団体」「社会運動団体」「企業や経営団体関連の社会貢献活動」「労働組合関連の社会貢献活動」「その他」の8種類の選択肢を設けてたずねた。これらはとくにまちづくり活動に限ってたずねてはいない。これらの活動に最近1年間で参加した割合をグラフにすると、**図4-5**のようになる。

これをみると、男性は「自治区・コミュニティ会議」(31.9%) が相対的に多く、また自動車産業のまちらしく、「企業・経営団体関連」(10.0%)、「労働組合関連の社会貢献活動」(7.5%) も相対的に多い。女性では、「子ども会、PTA役員」の活動が18.1%と相対的に多く、男女のちがいがかなりはっきりしている。

これらのうち少なくとも一つに参加した人の割合は全体で44.4%にのぼり、有意な差はないが、男性 (45.5%) も女性 (42.8%) と同様活動水準は高い。先の場合と同じように、ここでも、フルタイム就労とジェンダーによる影響

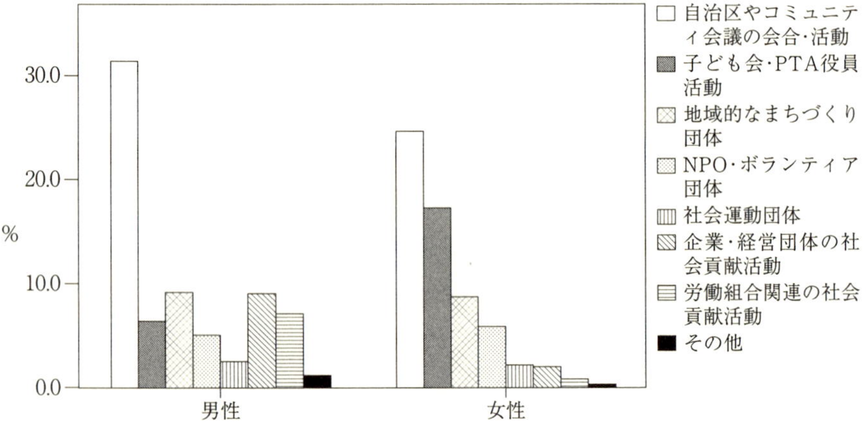

図4-5　団体活動への参加

表4-15　就労状況・性別による団体参加率（1年以内1つ以上）の違い（%）

	男性	女性
フルタイマー	43.5	39.6
パート・退職者	51.4	43.0

表4-16　1年以内に団体活動に参加した人の割合（男/女：%（）内は人数）

	1年以内団体活動参加経験一つ以上	市外出身者の参加者
トヨタ自動車	50.4（128)/36.7（11)	51.6（112)/46.7（7)
関連企業	43.5（103)/30.1（25)	39.0（ 53)/34.0（18)
その他	44.0（166)/44.4（208)	42.3（ 69)/45.1（138)
全体	45.7（397)/42.0（244)	45.3（234)/43.6（163)

χ^2=3.156 (p=.204)/ χ^2=6.307 (p=.043)

をみると（**表4-15**）、男性の退職者、パートで参加率が高くなっていることがわかる。ただしフルタイマーであっても、4割内外の人が何らかの団体に参加していて、かなり高い数値になっている。就業先別にみると（**表4-16**）、ここでも男性ではトヨタ従業員・退職者の参加率は他の2カテゴリーに対して高めに出ている（p=.078)。

小　括

以上検討してきたように、現在の豊田では、地域社会内外の構造的条件の変化を背景に、①来住した自動車関連産業従事者たちの居住が長期化し、②自動車産業従事者を中心に、ブルーカラー職種と、技術・専門職ホワイトカラーを軸とした、独特の「中流的」な階層構成と近代家族的な性別役割がみられ、③仕事への愛着や満足度も低くなく、またとくにトヨタ従業員・退職者男性については④職住が接近した環境のもとで、地域的な紐帯も強くなっていて⑤地域での交流に満足し、地域に密着したまちづくり活動への参加が活発になっていること、が確認できた。これらの知見は、トヨタ生産システムのもとで管理・疎外され、地域社会にかかわろうとしないトヨタ従業員というややステレオタイプ化された見解が、現時点ではまったく妥当しなくなっていることを示している。ともあれ、産業都市特有の職住の近接性と性別役割分業のなかで、男女が置かれている社会的条件は大きく異なっている。次章、次々章では、男女それぞれに分けて、社会活動への参加と社会的ネットワーク、それらを促進する要因に焦点を合わせて、より詳細な分析をおこなっていきたい。

注

1　豊田の先行研究でも質問紙調査はおこなわれてきたが、小規模なものや対象地区が限定されている場合がほとんどである。

2　男性では回収率がかなり低くなる傾向があるため、人口比と市の市民意識調査の回収率をもとに男性に対してオーバーサンプリングした。男性の有効回答率が予想より相対的に高かった（47.3%）ため、回答者の性比は1.41と、実際の性比1.11よりかなり高くなっている。

3　ただし、たとえばトヨタではたらく期間工、派遣労働者たちは基本的に住民票を市内に置かないため調査対象に含まれておらず、データは現場の労働力構成をそのまま反映していない。

4　300人以上の規模の事業所（官公庁はのぞく）に勤める高卒以下の従業員で「専門職・技術職」「管理職」と回答している人を「技能・労務」職にリコードしたもの。補正値の方が国勢調査データの分布に近くなる。

5　地域への関与をみる上では住宅階層も重要なファクターである。この点では、全体として一戸建て持ち家の比率が約75%にも上ることが目立った特徴で、就業先による差はない。旧市内の市街地は「低密分散型」（都丸・窪田・遠藤1987）とも言われたように、人口密度が低く広がりが大きい。また従業員は企業の福利厚生の一環として家をもつことを奨励されてきた。このため、集合住宅や、賃貸住宅の比率が相対的に低くなっている。

6　質問紙調査を実施した2009年8月がリーマン・ショック後の操業率が落ちている時期であったことも影響している可能性がある。

7　5つのつきあいの項目データを信頼性分析にかけると α 係数は0.633であった。「子どもを通したつきあい」は重要なため残したが、これを除いた場合は0.693となり尺度としての一貫性は高くなる。

8　対象年齢人口の性比に応じてウェイトバックした値を用いている。

コラム：団塊団地の今

私の住むH自治区は豊田市の中心部を循環する環状道路に沿って分譲団地がベルト状に連なる地域にある。昭和40年代から丘陵地を拓き次々に開発された分譲団地は昭和50年代後半に造られた環状道路によって結ばれ、瞬く間に同地域を巨大住宅地に変貌させた。そこに住む人々は自動車関連企業に勤務する会社員を中心としており、隣近所全て同じ企業に勤務しているというような「持ち家」でありながら、あたかも「社宅」に暮らしているような状況だった。極論すれば、企業関連会社が売り出した分譲住宅に住み、企業が造る自動車に乗り、企業関連の生活協同組合で買い物をするという生活である。

私たちの自治区は団塊世代が多いため、ピーク時は100名もの子どもたちが長い列を作って登校したというが、現在は「子どもの数より子ども会役員の数の方が多い」という冗談が聞かれるほど激減した。夫たちが働き盛りの時代は、自治区活動は「夫名義」で妻たちが担ってきたが、定年退職を迎えた男性たちは職場で培った組織力を自治区内にも活かして、マレットゴルフやそば打ち、ラジオ体操などのエンジョイライフ活動を女性も巻き込んで精力的に展開している。とはいえ、高齢化は確実に進行し、二晩続きの盆踊り大会が半日の運動会に変わり、その内容もスポーツからゲーム中心へと様変わりした。若い頃は「定年になったら故郷に帰る」と言っていた人たちも実際に定年になって帰るのはごく少数である。その一方で、団塊ジュニアの多くは団地外に出ていき、今やシルバー団地と化している。団地内に救急車のサイレンが響く回数も増えている。確実に老いていく団地をどのようにケアしていくのか、住民にとっても行政にとっても重い課題である。

今年（平成25年度）、自治区初の女性区長が誕生した。それだけ女性への期待が高まっているということだろうか。シルバー世代になり、妻たちが自分名義で自治区活動を担う時代がやってきたのかもしれない。望むと望まないとに関わらず……。　（文・菅原純子）

環状線沿いに続く高齢化を迎えた団地群

第5章　自動車産業就業者の地域生活

――男性現役層・退職者の地域的紐帯をめぐって

丹辺　宣彦
鄭　南

前章では、性別、就業状態、勤務先別の比較をしながら、地域住民のプロフィール、社会意識と紐帯、社会活動について簡単に確認した。その結果少なくとも、自動車産業で働く男性は、仕事に対する愛着や満足度が他に比べ低いとは言えず、近所づきあいもそれなりに活発で、現役層でも地域活動への参加割合が予想外に高いことがわかった。職場でも居住地域でも疎外や孤立の兆候がみられないことは、従来のトヨタ研究あるいは豊田研究とは大きく異なる結果である。本章では、男性の地域参加の中身や年齢による変化を確認しながら、なぜこのような活発な参加がみられるのかを、定住化にともなう地域的紐帯（＝社会関係資本）の形成に注目しながら本格的に分析してみたい。ここからまた、彼らにとって職場の人間関係や仕事へのコミットメントが重要であることが意外なかたちで示されるだろう。つづいて、リーダー層に対しておこなったインタビュー・データを用いて、職場での経験や仕事のやりかたを、意識のなかでまちづくり活動とどのように関連づけ意味づけているかを探ってみたい。このような作業を通じて、他の地域の男性住民とは異なる産業都市特有の地域コミュニティの特性がクローズ・アップされるだろう。

第1節　職場から地域へ

前章では、自動車関連産業で働いていた男性の居住が長期化していること、それにともない地域的紐帯を強めていることをみた。まず具体的なイメージをつかむために、退職前後から、地区のまちづくりに積極的に関与している

3人のトヨタマンの事例をみてみよう。このインタビュー調査は2011年2月の活動団体質問紙調査の際、協力の意向を示した団体の代表に対しておこなったものである。インタビューでは地区の概況と活動の内容、仕事に関連する代表のプロフィール、現在の活動と仕事の関係についてたずねた。

豊田では、トヨタ・関連企業で働き、居住地域のまちづくりに参加し、退職前後から自治区役員をつとめ、つづいてまちづくりの団体活動でリーダー的役割を担っていく男性も多い。まず自治区長をつとめながら、市の「わくわく事業」に申請してその代表もつとめている緑ヶ丘自治区のTさん（男性）のケースをみてみよう。

事例1　緑ヶ丘自治区:区長T氏[1]

・地区の概況と活動内容

この自治区は、本社工場西の関連企業工場群のなかに住宅地が形成された300世帯余り、人口約1000人の地区である。若いときは野原が多く家も少なかったが、今では建て込んでいる。トヨタ・関連企業勤めの住民が7~8割以上を占めると思う。ここのところ空き巣や車上狙いが少し多くなっている。

わくわく事業の活動内容は、有志による区内の花壇、公園、マレットゴルフ場の整備・維持管理、子どもの登下校時の見守りパトロール（毎日）、青パト車による夜間の防犯活動などである。安全・安心を基本に「日本一の自治区」を目指して活動している。

・個人的プロフィールと会社の仕事

自分は地元生まれで親は農業、兄弟は6人いた。養成工として1957年にトヨタ自動車に入社、本社工場に籍を置き、応援の派遣期間を除き43年勤続した。機械部でエンジン製造にかかわり、ブロック、シリンダー、ピストンなどあらゆる部分を手がけた。ランドクルーザーやクラウンのR型エンジンも手がけた。トヨタ生産方式は機械部から確立されたもので、大野耐一氏にしこたましぼられた。部品を貯蔵する倉庫のスペースがまだ多かったのをどんどんなくし問題点をみんなでつつきながらジャスト・イン・タイムを実現していった。サービス残業は当たり前、職場は自分の力で回っている、守るんだという信念で働いた。そういうものを支えたプライド、愛社精神がある。苦労は当たり前、創意工夫も当たり前だった。部下にどうやる気を起こさせ、トヨタ流の考え方を教え込み、やめさせないように苦労した。八豊会などを通じたインフォーマルなつながり、結束が大きかった。養成工同期（12期）のつながりも相談や情報交換の上で重要だった。

・現在の活動と仕事との関係

評議員、副区長などを歴任し、現在自治区長は2年目だ。何をやるにしろ目標がないとだめだしリーダーシップがないと継続しない。無駄遣いをせず、創意工夫をして自分たちですることに心がけている。町内のごみステーションの更新も鉄骨・ブロック・ペンキをホームセンターで用意して得意な人を集めて全部自前でやった。安全が重要、人のため、社会のためになることをすることは自動車づくりと共通することだ。

隣の自治区の区長は昔の同期生で、今でもよく情報交換する。自治区どうし仕事が似ているので事務員の手当や車上狙いの犯罪情報など参考にさせてもらう。自治区の役員へのリクルートを他の自治区からの情報でおこなうこともある。地域でも、職場時代の知り合い、後輩によく会いつながっているし話をする。役員のメンバーでもトヨタの人が何人もいる。お前ここにいたのかとか、職場の後輩が区長、というようなことがよくある。ただ現在自治区内でも若い世代を中心に、隣近所への思いやりやつながりが薄れていることに危機感をもつ。トヨタの後輩に話をしてもなかなか活動に定着してくれなくなっている。今は共働きの家庭が多く、両親ともに忙しい。登下校時の子どもの見守りに力を入れているのもそのためだ。

写真5-1　緑ヶ丘自治区の会館

70歳になろうとするTさんであるが、眼光に力があり、経験に裏打ちされた自信と使命感にあふれており、リーダーシップを発揮して自治区活動とまちづくりに精力的に取り組んでいる様子がうかがえた。

写真5-2　会館内の壁に貼られた標語

つぎに高橋地区内にある東山自治区の区長をしているKさん（男性）の日常をみてみよう。Kさんは、やや大柄で声が大きく、気さくで包容力のある性格がうかがわれる人である。

事例2　東山自治区:区長K氏[2]

・地区の概況と活動の内容

この自治区は、約1900世帯と規模の大きい自治区であり、一戸建て住宅地に市営住宅、県営住宅、民間アパートが混在して建っている。もともとは豊田市初の勤労者向け住宅として公営のモデル団地215戸が建設され、1962年に第一次の入居が開始された地区だ。地区内、周辺には自動車産業で働く人の持ち家も多いが、公営住宅があるため、高齢者、独居世帯、外国人住民の比率も高くなっている。通常の活動以外に、この自治区では、防犯パトロールを組織しており、わくわく事業にいくつか申請して、マレットゴルフ場の整備、市営住宅周辺の花壇整備、高齢者向けの「ふれあい健康day」（月2回）、そば打ち体験講習などを開催している。夏祭りには約3500人が参加し「東山音頭」にあわせて踊る。

・個人的プロフィールと会社の仕事

自分は九州出身、30歳のときに豊田に来た。田中町の雇用促進住宅で2年間すごし、35年前に東山に家を建てた。元町工場でライン業務に従事してその後監督職に就いたが、当時は地域のことは何もやっていなかった。二直だと時間的にも大変だ。平成4（1992）年に九州の宮田工場が新設されたときに、宮田（福岡県宮若市）に異動となり、定年まで12年間勤めた。定年後豊田に戻って現在勤めている人材派遣会社はトヨタ九州の子会社である。九州に行っているあいだに家や家族が地域にお世話になったので、声がかかったのを機に1年自治区の書記をやり、続いて区長になった。区長をやっていると毎日新しいことが起こり、毎日が勉強だ。美里地区区長会の副会長と総務委員も務めていてこちらも大変だ。現在の仕事（人材派遣会社TM社参事）は週3日だから両立できている。家にいるよりもここの集会所にいる時間の方が長いくらいだ。

・現在の活動と仕事の関係

仕事のときの経験は、前段取りをつけておけば地域の仕事は効率的にできるという意味では役に立っている。人が集まってから段取りしていてはだめだ。いろいろな人がアイデアを出したときにまずはやってみてだめなら改善すればよいというのが自分の考えかただ。自治区のなかにはいろいろな人がいるので、仕事時代の人間関係は自分の頭のなかにはあっても自治区の業務にもちこむことはあまりしないようにしている。

最後は、トヨタ自動車上郷工場の北に位置する上丘町J地区で、地区の住環境整備に取り組んでいる向井川サンポ会の代表Hさん（男性）である。Hさんは非常に人なつこく面倒見のよい人で、質問紙調査の時点ではトヨタ自動車でまだ働いており、インタビューをおこなったのは定年退職直後であった。

事例3　向井川サンポ会:代表H氏[3]

・地区の概況と活動内容

この地区は、旧集落を囲む田畑に隣接して30数年前に新しく造成された小規模な一戸建て住宅団地で、周りにはトヨタの寮や社宅も点在しているところである。会が活動する住宅団地は50戸ほどで高齢化が進んでいる。代表のいる2組に当初入居したのはトヨタ自動車の従業員が大部分だった。会が結成されたのは6年ほど前で、会員は44名である（インタビュー当時）。会の活動は環境美化、住民の親睦、健康づくりを目的とし、市の「わくわく事業」の補助を受け、町内で河川の掃除、花の栽培、菜園の耕作、ごみ拾いとリサイクル、ウォーキングなどをおこなっている。

・個人的プロフィールと会社の仕事

自分は岐阜県の出身で今年定年を迎えたところだ。中学校卒業後15歳のときにトヨタ自動車に入社し、3年間養成工の訓練を受けた。21歳のときから5年間刈谷の通信制高校にも通って卒業した。昭和52（1977）年、22歳のときにトヨタ住宅の融資を受け、田中寮から近い現在の団地で土地を購入した。25歳のときに住宅を建て、26歳のときに同郷の人と結婚した。

職場は元町工場で初代プリウスなどいろんな車をボディと組み立てのラインでつくってきた。CL（チーフリーダー）としてライン生産を管理していった。試作ラインを参考に、いろいろな車種を量産するラインをコストが嵩まないよう工夫して立ち上げていた。120人ぐらいの部下がいてその面倒をみた。生産車種や量産ラインが他の工場に移転するときには、そこで余剰人員になった部下の面倒を見るのがたいへんだった。追い詰められて精神を病んだ部下もいた。最後は部下のいないCX職に就いた。

30年間会社の駅伝に参加し途中からは監督になり全社240チームの中で自分のチームを5位になるまで引っ張った。仕事はきつかったが、年中走る練習をしていた。会社の水泳部に入ってサーフィンもやっていたし、山にもよく登った。「縦社会」のトヨタで溜まったストレスを発散するために、知多に別荘マンションも買って週末などそこへ車で通った。魚釣りやスキューバダイビングをして、二級船舶の免許も取得した。遊んで気分転換をはかった。

婦人会に相当する男性の「S会」という（広域の）地域組織の活動に若いときから参加し、仕事が忙しく中断があったが、今は副会長である。親睦活動のほか、地域の運動会、夏祭り、秋祭りの準備・実行にかかわっている。S会のメンバーは現在150人ぐらいいるが、実働グループは30~50名である。最初は商店街や会社経営の人が多かったが、今はトヨタの人、退職者が多くなっている。選挙のときは、ゆたか会の推す候補と自治区経由で働きかけてくる候補の間で板ばさみになり大変だった。現在は頼まれて市会議員の選挙の応援にもかかわっている。

・現在の活動と仕事との関係

44名のメンバーの8~9割が、団地内の2組の住人たちで、ここはトヨタ

写真5-3　向井川サンポ会が活動する住宅団地の光景

自動車の入居者が大部分だったところ。会のメンバーでなくても活動を手伝ってくれる。自発的な持ち込みが多いので、会費はとっていない。現在は退職年齢以降の夫婦がほとんど。

コミュニケーションをとり、健康づくりにボランティアをやりながら菜園を耕し花を楽しむ、散歩をするということを目指してやっている。健康づくりも個人ではなくみんなで取り組んでいきたい。仕事の影響で目標を定めないとだめ、なにかをつくっていかないとだめだ。会社の仕事は一般的に縦社会の論理だが、部下の教育やサポートは、通信制高校での勉強、駅伝の活動、地域の活動と共通の横の論理でうごけて共通している。天職だった。

以上3人の事例をみたが、地元出身のTさんはともかく、KさんやHさんのような他県出身のトヨタマンがこのように地域へ定着し自治活動や地域活動に積極的に参加していくのはなぜなのだろうか？　上の3事例はいずれもリーダー層のケースであるが、一般的なメンバーとしての参加はどのようにおこなわれるのだろうか？　仕事の経験や人間関係は、地域での活動にどのような影響を与えているのだろうか？「退職」というイベントは男性が地域に目を向ける上でやはり決定的な意味をもつのだろうか？

第2節　まちづくりへの参加とライフステージ

前章では市民活動、まちづくりへの参加について確認し、男性では地縁的活動が多いことを確認したが、もう少し詳しくデータを見てみよう。

表5-1　最近1年以内に1つ以上のまちづくり活動に参加した人の比率（男性：%、( )内は人数）

	フルタイム	退職者・非常勤	全体
トヨタ自動車	66.7（134）	73.1（38）	68.0（172）
トヨタ関連企業	48.4（ 91）	66.7（32）	52.1（123）
その他	53.7（146）	55.3（57）	54.1（203）
合計	56.1（371/661）	62.6（127/203）	57.6（498/864）

まちづくり活動への参加を、「1年以内にまちづくり活動の1つ以上に参加した人の比率」について就業状態と就業先別に分けてみたのが**表5-1**である。前章でみたようにパート・非常勤層は中高年層が圧倒的に多いため、退職者とおなじカテゴリーにくくってある。全体ではフルタイマーが56.1%、パート・非常勤、退職者では6割以上が参加していて、その差は約6%で10%の有意水準（p<.097）と微妙なものである。つまり、会社を退職することによってこのような活動への参加が高まっているとは言い切れない。中高年男性退職・非常勤層のまちづくり活動への参加率は予想通り高いが、現役層の参加率も高い。就業先別にみると、トヨタ自動車従業員の参加は、現役層では他の2者に対して有意に高く（p<.000）、退職者・非常勤層では、サンプル数が少ないこともあり、「その他」に対してのみ有意に高い（p<.032）。

なにが男性の社会活動参加をうながしているかという先の問いに答えるには、まず年齢ごとにさまざまなまちづくり活動への参加率がどのように変化するのかを見ることが手がかりになる。**図5-1**は、8種類の活動への参加率（過去1年以内）が、5歳ごとの年齢段階に応じてどのように分布するのかを示したものである。これをみると、おおまかに分けて3つのパターンがみられる。すなわち①「住環境の整備・向上」と「防犯・交通安全・防災」という地区志向型の活動は、参加率が相対的に高く、年齢が上がるとともに参加率も上がっている、②「青少年育成・世代間交流」と「地域の伝統・文化、スポーツの振興」にかかわる活動は、30代後半から40代後半にかけていったん上昇した後やや下がり、60代でまた上昇する、③「自然環境の保全」「健康・医療・福祉の増進」にかかわる活動は（ある程度は「多文化共生・国際交流にかかわる活動」も）、相対的に参加率は低いが、60代になるとやや増える、という傾向がみられる。このうち②は子や孫の成長に合わせて参加率が

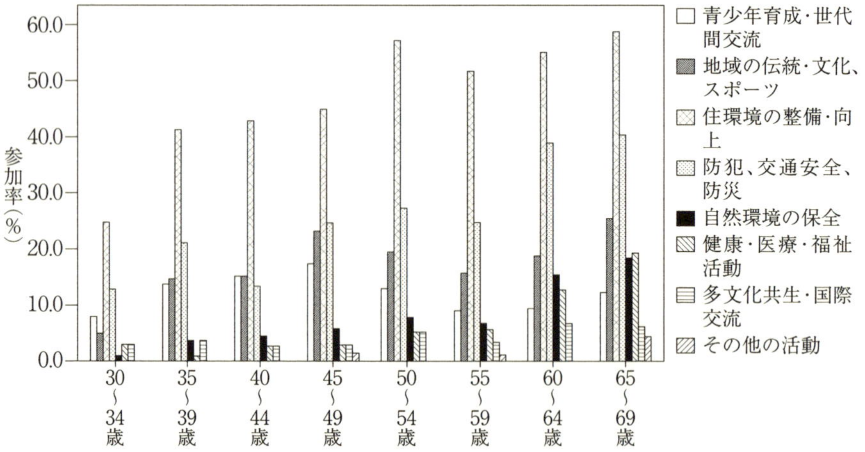

図5-1　年齢による活動種ジャンルの違い（男性）

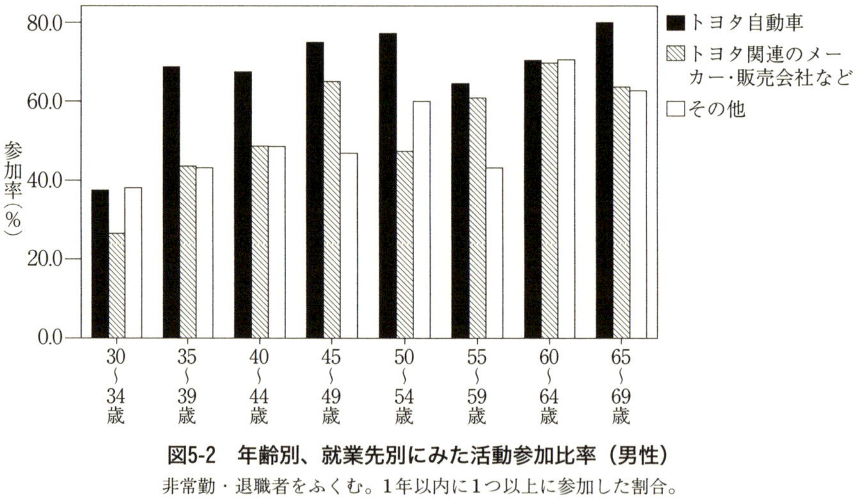

図5-2　年齢別、就業先別にみた活動参加比率（男性）
非常勤・退職者をふくむ。1年以内に1つ以上に参加した割合。

上下するためであろう。退職というイベントを機に男性が地域に関心を向けるチャンスが増えるというのは一見有力な仮説だが、これがあてはまるのは参加率が相対的に低い③の活動だけであり、しかもこれに該当する3つの活動は地域・地区とはあまり関係がない。

次の**図5-2**は、勤務先別に、最近1年以内に「1つ以上」の活動に参加した人の割合を年齢段階ごとにみたものである[4]。これを見ると、高い年齢層ほど参加が多い傾向はあるが、退職年齢の60代でとくに増えているわけではない。トヨタ従業員の参加率を見ると、30代後半から60％以上の人がすでに参加していて他より高く、50代前半でいったん8割近くに達している[5]。この結果も、退職というイベントが地域参加を促進するという予測に疑念を抱かせる。そもそも、もしこのような考え方が正しいなら、退職後に地域で孤立しがちな日本の「会社人間」というリアリティも成り立たないはずだろう。何が豊田の男性たち、とくにトヨタ従業員たちの地域参加を促進しているのだろうか。

前章では、トヨタ自動車従業員・退職者で近所づきあいが相対的に活発で満足度が高いことを見た（図4-2／表4-10）。さしあたり、この社会学的条件に注目してみたい。なぜ地元外の出身者が多く、居住年数が短いトヨタ従業員で近所づきあいが活発なのか、それ自体がひとつの謎だろう。トヨタ生産方式は、職場や作業チームへのコミットメントを求めるが、常識的に考えれば、それは地域コミュニティへのコミットメントを弱める方向に作用すると考えられるからである。以下ではこのことを念頭に置いて、近隣との交流、職場へのコミットメントと、両者の「関係」すなわち職住の近接性に注目して分析していきたい。

第３節　地域的紐帯の意義

以上みたように豊田市では男性住民、とくにフルタイマーのまちづくり活動への参加率は予想されるより高い。またトヨタ従業員（男性）では、現役時代から相対的に活動参加率は高くなっている。さまざまな原因が考えられるなかで、なにが男性たちの市民活動、まちづくり参加を促しているのだろうか。以下では、さまざまな要因の相対的効果をみるため、多変量解析も用いながらこれを検討してみよう。

分析のため、55歳以上の無職、パートタイマー男性を「退職者層」と定義すると、調査対象中の該当者は192名になる。フルタイマー層は671名であるが、同年齢のフルタイマー層が187名おり、55歳未満が484名となる。退職の効果を測るためにはフルタイマー層と社会活動参加のありかたを比較する必要があるが、それだけでは世代の違いによる効果や加齢による効果の影響が入り込んでしまう。そこで、同世代のフルタイマーとの比較もおこないながらみることにしたい。

表5-2、**表5-3**は退職者層の基本的属性と社会活動の水準を55歳未満/以上のフルタイム就業者と比較したものである。当然ながら、年齢、現地居住年数、一戸建て持ち家比率などは退職者層でもっとも高く、社会貢献意欲、近所づきあいの得点、地域に仕事上の知り合い（＝職縁）をもつ比率も退職者がもっとも高くなっている。ただし、同年齢のフルタイマーと比べればその

表5-2　男性現役層・退職層の社会的属性と紐帯

	55歳以上退職層	55歳未満のフルタイム就業者	55歳以上フルタイム就業者
年齢	64.4	41.2	60.1
現住地居住年数	33.4	13.0	28.2
大卒以上の比率	16.8%	36.6%	22.5%
年収900万円以上の比率	19.9%	30.6%	42.2%
一戸建て持ち家の比率	91.5%	64.7%	84.5%
地域への愛着（1〜5点）	4.03	3.61	3.96
社会貢献意欲（1〜4点）[6]	2.52	2.12	2.39
近所づきあいの得点[7]	1.50	0.85	1.05
居住地職縁数名以上有の比率	63.2%	51.0%	54.3%
トヨタ従業員の割合	27.3%	30.9%	29.1%
人数	192	484	187

表5-3　男性退職層、現役層のまちづくり活動（最近1年以内）への参加水準

	55歳以上退職層	55歳未満フルタイム就業者	55歳以上フルタイム就業者
活動1つ以上あり	67.2%	53.5%	64.2%
活動のジャンル数[8]	1.66	1.00	1.39
団体活動参加1以上あり	54.7%	43.2%	44.4%
団体活動の数	0.92	0.67	0.74
人数	192	484	187

差は大きくない。反対に、収入や学歴などの社会活動を促進すると思われる要因では若い世代が有利な値を示している。

参加の水準についてみると、やはり退職者が55歳未満のフルタイム就業者に比べてどの項目でも高くなっている。しかし多忙な現役世代であることを考慮すれば、後者の参加率は決して低くない。退職というイベントが社会活動の水準を高めているとは必ずしも言えず、差があるにしても他の変数が活動参加を左右している可能性が高い。どの原因が有効なのかを特定するために、ここで、多変量解析の手法を用いて、地域活動、団体活動への参加の要因をとらえてみたい。

まちづくり活動への参加をうながしている因果関係を確認するため、ここで活動への参加（1年以内・1つ以上）の要因に関するロジスティック回帰分析（**表5-4**）をおこなった[9]。説明変数[10]として投入したのは、居住年数、学歴、世帯収入、家族の有無、社会意識、社会的ネットワーク、トヨタ従業員

表5-4　「まちづくり活動への参加（1年以内）1つ以上あり」の規定要因

	モデル1（男性全体）n=817		モデル2（55歳以上男性）n=336	
	B(標準誤差)	Exp(B)	B(標準誤差)	Exp(B)
現住地居住年数	.002（.006）	1.002	-.003（.010）	.997
学歴	-.016（.074）	.985	.009（.128）	1.009
世帯年収	.153*(.070)	1.165	.081（.100）	1.084
有配偶ダミー	1.154***(.246)	3.172	.609（.467）	1.839
15歳以下の子供ありダミー	.518*（.201）	1.678	1.300（1.202）	3.671
地域への愛着	.294**(.096)	1.341	.260（.165）	1.297
社会貢献意欲	.403**(.121)	1.496	.533**(.193)	1.704
近所付き合いの得点	.284***(.076)	1.328	.393**(.126)	1.481
地域職縁数名以上ありダミー	.177（.163）	1.194	.174（.263）	1.190
トヨタ従業員ダミー	.525**(.187)	1.690	.199（.285）	1.220
フルタイム就業ダミー	-.262（.226）	.770	-.098（.272）	.907
定数	-3.609（.524）	.027	-2.957（.825）	.052
R^2（Nagelkerke）/ χ^2	R^2=.233/ χ^2=155.5（p=.000）		R^2=.177/ χ^2=46.0（p=.000）	

+＜0.1　*＜0.05　**＜0.01　***＜0.001

ダミー、フルタイムダミー（退職の効果をとらえるための逆転項目）である。まず「全体」の結果をみて最初に目につくのは、フルタイムダミーの抑止効果が有意でなく、「退職そのもの」ははっきり促進効果をもつとは言えない点である。現役世代に比べて退職者の参加が多いのは他の変数の効果によると考えられる。他の変数では、世帯収入、家族をもつこと、地域への愛着、社会貢献意欲の高さが促進要因となっている。また、近隣との紐帯（近所づきあい）の得点と、トヨタ自動車ダミーが促進効果をおよぼしている。他方で、居住年数、地域の「職縁」はここでは明確な効果をもたない。世代効果、加齢効果の影響をなるべく相殺するために、つぎに55歳以上の年齢層に限って活動参加の要因をみてみよう（表5-4右）。退職はやはり効果がないが、男性全体では強かった家族の効果、地域への愛着、そしてトヨタ従業員ダミーの効果も、中高年層ではみられなくなっている。これに対して、社会貢献意欲とならんで近隣との紐帯の強さは有意な効果を示し続けている[11]。

表5-4の促進要因のなかで、社会学的にみて興味深いのは、近隣との紐帯や、社会貢献意欲という変数である。それでは、この2つの要因の強さは何によって決まるのだろうか。表5-4の説明変数のなかからこの2つの要因に先行すると考えられる要因を選んで重回帰分析にかけた結果が**表5-5**である。男性全体の結果をみると、表5-4では効いていなかった現住地での居住年数と、地域にいる職場関係の知人（＝職縁）が近隣との紐帯への強い促進要因となっており、学歴の高さとフルタイムの仕事をもっていることはマイナスの符号がついていて抑止要因となっていることがわかる。つぎにフルタイムの男性の結果をみると、ここでは仕事への愛着が促進要因となっていることが目を引く。通常は、企業へのコミットメントが強くなると、地域社会や近隣とのつながりが弱くなるのが常識であるが、それとは反対になっているのである。つまり、フルタイムの仕事をしていると男性の近所づきあいは減ってしまうが、地域に職場の知りあいがいる場合はマイナス効果は打ち消されるのである。

「社会的貢献意欲」は、「自由に使える時間が今より増えたら、あなたは何をしたいと思いますか」とたずねた設問に対して、「ボランティア活動やNPO活動」「地域交流や自治区活動」を1〜4点で評価した得点を合計したも

表5-5　近隣との付き合いと社会貢献意欲の強さを規定する要因（重回帰分析）

	近隣とのつきあい				社会貢献意欲			
	男性（全体）N=831		男性（フルタイム）N=640		男性（全体）N=817		男性（フルタイム）N=635	
	B	ß	B	ß	B	ß	B	ß
現住地居住年数	.013***	.166	.013***	.161	.007***	.149	.008***	.176
学歴	-.117**	-.112	-.111**	-.111	-.029	-.047	-.026	-.043
世帯収入	.026	.028	-.015	-.016	.019	.035	-.006	-.011
有配偶者ダミー	.145	.043	.192	.061	.078	.039	.077	.040
15歳以下の子ども有	.376***	.144	.371***	.156	-.028	-.018	-.016	-.011
地域の職縁数名有	.567***	.233	.472***	.202	.221***	.156	.214***	.153
トヨタ従業員ダミー	.144	.054	.111	.044	.057	.037	.113+	.075
フルタイムダミー	-.391***	-.135			-.197**	-.115		
仕事への愛着			.141**	.117			.077**	.105
定数	.713		-.082		2.105		1.643	
R^2（調整済）	R^2=.143		R^2=.119		R^2=.088		R^2=.075	

+<0.1　*<0.05　**<0.01　***<0.001

のである。この強さを決定する要因をみると、学歴と子どもがいることは効果をもたないが、居住年数と地域にもつ職縁がプラスに作用していて、フルタイマーでは仕事への愛着が促進効果をもつ点では近隣との紐帯の分析とよく似た結果が得られている。なお、55歳以上のデータはここでは省略したが、近隣との紐帯の場合も社会貢献意欲の場合も「フルタイム就業」＝退職が有意でなくなる（p=.062/p=.205）こと、近隣との紐帯では学歴と子どもの存在が効かなくなる点を除くと大きな違いはない。

これらをまとめると、男性たちの市民活動・まちづくり活動への参加は**図5-3**のような因果関係によって促進されていると言えるだろう。近隣との紐帯と社会貢献意欲は、けっきょく定住化と地域の職縁、そして仕事への愛着によって促進されながら、男性たちの活動への参加を促しているのである。退職というイベントは、少なくとも直接活動参加を促すのではない。このような因果関係は、職住の接近と安定、そして職場の凝集性の強さという地域コミュニティのユニークな社会的条件に支えられているのである。一般的に

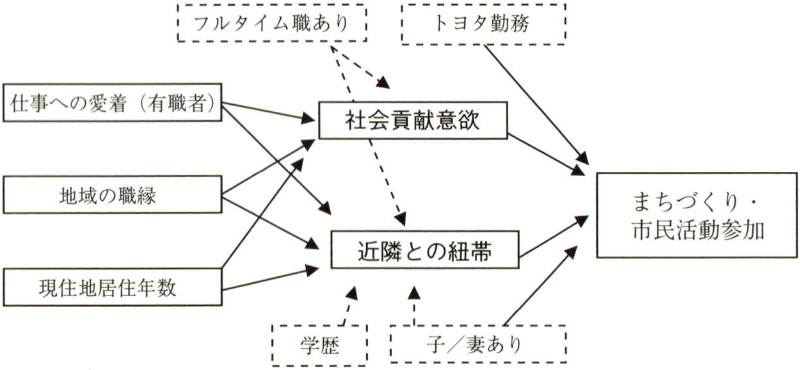

図5-3　男性の市民活動・まちづくり参加をめぐる因果関係
破線矢印は抑止要因を示し、破線枠は55歳以上では消失する効果を示す。

は、日本社会で会社と職場に強くコミットしている男性は、近所づきあいからは遠ざかり、コミュニティでの活動に参加する意欲も余裕もないのが普通だろう。とくに現役の「会社人間」はそうだろう。しかし、職場と自宅が近く、職場で働く同僚・友人がおなじ地域に何人も住んでいるとすればどうであろうか。このときには、職場へのコミットメントが地域に対するコミットメントをかえって強める条件として働く可能性がある。豊田の調査データから読み取れるのは、まさにこうした社会学的条件が当てはまり、男性の地域的紐帯を強め、地縁的な色合いが強い市民活動にコミットさせているという事態である。

第４節　団体活動への参加と企業の社会貢献

ところで、地域活動は個人の自発的参加だけでおこなわれるのではない。自治区、PTA活動、NPOなど、団体レベルの活動は、個々人の活動に支えられていると同時に、個人を活動に動員する面も強い。とくに豊田では、企業や組合が地域、社会への貢献活動を活発におこなっており、自治区ベースの活動も強力である。組織、団体をベースとしたさまざまな社会活動はどのように展開されているのだろうか。先の場合とおなじく就業先、就業状態別の参加率を示したのが**表5-6**である。ここでも、退職者・非常勤層の参加率

表5-6　1年以内に1つ以上の団体活動にメンバーとして　参加した人の比率
（男性:%、( )内は人数）

	フルタイム	非常勤・退職者	全体
トヨタ自動車	49.3（ 99）	53.8（ 28）	50.2（127）
トヨタ関連企業	39.9（ 75）	56.3（ 27）	43.2（102）
その他	42.6（116）	47.6（ 49）	42.6（165）
合計	43.9（290/661）	51.2（104/203）	45.6（394/864）

は、フルタイム就業者よりも多くなっているが、その差は5%の有意水準をクリアしていない（p=.052）。トヨタ従業員では全体でもフルタイム就業者でも他より多くなっているようにみえるが、その差も有意なものではない。

図5-4は、年齢段階別に団体活動参加の種別をみたものである。これを見ると、①「自治区・コミュニティ会議の会合・活動」がどの年代でも圧倒的に多く、おおむね年齢とともに増えていく、②任意性がやや高い「地域的まちづくり団体」と「NPO・ボランティア活動」は退職期以降に増加する、③「企業・経営団体の社会的貢献活動」への参加は10%前後で安定しているのに対して、「労働組合関連の社会貢献活動」は、キャリアの前半期は前者をしのぐほど参加があるのに対し、退職期前後からは急速に減少してしま

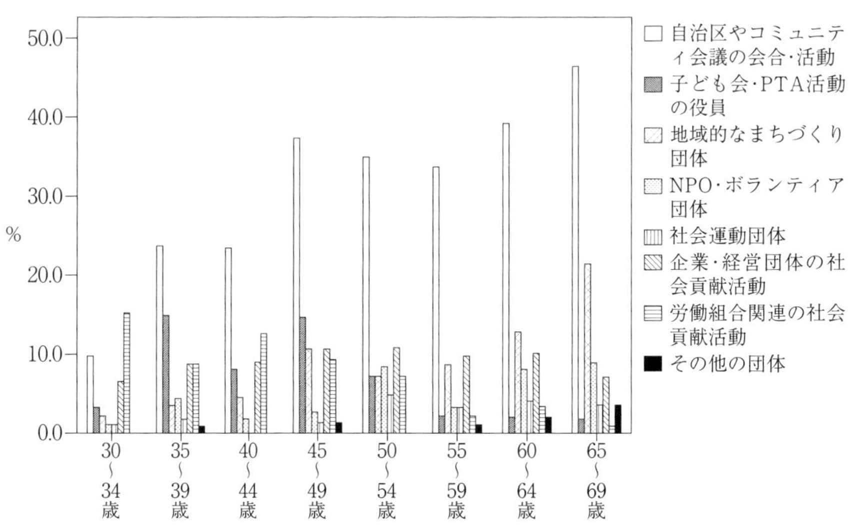

図5-4　年齢による団体参加種別の違い（男性）

う、といった特徴がみてとれる。

最後に、トヨタ従業員による地縁的な市民活動の活発化が、どの程度会社の組織的な社会貢献活動によっているのかを検討しておきたい。従業員のまちづくり参加は、社会貢献を重視する会社の方針・管理に沿ったものとする批判的な見方もありうるからだ。直接の影響をみるため男性フルタイム従業員について過去1年以内におこなった団体活動の内訳を就業先別にみたものが**図5-5**である。これをみると、たしかに企業・経営団体の社会貢献活動、労組の社会貢献活動への参加はともにトヨタ従業員、関連企業、その他就業先の順になっている。しかしトヨタ従業員とそれ以外の差はさほど大きなものではなく、有意な差があるのは労組の社会貢献活動への参加の方である(p=.006)。なによりも、企業、労組による活動に参加した絶対的割合は、それぞれ14.4%、14.5%であり、それぞれ7人に1人程度にすぎない。この比率は、子ども会、PTAの役員（12.6%）とほぼ同じであり、自治区活動・コミュニティ会議の会合活動（30.6%）の半分以下である。少なくはないが、過大に評価することはできないだろう。

2009年調査の質問紙には、「もっとも熱心にかかわっている」まちづくり活動に対して、「その活動にはなにがきっかけで参加されましたか」と問う下位選択項目があった。これによると、「職場の社会貢献活動を機に」と答

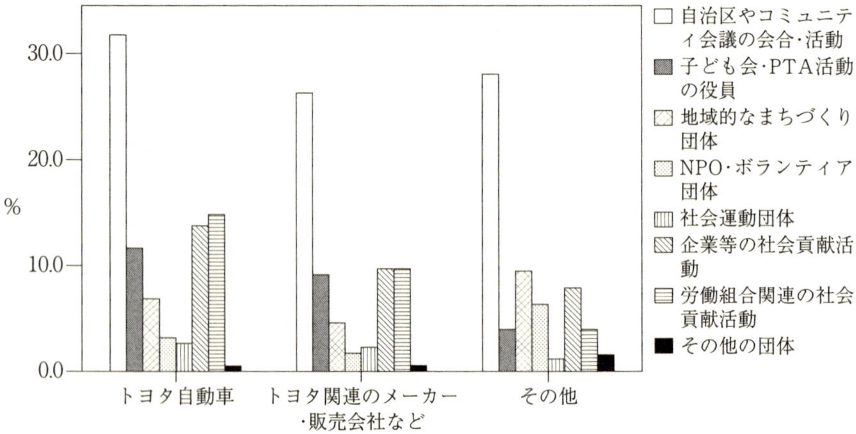

図5-5　1年以内にメンバーとして活動に参加した団体の種別（男性：現役フルタイマー）

表5-7　企業による社会貢献活動への参加と団体活動参加の関係
（男性：就業先別・就業状態別:%（ ）内は人数）

		まちづくり活動の参加1つ以上あり	
		全体	フルタイマー層
トヨタ自動車	企業の社会貢献活動参加あり	79.3（23/29）	78.6（22/28）
	〃　　なし	67.0（144/215）	65.7（109/166）
関連企業	企業の社会貢献活動参加あり	78.3（18/23）	72.2（13/18）
	〃　　なし	48.5（99/204）	45.1（74/164）
その他	企業の社会貢献活動参加あり	68.8（22/32）	71.4（20/28）
	〃　　なし	53.0（175/330）	52.5（125/238）

えた人はトヨタ自動車で9.1%（該当する176人中16人）にすぎず、「関連企業」の6.5%、「その他」の7.2%にくらべて有意な差はない。さらに、「1年以内にまちづくり活動1つ以上に参加したか」という項目を「企業や経営団体関連の社会貢献活動」に参加したことがあるか（1年以内）という項目とクロスさせることで、間接的な検証をおこなってみよう（**表5-7**）。これによると、トヨタ従業員男性では、全体でもフルタイマー層でも、企業の社会貢献活動に参加した人はそうでない人よりまちづくり活動への参加率がやや高くなっているようにみえるが、その差は有意な違いではない（p=.207/p=.198）。企業の社会貢献活動に参加していない場合も、トヨタ従業員では2/3前後の人が参加していて、他の2つのグループが半数前後であるのに比べて高くなっている[12]。

ヒアリングの事例でも、企業の社会貢献活動への参加が現在の活動につながっているとする発言はなかった。企業の社会貢献活動への動員・参加はもちろん一定の割合でみられるが、異動が比較的少なく職住の接近したコミュニティのもとで、男性たちが居住を長期化し、自身の――地域の職縁に代表される――社会的ネットワークを蓄積していることこそが地域的紐帯を強め、ひいてはまちづくり活動＝地縁的市民活動を活性化しているのだといえよう。別のいい方をすると、トヨタ自動車の社会貢献メニューには、環境関連の活動や人材育成、交通安全啓発活動などで全国的、グローバルな展開をするものが多くなっているため、従業員が居住地域で「職縁」に支えられておこなう活動には必ずしもつながっていないのだろう。企業としての社会貢献と従業員たちのまちづくり活動はともに活発であるが、社会的、空間的に独立していてそれぞれ自律的に展開されているのである。

第５節　活動リーダー層の意味付与
――まちづくりと仕事の関連をめぐって

量的データの羅列では、地域生活のリアリティや特殊事例をうかがい知ることは難しい。とくに典型的事例から外れたケースの理解は現実の理解にとって重要なことが多い。そこで以下では、2011年の市民活動のリーダーたちへのインタビュー調査から、トヨタ従業員、退職者たちの非典型的事例もいくつかみていく。その後で冒頭の事例とあわせて、活動と仕事の関係をどのように意味づけているか検討してみよう。

まず最初に見るのは、現役の監督者としてラインで活躍しており、勤務先が市外の工場であるにもかかわらず、地区のまちづくりでリーダーとして活動している事例である。

事例4　本地プラネット: 会長O氏[13]

・地区の概況と活動内容

逢妻地区本地地区は古くからの集落で水田が多く、地付きの人が200世帯ほどである。自治区は本地自治区。約1200世帯のうち準世帯も300世帯ほどになっている。集落の旧中心部の周辺には3~40年前に新興の住宅地が開発され、自動車産業で働く人たちを中心に外部から移ってきた人たちが入居している。来住してから年月がたち、地域にかなりなじんでいる。最近では人口、世帯数は安定している。農業を営んでいる人は自分で耕作するのではなく、逢妻営農などに請負に出しているケースが多い。土地改良区の事業も活用して一部地区では用水や畔の維持管理を協働作業でおこなっている。同族姓も多い地区だ。

・活動内容

三好市に近い地区内の甲川沿いの堤防の草取り、植樹と、調整池堤防での草取り、野鯉の放流、水仙の植えつけなどで、月に2回ほど休日に活動している。整備した調整池では子どもたちも招いてつり大会を開く。子ども会にも案内を流している。バーベキュー会や設楽でのそば打ち体験、県の陶芸館でのやきものづくりなど、会員どうしの親睦、レクリエーション活動も活発におこなっている。11月には自治区の文化祭（ふれあいフェスティバル）にも出展して地区の人にも見にきてもらう。活動範囲は町内＝自治区内である。

・個人的プロフィールと会社の仕事

自分はこの地区の出身。田を7反ほど所有しその半分ほどは耕作している。中途採用でトヨタに入り働いていた父親からすすめられ、高卒の資格もとれるということでトヨタ工業学園の前身に入り、先輩後輩関係のなかできびしく鍛えられた。先輩に頭を下げないと引っ張り込まれて正座させられた。いいことだとは思わないけれども我慢強くなった。トヨタでは最初は高岡工場に勤めた。衣浦工場ができるときに、そちらへ移ることになった上司から声をかけられ、気は進まなかったがいっしょに異動した。衣浦では１年ほど寮に入居したが、結婚を機に本地に戻った。あと２年で定年だ。

仕事は鋳造鍛造関係の部署をいろいろ経験してきた。いまは鋳鍛設備課の課長で部下は110名ほどいる。2500トンぐらいでプレスをする機械では、型が長くはもたず、他と干渉してラインがストップする。変形したりひびの入った型を出して、取り替えて、またあたためて動かすということを手早くやらなくてはいけない。時間の短縮と稼働率の向上がやはり大事な点だ。昔は機械加工で修正できたが、いまは鍛造で寸法を出すので精度を上げていて、キズを出さないのは大変だ。

・現在の活動と仕事との関係

現在の職場の衣浦工場は遠く、従業員は工場周辺に住む人が多くなっているので、地区に職場の知り合いはいない。しかし養成工時代の同期や知り合いは豊田のあちこちにいて、仕事で問い合わせをするときにはすぐに声をかけられる。２番目の子が小学校にいるときにPTA会長を頼まれ、たいしたことはないだろうと引き受けたが、じっさいには平日の会合に出るなど大変で、計画年休をとるなどして仕事との関係をなんとかやりくりした。田があるので休日には農作業をしている。半分は休耕田で半分をつくっている。その後子どもが中学校に上がると中学校のPTA会長も頼まれてしまい、引き受けた。

PTA会長をやったことで、地域の見回り、交通安全のよびかけ、調整の依頼、青少年育成委員会の委員を頼まれるなど地域との関係が深まっていった。そちらと本会の活動が忙しかったので、自治区の役員は順番の組長はやったが他は断っていた。ただ、コミュニティ会議では会の母体になった委員会では活動していた。

身体はいたって元気で、仕事のことは会社でしか考えず切り替えをうまくやるようにしている。社内駅伝のサークルで35、6歳くらいまでは走っていた。フルマラソンにも3回出場して3時間20分を切った。お酒もあまり飲まない。その後はジョギング程度だが、健康でいられる理由になっていると思う。活動をやる上で、仕事の経験は多少は役に立っているかなと思うくらいだが、活動を楽しくやりたい、という点では共通している。トヨタ流のやりかたや序列をそのまま地域活動に持ち込むとけむたがられるしうまくいかないだろうと思う。地域では区長さんがえらいので、トヨタの部長だからといってそれがなんだ、ということになるだろう。

Oさんは養成工出身の熱心なトヨタマンであり、好奇心旺盛でとても人なつこい感じの人であった。職場での仕事のすすめかたが地域活動に役立っていることは否定しないが、その秩序を活動の場に持ち込まないよう区別している。

次の事例は組合活動をしながら現役時代から社会活動にかかわり、トヨタ流の働き方とはやや距離を置いているリーダーの事例である。

事例5　根川小ゲートボールを支える会：代表M氏[14]

・地区の概要と活動内容

トヨタ本社の北に位置する住宅地からなる小学校区で4自治区からなり、旧集落に新興住宅地が入り込み形成された住宅地だ。自治区活動はさかんで外から来た人たちともいっしょにやろうという雰囲気があった。しかしかつての新興住宅地では少しずつ地域の紐帯が薄れている。いまの親世代は共働きが多くカギっ子も多い。子どもたちの遊び場も少ないし隣近所とのつきあいも少なくなっている。

健康づくりと世代間交流、地区の子どもの教育のため、小学生にゲートボールを教えて交流している。小学校にはたらきかけてゲートボールクラブをつくり、地区のゲートボール場（共有地）で毎日活動し、クラブ活動の時間と週末には小学生に教える。講習会、親を招いての競技会、大会を実施している（8月）。活動範囲は4自治区をふくむ小学校区内。

・個人的プロフィールと会社の仕事

自分は九州の出身（今では実家に帰ることもほとんどないが）。トヨタに勤めて元町工場で機械工、その後監督職をやり途中からは10年ほど組合専従となり、トヨタ・ユニオン・ボランティアの立ち上げ（阪神・淡路大震災の後）にかかわりその後ボランティア紹介の仕事をしていた。定年近くまで勤めて、社会福祉協議会の職員（生きがい推進員）となった。その後自治区の民生委員をやっているときに現在の活動を発案した。活動を始める少し前に自分もゲートボールを習い、小学校のクラブ活動では講師役を務めている。

・現在の活動と仕事との関係

現場にいるときは会社人間だった。トヨタの職場での知り合いは地域にはあまりいない。会のメンバーにトヨタで働いていた男性も若干いるが、職場の縁ではなく、地域の縁で入り、たまたまトヨタだったということだ。社協に勤めてからも、労組には顔を出して地域貢献をするようはたらきかけた。社協に入ったときは、仕事の性質が変わり（言葉遣いひとつとっても違う）ストレスが大きかった。ゲートボールを活かしたまちづくりを発案したのもそのことが背景にある。トヨタで仕事をしていた時の経験がいまの活動に役立っているとは思わない。地域ではみんなで助けあっていかねばならないが、上下関係が厳しくかえって人の気持ちをくみとれないのではないか。いま昔の職場の知り合いに会うと「お前おかしくなってしまったのではないか」と言われるぐらいだ。自分も監督職についていたころは、部下に「なんでやれないのか、やれない理由を言え」などと言っていた。

子ども好きで優しい感じのMさんは組合活動からボランティア活動の立ち上げ、実践にかかわるなかで、トヨタの職場秩序からは少しずつ距離を置き、定年以前に社会福祉協議会のまちづくり推進員に転身し、自治区役員も務めている。トヨタでの仕事の経験が現在の活動に役立っているかということに関しても否定的にみている。

つぎの事例は、自治会役員としての活動から、高齢者福祉にかかわるボランティア団体を設立し、地区を越えたテーマ型活動展開を目指している点でユニークな活動の事例である。会長も副会長もトヨタ自動車のＯＢであり、実直ながら熱意に満ちた語り口が印象的であった。

事例6　高橋おせんしょの会: 会長I氏/副会長T氏[15]

・地区の概況と活動内容

高橋地区は古い集落から一戸建ての住宅団地、市営住宅、県営住宅などが入り混じって形成された住宅地で格差も大きい。地区内に工場は少ないが、地区のかなりの人がトヨタや関連企業に勤めている。同じ世代が入居した団地ではいっきょに居住者たちが高齢化しつつあり、介護や福祉など高齢化にともなう問題が今後の地域の課題になっている。

地域の高齢者と身体障害者の日常生活を有償（最初の30分で300円と実費程度の協力金）で支援する活動をおこなっている。活動内容は草刈り・草取り、障子・編戸の張替え、庭木・垣根の手入れ、水道の水漏れ修理、換気扇の清掃、電球・蛍光灯の清掃と交換など家まわりの仕事である。利用者の話の相手にもなる。利用者はリピーターが多く、最初は民生委員によって紹介される場合もある。サービスを始めてから約2年半で100件以上の依頼があった（年間30～40件）。資金集めのためのイベントへの出店や、防災関係の研修もおこなっている。活動範囲は隣接する中学校区にもまたがる。

・個人的プロフィールと会社の仕事

自分（会長のIさん）は地元出身だが、トヨタ自動車が設立した整備学校を出て昭和39（1964）年に入社、以後63歳で退職するまで約40年間、本社の技術部で試作車の開発、テスト、全体的な評価にかかわってきた。「黒い試作車」をあつかうような機密事項にかかわる職務なので、会社のなかでも隔離されたような部署であった。会社のなかでは仕事をうまくこなすため仲間づくりに務めてきた。職場のなかでは整備学校の出身者組織の会長を務めたこともある。副会長のTさんは三重県出身で、やはり40年ほど本社技術部に務めていた。

・現在の活動と仕事との関係

現役時代は仕事一本で、会社の地域貢献・社会貢献活動にも参加していなかった。現役時代の最後に副区長を１年間務め、退職の直後にT町の区長に選出された。会にも中学の同級生がいて「ちゃん」づけで呼びあっている。地域には、トヨタ時代の知り合いがかなりいる。副会長のＴさんも技術部にいたので、そういう人がいることは前から知っていた。これとはべつにトヨタ退職者どうしのつきあいが今でもある。トヨタの従業員向けに開発された住宅地では、現役時代は出勤時間や休日もいっせい、草刈りも号令がかかるといっせいにやっていた。まとまりはよいが会社の縦の関係が退職後も若干続いたりもするが、子どもの世代になればそういうこともしだいに関係はなくなる。(「社会活動では地位や肩書きなどは関係ない。横一線だ。われわれがサポートに行くお宅もいろいろなケースがあり差別、区別はしない」、副会長T氏）会の活動ではいろいろな人とかかわるので、人間関係をうまくつくるようひじょうに気をつかう。

補助金をもらっているのだから少ない依頼件数で満足していてはいけない。年々増えていくのが本当だ。トヨタ自動車でもそうだったが、昨年比何パーセント増という生産台数が出てくる。そういう計算ができる活動にしたい（I氏）。他の地区にもわれわれと類似の活動を広げてお返しをしていきたい。そのためにそれなりのPRが必要だししている。会社の仕事とおなじで、なにごともつきつめれば改善点がみえてくる。

独居老人の生活支援をする有償ボランティア活動を展開している同会であるが、Iさんの話にもあるように、トヨタでの仕事のやりかたや改善を活動に生かそうとする様子がうかがえる。個々の要請に対しても作業票を作成してきめ細かく管理している様子がうかがえた。Iさんが、同じ職場にいた副会長のTさんの存在を意識していたこと、職場の「縦の関係」を象徴する「地位や肩書」は活動の場では関係なく「横一線」だとTさんが述べていることに注目しておきたい。

最後は、トヨタグループ従業員の地区割の組織で、選挙応援活動で有名だった「ゆたか会」が、会解散後にまちづくり活動へとかたちを変えた珍しいケースである。

事例7　山室を愛する会: 会長U氏[16]

・地区の概況と活動内容

トヨタ本社から東に向かい、矢作川を越えたところにある、丘陵を背にした川沿いの約120戸の地区である。農地も狭く昔は貧しい地区だったが、トヨタ・関連企業に就労するようになって生活が安定した。ミニ開発でできた30軒ほどの新しい住宅地はあるが、地区のほとんどが市街化調整区域で、地付きの人が多い。

わくわく事業に応募することで自治区から派生した活動で、地区内の共有スペースの草刈りや雑木林伐採、植樹、防護ロープ柵設置、ベンチ・階段整備、史跡の案内板設置、ごみ不法投棄のパトロール、「山の講」など（月2~3回程度）をおこなっている。活動は自治区内でおこなう。

・個人的プロフィールと会社の仕事

自分は当初から中心メンバーで地元の出身。自治区長を兼務している。豊田高専を卒業後5年ほど元町工場に勤務、排気対策で本社技術部に移り、その後品質保証部に勤務した。退社するまで室町から本社に通い続けた。現在の住まいは新家（シンヤ）として建てたもので、近隣では一番早かった。

・現在の活動と仕事との関係

トヨタ退職前から地域での活動は始めており自治区誌の編集なども休日を使ってしていた。品質保証部はそれほど忙しくなく、会結成当時はまだ退職前だった。

地区のゆたか会では中心メンバーとして活動し、選挙活動だけでなく親睦活動やスポーツなどをやっていた。ゆたか会が2003年に解散したときに地区の分会もなくなり、ただなくなってしまうのは惜しいとメンバー（約50人）が感じ、昔の地名をとって総意でその年に会を立ち上げた。地域の人に声をかけ参加を募ってきたため、ゆたか会時代と異なり現在ではトヨタ、関連企業以外の人も参加して活動している。ゆたか会のメンバーで熱心だった人もそのまま出てきている。会員もあってないようなもので、その都度声をかけて集めてやっている。年齢は若い人で40代ぐらい。地区を回っていて気がついたことをもとにU氏が企画し、自治区の回覧板で知らせると、とくに誘わなくても10人余りが集まって作業ができる。

Uさんは物静かで几帳面ながら、人徳を感じさせる人である。かつての「ゆたか会」のメンバーたちが、このようにまちづくり団体に衣替えし活動していること――地付き層とトヨタ・関連企業に勤める人が多いことによる安定性に支えられているのであろう――自体が、豊田の変貌を象徴的に示していると言えよう。

このように、まちづくりのリーダー層になっているトヨタ自動車現役・元従業員たちの事例をみてくると、共通の特徴をみてとることができる。それは、出身にかかわらず居住歴がかなり長く、したがって年齢も高めで、現役の場合はキャリアの後半にある。職場では、ブルーカラー/ホワイトカラーを問わず、ひとつの工場をベースに現場で長く勤めている人が多い。つまり技術職か技能工の職種を占めている。かれらの地域的な紐帯、地域への愛着はがいして強く、それが現在の活動を支えているように感じられる。しかし、職場での経験が地域での活動を支えているかどうかについては――親和性、連続性、有用性について――肯定的に答えるケースと、否定するケースに分かれている。見解がなぜこのように分かれるのかを最後に検討してみよう。

まず職場の社会関係に関しては、①調査対象者が凝集性の高い職場秩序に安定的に同化・コミットしていることが、肯定的な見解をもつことの必要条件になっているようである。職場に親密な人間関係をもたない場合や、組合活動からボランティアにコミットして会社から距離をとると（事例5）、否定的な見解に傾く。

つぎに活動の場である居住地域が、職場に対してもっている関係に関連する要因がある。②職場と活動地域（居住地域）が比較的近く、職場関係の知り合いが地域に存在すること（事例4の代表は、職場が遠くて職場の同僚がいないため、居住地域には職縁がない）、それに加えて、③地域で活動するメンバーや活動の相手に――職場の構成からみて――社会的に異質な他者が少ないこと、が肯定的な見解をもつことの条件になっている。また、市営住宅や県営住宅に住むメンバーや利用者が多い場合（事例2）、女性や老人、子どもが多いケース（事例5）では、当然トヨタ流の仕事のしかた、とくに「縦の」職場秩序を活動に持ち込むことは反発を招くしうまくいかない。したがって、④うまく折りあいがつくのは「横の論理」（事例3）や「横一線」（事例6）ということを意識してかかわる場合である。

このような、職場と活動地域に関連する3つの条件がすべて満たされることは比較的稀であろう。異動のはげしい上層ホワイトカラーのエリートが、調査事例——事例として取り上げたものをふくむ約20事例——のなかにみられなかったのは②の条件がみたされないからだろう。こうしてみると、男性、とくにトヨタ社員の地域参加が活性化している豊田の状況はやはりユニークなものといえよう。

小　括

以上の検討から明らかになったことをまとめると以下のようになる。

①豊田では先行研究のあつかった1980年代とは異なり、自動車産業就業者男性、とくにトヨタ従業員たちのまちづくり活動への参加は活発になっており、そこには彼ら自身の——居住の長期化と地域の職縁に媒介された——近隣との紐帯の強さと社会貢献への意欲という要因が効いている。②退職というイベントそのものは活動参加への促進効果をもたないが、退職期以降の定住層には活動テーマの幅を広げている層もいる。③トヨタ自動車従業員がまちづくり活動をおこなうようになったのは、もっぱら社会貢献を重視するようになった企業の方針のためだとはいえない。地域に埋め込まれた自身のネットワークにより、トヨタ従業員は個人ベースでも活発に活動するようになっている[17]。④ただしインタビュー事例に見られるように、当事者たちの意識や意味世界は、現実の因果関係をそのまま反映してはいない。仕事の経験、とくに人間関係が、地域活動にむすびついていると意識されるのは、職場秩序と居住地域の社会構成が親和的で空間的に近接しているかどうかによるようである。

以上から、長期にわたり繁栄してきた産業都市の地域コミュニティのユニークな特徴が明らかになった。その背景には、都市度が低いにもかかわらず、産業的基盤が強いため、住民活動を支える資源と人材が安定供給されているという都市形成上の条件がある。

本章では、男性住民たちの個人レベルのネットワークとその効果の一端について明らかにしたが、個人が複数の活動や団体に参加することから生じる活動間の関連や、団体間のネットワークについては論じることができなかった。これらを検討するためにはリーダー層に関する調査データも別途必要になるので、第Ⅲ部の課題としたい。

注

1　2011年7月28日のインタビューによる。

2　2011年8月23日のインタビューおよび自治区資料『ふる里づくり30年』による。

3　2011年5月31日のインタビューによる。質問紙調査に回答した2月時点では現役であった。

4　サンプル数からして勤務先の活動種別までみることはできない。

5　図5-1、5-2のような年齢分布には加齢効果だけでなく世代効果やコーホート効果も含まれているので解釈には慎重でなくてはならない。

6　「自由に使える時間がいまより増えたらあなたは何をしたいですか」という設問中の、「ボランティア活動やNPO活動」「地域交流や自治区活動」に対する評定（4段階）の平均値。

7　前章とおなじく、近所の親しい人とのつきあいを多項選択で問い、「お茶・食事をいっしょにする」「趣味・娯楽をいっしょに楽しむ」「情報交換や相談にのる」「子どもを通したつきあい」「困ったときに助け合う」5項目の該当数を足した得点。

8　ただし、おなじ団体・グループの活動が複数のジャンルをふくむことがあるので、「ジャンル」数がそのまま別個の活動数を示すとはかぎらない。

9　1時点のクロス・セクショナルデータに基づくため、厳密な因果的検討はできない。なお、8種類のまちづくり活動参加のデータを信頼性分析にかけたところ、$\alpha=0.630$であった。

10　これらの説明変数どうしの相関係数でもっとも大きいのは$r=-0.411$（居住年数と学齢期子どもの存在の間の相関）である。

11　近隣との紐帯の強さがまちづくり活動への参加を高めるという知見は一見すると自明で同義反復であるように思えるがそうではない。ここでみた近所とのつきあいが私的な社会的交換からなるのに対し、まちづくり活動は「集合財」の供給であり、そこには質的なちがいと活動コストの差がある。

12　他方、関連企業では企業の社会貢献活動に参加していた人の参加率は相対的に高くなっていた（全体$p=.008$/フルタイム$p=.045$）。

13　2011年7月22日のインタビューによる。
14　2011年7月21日のインタビューによる。
15　2011年5月20日のインタビューによる。
16　2011年5月2日のインタビューによる。
17　「個人ベース」と言っても、社会関係のなかで選択されている行為であり、純粋に個人的な選択を意味しているわけではない。

コラム：トヨタ車体（株）吉原工場の地域貢献活動

トヨタ・グループ大手トヨタ車体の吉原工場は、安城市に程近い、名古屋鉄道三河線の若林駅から20分ほど歩いた郊外地区に立地している。敷地面積は28万9700m²、3172名が働いていて（2013年3月現在・同社HPによる）、ランドクルーザー、コースターの組み立てをおこなっている。

住宅に近接していて迷惑をかけている可能性があり、同工場では問題を未然に把握するために週に2回ほど自治区（吉原・花園の他、中根自治区、若園交流館）を回り、要望を聞いて、工務部工場管理室で検討して対応策や地域との交流プログラムを考えているという。2005~6年ぐらいから、駐車場の巡視に関連して地域で話を聞いたところ、「治安が悪くて…」「ついでにこっちの方も回ってもらえないか」と要望があり、回るようになった。その後青パトが認可・導入されることになったときに、工場側でも「支援隊」のジャンパーを着て子供たちの通学の見守りもするようになった。そこから子供会の工場体験へと活動が広がり、2008年ごろからは防災のメニューも加わってきたという。

中学校の職場体験では、末野原中学校から2人を受け入れ、新人従業員訓練のプログラムを利用して、4日間にわたりさまざまな作業を体験してもらう。生徒の父親もトヨタ関係の企業に勤めているケースが多い。市民活動団体Wと共同でおこなっている「わくわくものづくり体験」のプログラムは近隣地区の12の子供会向けで、プラモデルをつくったり、塗装工程の排水浄化をビーカー実験で体験してもらったりしている（実際の排水は処理場で濾過）。講師役には定年を迎えたOBもいる。地域との交流のプログラムには、この他に工場による「ふれあいフェスタ」の開催、自治区役員・老人会との合同草刈、地域の防災訓練支援、逢妻男川右岸緑化回廊づくり、地区美化活動（吉原クリーン作戦）、地区役員との交流会などがある。2011年のふれあいフェスタでは屋台で出す食材に東北の産品などを使い、売り上げ分を被災地に送った。地元地区には神明太鼓など伝統芸能のグループが多く、フェスタに出演してもらっている。

かつては「汚い工場だな」と言われたこともあったが、今ではイメージが改善されてきた。区長会にも、われわれにできることがあったら提案してください、人を出しますから、と伝えてあり、何かあればすぐに連絡があるという（2011年6月24日同工場でのヒアリングによる）。（文・丹辺宣彦）

第6章　女性たちの社会活動参加

――性別役割分業とライフステージをめぐって

丹辺　宣彦
新城　優子

本章では豊田市に居住する女性たちの側に焦点をあて、性別役割とライフステージのありかたに着目しながら、彼女たちの社会的紐帯[1]、社会活動と、広い意味での市民活動参加――身近な地域活動、自治活動の一部も含む集合財供給――のありかたについて検討する。

1980年代以降の地域的構造条件の変化から、豊田の女性たちの社会活動、市民活動への参加はどのような影響を受けているのだろうか？　一般的に女性にとっては、結婚・出産・子育てといった性別役割に関連したライフイベントが活動参加のありかたを変化させるきっかけとなりうる。トヨタ生産システムの影響は、先行研究が指摘したように、性別役割を通して妻たちの活動参加にマイナスの影響をおよぼしているのだろうか。あるいは活動参加には男性たち、夫たちとは異なる要因が何か作用するのだろうか。以上のような問題意識のもとで、性別役割とライフステージの視点から女性たちの活動参加について検討し、またその作業を通じて地域コミュニティの構造と力学をとらえ返してみたい。

第1節　性別役割と社会活動参加

まずは女性の社会活動、市民活動参加についての先行研究のうち関連するものを簡単に検討したい。ジェンダーからみたシティズンシップという文脈では、矢澤・国広・天童（2003）が、女性たちが私的領域のケア役割を割り当てられがちで、十分に公共圏に参加できていなかったことを問題とし、子育て期に都市のなかで孤立しがちな女性たちが「子育てグループ」をベースに横のつながりや他の市民グループとネットワークをひろげて活動するようになっていると指摘している。また渋谷（1986）は、女性たちの都市社会運動が、「保健・医療・教育・福祉」など、労働力再生産にかかわる「女性の領域」をめぐって展開されてきたことに着目している。豊田市でも同様のことはあてはまるだろうか。階層研究の文脈では、豊島（2000）は95年SSM調査データを用いて、階層の高さ、生活の豊かさ、生活のゆとりが社会活動への参加を有意に高めることを明らかにしている。また中井・赤池（2000）は同じ95年SSM調査データの女性票を用いて、学歴が社会参加を促すという結果から、高学歴女性が結婚あるいは出産を機に退職し、子どもの手が離れたのちに労働市場に復帰する代わりに他の社会活動に参入するのではないかと推測している。しかし自動車産業があるために豊田市の世帯収入は全体的に高く、また夫が自動車産業に従事する世帯では、妻の学歴も必ずしも高くない。のちにみるように、豊田市で女性の活動参加が活発であるとすれば、促進要因は他にあると考えられる。

一方で豊田市あるいはトヨタ自動車従業員の家族に関する先行研究（木本1994;中川1994;西村2003）では、トヨタ自動車に勤める夫をもつ家庭は、トヨタ・カレンダーにもとづき交代勤務に従事する夫の時間帯にあわせた生活を送っており、「父親不在」を支えて家事や育児に専念するため女性たちの社会参加があまり見られないとしている。これらの研究は興味深いものであるが有意抽出の限られた数のサンプルにもとづいており、十分な検討とは言いがたい。また菅原（1995）は豊田市で社会活動団体のリーダーを務めたことのある女性20名にヒアリングを行い、小さい子どもを預けられる環境が不足していたために彼女たちが就業継続を断念し、子ども会活動やPTA活動への参加をきっかけに新たな活動へ参加していたことを明らかにしている。しかしこの調査も有意サンプルを用いた検証であり、リーダー層ではない女性の活動参加については調査していない。

以上のことを考慮し、本章では2009年の質問紙調査「豊田市のまちづくりと市民活動に関する意識調査」のデータをもとに、豊田市女性の広い意味での市民活動への参加について検討する。すでに述べたように、この質問紙調査は、旧豊田市内に居住する30～69歳の男女を対象とし、有効票の回収率は51.1%（1534票）、そのうち女性票は636票であった[2]。

本章では3つの視点に沿って検討する。ひとつは先行研究の主張にもみられる、性別役割と「配偶者の就業先」の影響である。夫が自動車産業に従事する世帯で専業主婦率が高いこと、職住の接近したコミュニティは、妻の社会的ネットワークや市民活動参加にどのような影響をおよぼすのだろうか。夫がトヨタ自動車に勤めている場合の活動参加に関しては、(1) トヨティズムを支える女性役割（家庭内労働）に従事・専念するために社会活動への参加が抑制される、(2)「社会貢献・地域貢献」をうたう近年の企業イメージ戦略の影響を受け、活動への参加が促される、という2つの仮説が考えられる。前者（「抑制仮説」）は先行研究の知見を踏まえたものであり、後者（「社会貢献仮説」）は社会環境の変化を踏まえた対抗的な仮説で、ともに豊田の特殊事情を考慮したものである。

第二の視点はライフステージの効果である。成人男性の場合、ライフステージは仕事と職業へのかかわりに関連した「定年」というライフイベントによって二分されていると言えるだろう。しかし女性にとって重要なのは、――性別役割に関連して――結婚、出産、および子育てといったイベントであると考えられる。そこで本章では結婚と子育てをめぐる5つのライフステージに分類し、男性と比較することにより、女性のライフステージと市民活動参加との関連について検討する。

第三の視点は、前章の男性たちの分析でみた活動参加に対する近隣的紐帯の促進効果が女性にもあてはまるかどうかという点である。産業都市における地域的紐帯の意義をここでも探ってみたい。

まず2009年質問紙調査の女性回答者について基本属性を改めて確認しておこう。年齢分布は、30代24.8%（n=157）、40代23.0%（n=146）、50代24.9%（n=158）、60代27.3%（n=173）であり、さほど年齢の偏りは見られない。また婚姻状況は、未婚5.5%（n=35）、既婚86.4%（n=548）、離別・死別8.0%（n=51）である（**表6-1**）。子どもがいる人は86.6%（n=551）であり、子どもの平均人数は2.13人である。

図6-1は、年齢段階ごとに世帯の人数と、子どもの人数、そして15歳以下の子どもの人数をみたものである。世帯人数は、40代後半まで4人強を維持

表6-1　女性調査対象者の年齢と婚姻状態（%）

	未婚	既婚配偶者あり	離別・死別	合計人数
30～39歳	13.3	81.5	5.1	157
40～49歳	7.5	89.0	3.4	146
50～59歳	0.1	90.5	8.9	158
60～69歳	1.2	85.0	13.9	173
全体	5.5	86.4	8.0	634

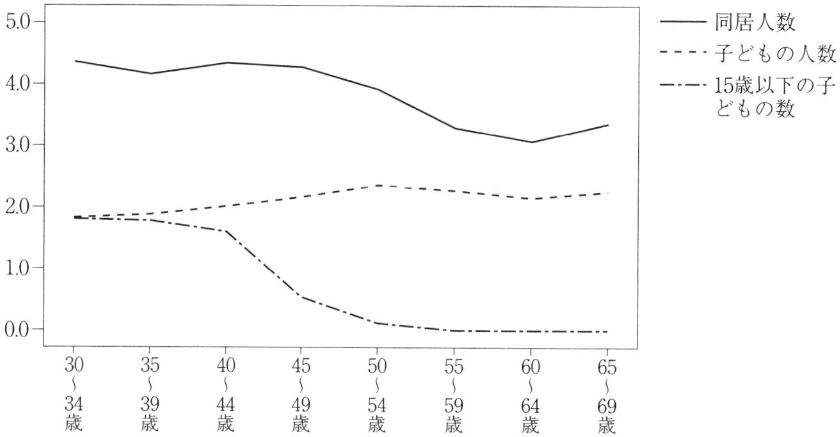

図6-1　世帯人数と子どもの数（女性：年齢別）

していて、子どもの数も２人前後で安定しており、やはり近代家族的な核家族のかたちが存続している傾向がうかがえる。50代からは少しずつ世帯規模が小さくなり、60代では３人強になる。これは子どもが独立すると同時に、親との同居もやや増えていくためであろう。

出身地は男性よりは近く、市内が35.6%（n=207）、県内他自治体が33.2%（n=193）、県外が31.2%（n=181）とほぼ三分される。４章でもみたように、豊田市での居住年数は30.5年（県外出身者で23.2年）、現住地での居住年数も19.1年（県外出身者では17.0年）におよんでいる。現住地に引っ越してきた人が直前に住んでいたのは、同じ町内が7.9%、豊田市内（他町）が61.3%、県内他自治体が23.5%、他県が7.0%、国外が0.4%であった。引っ越した理由をたずねたところ、「住み替えのため」が54.1%と多い点は男性（58.7%）と

表6-2　既婚女性の就業状態と配偶者就業先（%:（ ）内は配偶者がフルタイムのケース）

配偶者就業先	フルタイム	パート・非常勤	専業主婦	合計（人）
トヨタ自動車	11.8（13.9）	37.9（44.3）	50.3（41.8）	161（122）
関連企業	17.4（20.7）	37.6（42.5）	44.9（36.8）	109（ 87）
その他就業先	28.2（33.3）	34.1（32.1）	37.8（34.5）	220（165）
全体	20.4（24.1）	36.1（38.5）	43.4（37.4）	490（374）

χ^2=16.7（p=.002）/（χ^2=17.7（p=.007））

同じであるが、「仕事のため」が3.3%と少なく（男性は14.4%）、「結婚のため」（29.4%）と「家族の都合で」（11.6%）が相対的に多い点が男性とは異なっていた（男性はそれぞれ17.6%と7.8%）。女性の場合は、結婚や配偶者の転勤にともなって引っ越すことが多いためであろう。

表6-2は、配偶者の就業先別に本人の就業状態をみたものである。配偶者の勤務先はトヨタ自動車が32.9%（n=161）、トヨタ自動車関連企業が22.2%（n=109）、その他企業が44.9%（n=220）となっている。これをみると、第4章で男性サンプル側からみたのと同様に、配偶者がトヨタ自動車の女性はフルタイム就業が少なく、専業主婦（「今は働いていないが過去には働いていた」「外で働いたことはない」を合わせたもの）の比率が高い。「その他就業先」では逆にフルタイム就業の比率が高く、関連企業が中間的なパターンを示している。（ ）内の数値は配偶者がフルタイムの場合で、全体的に若い年齢層の割合が高くなるため就労している割合が少し高くなるが、全体の傾向は変わらない。このように、言ってみればトヨタ生産方式への近接性が、性別役割分業の明確さと相関しているので、まちづくり、市民活動への影響についても、両方からの影響を混同しないよう注意しなくてはならない。

他のプロフィールについては4章でも紹介したので繰り返しは避けよう。ここではライフステージに注目しているので、男性の活動参加を促進していた「近隣との紐帯」と「社会貢献意欲」について、年齢による変化を確認しておこう。**図6-2**は、近所づきあいの得点を性別、年齢段階別にプロットしたものである。これをみると、女性は全体として値が高く、30代後半から40代後半にかけて最も高くなった後は伸びない。これに対して男性は、現役世代では低いものが、退職年齢前後から高まり女性に追いついてくる。**図**

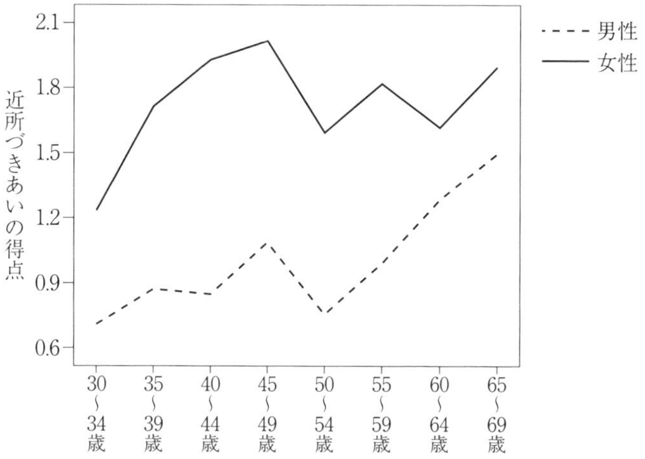

図6-2　年齢別の近所づきあいの強さ

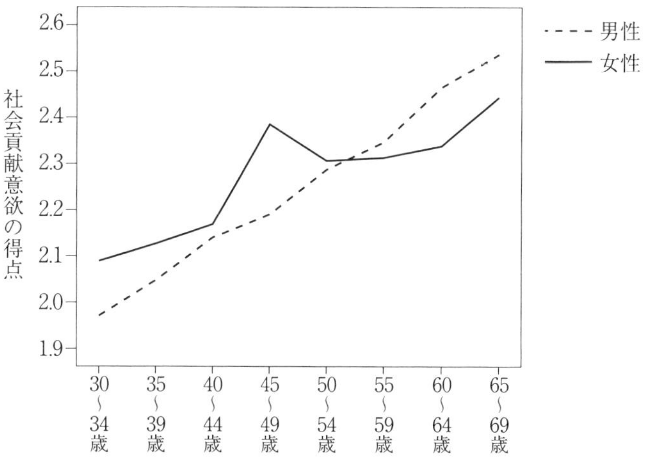

図6-3　年齢別の社会貢献意欲の強さ

6-3は社会貢献意欲の年齢による違いを示したものである。年齢とともに意欲が高まる点は男女共通であるが、女性は伸びがゆるやかで30代から40代にかけてが相対的に高く、50代以降は男性を下回る結果になっている。この結果はともに、女性にとって子育てを通じたつきあいや活動の比重が高いことを示唆している。

続いて、性別役割とまちづくり、市民活動への参加との関連を、夫の勤務

表6-3　既婚女性の就業状態と配偶者就業先によるまちづくり・市民活動に参加（最近1年以内・1つ以上）した割合（%: ( ) 内は配偶者がフルタイムのケース）

配偶者就業先	フルタイム	パート・非常勤	専業主婦	全体	人数
トヨタ自動車	73.7（70.6）	77.0（77.8）	64.2（60.8）	70.2（69.7）	113（85）
関連企業	73.7（72.2）	70.7（70.3）	69.4（81.3）	70.6（74.7）	77（65）
その他就業先	64.5（65.5）	68.0（69.8）	65.1（59.6）	65.9（64.8）	145（107）
全体	68.0（67.8）	71.8（72.9）	65.7（65.0）	69.4（68.7）	335（257）

先との関係に注目しながらみてみたい。この部分でみるのは女性サンプルのうち、⑴ 既婚で、⑵ 配偶者勤務先に記入があり、⑶ 本人の就労状況に回答がある、という3条件を満たした既婚女性票490ケースであり、そのうちとくにフルタイムで働く配偶者のいる374名である。

広義の「市民活動」への参加の変数として用いるのは、男性の場合と同様⑴ 青少年の育成・世代間の交流（PTA・子ども会活動をふくむ）、⑵ 地域の伝統・文化やスポーツの振興、⑶ 地区の住環境の整備・向上、⑷ 防犯活動や交通安全、防災活動など、⑸ 自然環境の保全活動、⑹ 健康・医療・福祉活動の増進、⑺ 多文化共生や国際交流に関する活動、⑻「その他」の、8種類のまちづくり活動である。**表6-3**は、この8種類の活動に関して、最近1年以内に1つ以上参加した人の割合を示したものである。これをみると、全体ではフルタイマーと専業主婦の差はなく（p=.691）、就業先ごとにみても有意な差はみられない[3]。配偶者就業先別にみると、大きな差はなく、むしろトヨタ・関連企業に高めの値が出ている。配偶者がフルタイムのケースでも同様である。つまり、クロス集計レベルのアプローチでは、性別役割分業の効果ははっきりせず、配偶者がトヨタに勤務している影響も確認できない。むしろ注目されるのは全体としてまちづくり、市民活動にコミットしている人の割合が高いことだろう。**図6-4**は、活動した経験の種別をフルタイム就労の配偶者別にみたものであるが、「住環境の整備」、「防犯、交通安全、防災」、「青少年育成・世代間交流」「地域の伝統・文化、スポーツ」などへの参加が多く、全体の傾向にさほど大きな違いはみられない。

しかし、クロス集計の結果をそのまま結論にすることはできない。男性の

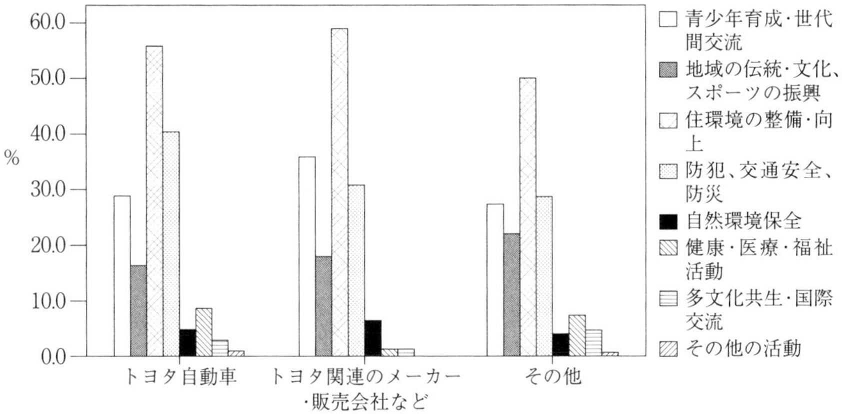

図6-4　配偶者勤務先別（フルタイムのみ）、女性の活動経験（1年以内）の種別

分析でもみたように、市民活動やまちづくりへの参加を左右する要因としては、居住年数、学歴や子どもの有無、社会に対する貢献意欲、社会関係資本など、いくつか有力な他の変数がある。これらの要因を一緒に考慮すると違った結果が出るかもしれない。**表6-4**は、既婚者の女性サンプル490人を、性別役割と配偶者勤務のカテゴリーで分け、活動参加に影響しそうな要因を挙げて確認したものである。現住地居住年数では専業主婦が短く（p=.007）、就労先ではトヨタ・関連企業が他にくらべやや短い（p=.028）。ただし市外

表6-4　フルタイム就労の配偶者がいる既婚女性の社会的属性

	本人就業状態			配偶者就業先		
	フルタイム就業	パート・非常勤	専業主婦	トヨタ自動車	関連企業	その他就業先
現住地居住年数（年）	16.6	17.8	13.7	15.1	14.2	17.6
15歳以下の子あり（%）	26.7	52.8	59.2	54.9	58.0	40.1
短大卒以上の比（%）	42.2	44.4	48.6	36.9	46.6	50.3
世帯年収900万円超（%）	47.2	47.5	42.1	63.6	34.1	38.3
地域への愛着（1～5点）	3.50	3.70	3.59	3.64	3.49	3.66
社会貢献意欲得点[4]	2.23	2.33	2.23	2.17	2.35	2.29
近隣紐帯得点（1～5点）	1.40	2.03	1.85	1.99	1.98	1.60
度数	90	144	136	122	88	167

***p<.001　**p<.01　*p<.05　+p<.1

出身者が多いトヨタ自動車でも15年に達していて居住が長期化している傾向がうかがえる。子ども、とくに学齢期以下の子どもの存在は活動への参加に影響を与える可能性があるが、予想されるとおりフルタイム就業者ではかなり少なくなっている。世帯年収についてはフルタイマー、パート・非常勤がやや高めで、配偶者就業先別にみるとトヨタがかなり多い。ところが、学歴についてみると、短大卒以上の割合はトヨタ自動車従業員の妻がもっとも低く、所得と学歴の傾向が相反する結果になっている。続いてまちづくり活動への参加に影響をおよぼす可能性が高い「社会貢献意欲」「地域への愛着」といった意識項目であるが、双方とも各カテゴリーでほとんど違いがみられなかった。注目すべきは近所づきあいの強さで測った紐帯で、フルタイム就業者ではやはり他に比べて弱かった（p=.003）。また、トヨタ・関連企業では「その他」に比べて強めである（p=.019）。このように、社会活動参加に有利な条件が、グループごとに錯綜している場合は、単純な比較はしにくい。

そこでふたたび女性全体を対象にして先の「最近1年以内にまちづくり活動のいずれかに参加したか」を目的変数とした規定要因の分析（ロジスティック回帰分析）をおこなってみた（**表6-5**）。まず変数として投入したのは、居住年数、学歴、世帯収入、多忙感、家族の有無、地域への愛着、社会貢献意欲、親しい友人の数、近所づきあいの得点である[5]。これを基準にして、さらに専業主婦ダミー、配偶者トヨタ自動車勤務ダミー、最後に専業主婦×配偶者トヨタ自動車勤務の交互作用項を加えて検討した。

基準のモデルをみると、男性の場合とおなじく社会貢献意欲、地域的紐帯が有意な促進効果をもつのに加えて、女性の場合は15歳以下、学齢期の子をもつことが促進効果をもつ点が異なる。社会関係資本では、親しい友人の数はまったく促進効果がなく、促進効果があるのはあくまでも近隣との紐帯の方である。学歴の効果もまったくみられなかった。モデル2では専業主婦ダミーをくわえたが、この変数の効果は有意ではなく（p=.878）、他の変数の効果は基準のモデルとほぼ同様であった。モデル3では配偶者がフルタイムのトヨタ従業員であるかを示すダミー変数を投入したが、これも有意ではなく（p=.834）、他の変数の効果にも大きな変化はみられなかった。表中では省略したが、専業主婦ダミー、現役トヨタ従業員配偶者ダミーの双方を投

表6-5　最近1年以内の「まちづくり活動」への参加（1つ以上）の規定要因に関するロジスティック回帰分析

	モデル1 (N=574)		モデル2 (N=558)		モデル3 (N=562)		モデル4 (N=548)	
	B	Exp(B)	B	Exp(B)	B	Exp(B)	B	Exp(B)
現住地居住年数	-.004	.996	-.005	.995	-.004	.996	-.005	.995
学歴	-.186	.830	-.204	.816	-.204	.816	-.212	.809
世帯収入	.183*	1.201	.203*	1.225	.215*	1.240	.256**	1.292
配偶者あり	.284	1.328	.297	1.346	.284	1.328	.298	1.347
15歳以下子有ダミー	.806**	2.238	.819**	2.267	.825**	2.281	.876**	2.401
地域への愛着	.222+	1.249	.261*	1.298	.214+	1.239	.259*	1.295
社会貢献意欲得点	.435**	1.545	.384**	1.468	.402**	1.494	.357*	1.429
茶飲み友達数名以上有	-.259	.772	-.231	.793	-.269	.764	-.276	.759
近所づきあいの得点[6]	273***	1.314	270***	1.310	.268***	1.307	270***	1.310
専業主婦ダミー			-.031	.970				
夫現役トヨタ勤務					-.181	.834		
専業主婦×夫トヨタ勤務							-.711+	.491
定数	-1.947	.143	-1.976	.139	-1.850	.157	-1.989	.137
χ二乗値	χ^2=76.5 (p=.000)		χ^2=75.3 (p=.000)		χ^2=72.8 (p=.000)		χ^2=76.8 (p=.000)	
R^2（Nagelkerke）	R^2=.172		R^2=.174		R^2=.168		R^2=.181	

***p<.001　**p<.01　*p<.05　+p<.1

入したモデルでも、それぞれの効果は有意ではなかった。最後のモデル4では、「現役のトヨタ従業員を配偶者にもち、かつ専業主婦である」という交互作用項を投入したところ、ようやく抑制傾向（p=.052）が検出された。本調査は1%水準で判定しているが、有意水準を甘めの5%にするともう少しでパスする微妙な効果である[7]。他の変数では、15歳以下の子どもがいること、近隣との紐帯のつよさ、社会貢献意欲がどのモデルでも一貫して明確な促進効果を示しつづけ、世帯収入の多さもこれらに近い効果を示していた。

この交互作用項の効果によると、「現役トヨタ従業員を夫にもつ専業主婦」は、そうでないばあいに比べて、まちづくり、市民活動への参加がおよそ半分に抑制されることになる。しかし、実際にはこのカテゴリーにあてはまる女性たち51名は、60.8%が活動に参加しており、それ以外の女性たちの65.4%（n=555）と比べて有意な違いはない（p=.541）。これは、彼女たちの世帯収入が相対的に高く（900万円以上が64.7%）、近隣との紐帯が相対的に強いため、この抑制効果を打ち消す方向に働いているためと推測できる。

このように、専業主婦の役割と、配偶者が現役のトヨタ従業員であることは単独では抑止効果をもたず、両方が重なったときに傾向的な抑制効果をもつにすぎない。これに対して、もっとも明確な促進効果を示しているのが近隣との紐帯の強さであることを確認しておきたい。他方で表6-5の結果を見ると、年少の子どもをもつことは明確な促進効果があり、母親としての性別役割をもつことの効果が大きいと考えられる。以下では、子育てをめぐるライフステージの効果についてもう少し詳しくみてみよう。

第2節　ライフステージの影響

以下の分析では「未婚」「既婚子どもなし」「末子未就学」「末子学齢期」「末子16歳以上」の5つのライフステージごとに比較をしていく。調査対象者を30歳以上としているため、初期のステージが少なくなっていることには注意が必要である。

まず、豊田市に住む女性（全体）がどの時期にまちづくり、市民活動に参加しているのかを確認する（**表6-6**）。男女ともに子どものいない時期の活動参加は少なく、子どもの誕生、成長とともに活動参加率と平均数が増えていることがうかがえる。女性では末子学齢期における活動参加数が最も多くその後活動数が少なくなっているため、子どもとかかわる何らかの活動を通した参加が学齢期に増え、子どもの成長とともに活動に参加しなくなる傾向が見て取れる。男性でも同様の傾向はみてとれるが、末子就学期の増加はよりおだやかであり、その後の減少はほとんどみられない。そこで次に、それぞれのライフステージにおいて具体的にどのような活動に参加しているのかを確認する。

ライフステージ別に女性の活動参加の種別を記した**図6-5**からわかることは以下の3点である。まず①子どもを持つ女性の参加はいない女性と比べて

表6-6　女性・男性のライフステージと活動参加水準

	女性			男性		
	1年以内に1つ以上活動(%)	活動ジャンルの数	人数	1年以内に1つ以上活動(%)	活動ジャンルの数	人数
未婚子どもなし	23.5	0.51	34	22.3	1.12	94
既婚子どもなし	27.5	0.81	40	39.2	1.10	74
末子未就学	51.0	0.88	49	49.3	1.10	71
末子小中学	86.2	1.48	123	71.0	1.38	145
末子16歳以上	68.6	1.26	376	66.5	1.52	492
その他	35.7	1.01	14	36.4	1.44	22
全体	64.9	1.34	636	58.2	1.44	898

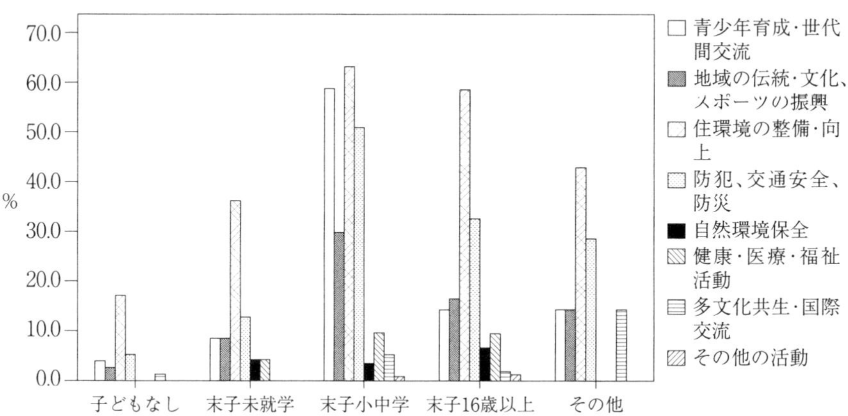

図6-5　ライフステージによる女性の活動参加の種類

主に「住環境の整備」「防犯、交通安全、防災」などの「地縁型活動」で増え始めること、②末子が小中学に就学している時期には「青少年育成・世代間交流」が激増し、その後はまた急激に減る。これはPTA、子ども会関連の活動が該当するためであろう。「地域の伝統・文化・スポーツ」もこの時期には急増している。③末子未就学期以降は、「健康・医療・福祉活動」や「自然環境の保全」などの「テーマ型活動」に従事する人が現れ、この分野ではその後もその割合は維持されている。「健康・医療・福祉活動」は10%前後に上っている。

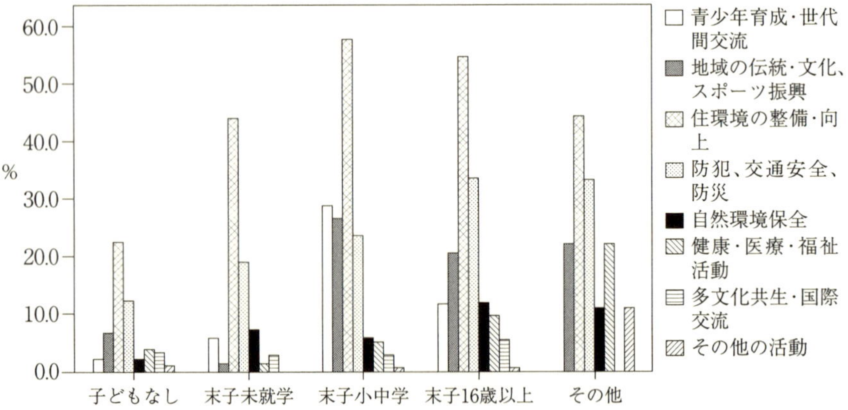

図6-6　ライフステージによる男性の活動参加の種類

これに対して、ライフステージごとの男性（全体）の活動参加をみると（**図6-6**）、①末子小中学在学時の「青少年育成・世代間交流」の増加はやはり目立つが、参加比率は女性の半分程度にとどまる、②「住環境整備」「防犯、交通安全、防災」といった地縁型の活動では、女性におとらず活発な参加がみられる、③末子16歳以上の時期、つまり子どもが手を離れ、職業キャリア後期から退職期の年齢帯に入ると、男性の活動参加はテーマ型活動にも幅を広げて活発になっている。

このように女性では、子の誕生を起点とし、その成長につれて地縁型活動と青少年育成関連の活動参加がたかまり、子育て期以降は後者の活動が減少し、「医療・健康・福祉」活動を中心としたテーマ型の活動の比重がやや高まる。言ってみれば、家庭内の育児とはちがったかたちではあるが、子どもの育成・保護、高齢者のケアといった、性別役割の延長上にある市民活動が、ライフステージをたどって継起するのである。

第３節　近隣との紐帯と地域特性

表6-5の分析では、社会貢献意欲とともに近隣との紐帯が有力な社会活動の促進要因になっていた。この点は男性の活動のばあいと同じである。しかし先の図6-2を見ると、女性ではとくに子育て期に近隣との紐帯の値が高く

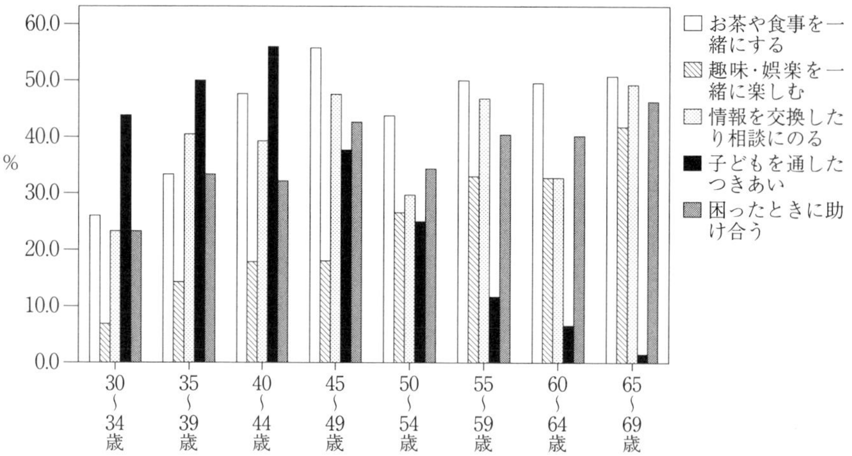

図6-7　年齢による近所づきあいの内容の違い（女性）

なっていた。そこで最後に、近所づきあいの内容について、子どもの存在との関連をみながら検討してみよう。

図6-7は年齢別におこなっている近所づきあいの内容をみたものである。女性の場合はとくに40代前半まで「子どもを通したつきあい」の比重が高い。「お茶や食事を一緒にする」「情報を交換したり相談にのる」「困ったときに助け合う」は「子どもを通したつきあい」の後を追うように増え、後者が減少しはじめた後も高い割合を維持する。この点、男性（図は省略）では現役時代はこの3種類の交流は「子どもを通したつきあい」とともには増えず、退職期以降に急激に増加していくところが異なっている。「趣味・娯楽を一緒に楽しむ」だけ、年齢にほぼ比例して増えていく点は両性で共通している。

ここで因果関係をみるために、前章とおなじように、近隣との紐帯の強さを説明するため重回帰分析を女性データでもおこなうと、「現住地居住歴」の長さと「15歳以下の子どもあり」という2要因に明確な（p=.000/p=.000）

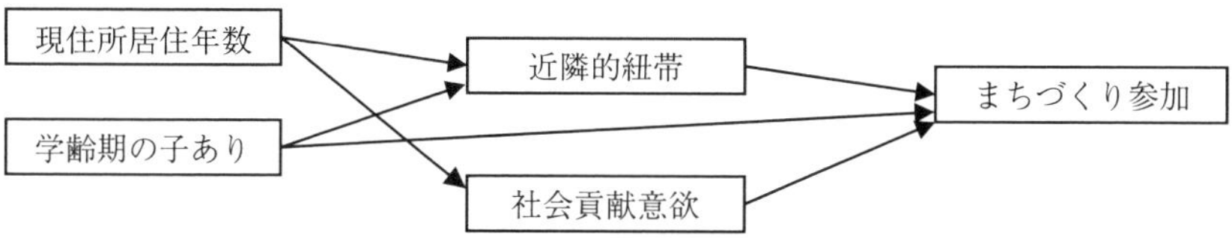

図6-8　女性の市民活動、まちづくり参加をめぐる因果関係

促進効果がみられる（表は省略）。つまり女性では、学齢期の子どもがいることが直接活動参加を促進するだけでなく、近隣との紐帯をつよめることで活動参加を促進する間接的な効果も存在することになる（**図6-8**）。

このように、「子育てをしていることが女性の活動参加を促進する」という視点からの仮説と「近隣との紐帯の強さが女性の社会活動」を促進するという仮説は矛盾するものではなく、ともにあてはまり両立することがわかる。それぞれの効果は、夫を介したトヨティズムの影響よりははるかに明確でつよい。

小　括

本章では、性別役割・配偶者の勤務先と、ライフステージ、そして地域的紐帯という3つの分析視角を用いて豊田市女性の広義の市民活動への参加について検討してきた。まず既婚女性のサンプルを用いて配偶者の勤務先別、主婦役割別におこなった分析では、属性の違いはあるがネットワークの多寡や活動参加に関して有意な差は見られなかった。女性の調査対象者全体について多変量解析をおこなったところでは、性別役割、配偶者の勤務先は単独では有意な影響をおよぼしておらず、15歳以下の子どもの有無、社会貢献意欲、あるいは自身の近隣的紐帯といった要因が促進要因になっていた。ここでひとつ注目されたのは、夫がトヨタの現役従業員である専業主婦については傾向的な抑制効果が確認され「抑制仮説」にやや有利な結果が出ていたが、他方で近隣との紐帯の強さや世帯収入の高さがこれを打ち消していた点である。夫がトヨタ自動車に勤務していることが本人だけでなく妻の地域的紐帯も強めて、活動参加を間接的に促進している可能性がある。つまり、直接的な抑制効果を、間接的な促進要因――定住化による地域的紐帯のつよさと世帯収入の高さ――が打ち消して活動水準を高めているわけである。この点に、豊田の地域コミュニティに固有の特徴をうかがうことができるだろう。「社会貢献仮説」の方は本データでは全く支持されなかった。

後半では、ライフステージに応じてまちづくり、市民活動への関与がどのように変化するかを検討した。その結果、子どもの誕生、成長とともに近所づきあいが増え、それらがあいまって住環境整備、防犯・交通安全・防災、青少年育成関連の活動を増やし、学齢期に頂点に達することが示された。この点では、社会参加が母親役割によって促進され、その延長として展開しているといえよう。男性と比較した場合、女性はライフステージの変化にともない子育てやその後のケア役割に関連する活動を中心につよくコミットしており、母親役割の一部をある意味で「外部化」ないし「社会化」するかたちで活動しているのだと考えられる。また前章の検討を考慮に入れると、女性たちの地域的紐帯は、子育ての影響によって強まるだけでなく、夫側の雇用の安定、異動の少なさ、地域にもつ「職縁」からも強められている。地域の経済成長・人口構成の変化、都市形成と定住化、まちづくり施策の推進などは、男性とはまた違った経路をつうじて、女性たちの地域的紐帯を強め、社会活動参加を促進していると言えよう。

注

1　本章ではまちづくり、市民活動参加に加え、女性の就労への関与を問題にしているため、これらをあわせて「社会活動」という語を用いている。

2　男性では回収率が相対的に低くなる傾向があるため、すでに述べたように人口比と市の市民意識調査の回収率をもとに男性に対してオーバーサンプリングしている。結果的には男性の回答率が予想より高く、回収数は男性の方が人口比に対して多くなっている。

3　トヨタ従業員妻の「専業主婦」と他の2つの差はサンプル数が少なく有意でないが10％水準の差はみられる（p=.078）。

4　前章と同様で「自由に使える時間が今より増えたらあなたは何をしたいですか」という設問中の、「ボランティア活動やNPO活動」「地域交流や自治区活動」に対する評定（4段階）の平均値。

5　職業関連の項目は無回答も多いため、回答者数は分析ごとに多少異なっている。女性の「職縁」の回答では、夫の勤め先の知り合いをカウントしている回答者がいる可能性が高く、本章の分析では除外してある。

6　前章と同様で、「近所とのつきあい」をたずねた項目のうち、「お茶や食事をいっしょにする」「趣味・娯楽をいっしょに楽しむ」「情報を交換したり相談にのる」「子どもを通じたつきあい」「困ったときに助け合う」の該当数を加算したもの。

7　社会状況や工場の昼夜勤シフトの組み方からして、先行研究がおこなわれた当時は、トヨタ従業員の妻に対する「抑制効果」はより明確であった可能性が高い。

補章　周辺階層の形成メカニズムと社会的紐帯

丹辺　宣彦

4章から6章にかけてみてきたように、豊田市では、産業発展と定住化を背景に、独特の「中流社会」——近代家族的な性別役割分業をともなう——が形成され、地域的紐帯も蓄積・強化されてきた。しかしこれは、地域社会を全体としてみたときにいえることであり、一部分を取り出したときにもあてはまるとは限らない。とくに「中流化」と紐帯の強さということを強調したときに背後に隠れてしまいかねないのが、周辺的階層の形成と社会的排除が生じていないか、という点である。この補章では、周辺階層が形成される要因を探り、トヨタ生産システムが直接それをもたらしてるのか、あるいはトヨタ生産システムからの距離、地域コミュニティからの隔たりがそれを生み出しているのかについて検討をおこなう。ここまでの3つの章の知見を補足する意味からも、この点について短い検討をおこなっておきたい。

第1節　低所得層のプロフィールと形成要因

まず、客観的な階層構造のなかでマージナルな位置に置かれている階層として、所得の低い層のプロフィールと、その形成要因について検討してみよう。世帯収入がもっとも低いカテゴリーである「300万円未満」の層は、2009年質問紙調査では157人おり、性比でウェイトバックすると全体の10.4%になる。年収が300万円近くあれば単身世帯や高年齢層世帯では必ずしも低くないが、ここでは「相対的」に低い層として考えておきたい。まずこのグループのプロフィールを、それ以外と比較したのが**表補-1**である[1]。

これをみると、世帯年収300万円以下の層は、男女ほぼ半々で、他に比べ

表補-1　低所得層のプロフィール

	世帯年収300万円以下	世帯年収300万円以上
女性の比率（%）	47.1	47.1
年齢（歳）***	56.5	50.0
現住地居住年数（年）*	23.3	20.1
高卒以下の比率（%）***	39.7	9.9
世帯人数（人）***	2.90	3.59
配偶者あり比率***	67.2	87.9
55歳以上退職者の比率（%）***	52.6	22.8
ブルーカラー就業比（%）***	40.4	26.4
トヨタ自動車勤務（%）	12.9	18.3
トヨタ関連企業就業歴（%）	21.3	19.9
従業員30人未満の勤務先（%）**	39.4	26.6
お茶飲み友達数名以上（%）	46.0	49.3
地域職縁数名以上（%）	52.0	51.5
近所づきあいの得点	1.24	1.37
まちづくり活動参加（1年以内）1つ以上（%）	55.5	61.8
団体活動参加1つ以上***	32.3	45.6

***p< .001　**p<.01　*p< .05

て年齢が高く、居住歴は長めで、学歴は低く、離死別・未婚の比率が高いといった特徴をもっていることがわかる。男女の年齢別割合をみた**図補-1**が示しているように、壮年期には低くなり、退職期以降急増している。仕事面に関しては、零細な企業のブルーカラー的職種に就いた経歴をもち、すでに退職している中高年退職者が過半数を占めているが、トヨタ関連企業への勤務については差がない。社会的ネットワーク・紐帯に関連する3項目については、他と比べて差がなく、社会的に排除されているとは言えない。まちづくり活動への参加については少なめで（p=.110）、団体活動参加については明らかに遅れをとっている。この結果は、住民票を置いている市民についていえば[2]、学歴が低いこと、配偶者の収入がないこと、零細な勤務先でブルーカラー的職種に就いていること、退職していることなど、低所得を規定する一般的な因果関係がはたらいていることを示唆している。反面で、4章でも

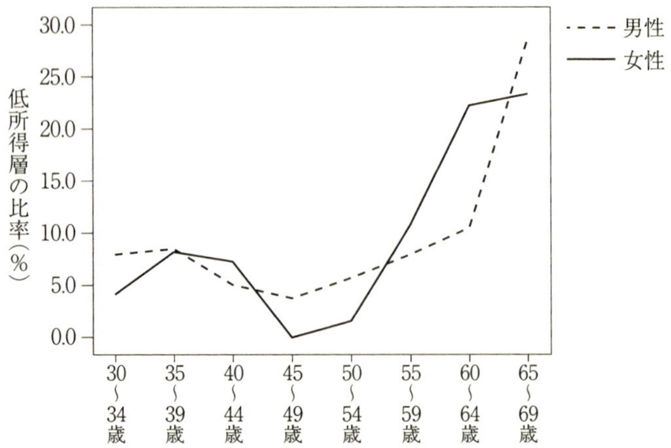

図補-1　年齢による低所得層の比率

確認したように、トヨタ関連企業への就業歴があるため低所得になっているというようには読めない。他方で、まちづくりや団体活動という集合財供給への参加では遅れをとっているようである。ただ、いろいろな原因が複雑にからみあっているため、より正確に因果関係を特定するには多変量解析が必要になる。全体と男女に分けてそれぞれについてロジスティック回帰分析をおこなったところ、**表補-2**のような結果になった[3]。

全体についてみると、有意水準1%で所得を押し下げているのは、学歴の低さ、配偶者がいないこと、非常勤・パート職に就いていること、退職していること、勤務先の規模が小さいこと、などであり、トヨタ、あるいは関連企業に勤めている（いた）ことは直接関連がない[4]。5%水準でみれば、男性であること、年齢の高さにも低所得化の効果がある。

ところが、男女それぞれについてみると、低所得化をもたらす要因にはかなりの違いがみられる。男性の場合は、全体の傾向はほぼおなじであるが、高齢化の効果はみられず、退職に関連する要因か、勤務先が零細であることの効果が大きい。これに対して、女性では、高齢化の効果がより明確で、非常勤・パート就労、退職、企業規模の小ささなど、本人の就労関連の影響は少なくなる。女性については、配偶者の存在の意義の方が大きく、配偶者がいる女性の世帯では低所得化する可能性は約1/7になっている。意外なことに、トヨタ自動車勤務は、女性では低所得化をうながす効果がみられた。2~3サンプル移動すれば結論が変わるほど該当するサンプル数が少ないため断定できないが、これは該当する人のプロフィールを見ると、パート就労の効果か、早期の退職とともに家庭に入ることが、配偶者の支えがなくなった場合に世帯収入に不利に働くためだろう[5]。そこで女性について、さらに配偶者の勤務先のダミー変数を追加したところ（**表補-2**右端列）、配偶者がトヨタ勤務の場合は低所得化の可能性は約1/8になり、打ち消す効果がはっき

表補-2　低所得化をもたらす要因（ロジスティック回帰分析）

	全体（N=1386）		男性（N=833）		女性①（N=553）		女性②（N=548）	
	B	Exp(B)	B	Exp(B)	B	Exp(B)	B	Exp(B)
女性ダミー	-.547*	.579						
年齢	.129*	1.138	-.047	.954	.289**	1.335	.289**	1.335
学歴	-.502***	.605	-.540**	.583	-.454*	.635	-.540**	.583
配偶者ありダミー	-1.753***	.173	-1.218**	.296	-1.914***	.147	-1.443***	.236
15歳以下の子ありダミー	-.123	.885	-.564	.569	.580	1.785	.681	1.977
非常勤・パートダミー	.921**	2.511	1.446**	4.245	.274	1.315	.379	1.460
無職ダミー	1.179***	3.253	2.062***	7.858	.283	1.327	.448	1.565
ブルーカラーダミー	.133	1.142	.205	1.228	.103	1.109	.033	1.034
トヨタ勤務ダミー	.332	1.394	-.189	.828	1.645**	5.179	2.144**	8.537
関連企業勤務ダミー	.289	1.335	-.068	.934	.652+	1.919	.824*	2.279
企業規模（4段階）	-.380**	.684	-.491**	.612	-.260+	.771	-.270+	.764
配偶者トヨタ勤務							-2.067**	.127
配偶者関連企業勤務							-.328	.721
定数	.614	1.848	.892	2.441	-1.196	.302	-1.165	.312
χ二乗値	χ^2=182.1***		χ^2=132.1***		χ^2=78.5***		χ^2=97.2***	
R^2（Nagelkerke）	R^2=.234		R^2=.307		R^2=.220		R^2=.270	

***p< .001　**p< .01　*p< .05　+p< .1

りみられる。トヨタに勤務する女性の配偶者はトヨタ従業員である確率は当然高くなるから[6]、仮にトヨタ勤務経験が女性本人の所得を押し下げるのだとしても、世帯所得としてはそのマイナス効果は相殺されかえって高くなるのである。

第2節　社会的排除の要因

社会的排除の問題に関しては、近所づきあいと友人関係という点から検討してみよう。豊田では男性でも近所づきあいが活発であり、まちづくり参加を促進する重要な要因であることは確認してきた通りである。この身近な交流の場に参加できないと、近隣のなかで疎外され、心理的満足だけでなく、必要な情報やサポートが得られない可能性がある。

近所づきあいについては、「とくにつきあいはない」と答えた人が19.0%いた。これを近隣との紐帯をもたない人と考えよう。**図補-2**は、その比率を性別、年齢別にみたものである。これをみると、男性の方が女性よりつきあいがない人の比率は高いが、その割合はどちらも年齢とともに減っていき、60歳代になると10%内外になる。高齢世代の地域的孤立が比較的少ないことは注目に値するだろう。近所づきあいを促進する要因については、すでに

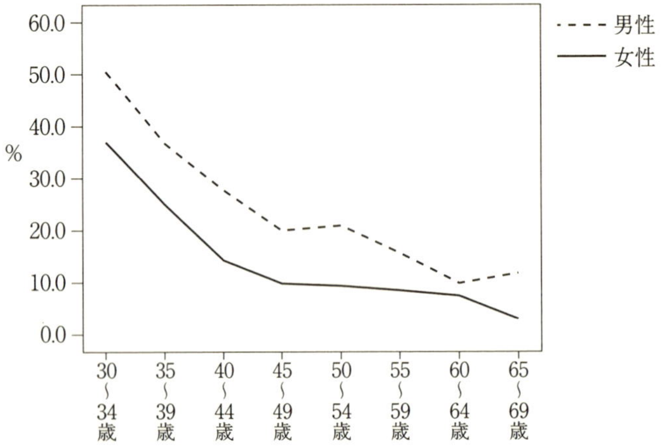

図補-2　近所とのつきあいが「とくにない」と答えた人の比率

5章で検討した。「近所づきあいがとくにない」状態を引き起こす要因についても同じ説明変数を使って分析（ロジスティック回帰）してみると、男性についてはやはりフルタイムの仕事をしていることがなくなることを促進し、居住年数が長いこと、配偶者がいること、地域に職縁をもつこと、が抑止要因になる（分析結果の表は省略）。女性についても似ているが、配偶者の効果が弱まって学齢期の子どもがいることが抑止効果を発揮し、また学歴の高いことが引き起こす要因になってしまう点で男性と異なる。これらは、5章の検討結果とよく似ており、それを反対方向から裏付けていると言えよう。

つぎに近隣関係とは質の異なる友人関係についてみてみよう[7]。「ふだんいっしょにお茶や食事を楽しむ人」の人数をたずねたのに対して、「とくにそういった人はいない」と答えた人を友人関係のない人と考えると、全体で13.2%の人があてはまった。こちらも男性の方が多いが（男性: 17.6%／女性:

表補-3　お茶や食事をともにする友達づきあいがないことの規定要因

	全体（N=1330）		男性（N=810）		女性（N=520）	
	B	Exp(B)	B	Exp(B)	B	Exp(B)
女性ダミー	-.625**	.535				
現住居住年数	-.010	.990	.003	1.003	-.035*	.965
学歴	.216**	1.242	.261**	1.299	.080	1.083
世帯収入	-.154	.857	-.148	.863	-.249	.780
配偶者ありダミー	.166	1.181	-.241	.786	1.073*	2.923
15歳以下の子あり	.019	1.019	.333	1.395	-.854*	.426
フルタイムダミー	-.344	.709	-.170	.844	-.793+	.453
トヨタ勤務ダミー	.205	1.228	.132	1.142	1.100+	3.003
友人交際意欲（4段階）	-.964***	.381	-1.037***	.355	-.703***	.495
社会貢献意欲	.102	1.107	.103	1.109	-.030	.971
地域に職縁数名以上あり	-.210	.811	-.135	.874	-.576	.562
近所づきあいの得点	-.774***	.461	-.612***	.542	-1.159***	.314
定数	2.402	11.040	1.606	4.981	1.961	7.105
χ二乗値	χ^2=222.3***		χ^2=106.9***		χ^2=112.1***	
R^2（Nagelkerke）	R^2=.255		R^2=.203		R^2=.355	

***p< .001　**p< .01　*p< .05　+p< .1

8.3%)、男性では年齢による差がなく、女性では30代と60代で高くなる傾向がある（図は省略)。**表補-3**は、友人がいないことを規定する原因を分析した結果である。投入した変数は、現住地居住年数、家族の有無、学歴、世帯収入、就業状態・先、意識変数として友人との交際意欲、社会貢献意欲、さらに地域の職縁と近隣との紐帯である[8]。これをみると、友人関係からの孤立をもたらすのは、男性であること、学歴の高さといった属性であり、孤立を防ぐのは、交際意欲の高さや、近隣との紐帯のつよさである。男性では職業や就業先は無関連で、近隣的紐帯の促進要因であった地域の職縁や居住年数もここでは効いていない。女性では学歴の低さの効果は消えるが、男女のちがいはさほど大きなものではない。全体として、職縁や社会貢献意欲も関連がなく、友人がいないことは、交際意欲や近隣との紐帯によるところが大きいことをうかがわせる結果である。ただし5章でみたように居住年数や地域にもつ職縁は近隣との紐帯を強める効果があったから、間接的には友人をつくる効果をおよぼしている。逆に言うと、地縁や職縁の弱い人、女性では子どもがいない人は、それだけ交友関係も弱くなる可能性が高くなるということである。

最後に、低所得であること、親しい友人がいないこと、近所づきあいがないことが、生活満足度（4段階で測定）をどれだけ下げているかをみたところ[9]、低所得ダミーと近所づきあいがないことで有意な負の効果がみられた。ただし、その効果は生活満足度の違いの約3%を説明できるにすぎないから、直接の影響はさほど大きくない。ただ暮らし向きによる階層帰属意識や友人関係への満足度に絞れば、3つの要因で10%近くにおよぶマイナス効果がでてくる。5章の分析でもみたように、近隣との紐帯が少なく、世帯収入が少ないことは地域活動への参加を抑制してしまうので、この面での能力発揮や交流、充実感も左右されてしまう。単純な数字で測ることは難しい問題だといえよう。

小　括

以上検討したように、低所得という客観的な周辺性をもたらすのは、男性では学歴の低さ、配偶者がいないこと、勤めている企業の規模が小さいことや、退職や非常勤的職種に就いていることで、他地域でも広くあてはまる要因である。トヨタ、あるいは関連企業に勤めることの影響は男性ではみられない。女性では高齢化が負の影響をおよぼし、本人の就業状態は無関連になり、夫の経済力に左右される度合いが大きくなる。加えて、トヨタ勤務の女性については――おそらく結婚、出産後に退職して主婦になるケースが多いことにともなう――通常は表面化しない周辺性が潜んでいることが明らかになった。

低所得状態が社会的排除にむすびついている兆候はみられなかった。近所づきあいがないことは、5章の分析を裏書きするかのように、居住歴が短いこと、フルタイムの仕事をしていること、職縁のないこと、妻がいないことによって促進される。加えて女性では、子どもがいないこと、学歴が高いことによって近所づきあいがなくなる。友人がいないことは居住年数、就業状況、家族の有無とは直接関係がなく、学歴の高さ、交際意欲の低さや近所づきあいの希薄さによっていた。

これらのことは、一面で男性中心の産業で正規従業員の雇用が安定していて、職場が居住地に近い都市のコミュニティの特徴を映し出している。他方、トヨタ生産システムの影響については、従来の指摘から予想されるのとは違う結果が得られた。豊田市は「中流社会」であるとはいえ、もちろん周辺化された階層は存在している。しかし本調査のデータをみるかぎり、低所得化や社会的排除は、トヨタ生産システムや下請け体制特有の事情に由来するものとはいえない。男性については、広く他地域でも低所得化を生みだすメカニズムが、豊田でも作用しているといった方が実情に近い。女性については、高齢化が低所得化をもたらすとともに、該当サンプルが少ないので慎重に判断しなくてはならないが、他の就業先ではなくトヨタに勤めている（いた）場合に潜在的に低所得化をうながしているという結果がみられた。これは結婚や出産を機に退職してキャリアを中断するケース、再雇用時にパートとして就労するケースが多いためだろう。このマイナス効果は、社内結婚が多いことと夫の経済力によって通常は完全に打ち消されるため表立ったものにならないのだろう。非正規雇用化の動向（丹野 2007:159）は、女性全体ではマイナスの効果がはっきりせず（表補-2）、あったとしても働く夫がいることで抑えられているようである。他方で、零細企業やパート勤務の学歴のない、あるいは単身の男性は低所得におちいりやすい。こうした点にも、近代家族的な性別役割がはっきりしている中流社会という地域的特徴をみてとれるだろう。

近所づきあいからの疎外については、産業都市特有の特徴がはっきりみられた。男性では、居住期間が短く、近隣に職場の知り合いがいないと孤立しがちになるが、逆にこれは職場の人間関係に近しい人がある地区に長く住んでいれば安定した人間関係を築いていけることを意味している。女性については、稼ぎ手の夫や子どもがそろった近代家族を営んでいるかぎり、低所得化しにくいだけでなく、社会的孤立におちいる可能性も少ない。これもまた産業都市のジェンダー的秩序を示していて興味深い。

これまでの豊田研究では、低所得化や社会的排除をもたらす要因は多変量解析で分析されてきたことはなかった。上の分析結果は、少なくとも豊田市の定住層については、トヨタ生産システムが周辺階層化をもたらしている直接的要因ではないことを示していると言えよう。むしろ、トヨタ生産システムおよびそれと対になった地域コミュニティから隔たっていることが周辺階層化をもたらしているのであり、この二つは全く異なるのだが、取り違えられやすい。夫が自動車関連の大企業で働くこと、夫婦の絆を保つことが低所得化をさけることにつながり、夫の職場が近いコミュニティになじみ、安定した家族生活を営むことが、社会的孤立を和らげる。つまりこれは、4~6章でみた近代家族から成る「中流的」なコミュニティの秩序に同化できない場合に、マージナルな位置に置かれるということである。おそらくこのことがとくにあてはまるのが、今回の質問紙調査の対象には実質的にふくまれていない、外国人労働者・住民や臨時工、派遣労働者のような人々なのである。

注

1　性比に応じたウェイトバックをおこなっている。

2　住民票を置いていない流動層や外国人住民についてはこの分析はあてはまらない。

3　全体の分析については性比にしたがいウェイトバックしている。
4　規模の小さい企業に勤めていること自体がトヨタの下請け体制と関連しているという反論が寄せられるかもしれないが、従業員30名未満の勤め先に勤めている（いた）人の割合は、「関連企業」に勤務する（していた）男性の7.2%（女性の17.1%）にすぎないのに対して、「その他」の勤務先では男性の39.1%、女性の44.1%に上る。
5　トヨタ自動車に勤務する（していた）女性は30名おり、うち6名が世帯年収300万円以下となっている。6名の内訳をみると、全員が30代か60代であり、3名が「非常勤・パート」職で、また3名は配偶者がいない。
6　本調査では、配偶者のいるトヨタ従業員・退職者女性20名のうち14名が、夫もトヨタ勤務であった。
7　とはいえ、近隣との紐帯のつよさは、当然ながら友人の数とある程度関連している（r=0.371）。
8　上にも述べたように近隣的紐帯の度合いが友人がいないことの原因となるという因果関係の方が逆よりも自然であるため投入した。
9　重回帰分析による。

コラム：高齢者独居問題と地域社会

職縁など人びとの社会的なつながりが豊かである豊田市にも「無縁社会」が影を落としている地区がある。X地区にはおよそ320世帯が住んでいるが、その大半が高齢者世帯である。かつてはショッピングセンターがあり、子どもや若者もいてにぎやかであったX地区も、今ではそのにぎやかさを失い、ひっそりとした環境になってしまった。以前はトヨタ自動車関連会社で働く住民も少なくなかったが、彼らは一戸建てのマイホームを購入して次第に地区を離れていった。現在、地区内の市営住宅には年金のみで生活する低所得層の高齢者が独居し、最近では生活保護世帯も増えつつある。低所得層高齢者の独居は、保証人となる親族の不在や、認知症、独居による地域とのつながりの稀薄化などさまざまな問題と複雑にからみあっており、自殺未遂など深刻な問題にもつながっている。

こうしたX地区の高齢者独居問題に取り組む会の代表Aさんは、配慮を要する世帯を中心に訪問し高齢者の生活を見守る活動にくわえ、健康維持のための体操教室やお花見遠足、七夕会、料理教室、餅つき大会など季節ごとのイベントを定期的に企画・開催する。こうした行事への参加をとおして独居者どうしの交流が生まれ、イベントを楽しみにしている高齢者も多いという。しかし、隣近所との関係を断ち、自治会にも加入していない高齢者も多いことから、いかにより多くの住民を活動に巻き込み、社会的紐帯を形成していくのかが課題である。　　（文・中根多恵）

X地区の様子

第III部
まちづくりのアクターとネットワーク

第7章　産業都市における市民団体の活動空間とネットワーク
——広域型活動団体と地縁型活動団体

山口　博史
丹辺　宣彦
中根　多惠

この章では豊田市の市民活動団体の実情について、2011年におこなった団体調査の結果から検討をおこなう。この調査から、個人の活動参加だけではなく、団体活動の水準からみても豊田市では市民活動がさかんになっている状況が浮かび上がってきた。本章ではリーダーやメンバーたちの特徴によって活動の内容や実態がどのように異なるかを検討する。次に、活動の空間的広がり（広域型活動か地縁的活動か）が担い手や活動内容とどのように関係しているかについて述べる。そして、団体間のネットワークの性質について検討をおこない、活動の空間的広がりとネットワークの特性がどのように関係しているかについて述べる。その結果、広域型活動団体は全体として多極型のネットワークを有し、地縁型活動団体は少数の極に集中し、両者が相対的に分離していることが明らかにされる。あわせて広域型活動と地縁的活動の団体の活動事例を紹介する。最後に、団体活動の水準を測り、活動の成果を規定する要因について検討する。その結果、広域型の活動と地縁型の活動では成果の上げかたが異なっていることが明らかにされる。

第1節　団体活動への関心と2011年団体調査の概要

都市は経済活動だけでなく、市民活動や、市民社会の公共性が高度に発達する場である。しかしこれは理念的、思想的に語ることはできるが、具体的に実証するのは意外に難しい。これは、「市民社会」や「公共性」という概念を定義することが難しいだけでなく、それを操作的に定義して経験的にとらえることが困難だからである。都市はまたそれぞれ個性をもち、公共性や市民活動の質や水準は異なるかもしれないのだが、個性をとらえることも簡単でない。個人レベルの量的データを集計して何かを語ることは比較的容易だが、集合的レベルの市民活動やそれらの関係を、質的・量的に調査して比較することは簡単ではない。

本章では、豊田の事例とデータをもとに、産業都市における市民活動団体のパフォーマンスと、団体内外のネットワークの関連について特徴を明らかにしてみたい。豊田に関する先行研究では、自動車産業従事者たちは、トヨタ生産システムのもとで管理され働くために、地域社会にコミットしないととらえられてきた（都丸・窪田・遠藤 1987; 職業・生活研究会編 1994; 小山編 1995）。しかし、4章から6章にかけてみたように、2009年質問紙調査のデータと一連のヒアリング調査から、トヨタ従業員の地域活動はきわめて活発になっていることが判明した。簡単に言うと、これは、産業の定着・繁栄が他県出身の従業員の定住を促し、雇用の安定、職住接近とあいまって、トヨタ従業員たちが地域にもつ職縁を強め、ひいては地域的紐帯を強化しているためであった。このようなユニークな都市では、団体レベルの活動、ネットワーク、そのパフォーマンスはどのように編成されているのだろうか？価値判断はひとまず括弧にくくり、このことを2011年2月に実施した豊田の市民団体向け質問紙調査のデータをもとに検討してみたい。

この調査では、豊田の市民活動団体をなるべく広く補足するため、とよた市民活動センターの登録団体（210団体）、市のわくわく事業の補助団体（380団体）、豊田市社会福祉協議会のボランティアグループ登録団体（247団体）の全数を調査対象とした。重複を除いた626団体に宛てて2011年2月に郵送による配票・回収をおこない、有効な回収票が447票、有効回収率は71.4%であった。市役所名で協力依頼を得たため、この種の調査としてはかなり高い回収率を達成することができた[1]。

第2節　市民団体の活動概要

まずはじめに調査した市民活動団体全体の概要について確認しておこう。団体の大きさは平均55.3人であり、年間の活動回数は平均で60.5回と活発である。3章でもみたように団体の設立年次は平均で西暦2000年、活動継続期間は10.5年で比較的新しいものが多い。これは、とよた市民活動センターの設立や「わくわく事業」など、地域分権化や町村合併を受けた市の政策によるところが大きい。NPO法人のかたちをとるものが7.0%、他の非営利法人が1.6%であるのに対して、ボランティアサークルなどの任意団体が50.9%、地縁的な任意団体が37.3%と多くなっている。明文化された会則・定款をもつことは組織化の度合いを表すひとつの指標であるが、その比率は75.5%であった。

活動の内容についてはどうであろうか。主な活動分野を9項目に分類してたずねたところ、「地区の住環境の整備・向上」が31.9%と一番多く、ついで多い順に「健康・医療・福祉活動の増進」(18.3%)、「地域の伝統・文化やスポーツの振興」(13.4%)、「青少年の育成・世代間の交流」(13.2%)、「自然環境の保全活動」(9.7%)、「防犯活動や交通安全、防災活動など」(4.6%)、「国際交流・多文化共生の推進」(3.0%)、「市民活動・NPO活動の支援」(2.3%) となっており、「その他」が3.5%であった。

ここでひとつ注意しなくてはならないのは、リーダーの性別との関連をみると、活動分野の分布にかなりの差があることである (**図7-1**)。男性リーダーの活動団体では「地区の住環境の整備・向上」が37.2%と、女性リー

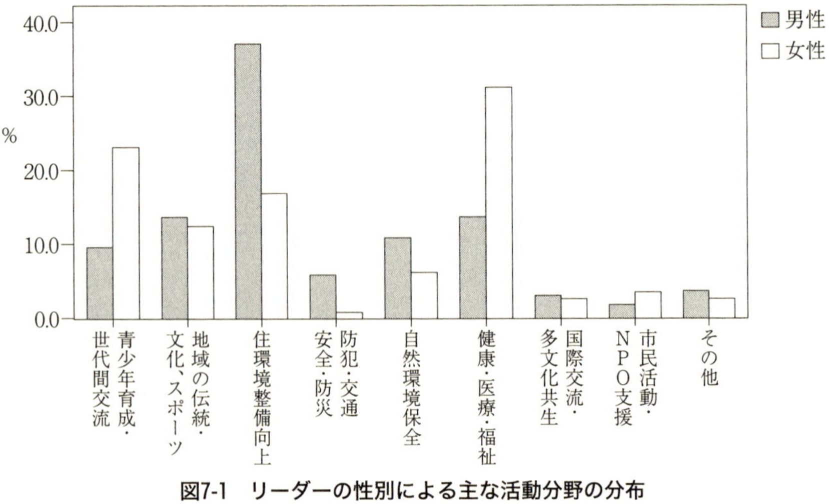

図7-1　リーダーの性別による主な活動分野の分布

ダーの団体の比率17.0%の倍に上る。反対に女性リーダーの団体では、「青少年育成・世代間の交流」が23.2%、「健康・医療・福祉活動の増進」で31.3%、と男性リーダーの団体の比率（それぞれ9.7%、13.8%）の倍以上になっている。そもそも男性リーダーの数が447団体中333団体、75.5%にも上っていることが見逃せない。活動リーダーの3/4が男性に占められている点は、5章でもみたように男性の地域活動がさかんな豊田の特徴を反映しているといえるだろう。

リーダー個人の属性よりさらに重要と考えられるのが、活動団体のメンバー構成である。本調査では、**表7-1**に掲げた項目について、おおまかなメンバー構成比の判定を求めている。このうちの（d）を見ても、男性が6割以上を占める団体があわせて43.4%におよんでいる。自動車産業で働いている（いた）人の比率も、6割以上で12.9%、3割以上で36.3%の団体に達しており、市民団体、まちづくり団体への参加が広がっていることがうかがえる。もうひとつ注目されるのが自治区役員経験者の比率の高さで、6割以上が13.2%、3割以上では32.9%にもなる。これは、豊田の市民団体・まちづくり団体の活動が、自治区と協力しておこなわれたり、自治区を母体としているものが多いことを示している。

活動の資源では、人的資源だけでなく、物的資源も重要である。これを確認するため資金面の分布をみると、2009年度の活動資金については、30万

表7-1 市民団体のメンバー構成（%）

	いない	3割未満	3～6割	6～9割	9割以上
(a) フルタイムで働いている方(N=435)	30.3	33.8	15.2	11.7	9.0
(b) 自動車産業で働いている（いた）方(N=435)	25.5	38.2	23.4	9.0	3.9
(c) 定年退職された方(N=440)	17.0	25.9	19.3	20.2	17.5
(d) 男性の方(N=440)	10.2	21.4	25.0	23.2	20.2
(e) 専業主婦の方(N=438)	25.6	40.2	20.5	9.1	4.6
(f) 外国籍の方(N=438)	95.2	4.6	0.2	0.0	0.0
(g) 市外に住んでいる方(N=439)	75.4	16.2	3.6	2.1	2.7
(h) 行政関係者の方(N=431)	66.4	31.3	1.6	0.2	0.5
(i) 自治区役員の経験者(N=437)	22.0	45.1	19.7	8.9	4.3

円以下が59.9%ともっとも多く、ついで30〜99万円が26.7%で、あわせて9割近くに達する。以下100〜299万円（5.9%）、300〜999万円（4.7%）、1000〜2999万円（1.2%）となるが、3000万円以上の団体も1.5%、6団体存在していて、ばらつきはかなり大きい。

つづいて、活動団体間のネットワークがどれだけ発達しているかみてみよう。他の団体・機関と提携している活動団体は61.8%、平均した数は2.05団体、うち市民活動団体が1.18団体、その他の団体・機関が0.87団体であっ

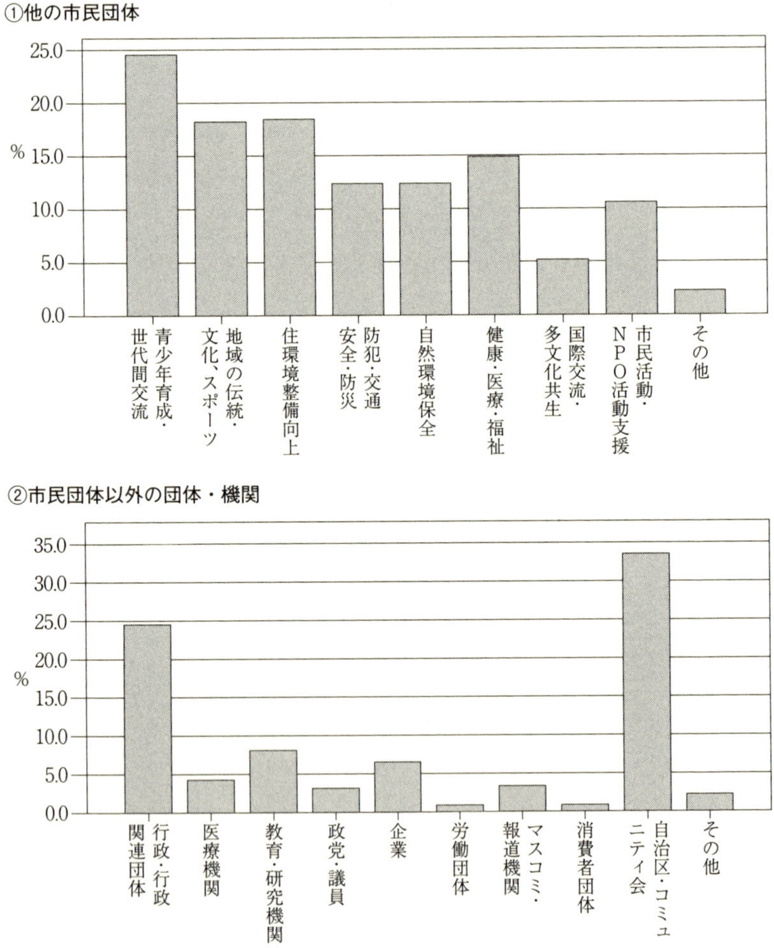

図7-2　他団体とのネットワークの分布

た。提携先の市民活動団体の分布内訳をみると（**図7-2**）、「青少年育成・世代間交流」（24.4%）が多く、「住環境の整備・向上」（18.3%）、「地域の伝統・文化、スポーツ」（18.1%）、「健康・医療・福祉」（14.8%）が続いている。多文化共生で有名な豊田であるが、提携先として選ぶ団体は5.1%にすぎず、市民活動団体のネットワークの中での存在感は弱い。市民活動団体以外の団体・機関をみると、「自治区・コミュニティ会議」が33.3%とやはり圧倒的に多く、「行政、あるいは行政関連団体」がつづく。「企業」とのネットワークも6.5%で、それなりの割合がみられる。

それでは、以上述べた資源・ネットワークを用いて、市民団体はどのような動員と活動をおこなっているのだろうか？　すでに述べたように、年間の活動回数は平均60.5回であり、週１回以上であるから非常に活発といえよう。年間の「もっとも大きな活動・行事」にどれくらいのメンバーが参加するかをたずねた設問では、平均7.52割と、これもかなり高い回答が得られた。集合財供給の種類を４つに分け４点尺度（1~4点）で頻度をたずねた設問に対しては、「仲間で楽しむ活動」が3.03点、「地元地区のまちづくりや地区環境の改善」が2.99点と高く、「社会全体、人類的課題への貢献活動」が2.36点、「ハンディをもつ人への支援活動」が1.96点と低めであった。集合財の供給範囲が広くなったり、コストを要する活動はやはりやや取り組みにくいようである。

つぎに団体外部に向けた活動と内部に向けた活動に分け、どのような活動をよくおこなっているかみてみよう。

「まったく行わない（1点）」から「よく行う（4点）」までの４点尺度で平均点を示したのが**図7-3**であるが、団体内部では、「日常業務・会合」（3.00点）は当然として、「親睦活動」（2.88点）、「メンバーからの相談に応じる」（2.69点）などがよくおこなわれている。「会費や寄付を集める」（2.23点）はやや低い。外部に対しても同じ尺度でみたところ、「自治区・コミュニティ会議に協力する」（2.82点）と「ボランティア活動をする」（2.76点）が高く、「署名・寄付を集める」（1.27点）は際立って低かった。

団体活動の空間的広がりについても確認しておこう。調査票設問の選択肢では、活動範囲の広がりについて、６つの選択肢を設けてたずねている。狭

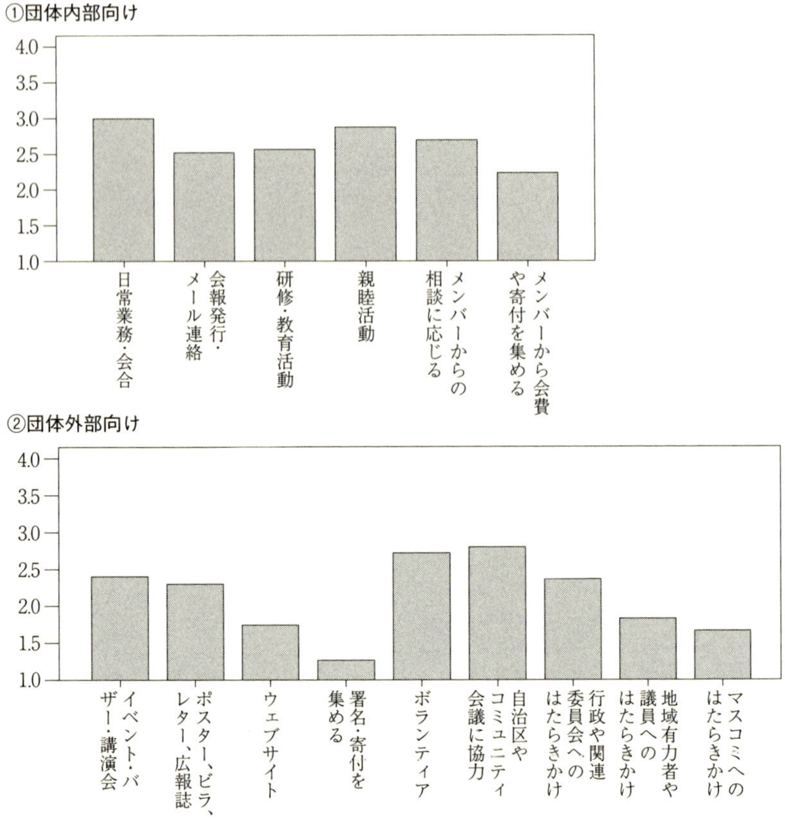

図7-3　団体内外に向けた活動の頻度

い範囲からみると、「1.町内」(10.5%)、「2.自治区内」(34.2%)、「3.中学校区内」(16.6%) など、身近な地域で活動する団体が比較的多く、広い方をとると、「4.豊田市全域」が15.4%、「5.豊田市および近隣自治体」が14.3%、「6.とくに決めていない」が8.9%となっていた。活動拠点とする地区については、中心地区の挙母地区が34.5%と多く、ついで「猿投地区」(15.1%)、高橋地区 (9.6%)、高岡地区 (9.4%)、上郷 (7.1%) と続いている。旧市域では中山間部に属する松平地区 (3.4%)、合併地区の町村であった、旭地区 (4.8%)、足助地区 (3.7%)、稲武地区 (3.7%)、小原地区 (2.5%)、下山地区 (1.1%)、藤岡地区 (3.7%) については、人口が少ないこともあり、相対的に少なくなっていた。

第３節　活動団体の２類型：広域型と地縁型

以上調査対象団体の概要をみてきたが、これだけではまだ社会学的分析にはならない。そこで以下では、これらの活動団体をめだつ特徴によって分類して活動を比較したり、相互関係をとらえてみたい。

ここまでの説明からもある程度クローズアップされているように、調査対象団体は、活動の内容が一方では活動の空間的広がりと相関し、他方では担い手のジェンダー属性と大まかに相関しながら２つのタイプに分かれている。以下では、活動の空間的広がりに注目して活動団体を「地縁型」と「広域型」に分け、その違いと相互関係をみていくことにする。

最初に上でみた活動の空間的広がりのうち、「1.町内」「2.自治区内」「3.中学校区内」を主な活動範囲とする団体を「地縁的」な活動団体、「4.豊田市全域」「5.豊田市および近隣自治体」「6.とくに決めていない」を「広域的」な活動団体と定義すると、前者が274団体、61.3%、後者が173団体、38.7%になる。

まず活動の拠点とする地区について違いはあるだろうか？　「貴団体が活動をされている主な拠点はどの地区にありますか」という設問への回答の分布をみたのが、**図7-4**である。これをみると、広域的な活動団体では、６割近くが中心市街がある挙母地区に集中しており、各地区に散在して拠点をかまえている地縁的活動団体とは大きな違いがみられる。テーマをかかげて広域で活動する団体はどこでも活動できるとも考えられるが、実際にはどちら

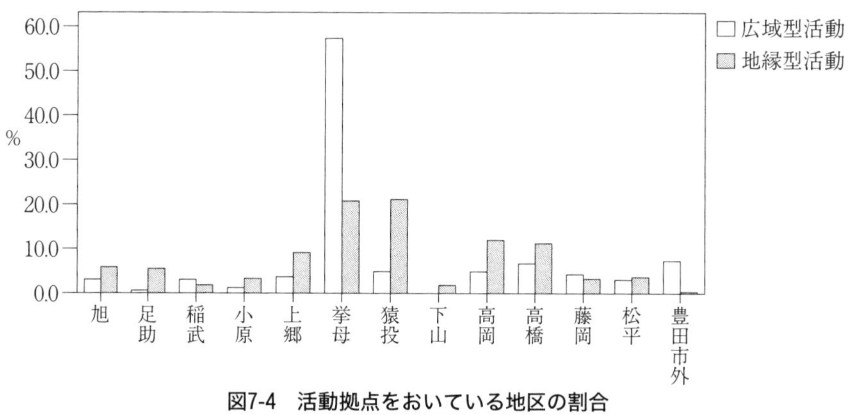

図7-4　活動拠点をおいている地区の割合

かといえば人口稠密な中心市街地に拠点を置く傾向がはっきりとみられる。広域型の団体では、豊田市外に拠点を置いて活動するものも1割近くみられることも特徴である。とくに「国際交流・多文化共生」に取り組む13団体では、挙母地区に拠点を置くケースが6団体、市外に置くものが2団体と多く、「市民活動・NPO活動支援」に取り組む10団体でも、この数はそれぞれ5団体、3団体と多い。両者はともに、比較的支持者が少ない「非通念的（unconventional）」な価値を追求する活動であり、人口が集積することで成り立つ特徴が良く出ているといえよう。

制度的な位置づけを調査票の項目でみると、地縁型活動団体では「地縁的な任意団体」が53.8%、ついで「サークル・ボランティア団体」が41.8%、「NPO法人」が1.8%にすぎないのに対して、広域型活動団体については、この比率はそれぞれ10.7%、65.7%、15.4%となっていてまったく異なっている。明文化された会則・定款を有する団体は、地縁型活動団体では70.2%であるのに対して、広域型活動団体では83.8%でやや多かった（p=.001）。

続いて活動資源の量を代表する指標として、メンバーの数と資金の規模について確認してみよう。団体のメンバー数については、地縁型活動団体では56.2人に対して、広域型活動団体では53.9人であり、有意な差はなかった。資金の大きさについては、2009年度の活動資金についてみると、資金規模は全体として広域型活動団体の方がやや大きく（χ^2=17.1/p=.004）、「1000万円以上」「3000万円以上」も8団体（5.0%）ある。広域的な活動の展開にはやはりそれなりの活動資金を要するようである。

それでは、主な活動の種類によって活動の範囲には違いがあるのだろうか？　内外に向けた活動や活動の成果については後にみるが、まずこの点について確認しておこう（**図7-5**）。広域的活動をおこなっているのは、「市民活動支援（90%）」「国際交流・多文化共生（76.9%）」「健康・医療・福祉（72.2%）」といった「テーマ型活動」でとくに多い。前二者は上でみたように多数の人の支えを必要とするので、活動区域も自然に広くならざるをえないのだろう。「地域の伝統・文化、スポーツ（51.7%）」と「青少年育成、世代間交流（47.4%）」では広域で活動する団体と地元地区を中心に活動する団体がほぼ半々に分かれている。反対に地元地区での活動が多いのは、「地区

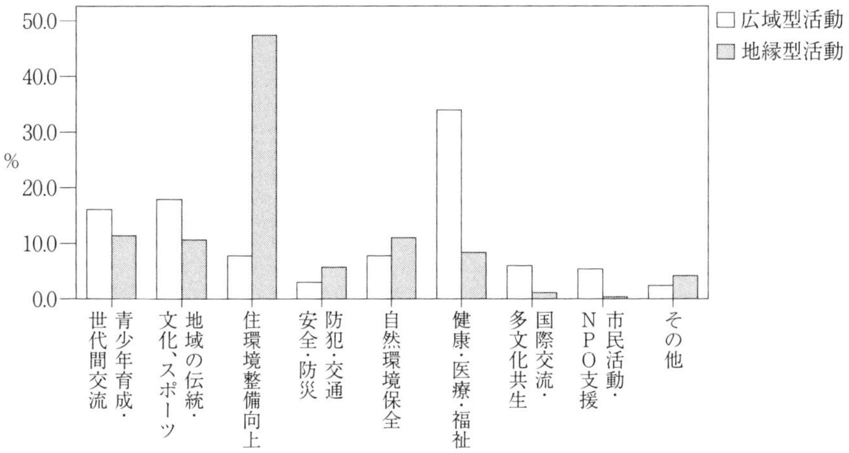

図7-5　活動内容による活動範囲の違い

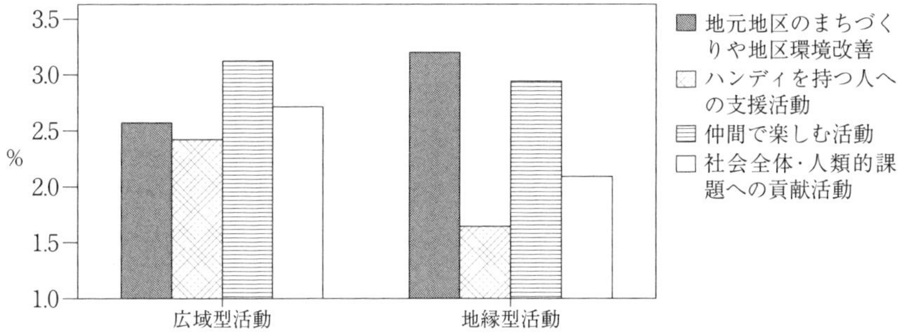

図7-6　供給しようとする集合財の種別

の住環境の整備・向上（90.6%）」「防犯・交通安全・防災（75.0%）」「自然環境保全（69.0%）」である。自然環境の保全は、一般的には広域的なテーマ型活動のイメージが強いが、後述する事例でもみるように、豊田の市民活動では地元地区の自然環境保全の取り組みが中心になっているようである。これに関連して、活動が供給しようとする集合財の種類でも、地縁型活動と広域型活動で違いがみられる（**図7-6**）。地縁型活動は「地元地区のまちづくりや地区環境の改善」への志向が強いのに対して、広域型活動では、「ハンディをもつ人への支援」「社会全体・人類的課題」への志向が強くなっている。

第４節　メンバー構成と団体のネットワーク

つづいて、活動の範囲とメンバー構成との関連についてみてみよう。まず、前章でみたジェンダー構成との関連をみよう。**表7-2**は、団体の性比と活動の範囲の関連を示したものである。男性のメンバーが多くなるほど団体は地縁的な活動を志向することがわかる。とくに女性メンバーが多い団体では絶対数でも広域型の団体が多く、他とのへだたりが大きい。またジェンダー構成と活動の拠点を置く地域の関連を示した**図7-7**を見ると、中心市街地のある挙母では、女性メンバーの多い団体が多く拠点を置いている。これに対して、男性メンバーが多い団体は、旧市域郊外、あるいは合併町村部で多くなっていて、郊外エリアでの活動がさかんなことがわかる。

活動範囲と、その他の属性についてメンバー構成との関連をみたのが**表7-3**である。広域型活動団体は、市外在住者が相対的に多く、外国人メン

表7-2　ジェンダー構成と活動の範囲（%）

	広域型活動団体	地縁型活動団体	度数
男性メンバー多（6割以上）	27.7	72.3	191
中間的構成	32.5	67.5	117
女性メンバー多（7割以上）	59.0	41.0	139
全体	38.7	61.3	447

$\chi^2=35.7$（$p=.000$）

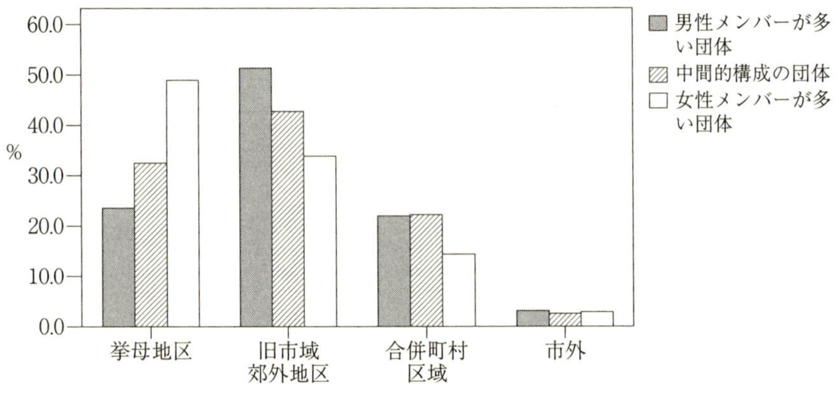

図7-7　メンバーのジェンダー構成別にみた活動拠点の分布

表7-3　活動の範囲とメンバー構成の関連（%）

	フルタイマー3割以上	自動車産業3割以上	退職・無職者3割以上	専業主婦3割以上	外国人メンバーあり	市外在住3割以上	行政関係者3割以上	自治区役員経験者3割以上
広域型活動団体	34.3	30.4	39.3	36.6	7.6	15.7	2.4	16.4
地縁型活動団体	36.9	40.2	68.5	32.7	3.0	3.7	2.3	43.6
全体	35.9	36.3	56.8	34.2	4.8	8.4	2.3	33.0

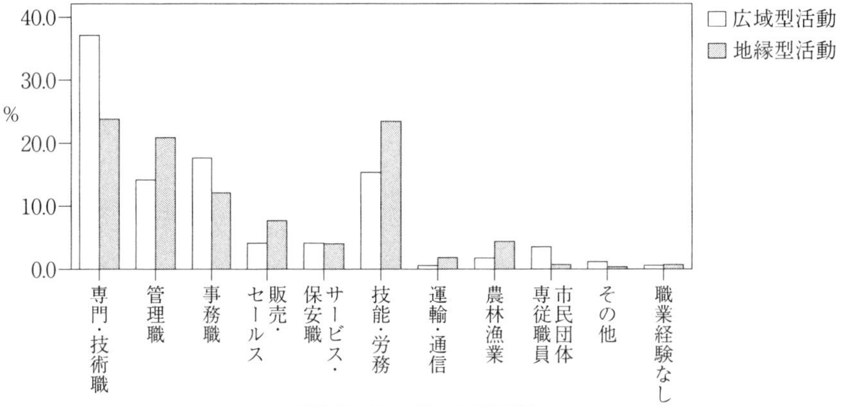

図7-8　リーダーの最長職

バーのいる団体もやや多い。これに対して、地縁型活動団体では、退職者・無職者の比率、自治区役員経験者の割合が相対的に高く、自動車産業に従事していた（いる）人の割合もやや高くなっている。活動の範囲に関連した特徴がよく出た結果を示している。

続いて地縁型活動団体、広域型活動団体のリーダーの特徴についても確認しておこう。**図7-8**は、リーダーの最長職の分布を活動の範囲別に比較したものである。一見してわかるように、広域型活動団体のリーダーは、全体としてホワイトカラー職種についていた（いる）人が多く、とくに専門職・技術職が多い。これに対して、地縁型活動団体のリーダーでは、技能・労務職の割合も専門・技術職や管理職と同程度存在していて相対的に高い。男性に限れば、この割合は地縁型で27.9%、広域型でも22.2%とさらに高くなっている。

図7-9はリーダーの最長職の業界をたずねたものである。豊田という都市

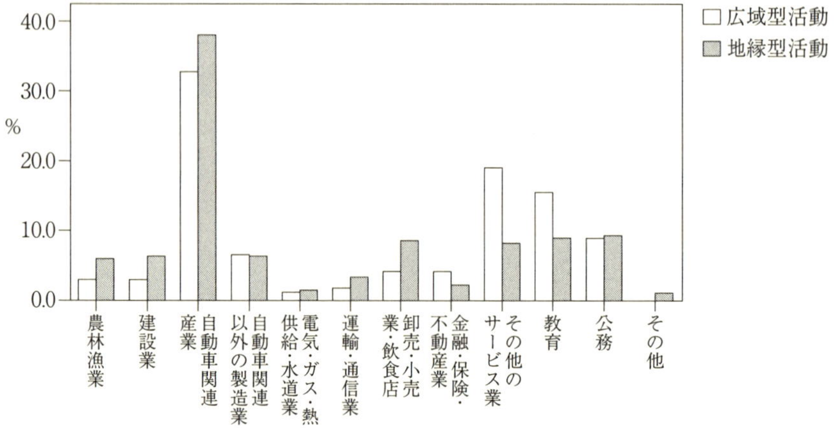

図7-9　リーダーの最長職業界

の特性を反映して、自動車産業に従事していた（いる）人の割合が高いのが目立つ。男性リーダーでは、広域型で45.8%、地縁型で44.3%と半数に迫る。就業者に占める割合にくらべれば10%ほど少ないとはいえ、まちづくり活動への自動車産業従事者の参入が進んでいることをうかがわせる数字である。広域型では、教員やその他のサービス業に従事していた（いる）人も多くなっている。

ここで、団体活動の範囲とリーダーの活動履歴の関連についてみておこう（**図7-10**）。これによると、広域型活動のリーダーにはたしかに「健康・医

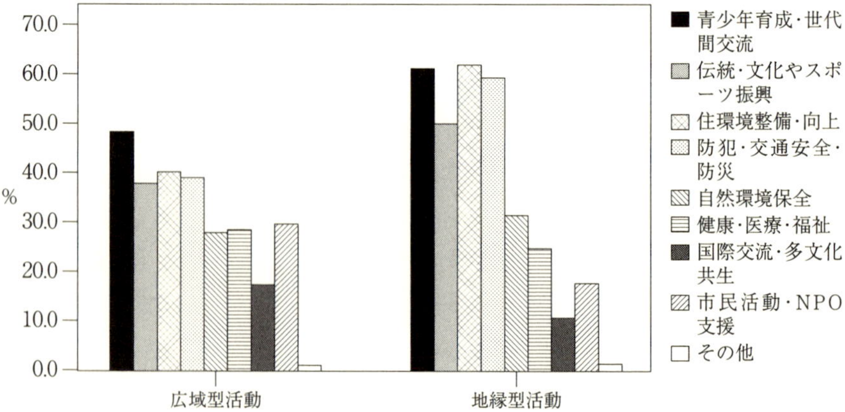

図7-10　団体活動の範囲とリーダーの活動履歴

療・福祉」や「国際交流・多文化共生」「市民活動・NPO活動支援」など、広域的テーマにかかわる活動に従事していた人の割合が相対的に高くなっている。しかし、絶対的な比率でみると、「住環境整備・向上」や「防犯・交通安全・防災」など地縁的色彩の強い活動に従事していた人の比率の方が高いことがわかるのである。

つづいて、団体間のネットワーク形成について、2つの類型の違いをみよう。提携数でみると、広域型活動団体は、市民活動団体との提携が1.35団体、その他団体が1.09団体、計2.44団体である。地縁型活動団体は、市民団体が1.07団体、その他団体が0.73団体、計1.81団体であり、広域型活動団体の方がネットワークが発達している。他の市民団体とネットワークをも

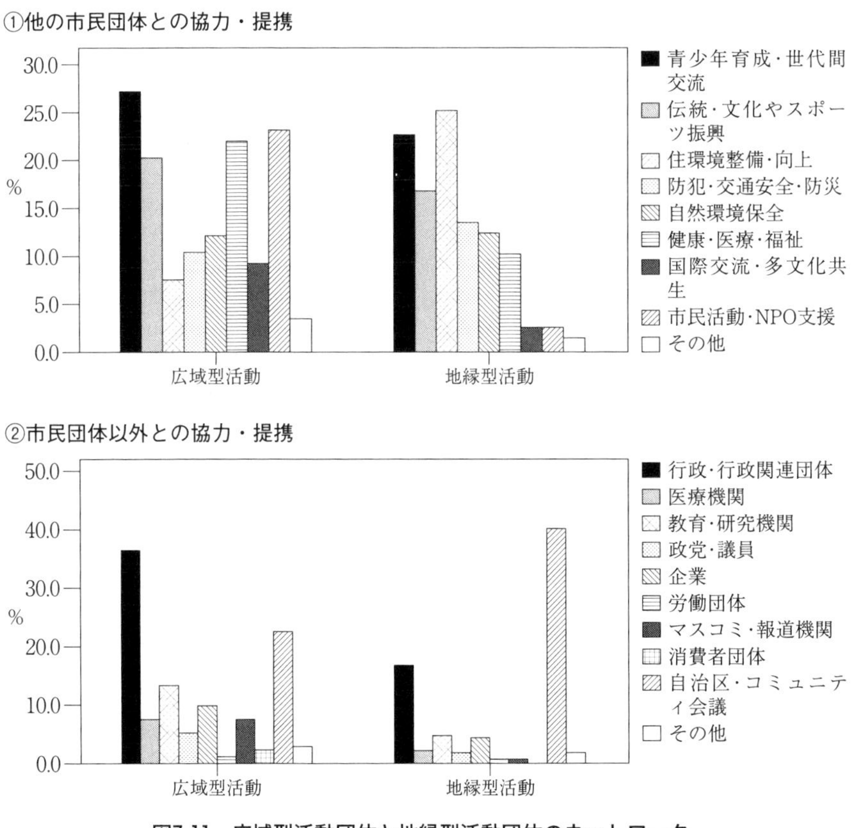

図7-11　広域型活動団体と地縁型活動団体のネットワーク

つ比率についてみた**図7-11**①の分布をみると、広域型の活動団体では、「健康・医療・福祉」「国際交流・多文化共生」「市民活動支援」などに従事する広域型活動団体との協力、連携が目立っており、地縁型活動団体では、「住環境の整備・向上」に従事する地縁型団体とのネットワークが多くなっている。つまり、同類同士の結びつきが強く2類型相互の結びつきは相対的に弱くなっているわけである。市民団体以外との関係をみても（図7-11②）、広域型活動団体が多様なネットワークを発達させているのに対して、地縁型活動団体では自治活動の中核に位置する自治区とのネットワークが圧倒的に強い。

活動団体の社会的ネットワークの特徴についてもう少し詳しくみてみたい。**図7-12**は活動団体の活動分野および自治区・コミュニティ会議、行政、医療機関、教育機関などの団体・機関を点で示し、各活動分野や団体・機関の連携関係を直線によって示したネットワーク図である。この図では、多くの団体から連携相手として選ばれている活動分野や市民団体以外の団体・機関（図上の頂点として表される）に線が集まっている[2]。(a) はすべての団体に関

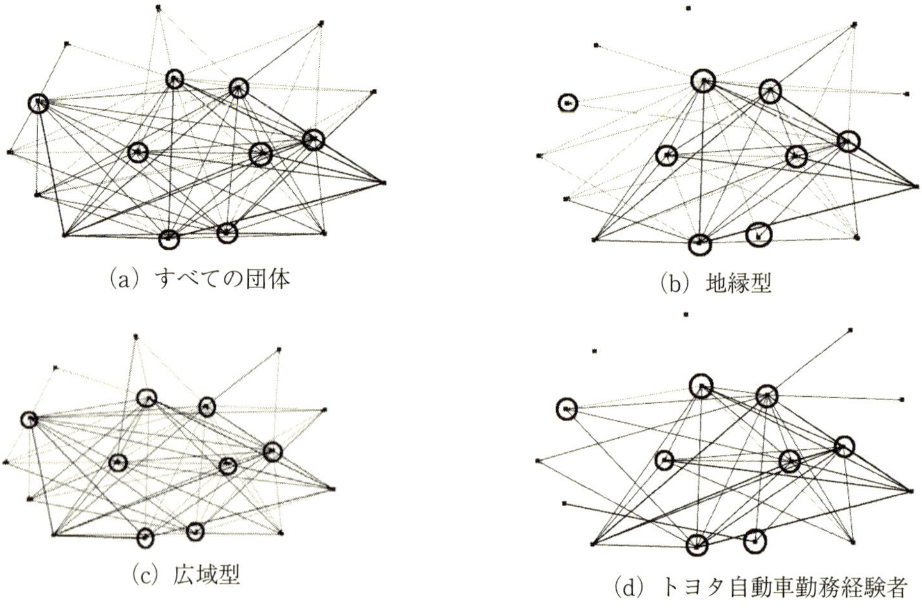

図7-12　市民活動団体のネットワーク（市民活動団体は○で表現してある）

するネットワークデータを用いた図であり、以下 (b) 地縁型活動団体（中学校区より狭い範囲を活動の場とする)、(c) 広域型活動団体（中学校区より広い範囲を活動の場とする)、(d) トヨタ自動車勤務経験者がリーダーをつとめる団体をピックアップしてそのネットワークを模式的に示したものである。トヨタ自動車勤務者がリーダーをつとめる団体と地縁型活動団体のネットワーク図は、やや密度が薄く、視覚的には類似性が高いことがわかるだろう。

地縁型活動団体が有するネットワークパターンと広域型活動団体のネットワークパターンの間には他にどのような違いがあるだろうか。このことをより正確に確かめるため、活動分野間の関係についてネットワーク分析をおこない、ネットワーク構造についての基本的な指標であるネットワーク密度（network density）と集中化（centralization）の値をそれぞれ算出したのが**表7-4**である。ネットワーク密度は各活動分野間の紐帯がどれほど密接であるかを示す指標であり[3]、数字が大きくなればなるほど密度が高いことを表している。集中化[4]はネットワーク全体が少数の極に集中しているのか、あるいは広く散らばっているのかを表す指標である。こちらの指標はパーセンテージが高いほど限られた極にネットワーク紐帯が集中していることを示す。

表7-4をみると、広域型活動団体と地縁型活動団体では、ネットワーク構造からみても違いがある。広域型活動団体の有するネットワークは、ネットワーク密度が相対的に高くなっていて、地縁型団体に比して緊密にネットワークが形づくられていることが見てとれる。またトヨタ自動車勤務者がリーダーを務める団体のネットワーク密度は、広域型活動団体と地縁型活動団体の中間にある[5]。

次に集中化の度合いを見てみよう。表7-4の結果から、広域型活動団体で集中化の度合いが低く、地縁型では相対的に高くなっていることがわかる。

表7-4　ネットワークの特性に関する指標

	ネットワーク密度	集中化
広域型活動団体	0.05	16.7%
地縁型活動団体	0.03	22.5%
トヨタ自動車勤務層	0.04	19.1%
全体	0.04	18.6%

これは活動分野間ネットワークの構造が、地縁型活動では比較的少数の分野に集中し、広域型では比較的多様な分野に分散していることを示している。言いかえれば、広域型活動団体のネットワークは相対的に多極型であり、地縁型活動団体が有するネットワークは相対的に集中型といえるだろう。図7-11②でみたように、地縁型活動団体は「自治区・コミュニティ会議」との紐帯が強い傾向にあり、この点が集中型特性に反映しているものとみられる。またトヨタ自動車勤務者がリーダーをつとめる団体は、集中化の度合いにおいてもほぼ中間的な値を示している。

ネットワーク密度、ネットワーク集中化に関する分析の結果、広域型活動団体の間では、相対的に多様な活動分野や機関の間にゆるやかなネットワークが発達している状況があることがわかった。地縁型活動団体においては相対的に限られた活動分野・機関の間に緊密な紐帯が生じていることがわかった。

それでは、他団体と連携する際に、重視する項目になにか違いがあるのだろうか。**表7-5**は、「他団体と連携して活動する際にはどのようなことをとくに重視されていますか」という設問（複数回答）への回答の違いを示したものである。これによると、広域型の活動団体は「相手方の理念」「相手方の実際の活動内容」を重視する傾向がつよい。これに対して、地縁型の活動団体では、有意差に達してはいないが、「相手方とのこれまでの信頼関係」を重視する傾向が相対的に強い。

検討をさらに進める前に、以上みた2種類の活動団体類型に相当する活動事例をみてみよう。

表7-5　連携し活動する際にとくに重視すること（%）

	相手方の理念	相手方の実際の活動内容	相手方の知名度や評判	得られそうな成果・効果	これまでの信頼関係	その他	度数
広域型活動団体	33.5***	51.2***	7.6	34.7	35.9	0.6	170
地縁型活動団体	12.5	35.0	4.2	31.6	39.2	1.5	263
全体	20.8	41.3	5.5	32.8	37.9	1.2	433

事例1（広域型）：大地の会

・設立の経緯

大地の会は引きこもりの若者と家族の支援団体である。最初は引きこもりの子どもをかかえた家族の会というところから出発した（2003年）。当時は行政も引きこもりに関する情報をもっていなかったし、引きこもりにかかわる団体も情報発信力をあまり有していなかった。

設立後7年くらいは、親が集まり相互に悩みを打ち明け、1年に1度くらい講演会をおこなったりするという活動であった。講演会は精神医学系の医師などを呼んでおこなっていた。そうしたところにBさん（現・代表補佐）が加入し、会をサポートするようになってから活動が活性化し、講演会以外の活動（若者の料理教室、イベント（「そらの会」や「名古屋オレンジの会」とともにおこなうもので、見学やレクリエーションなど））への展開が見られるようになった。

支援の具体的活動の一つの軸は若者の居場所の運営である。居場所運営活動の一つに料理会がある。これは、味を競ったり、新奇な料理をおぼえるという趣旨ではなく、生きるための最低限の技能として料理ができるようになることをめざすものである。その他、大地の会単独で運営するイベント（2011年度は、たけのこ掘り、リニア鉄道館見学、名古屋市農業センター見学、池坊展見学など）、「そらの会」との合同企画イベント（花見、防災学習、足湯、食事会等々、昨年度は計10回）、「名古屋オレンジの会」との合同企画イベント（花見、散歩、バーベキュー、工場見学、スポーツ観戦等々、2011年度は計13回）、映画会、ボーリングなどがある。また会員の一人が農地（8反余）を提供してくれることになり、農業体験をおこなうことになった（野菜づくりやハウス組み立ての実施）。キュウリやナス、ズッキーニ、カボチャ、豆、キャベツなどを栽培している。また田植え体験もおこなった。

農業体験で収穫した野菜を一昨年から愛知学泉大学のC教授の世話で同大「ファーマーズマーケット」で販売することになった（2011年度に8回）。また昨年から豊田スタジアムでのファーマーズマーケットにもかかわっていくようになった（2011年度に5回）。昨年の豊田スタジアムでのファーマーズマーケットは成功をおさめたと評価している。売り上げは1回7、8千円程度とのことである（年8万円くらい）。売り上げそのものは目的ではなく、引きこもり若者の支援においては「販売する」という行為そのものが目的であるため、金額の多寡についてはかならずしも最重要視していない様子である。活動についてはニュースレターやインターネット（ブログ）で外部に発信している。

・メンバーの構成と活動内容、ネットワーク

代表のAさんは元教員（豊田市出身・在住）である。昔から、不登校の子どものケアには、仕事柄ということもあって積極的にかかわってきたということである。代表補佐のBさん（常滑市出身・豊田市外在住）は、以前は食品会社に勤めていた会社員だったということである。Bさんは東京でその会社の管理職に就いていた経験があり、組織運営の経験はすでにあったとのことであった。料理や食材への関心についても会社に勤めていたときの経験が活きている部分はあるという。

大地の会の主なネットワークとそれにもとづく活動には以下のものがある。

「そらの会」は大地の会のボランティアを主におこなっている団体である。月1回の頻度で、大地の会向けのイベント企画・運営をおこなってくれるとのことである。企画・運営ともに「そらの会」が担うので、大地の会はイベント企画に「乗る」ことができている。

「名古屋オレンジの会」は名古屋にある引きこもりの若者と家族を支援するNPO法人である。会員数は120人くらいである。代表補佐Bさんは同団体のメンバーでもある。「そらの会」と同様にレクリエーション的なイベントを企画・運営し、大地の会がそこに「乗る」ことになる。大地の会と比べてオレンジの会は規模が大きいので、何かイベントをおこなうときには多くの人が手伝いに来てくれる。

愛知学泉大学とのつながりは、同大学教員のC氏と「はじめの一歩助成金」の審査のときに知り合ったのがきっかけとなった。それから3年ほど継続してつきあいが続き、ファーマーズマーケットなどで協力関係にある。それまでは引きこもりの若者は、団体関係の限られた人としかつきあう機会がなかったが、学泉大とのつきあいがはじまってからは、ある程度限られてはいるものの、それなりに多くの人たち（「特定多数」の人々、豊田スタジアムファーマーズマーケットでつきあう人々は「不特定多数」の人々）とつきあうきっかけができることになった。

行政とのかかわりは、市民活動センター、社会福祉協議会、市役所障がい支援課、次世代育成課、地域支援課（就労支援）などであるが、関係づくりについてはまだ手探りの部分もある。

大地の会は、引きこもりの若者と家族の支援活動に成果をあげている団体である。市内外の同種団体との連携や教育機関とのネットワークを保持しつつ活動をおこなっている様子は広域型市民活動の特徴をよく表している。

事例2（地縁型）：御船の川と環境を守る会

・地区の概況と設立の経緯

御船地区は猿投の井郷地区にあり、戸数約650戸ほどの古くからの農村地区である。ほとんどが市街化調整区域なので住宅地の開発も少なく工場も少ない。人の移動も比較的少なく近所づきあいは盛んな方である。2002年ぐらいから自治区のバックアップを得て「御船愛護会」（メンバーは100人以上）を立ち上げた。御船川は昔子どもたちの遊び場だったが、ヘドロが堆積して汚れてしまい悪臭を放っていた。町名を冠した川がドブ川では名折れであるし、「子供たちの思い出に残る故郷の自慢の川にしよう[6]」ということで活動を始めた。その前の2000年に上流Y川の堤防にオーナー制度で募集して桜を植えたのが愛護会結成のきっかけとなった。本会はわくわく事業のため結成した組織で、最初は自治区の名前で予算を得ていた。それ以前は区費からの補助も受けていた。藤岡川の中山地区の自治区とも協力している。

・メンバーの構成と活動内容

メンバーは10名で全員男性、定年退職した人が多数を占めている。会長のO氏は1950年、小学生のときに父が御船で農業をはじめ、下山から越してきた。本人は就職して大阪のメーカーに勤めたが、後をつぐため豊田に戻り自動車関連のメーカーで発注、外注の仕事をしていた。現役最後の年に副区長をつとめはじめ、退職後に区長になり、区長をおりてから会長を引き受けた（2006年）。愛護会でも二代目代表をつとめた。現役時代は忙しくて活動できなかった。自治区の活動は決まったスケジュールで動いていて忙しく、会の活動は自治区の役員や現役就労者にはできないという。

写真7-1　御船川の光景と上流のEM溶液・竹炭放流ポイント

御船川は上流のN川側がとくに汚れており、川上から微生物（EM）放流を週1回実施してきた。水質汚染を電気伝導率で計測していたが、2005年ころから値が下がりはじめ、次第にヘドロが減って水がきれいになり、悪臭も消えていった。いっしょに流すと効果があるということでこのころから竹炭の粉末もあわせて放流している。そのために竹林伐採と竹炭づくりも手がけるようになった（このあたりには荒れた竹林も多いので）。炭焼きの釜は借り物である。また通学路の草刈り、整備などもやっている。蛍の放流もやろうとえさのカワニナを育てている。子ども会に案内を出して稚魚を放流し、親子で川遊びをするイベントもやった。活動はほとんど野外でおこなっている。活動の際には竹の細工物をつくったり、談笑しながら昼食をとったりする。メンバーが庭木の手入れなどをする際にはおたがいに手伝ったりもしている。

本会の活動は「自然環境の保全」というジャンルにあたり、地区河川の水質改善から関連する活動に広がり大きな成果を上げている。「自然環境の保全」は広域型、テーマ的な活動を連想させるが、今回の団体調査では、「地縁型」に分類される活動事例が多かった[7]。

第５節　活動の成果と規定要因

本節では、団体の活動水準とその成果についてみた上で、成果達成を促進あるいは抑制するメカニズムについて検討しよう。市民団体の活動の成果を測ること、またそれを左右する因果関係を示すことはひじょうに難しいが、工夫をこらして検討してみたい。

まずもっとも基本的な年間の活動回数については、広域型活動団体が81.8回で、地縁型活動団体の47.2回に対してかなり多くなっている（p=.000）。つぎに図7-3①でみた対内的活動6項目の頻度（4段階評定）を比較したところ、すべての活動で有意差（5%水準）がみられ、広域型活動団体の方がやや活発であった。おなじく対外的活動9項目（図7-3②でみたもの）の頻度を比較したところ、すべての項目で有意差がみられたが、「イベント・バザー・講演会等の開催」「ポスター、ビラ、レター、広報誌などによる活動の紹介」「団体のホームページ作成」「署名活動・寄付を集める」「ボランティア活動をする」「行政や関連委員会へのはたらきかけ」「マスコミへのはたらきかけ」に関しては広域型活動団体の方が活発であり、「自治区やコミュニティ会議の活動に協力する」「地域の有力者や議員へのはたらきかけ」に関しては地縁型活動団体の方が活発であった。

ここまで来てようやく、市民団体の活動の「成果」がどのように上がっているのか、また成果の達成を左右する要因は何なのかについて——とくに活動団体をめぐるネットワークに着目しながら——検討してみたい。市民活動の成果を客観的に測ることはもちろん簡単ではない。しかし、関連したいくつかの尺度を合成することで達成度をみることは不可能ではない。

団体調査に用いた質問紙では、「これまでの活動で、どういった手ごたえがありましたか。」という設問で、(a)「サービスを提供した相手から感謝された」、(b)「活動によって周囲から評価された」、(c)「団体のメンバーが増えた」、(d)「他団体とのネットワークが増えた」、(e)「活動が新たな政策につながった」、(f)「仲間での活動の充実や楽しみにつながった」、(g)「活動地域の地区環境がよくなった」、(h)「ハンディのある人に対する支援ができた」、(i)「社会全体に広く貢献できた」、の9項目についてそれぞれ4段階の評価（「かなりあった」「ある程度あった」「あまりなかった」「まったくなかった」）を求めている。(a)(b) は受けた評価に関する成果、(c)(d) は内外のネットワーク形成にかかわる成果、(e) は政策の形成・実現にかかわる成果、(f)～(i) は集合財の種別ごとの供給にかかわる成果にかかわる評価項目である。またもう一つの設問では、「よく似た活動をしている他の団体と比べたとき、貴団体の活動は成果をあげていると思いますか」と相対的な評価をおなじく4段階（1~4点）で求めている。これらは、いずれも活動リーダーが自分の団体の活動についておこなう評定であるから、客観的な評価ではない。とはいえ、いずれの項目も、「他者」の反応や、他のグループとの比較、あるいは客観的な項目への評定を含んでおり、完全に主観的な評価にもとづくものでもない。

全体について平均をみると、「周囲からの評価（3.31）」「仲間での活動の充実・楽しみ（3.30）」「相手からの感謝（3.15）」といった項目ではかなり達成度が高く、ついで「類似の他団体とくらべた成果（3.07）」「地区環境がよくなった（2.90）」「社会全体に広く貢献できた（2.72）」が高くなっていた。「団体のメンバーが増えた（2.48）」「他団体とのネットワークができた（2.47）」という2項目は成否が分かれている。他方、「新たな政策につながった（2.28）」「ハンディのある人への支援ができた（2.01）」はどちらかといえば否定的な評価が多くなっている。全体として、活動に対する社会的評価や、仲間との交流、地区環境の改善、類似団体との比較では達成度評価が高くなっており、ネットワークの拡大という点では評価が分かれ、政策実現や社会的弱者支援ではやや否定的に評価されていた。客観的な達成が問われる項目では評価がやや抑制される傾向がうかがえた。

これらの項目について活動範囲の類型別に集計結果を示したのが**図7-13**

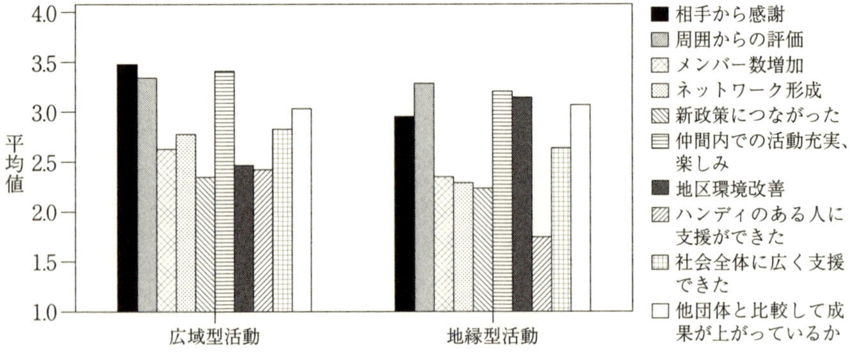

図7-13　成果の種別と達成評価

である。広域型と地縁型を比較すると、「サービス提供をした相手から感謝された」「団体のメンバーが増えた」「他団体とのネットワークができた」「仲間うちでの活動の充実や楽しみにつながった」「ハンディのある人への支援ができた」という項目では、広域的活動団体の方が得点が高く、「活動地域の地区環境がよくなった」では地縁的団体の方が高かった。

上の項目をすべてあわせると10項目になり、効果があったとする方に高い得点を与えそれぞれを1~4点とすると、個々の団体は10~40点の得点をもつことになる。これら10項目の信頼性係数（α得点）を計算するとα=0.810であり、十分に単一の尺度として用いることができる値になる。

集計すると、この得点は平均27.62、標準偏差は5.07となる（N=412）。この得点を「活動成果総得点」とし、分布を示したのが**図7-14**である。全体

図7-14　活動成果総得点の分布

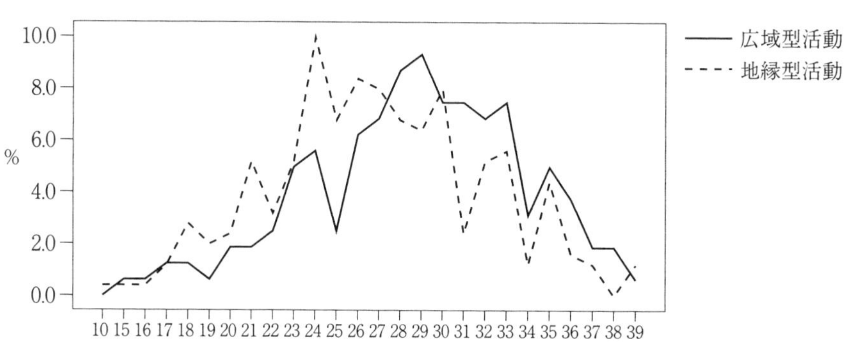

図7-15 活動範囲別にみた成果総得点の分布

として、中央部分が少し平坦になっているが正規分布のパターンに近い。最大値は39、最小値が10である。

続いて活動範囲の広狭により総得点分布を折れ線グラフでみたものが**図7-15**である。団体数に左右されないように、広域型、地縁型それぞれに占める比率を単位として示してある。これを見ると、広域型活動の方が明らかに成果の評定が高くなっている。

このような評定の違いはなぜあらわれるのだろうか？　つぎに、団体活動の成果を規定する要因について考えてみよう。質問紙に入れたすべての要因を分析に織り込むことはテクニカルにできないので、以下のように大きく分けたうえで選択した。活動の成果を左右する要因には、つぎのようなものが考えられるだろう。1）活動を支える組織の資源・人材と組織化の度合い:質問項目では、①活動資金の大きさ、②活動メンバー数や構成、③役割分担の明確さ、などがこれにあたるだろう。2）これらを活用した組織内部の活動水準として、④「研修や教育の実施」⑤「メンバー間の親睦活動」の頻度を用いることにした。3）組織外部とのネットワークの大きさは、⑥提携先（市民）活動団体の数で測ることとした。4）外部ネットワークを用いた活動水準の指標としては、⑦「ボランティア活動」をする⑧「自治区やコミュニティ会議の活動への協力」⑨「行政や関連委員会へのはたらきかけ・参加」の頻度を用いて測定した。最後に5）活動全体の深まりについては、⑩「団体活動の継続年数」がこれにあたるだろう。

以上の変数は、それぞれ市民団体の活動の成果を左右すると考えられるが、すべてが効果的とは限らない。そこで、これらを説明変数とし、被説明変数を「成果総得点」とした重回帰分析をおこなってみた（**表7-6**）。表の右側のモデル2と3では、地縁型活動団体と広域型活動団体に分けて分析した結果を示している。

決定係数（R^2）をみると0.43に近く、この種のものとしてはかなり良好な説明のモデルとなっている[8]。団体全体では、活動資金の大きさ、親睦活動の実施、他の市民活動との提携数が多いこと、外部に向けてのボランティア活動、行政や関連委員会への参加が成果達成への明確な効果をもつことがわかる。団体内の役割分担の明確化や研修・教育の実施もプラス傾向の効果を

表7-6　団体活動の成果得点を規定する要因（全体・地縁型活動・広域型活動別）

	モデル１（全体）N=334	モデル２（地縁型）N=196	モデル３（広域型）N=137
	B　（β）	B　（β）	B　（β）
2009年度活動資金	.704（.151）**	.498（.085）	.860（.237）**
メンバー数	.002（.036）	.001（.002）	.003（.086）
男性メンバーの比率	-.336（-.087）+	-.050（-.012）	-.665（-.173）*
役割分担の明確さ	.709（.106）*	.568（.088）*	1.012（.151）*
団体内での研修・教育	.540（.096）*	.776（.133）*	-.071（-.012）
団体内での親睦活動	1.203（.182）***	1.284（.210）**	1.375（.189）*
他の市民団体との提携数	.481（.139）**	.767（.221）***	.138（.043）
外部へのボランティア活動	1.307（.264）***	1.310（.279）***	1.247（.237）**
自治区やコミュニティ会議への協力	.203（.040）	-.290（.-.053）	1.082（.227）**
行政や関連委員会へのはたらきかけ・参加	.940（.189）***	.807（.160）*	.870（.187）*
団体継続年数	-.050（-.132）**	-.052（-.142）*	-.045（-.120）+
（定数）	14.08	14.41	13.83
R^2（調整済）	R^2=0.429	R^2=0.425	R^2=0.400

+p<.01　*p<.05　**p<.01　***p<.001

示している。年間活動回数、メンバーの構成比、自治区やコミュニティ会議への協力は特段の効果をもたないようである。また意外なことに活動継続年数の長さは成果達成を抑制する効果を示している。

地縁的な活動と、広域的、テーマ型の活動では成果達成のメカニズムにちがいがある。役割の明確化、団体内の親睦活動や、外部へのボランティア活動、行政へのはたらきかけが成果達成を促進している点では共通の傾向がみられる。しかし意外なことに、地縁型の活動をしている団体では、他の市民団体との提携関係、研修・教育活動が成果達成を促進するのに対して、広域型の活動団体ではそれはみられない。またこれも意外なことに、自治区・コミュニティ会議との協力関係は広域型の団体では促進効果をもつのに対して、地縁型の団体では効果がみられない。活動資金の大きさも地縁型団体では促進効果がみられないのに対して、広域型の団体に関しては明確な効果がみられる。このことは、次のように考えれば説明がつく、すなわち、地縁型の活動団体は自治区や子ども会、老人クラブ、小学校、行政など、地域の既存団体・機関とはよく提携しているが、他の市民団体との提携はまだ比較的少ない（提携している市民活動団体の平均数は1.07団体）。したがって、提携をした場合の効果は大きい、ということである。地縁型活動団体はわくわく事業や他の補助事業、自治区からの助成を通じて活動資金はある程度充足され、必要な道具類も揃ってきている[9]。したがって、資金の多寡はいまではあまり活動の成果を左右しなくなっていると考えられる。ぎゃくに広域団体では、すでに活動団体間のネットワークはある程度形成されているのに対して（提携市民活動団体は平均1.35団体）、活動が広域にわたり目標が大きいため活動資金は相対的に不足している。それゆえに、ネットワークの大きさよりも、活動資金の方が大きな意味をもつようになっているのであろう。ネットワークについては、むしろ自治区やコミュニティ会議との協力関係が成果につながっていることが興味深い。

小　活

以上みてきたように、豊田市では、市民団体、まちづくり活動団体が活発に活動しており、内外のネットワークを発達させながら成果を上げるようになってきている。自動車産業に従事していた（いる）メンバーも多く、リーダー層の男性でもその割合が多くなっている。1980年代までのデータをもとに先行研究が描き出していた豊田の地域社会のイメージは現在様変わりしていると言えよう。

ただし、市民活動を全体としてみると、その中味はひとくくりにとらえられるものではなく、アクターとテーマ、活動空間の点で目立った分化がみられた。片方では、女性の割合も多く、中心市街地を拠点として、医療・福祉や多文化共生、市民活動支援などのテーマ型活動に広域的に取り組んでいる市民活動らしい活動と、それらのネットワークが発達してきている。しかし、他方で、男性のリーダー、メンバーの割合が高く、工場に通勤する郊外地区で、自治区活動と連携しながら、住環境の整備・向上や、防犯・交通安全、防災などの地縁的な活動に取り組む活動団体がきわめて多くなっている。このような分化は、他の自治体でもみられるものだが、後者の比重がきわめて大きく、またそこに、自動車産業（元）従事者男性が続々と参加するようになっていること、市からも手厚い財政的支援がおこなわれていることが豊田の大きな特徴と言えるだろう。

注

1　ただし、社会福祉協議会の登録ボランティアグループは住所を公開していないものが多かったため、41団体しか郵送できていない。なお、直後の3月11日には東日本大震災が発災したが、その時点では質問紙の回収が終わっていたため、回答の内容にその影響は及んでいない。具体的な質問項目については巻末資料を参照されたい。

2　また、紐帯を表す直線は、それが活動分野間のネットワークを表すものであるため、2つ以上の団体ネットワークを含んでいることがある。多くの団体間ネットワークがあるとき、この直線は太くなる。

3　ここで用いたネットワークでは、各頂点から他の頂点への紐帯（次数）について、そこに現れたケースをすべて足しあげたうえで当該分野の活動をおこなっている団体数で除したものを用いている（いわゆる重みづけネットワーク）。

4　調査票の特性上、ここで計測している紐帯の数には入次数（indegree）と出次数（outdegree）がある。本調査は市民活動団体を対象としており、市民活動団体以外からの出次数を把握できない。そのため入次数の値を用いてネットワークの大まかな構造を把握することにつとめたい。

5　以上の値は重みづけグラフの計算から得られた結果であるので注意して用いる必要がある。

6　会の資料による。

7　次章を参照のこと。

8　説明変数どうしの相関係数は「自治区やコミュニティ会議へのはたらきかけ」「行政や関連委員会への働きかけ・参加」の2変数間が最大でr=0.474であったがVIF値（おおむね1.5以下）からみて許容できる範囲だったのでそのまま投入した。悉皆調査に近いサンプルを対象にしているので、有意水準は参考値と考えるべきである。

9　インタビューをした団体でも、必要な道具、設備類が揃ったため継続してきたわくわく事業への申請を見送る例が散見された。

第8章　豊田市における市民活動の展開とその支援政策

――市民活動リーダー層のネットワーク化に着目して

菅原　純子
木田　勇輔

市民や住民がかかわる活動は時々の行政の施策に強く影響を受ける。だが、潤沢な財政を誇ってきた豊田市の場合、このような市民活動を取り巻く環境が市民活動の行政に対する依存を生み出しかねないという問題がある。本章ではこのような問題意識に基づき、豊田市の市民活動について、リーダー層のネットワーク化に焦点をあてながら検討する。

近年の豊田市における市民活動の現状については、NPO・ボランティア団体などを中心とした広域型ないしテーマ型市民活動の隆盛という視点からとらえることができよう。新しい市民活動を支援する政策的枠組みは少しずつではあるものの着実に充実化している。だが、豊田市における地縁型活動と広域型活動の間には社会的距離があり、両者の連携をどう構築していくかが問われている。両者の微妙な関係は、市民参加に関する定量的分析によっても明らかになる。地縁型団体の参加層は高齢者や男性が中心であり、リーダー層もまたそうである。一方で、広域型の参加層およびリーダー層の構成は、より多様である。

ただし、2006年から開始された「つなぎすと」事業のように、両者の間を埋めようとする試みもある。両者のリーダー層が同事業を通じてかかわりをもつことも増えており、専門的スキルをもった人々をも巻き込んだネットワークを形成することで、地域の課題を解決していく道筋が少しずつではあるが見えてきている。豊田市の地域コミュニティの歴史から見れば広域型の市民活動の歴史は浅く、両者が有機的に連携していく段階にはまだ至っていないが、つなぎすとたちの活動に代表されるような取り組みは、大きな重要性をもっているといえよう。

第１節　はじめに

今日の豊田市では、長年培ってきた強力なネットワークをもつ地縁型活動と、専門性をもった活動を展開するNPO法人などの広域型・テーマ型活動[1]の双方が、共存し連携してまちづくりを推進していくことが重要であると考えられる。とくに合併によって行政的な基盤を失った地域でも、さまざまな活動団体が連携して地域づくりを進めていくことが期待されよう。それには、互いの活動を理解し「つながる」ことが必要であるが、それをどのように進めていくかが今後の大きな課題である。

市民や住民がかかわる活動は時々の行政の施策に強く影響を受ける。豊田市ではすでに1970年代には「行政主導型のまちづくりから住民自治のまちづくりへ」というスローガンのもとに行政内の組織改革が進んだ。だが、まちづくりから地域自治へと言葉が変わった今日においても、最も重要な問題はそこに住む住民の意識がいかに変わったのかということである。現在の市民活動を支援する施策は「地域自治区条例」と「市民活動促進条例」とが両輪となって、地域の自治とそれを支える市民活動を促進するしくみとなっている。しかし、それらの施策はそれぞれの担当所管の業務となった時点で、市民や住民は行政施策への単なる協力者や受動的な参加者へと変質してしまう恐れがある。また、こうした中で「何のための活動か」という本質的な問題よりも、「補助金がいくらもらえるのか」といったことへの関心が優先しがちになることも否定できない。潤沢な財政を背景として市民活動や住民活動に手厚い支援をおこなってきた豊田市ではあるが、行政主導のまちづくりになりがちであるという点では、まだまだ解決されなければならない点は少なくない。

しかし、豊田市が実行してきた施策の中には、こうした行政主導型のまちづくりを変化させようとする動きもあった。豊田市は2001年に中間支援センターである、とよた市民活動センターを設置したが、その業務目的は「活動団体の自立」であった。また、2006年には、市民活動の担い手たち自らが市民活動をサポートするコーディネーター「つなぎすと」の養成を開始し、つなぎすとの活動支援もおこなっている。これらの動きが継続していくことで、豊田市民のまちづくりに対する意識が成熟していくことが期待される。

以下、本章の構成を説明しておこう[2]。まず「豊田市における市民活動」について、とくに旧来の地縁型活動の枠を超えた新しい市民活動の隆盛についてその歴史的背景を簡潔に整理し、本章の視点を明らかにする（第2節）。ついで「豊田市民の活動参加状況とリーダー層の特徴」（第3節）を確認する。ここでは豊田市民を対象としたアンケート調査のデータを利用し、豊田市において地縁型の活動と広域型の活動が、ある程度は重なりあいつつも微妙に分離していることを示す。また、市民リーダー層の社会属性についても検討し、同様の一般市民層と同様の傾向を指摘する。また、第4節では「市民レベルで活動を促進していくための仕掛け」として、「つなぎすと」事業の展開について論じた上で、豊田市における市民活動とその支援施策の展開について論じていきたい。また、このような考察を通じて、豊田市の市民活動と行政施策が抱える課題と展望についても明らかになるだろう（第5節）。

第2節　豊田市における市民活動の現状

本節では、とりわけ旧来の地縁型団体に包摂されないような、NPO・ボランティア団体などを中心とした広域型市民活動の隆盛という視点から豊田市の市民活動の現状を見る視角を提示したい。

豊田市における広域型の市民活動の起源を確定することは困難だが、豊田市の歴史上注目されるのは1966年の勤労センター憩の家（現:あすて）の設立である。ここでは婦人ボランティアが中心となり、勤労青少年のボランティア活動を育成していた。さらに1975年には豊田市社会福祉協議会が法人として認可され、同協議会は地域福祉・ボランティア活動を推進していった。また、1977年には豊田文化協会が設立されている。1980年には豊田市文教施設協会（現:豊田市文化振興財団）が設立され、野外教育や、青少年対象のボランティア研修、文化・生涯学習の推進事業を実施していった。また、同時期には公民館（現:交流館）が、ボランティア活動を育成・支援する事業に取り組み始めている。1988年には豊田市国際交流協会が設立され、国際分野のボランティアグループへの支援を始めた。また、1993年にはトヨタ自動車がトヨタボランティアセンターを開設し、企業もボランティア活動に積極的に取り組み始めた。このようなボランティア活動の歴史は、現在の豊田市の市民活動にとって非常に重要な足跡である。

1995年の阪神・淡路大震災および1998年の特定非営利活動促進法の制定は市民活動にとって大きな転換点となったが、豊田市においても前後して市民活動の活発化と行政側にもそれを支援するような動きが目立ち始める。1996年にはボランティア活動を支援する財団・社協・公民館・企業・行政等のネットワーク「とよたボラネット」が設置された。そして、2000年にはとよたボラネットにおいて市民活動をサポートする活動拠点の設置について検討が行われた。2001年の第6次総合計画では「ボランティア活動の支援」「NPO活動の支援」が謳われ、行政計画の中で広域型の市民活動が正式に位置づけられるとともに、同年には市民活動支援の拠点となる「とよた市民活動センター」が設置された。また、2003年には「はじめの一歩助成金」が開始され、資金面での援助も始まっている。2006年には第4節で詳しく検討する「つなぎすと」事業が開始され、第1期つなぎすと養成講座が始まった。さらに、同年には市民活動促進条例が制定され、2007年には市民活動促進委員会が設置されている。ついで、2008年には共働事業提案制度が開始され、2009年には市民活動促進計画の策定がおこなわれるなど、広域型と呼ばれる新しい市民活動を支援する政策的枠組みは少しずつではあるものの着実に充実しつつある。

ただし、豊田市における広域型の市民活動は、依然として課題を抱えている。それは地縁型団体との微妙な関係性である。第二次世界大戦後に急速に都市化が進んだ豊田市では、「自治区」を中心としたある程度強いまとまりをもった地縁型団体が存在しており、市民の生活にとっても行政の施策にとっても非常に重要な役割をはたしてきた。市民と行政との「協働」ないし「協力」という観点からいえば、新興の広域型の市民活動団体は実績や行政との密着度という点で地縁型団体に太刀打ちすることはできない。だが、地域が抱える課題の多様性を考えたときに、今日では地縁型団体がカバーできる範囲を超えた問題も多く、その点ではNPOやボランティアをはじめとした広域型の団体が活躍できる環境を整備することが要請されているといえる。このためには、地縁型団体と広域型団体が有機的に連携することが理想であるが、現実的には両者の距離を埋めるには非常に多くの困難がある[3]。

また、行政の市民活動への支援の枠として「中学校区」のような地域的単位が、近年よりいっそう重視されてきたという豊田市特有の事情もある。2005年には7市町村合併によって豊田市が大きく拡大した結果、中山間部の地域をいかに扱うかという点が新・豊田市における政策課題となった。この解決策といえるのが、まちづくり基本条例を基に策定した地域自治区条例の施行による中学校区への地域会議の設置（一部地域は2006年～）と、わくわく事業補助金による地域コミュニティレベルの活動への支援である。これらの施策は住民たち自身が主導する地域づくりへの支援という観点からおこなわれているが、時間が経過するほどに広域型の活動団体がいかに地縁型団体と連携しつつ、ともに地域づくりに取り組んでいくかという課題が明確になってきた。このような課題を念頭に置きつつ、次に地縁型団体と広域型団体の参加層の違いについて検討したい。

第3節　豊田市民の市民団体への活動参加の現状

1　一般市民層における活動参加

前節まで見てきたように、ここ10年ほどの間に市民活動を活発化させるような動きが、市民活動にかかわる人々と行政の側の双方から出てきた。本節では地縁型団体と広域型団体という2種類の団体にどのような社会的属性をもつ人々が中心的に参加しているのかを分析し、ついでまちづくり活動の団体リーダー層の社会的属性を分析する。

まず、一般市民の参加については2009年に実施した「豊田市のまちづくりと市民活動に関する調査」[4]で得られたアンケート結果をもとに検討していくことにしたい。その中で「地縁型団体」と「広域型団体」をどのように操作化するかという問題がある。この点についてはさしあたって「自治区・コミュニティ会議」（豊田市における町内会・自治会である自治区と、行政との接点となるコミュニティ会議）、「地域的なまちづくり団体」「NPO・ボランティア団体」の3種類を中心に分析する。「自治区・コミュニティ会議」を地縁型活動の中心的団体、「NPO・ボランティア団体」を広域型活動の中心的団体、

「地域的なまちづくり団体」を準地縁的な位置づけにあるものとしてとらえている。今回は過去１年以内の活動参加率をデータとして用いる。

団体リーダー層の分析については、2011年におこなわれた「豊田市のまちづくり団体と活動ネットワークに関する調査」のデータを用いる[5]。同調査では「とよた市民活動センターの登録団体」(210団体)、「わくわく事業の補助団体」(380団体)、「豊田市社会福祉協議会のボランティア・グループ登録団体」(247団体) の全数を対象としている。回収数は464票、うち有効票が447票であり、有効回収率は71.4%である。この調査では自治区などの純粋な地縁型団体を直接調査対象にしていないため、実質的には市民リーダー全体というよりはいわゆる「まちづくり活動」をおこなっている団体を中心的に補足するにとどまっている。しかしながら、「わくわく事業の補助団体」などの中には地縁的なネットワークや自治区組織をベースにした団体も少なくないため、地縁をベースにしたまちづくり活動のリーダー層をとらえることは可能である。なお、調査票の設計上、市民調査と同じ形で団体の類型を区分できないのでここでは活動範囲が①中学校区より広いか否か、②制度上の位置づけが地縁的任意団体か否かの２つの基準で地縁型のまちづくり団体か広域型団体かを区別する[6]。

分析については、おもにクロス集計をおこなう。今回は団体参加に影響すると考えられる項目を複数用意してクロス表を作成して、この表を場合によっては集約した形で掲載している。統計的に意味のある数値であるかどうかを確認するために、χ２乗検定をおこなった。また、各セルの数値を細かく検討できるように、調整済み標準化残差＋２以上のセルの数値は太字で表示し、－２以下のセルの数値には下線を付してある。この分析を通じて、どのような項目が団体参加に影響しているのか、順番に検討していく。

2　社会的な属性ごとの団体活動参加率

まずは、どのような人々が活動に参加するのか、男女別や年齢・世代ごとなど社会的な属性ごとの活動参加率を見ていこう。ここでは豊田市民の「自治区・コミュニティ会議」「地域的なまちづくり団体」「NPO・ボランティア」の３つについて、参加の現状を見ていきたい。アンケート調査では、上記の

3つの活動について「過去1年以内の参加」経験について聞いている。アンケート調査全体の参加率は「自治区・コミュニティ会議」が29.1%、「まちづくり団体」が9.7%、「NPO・ボランティア」が6.0%である。先の分類で言えば、最も領域志向が強いのが自治区・コミュニティ会議であり、まちづくり団体、NPO・ボランティアと続く。このデータをもとに、どのような人がそれぞれの活動に参加する傾向があるかを見ていこう。

表8-1は「性別」「年代別」「豊田市出身か市外出身か」「居住する住宅の種別」ごとに、参加率がどの程度違うのかを表したものである。まずは性別ごとの参加率の差を見よう。これは自治区・コミュニティ会議のみで有意な差が見られ、まちづくり団体とNPO・ボランティアでは有意な差ではなかった。自治区・コミュニティ会議は男性の参加率が高いことがわかる。

次に年代ごとの差である。これは自治区・コミュニティ会議、まちづくり団体、NPO・ボランティアの3つとも全て年代ごとの参加率に統計的に有意な差があった。さらに、年代ごとの参加率のパーセンテージを詳しく見ていくと、3種類の団体参加傾向には2つの共通した傾向がある。1つ目は年代が上がるごとに参加率が右肩上がりで上がっていくことである。2つ目は60代ではさらに参加率が高まることである。つまり、いずれの種類の団体でも

表8-1　主な属性と過去1年以内の団体活動参加の関連

属性		自治区・コミュニティ会議		まちづくり団体		NPO・ボランティア	
性別	男性	**31.9%**	N=1649	9.9%	N=1634	5.8%	N=1639
	女性	26.0%	**	9.6%	n.s.	6.2%	n.s.
年齢	30代	16.9%		4.8%		2.4%	
	40代	31.7%		8.9%		4.3%	
	50代	28.8%	N=1649	8.6%	N=1633	6.1%	N=1639
	60代	**37.8%**	***	**15.5%**	***	**10.2%**	***
豊田出身	市内出身者	29.7%	N=1638	11.1%	N=1622	4.7%	N=1677
	市外出身者	28.5%	n.s.	8.6%	n.s.	6.8%	†
住宅	戸建(所有)	**33.3%**		**11.1%**		6.0%	
	戸建(非所有)	28.6%		13.3%		6.7%	
	集合住宅(所有)	30.3%	N=1645	3.4%	N=1628	5.0%	N=1645
	集合住宅(非所有)	7.6%	**	5.2%	**	6.0%	n.s.
全体の参加者割合		29.1%		9.7%		6.0%	

※ †p<0.1、*p<0.05、**p<0.01、***p<0.001
※調整済み標準化残差が+2以上の場合は太字、−2以下の場合は下線

年齢が高い人ほど参加率が高いということになる[7]。

「豊田市内出身者か、市外出身者か」についても検討しよう。一般的に言って地縁型活動については、地元への愛着が強い地元出身者の方が、参加率が高まることが予想される。しかし、今回の調査では、市内出身かどうかで自治区・コミュニティ活動の参加率に有意な差が見られなかった。まちづくり団体についても若干のパーセンテージの差異が見られるが、統計的に有意な差がなかった。NPO・ボランティアに関しては、むしろ市外出身者の方が若干だが参加率が高かった（$p<0.1$）。地縁型活動については出身よりも、その地に住宅や土地を買って定住化するかどうかの方が重要であろうと考えられる。

そこで、住宅の形態や所有についての区分と、活動参加割合について検討を進めていこう。区分は一戸建てか集合住宅か、さらにその住宅を所有しているかどうか（非所有は賃貸のほかに、寮・社宅などを含む）で、両者をかけあわせて「戸建（所有）」「戸建（賃貸）」「集合住宅（所有）」「集合住宅（所有）」「集合住宅（非所有）」の四区分となる。なお、戸建（非所有）については度数が15と少ないので、参考程度の数値として見て欲しい。この4区分と3種類の活動の参加のクロス表を見ると、自治区・コミュニティ会議では集合住宅（非所有）の参加割合が低いことがわかる。まちづくり活動については、人数の少ない戸建（非所有）を除くと、やはり集合住宅（非所有）の参加が少ない。地域に根ざした活動団体に参加するかどうかについては、やはり住宅を所有していることや、さらに今後もその地域に住み続ける見込みがあるかどうかが大きな要因であると考えられる。これとは逆に、NPO・ボランティアについて、住宅形態ごとの参加割合の差異は統計的に有意ではないことから、両者の関連性はほとんどないと考えられる。

以上のように、基本的な社会属性と3種類の活動団体参加の傾向について検討してきた。知見を簡単にまとめておこう。第一に男女差については、自治区・コミュニティ会議は男性の方が参加する傾向がある。第二に年代差については、どの種類の活動団体も年代ごとに活動参加率に差がある上に、年齢が上がるほど参加率が高くなる傾向がある。第三に豊田市内出身かどうかについては、自治区・コミュニティ会議とまちづくり団体では参加率に差がなく、とくに市内出身者が熱心というわけではないのだが、NPO・ボランティアに関しては市外出身者の方が参加する傾向が強いようである。最後に、自治区・コミュニティ会議やまちづくり団体に関しては、市内出身かどうかよりも、住宅を所有しているかどうかで参加率に差が出ることがわかった。基本的な属性ごとの参加傾向を確認した上で、次に男女間の差異について見ていきたい。

3　活動参加に関する性別・年代の関係

次に活動参加に関する男女および年代間の差異について、より詳しく見ていこう（**表8-2**）。まず、自治区・コミュニティ会議の男女ごとの年代別参加率を比較してみる。30代の参加率が15%強と低目なのは両者とも変わらないが、40代以降では傾向が男女で異なる。男性は年代が上がると参加率も上がるが、女性は40代で一度上昇し男性を上回るものの50代では下がり、また60代で上昇するというやや複雑な傾向を見せる[8]。

次にまちづくり団体について見よう。男性に関してはやはり年代ごとに右肩上がりの傾向が見られる。しかし、女性については年代ごとの参加率には、統計的に有意な差が見出せなかった。まちづくり団体への女性の参加は、年代による影響をあまり受けないといえるだろう。

最後にNPO・ボランティアについて検討する。ここでもやはり男性は年代が高まるほど参加率が高まるという、はっきりとした傾向が見られる。そして、他の2種類の活動団体と異なって、NPO・ボランティアについては女

表8-2　男女別年代ごとの活動参加率

属性		自治区・コミュニティ会議		まちづくり団体		NPO・ボランティア	
		男性	女性	男性	女性	男性	女性
年齢	30代	17.1%	16.6%	2.8%	7.0%	2.8%	2.0%
	40代	29.2%	**34.4%**	7.3%	10.6%	2.6%	6.1%
	50代	33.5%	24.4%	7.7%	9.5%	5.5%	6.8%
	60代	**44.1%**	29.3%	**18.7%**	11.3%	**10.5%**	**9.8%**
全体の参加者割合		31.9%	26.0%	9.9%	9.6%	5.8%	6.2%
N		869	780	862	771	865	774
検定		**	**	**	n.s.	**	*

※ †$p<0.1$、*$p<0.05$、**$p<0.01$、***$p<0.001$
※調整済み標準化残差が＋2以上の場合は太字、－2以下の場合は下線。

性も年代が上がるほど参加率が高まるという直線的な傾向が見られる。ただし、男性は30～40代の参加が低調で、40代については女性の方が男性に比べてかなり参加率が高い。これは30～40代の男性がいわゆる働き盛りの年代であることも影響しているだろう。

以上の検討から、市民活動の参加について年代との関連を見ると、男女間で傾向の違いがあることが明らかになった。とりわけ、60代男性はサンプルの中で44.1%もの人々が過去１年以内に自治区・コミュニティ会議の活動に参加しており、この数値は他の種類の団体に比べて非常に高い比率である。自治区・コミュニティ会議やまちづくり団体はNPO・ボランティアと比べて高齢男性中心になりがちであることが指摘できよう。

4　まちづくり団体リーダー層のプロフィール

前項までは、豊田市民の市民活動への参加のあり方を見てきた。それでは、こうした人々の先頭に立って活動団体を引っ張っていくのは、どのような人々であろうか。ここでは、「豊田市のまちづくり団体と活動ネットワークに関する調査」をもとに、豊田市における市民活動リーダー層のプロフィールを明らかにしておこう。この調査はいわゆるまちづくりにかかわる団体を調査したものであり、その点では先に用いた一般市民に対しておこなわれた「豊田市のまちづくりと市民活動に関する調査」で用いた団体の区分をそのまま用いることはできない。だが、その一方で「まちづくり」や「市民活動」という枠の中で活動する団体のリーダー層がどのような人々なのかを明らかにすることができる。

まず、現在の活動領域を簡単に見ていく（以下、単純集計については表を省略する）。中学校区までの活動領域の団体の構成率は61.3%（274団体）、それより広い領域で活動する団体は38.7%（173団体）である。制度上の位置づけとしては、37.3%（165団体）が地縁系の任意団体であり、ボランティア・サークルなどの任意団体が50.9%（225団体）、NPO法人が7.0%（31団体）でそれ以外の類型は非常に少ない。

それでは、市民リーダー層の基本的な社会属性を確認しよう。男女の比率では男性が74.5%、女性が25.5%と圧倒的に男性の方が多い。年代別では、

60代が39.8%、70代が23.7%と60代以上が非常に多く、80代以上を含めると60代以上が全体のおよそ3分の2を占める。さらに「男性かつ60代以上」は全体の55.5%を占めており、やはり高齢男性層がまちづくり活動リーダー層の主力であることは間違いないであろう。

過去の団体（役員）所属経験としては、自治区・コミュニティ会議の役員経験率が57.8%と高い。子ども会・PTA役員の経験率も46.6%と高い。地域的なまちづくり団体は21.0%、NPO・ボランティア団体は21.3%であり、社会運動団体は4.7%、企業・経営者団体の社会活動団体は8.9%と低めである。市民リーダー層では、いわゆる地縁型の団体の経験率が高いといえるであろう。

ただし、これには性別と年代でかなりの差がある。たとえば、自治区・コミュニティ会議の役員経験率について記述すると、女性の自治区・コミュニティ会議の役員経験率は26.1%であるのに対して、男性は68.5%である。また、50代より下だと自治区・コミュニティ会議の役員経験率は26.2%であるのに対して、60代以上だと74.0%である。団体リーダー層の中でも、リーダーへと至るまでにさまざまな経路を辿っているが、男性や高齢者のリーダーほど地縁活動を経由する傾向が強いということであろう。

それでは、「地縁的なまちづくり活動」と「広域型のまちづくり活動」のリーダー層には、属性や団体参加経験の面で違いは見られるのであろうか。**表8-3**は「活動範囲が中学校区までか、それよりも広域か」あるいは「地縁的任意団体かそうでないか」という2つの基準で団体を分類し、それぞれのリーダーの「性別」「年代」の構成比を示したものである。性別と年代を見て

表8-3　団体類型ごとに見たリーダー層の性別・年代の構成比

属性		活動範囲			制度上位置づけ		
		中学校区まで (N=274)	中学校区より広域 (N=173)		地縁的任意団体 (N=165)	それ以外 (N=282)	
性別	男性	**81.4%**	63.6%	***	**87.9%**	66.7%	***
	女性	18.6%	**36.4%**		12.1%	**33.3%**	
年代	～50代	24.5%	**49.7%**	***	15.2%	**45.4%**	***
	60代～	**75.5%**	50.3%		**84.8%**	54.6%	

※列パーセント、χ^2検定の結果は†、p<0.1、*p<0.05、**p<0.01、***p<0.001
※調整済み標準化残差が＋2以上の場合は太字、－2以下の場合は下線。

いくと、活動範囲が中学校区までの団体では男性のリーダーが8割超であるが、中学校区より広域となると女性が多くなり、その構成比は36.4%である。また、地縁系任意団体では女性のリーダーはわずか12.1%であるが、それ以外の団体では女性リーダーが33.3%である。年代については、中学校区までの範囲で活動する団体のリーダーは60代以上が75.5%であるが、中学校区より広域であるとリーダーの年齢は50代以下と60代以上が半々になる。また、地縁系任意団体とそれ以外の団体で分類しても同様の傾向がある。地縁系任意団体は60代以上のリーダーが84.8%と圧倒的だが、それ以外の団体は50代以下と60代以上がおよそ半々くらいである。全体的には、「活動範囲が中学校区より狭い」団体や「地縁系任意団体」のリーダーは、高齢者や男性が中心であることがわかるであろう[9]。

5　まとめ

以上の分析から、明らかになったことを整理しよう。第一に、一般市民においては地縁型団体の参加者は高齢者や男性の方が積極的に参加している一方で、NPO・ボランティア団体の参加層もまた高齢者層が積極的に参加しているものの男女の差異は小さい。第二に、市民活動リーダー層の構成を分析すると、中学校区までの地域的な団体や地縁系任意団体のリーダー層は男性・高齢者が中心であり、広域的な団体や地縁系任意団体でない団体のリーダー層は相対的には女性・若中年層が比率としてやや多いという傾向が見られた。やや単純化してみると、高齢者や男性を中心に地縁的なまちづくり活動の担い手が調達され、さらにそこから地縁をベースにした市民団体のリーダー層が調達されている。これに対して広域型の活動の担い手やリーダー層には性別や年代という観点から見ると、地縁型活動に比べてより多様性があるといえるだろう。つまり、豊田市では地縁型活動と広域型の活動の参加層やリーダーの構成に社会属性的な差異が見られる。前章でもみたように、このことは、両者の分断とまでは言わないまでも、両者の間に微妙な社会的距離があることを示すものである。それでは、このような実態を豊田市の市民活動にかかわる人々はどのように克服しようとしてきたのか。次いで地縁型活動と広域型活動の連携の試みについて検討したい。

第4節　市民活動リーダー層の育成及びネットワーク化とその課題

1　つなぎすと事業[10]の概要

豊田市では周辺の6町村との合併を実施した2005年から、新たなまちづくりのための仕組みを整備してきた。とくに、「地域会議」「わくわく事業」などの地域自治システムに関係する施策が積極的に進められることで、広域型の活動者が地域会議委員としてかかわりにくい、わくわく事業団体として広域型の団体が補助金を獲得しづらい、それらに代わる広域型団体への支援策が少ない、といったことなど、地縁型と広域型活動との制度的格差と両者の相互理解の不足が明確になった。

そこで、とよた市民活動センターでは、市民活動促進施策の1つとして活動者としての経験を活かし、活動団体相互、活動団体と行政・企業との間をつなぎ、市民活動力を高め共働を進める促進剤の役割を担う市民活動コーディネーターの養成と活用を目指して「つなぎすと事業」を開始した。わくわく事業は金銭的な支援を中心としているが、つなぎすと事業は活動にかかわる「人」や「ネットワーク」など、市民活動分野における「関係性の活性化」を目標とした事業として位置づけられるだろう。

同事業は、2006年9月から養成講座を実施し、2014年現在、1期生10名と2期生5名、3期生10名が認定を受け、各方面で活躍している。また、2006年から2008年度までに「つなぎすと養成講座」「認定審査」のシステムをつくり上げ、その後、徐々に活動を展開してきた。事業の全体イメージは**図8-1**のとおりである。以下、その概要を述べる。

①つなぎすと養成講座

「伴走する活動応援者」を目指し、団体運営のアドバイスや会議ファシリテーションなどの活動をおこなう「つなぎすと」を養成する講座は、「市民活動を支援する中間支援活動に関心のある人」「豊田市内の活動者で活動経験が3年以上の人」ほかの5項目の条件が設定され、この条件全てを満たす人が募集された。なお、この講座の受講料は5000円であった。プログラムは「オリエンテーション」「基礎編」「応用編」「実践編」「おさらい集中研修」の5

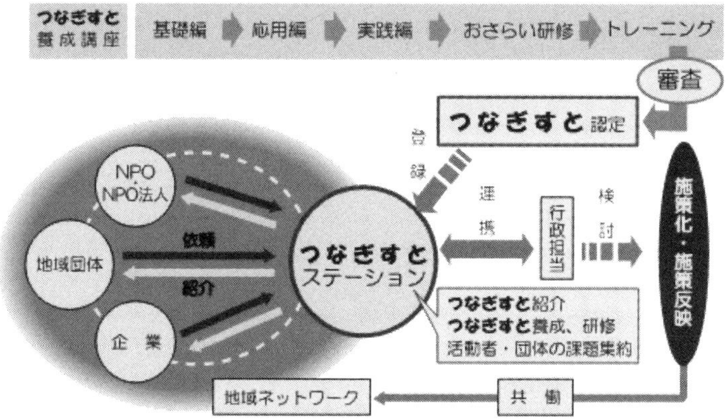

図8-1　つなぎすと事業イメージ

資料：『つなぎすとのす・が・た』豊田市社会部とよた市民活動センター、2009年

段階からなり、コーディネーターの必要性やファシリテーションスキル、豊田市内の団体の活動実態などについて学ぶ。修了者はさらに半年間の実践トレーニングや研修を重ね、認定審査の合格者が「つなぎすと」として認定された。

つなぎすとは、市民活動のコーディネートをおこなうだけでなく、会議ファシリテーターとしてさまざまな活動場面に登場して、市民活動セクターの問題や課題をつかみ、その解決策の検討をすることを目標としている。そのため、同講座ではファシリテーションスキルを習得することと、豊田市内の活動実態を把握するためのヒアリングなどに重点が置かれた。

2006年9月に開始された「第1回つなぎすと養成講座」に続き、2008年に第2回、2013年には第3回が実施された（**写真8-1**）。

写真8-1　「第3回つなぎすと養成講座」の風景

②認定審査

認定のための審査は、研修やミーティングなどへの参加姿勢に加え、受講生相互が評価しあう相互評価、今後の活動に必要な基礎用語についてのレポートなどからなる「基礎評価」と、事前に提出した小論文に基づく面接でおこなう「総合評価」の2段階で審査され、つなぎすととしての認定がおこなわれる。相互評価項目は、1期生が議論を重ね、つなぎすととして求められる要素を抽出し設定された。上記のような試みがおこなわれたのは、審査の基準についても可能な限り、受講者の意向を反映したいというセンター側の意図があった。

2　つなぎすとのプロフィール

第1回、第2回の養成講座を受け、審査を通過したつなぎすとは男性5名、女性10名の全15名であった（**表8-4**）。全員が何らかの継続的な活動をしており、その経験によるノウハウと広いネットワークをもっていた。年代は50代が中心で、市外在住者が2名である。豊田市出身者8名、市外からの転入者は7名である。メンバーにはすでに実績を積み上げ、高い知名度をもつ人もおり、地域会議委員も4名含まれている。同事業は意識的にリーダー層を対象にしたものではなかったが、受講条件に「豊田市内の活動者で活動経験が3年以上の人」を入れた結果、地縁型と広域型双方のリーダー層が集まる形となった。市民活動分野におけるコーディネート活動をしようとする人たちは、市民活動に関するさまざまな課題を明確に意識する立場の人たちであるといえよう。

3　リーダーへの活動プロセス

つなぎすとがつなぎすと活動以外にかかわる活動をその内容で区分すると「広域型」活動者7名（市内出身者5名）、「地縁型」活動者8名（市内出身者4名）で、必ずしも転入者が広域型活動を担い、地元出身者が地縁型活動を進めているというわけではない。彼らは、1つの活動にとどまることなくさまざまな活動を経験したベテラン活動者であり、かかわる活動も変化している。

表8-4　つなぎすとの活動歴と属性

名前	年代	性別	出身	活動歴等
A	50代	女性	市内	日本語教室ボランティア９年、外国籍の不就学児童支援NPO法人代表４年
B	50代	女性	県外	まちづくり系活動グループ代表22年、市民文化啓発グループ19年、社会福祉協議会ボランティア連絡協議会会長、生涯学習審議会委員
C	30代	男性	市内	障害者送迎サービスNPO法人代表10年、障害者自立生活支援グループ10年
D	50代	男性	市内	自治区役員５年、PTA役員２年、行政職員
E	50代	男性	県外	自治区・自治区関係団体役員各５年、地域会議委員、市民活動促進委員会委員
F	50代	女性	市外	生活クラブ生協活動18年、まちづくり系NPO法人代表６年、障害者自立支援NPO法人事務局長、市民活動促進委員会副会長
G	50代	女性	市内	まちづくり協議会６年、交流館館長、生涯学習審議会委員
H	60代	女性	市内	自治区役員２年、子ども会役員１年、ボランティア活動21年、こども園園長
I	50代	女性	県外	地区コミュニティ会議役員12年、豊田市青少年健全育成推進協議会６年、豊田市青少年活動協会理事、豊田市いじめ対策委員会委員、地域会議委員
J	60代	男性	県外	自治区区長４年（豊田市区長会総務委員会会長、地区コミュニティ会議会長）、自治区防災会９年、県道里親事業、里山保護事業、ホタル放流事業ボランティア８年、学童見守り隊ボランティア　４年、花づくりボランティア５年、地域会議会長
K	30代	女性	市内	環境系NPO法人事務局　３年、豊田レクリエーションクラブスタッフ５年
L	40代	女性	県外	福祉系NPO法人代表３年
M	60代	女性	市内	民生・児童委員７年、福祉家事ヘルパー、在宅介護支援ヘルパー９年、地域会議委員
N	60代	女性	県外	高齢者生きがいづくり活動９年、元交流館館長、子どもの居場所づくり推進員
O	20代	男性	市内	とよたよさこいやんちゃまつり実行委員代表５年、行政職員

※網掛けは、地縁型活動者
出典：菅原（2011：100）をもとに作成

広域型活動者は自治区などの地縁型の経験者でもあり、また地縁型から広域型に転換したケースもある。地縁型活動を長期間継続することにより地域のリーダーとしての信頼を獲得した人、広域型活動でさまざまな団体とのネットワークを拡げることにより、その分野のリーダーとしての立場を確立してきた人である。このような活動プロセスは、彼らのリーダーとしての成長を促してきたと考えられる。ここでは、豊田市の市民活動リーダー層がどのように育ってきたのかを知るために、つなぎすとの中から「地縁型中心のIさん」「地縁型から広域型へと活動エリアが広がったJさん」「広域型中心のAさん」「広域型中心に加え地縁型ともかかわりをもち始めたBさん」の4名の活動プロセスをみていく。

①地縁型活動中心のIさんの活動プロセス

Iさんは長野県の出身である。1971年に結婚のために豊田市に転入し、2年後に現在の住まいに引っ越した。子どもの成長に合わせPTAや子ども会などの活動にかかわってきたが、H小学校PTAの文化成人部会長になったことから地縁型活動に深くかかわるようになった。

その後、PTA役員の経歴を買われ、「M地区コミュニティ会議青少年育成部会」の委員となり、部会長、顧問を歴任し、通算12年間かかわることになった。それと同時に、全市的組織である「市青少年健全育成推進協議会」のメンバーとして、育成員、理事、副会長と立場は変化したものの、ほぼ12年間活動を続けた。同協議会に長くかかわったのは、「協議会の話しあいが地域に活かされていない」という問題点に気付いたためである。事務局を手伝うなど積極的にかかわったが、地縁型の活動は男性社会であり意見を出しても「女だろう」となかなか取り上げられず「最後はヘトヘトだった」という。1998年に同協議会の副会長に就任したことで、「市社会教育審議会委員」「市活動協会理事」「いじめ問題対策協議会委員」の3つの役割が、行政の「当て職」として加わった。

2005年に当時の交流館館長から声をかけられ、「M地域会議委員」になった。委員になったことで地域にどんな問題があるか考えるようになったという。同会議には立ち上げの準備会からかかわり、地域会議委員を4年間（2期）務めた後、現在は民生委員、民生主任児童委員として忙しい日々を送っている。これまでIさんの活動を支えてきたのは、「はじめは何もわからないが、わからないからこそやり続ける。やる以上は、（その活動を）そこそこきわめたい」という想いである。

②地縁型から広域型へと活動エリアが広がったＪさんの活動プロセス

石川県出身のＪさんは、25歳でトヨタ自動車工業㈱に入社した。以降、定年まで自宅と職場を往復するだけという仕事中心の生活で、典型的な「企業戦士」だった。1971年に入居したＫ団地は全114戸で、その全てがトヨタの従業員の持ち家だった。地域の活動も全て妻まかせで、そのことに疑問をもつこともなかった。

活動にかかわりだしたのは、定年直後の2000年のことである。地域の長老格である人物に推されて、Ｉ町自治区区長になったことがきっかけだった。区長になったことで、それまで仕事に向けられていた問題意識が地域に向けられ、地域活動としてのボランティア活動を次々と立ち上げていった。活動は地域の環境整備が中心で、ボランティア募集はもっぱら口コミによるものであった。そのときのボランティア募集では、企業内で培った人間関係が役に立ったという。Ｊさんは、現役時代に社内のインフォーマルグループである「Ｈ会」に所属し、1973年には会長を務めていた。そのときの仲間が同団地内に数人おり、そのネットワークを通じて30名以上の仲間が集まった。また、区長の立場で説得することで住民の理解を得られ、市からの助成を受けることもできた。このように、区長の立場と職縁を通じたネットワークを利用して、地域課題解決に向けての実践グループをつくり上げることができた。

その実績を買われ、2005年にはＴ地区のコミュニティ会議会長、Ｔ地域会議会長、Ｉ小学校祖父母の会会長という３つの会長職に就いた。翌年には地区老人クラブの会長もこなし、定年退職後4～5年の間に地縁型活動のリーダーとして活躍するようになった。

地縁型の活動とあわせて2004年に豊田市が主催する「災害ボランティアコーディネーター養成講座」を受講し、2006年にはつなぎすと養成講座にも参加し、コーディネーターの活動を開始した。つなぎすとの活動を実践していくうちに、豊田市全域における災害ボランティアコーディネーター間のネットワークを形成する必要性を強く感じ、2008年に「災害ボランティアコーディネーター連絡会」を立ち上げ、その会長となった。また、全市的な活動だけでなく、居住するＴ地域内の自主防災会と連携していく必要性があると考え、2010年には「T地区災害ボランティア連絡会」を開始し、積極的に防災・減災活動に励んでいる。また、2008年からはT地区交流館を拠点に高齢者へのサポートグループを結成し、地域の高齢者から頼られる存在となっている。また、2008年に環境問題解決に向けて活動する「エコットインタープリター養成講座」に参加した。受講後、インタープリターとして活動し、2010年にはインタープリター仲間でグループを結成して、豊田市との共働事業である「エコドライブ推進事業」にも積極的に取り組んだ。

Jさんは定年退職後、区長となり地域に関心を向けることで「地域のために動きたい」という思いに駆られたという。自治区やコミュニティ会議、地域会議などにかかわることで、「地域に生きる人たちが『地域をどうするか』をわからないなりに考えていくことが大切」と思うようになった。つなぎすとの活動を続けていくうちに、それまで「自分の思いが強くそれだけで動いていた」ことに気付き、周りの状況の把握と調整に留意するようになったと感じている。

③広域型活動中心のAさんの活動プロセス

Aさんは豊田市出身だが、結婚後は隣接する岡崎市に在住する転出組である。Aさんも子ども会（9年間）やPTA（10年間）の活動からスタートした。PTA活動では広報部長も務めた。現在の活動へのきっかけをつくったのは、1992年に豊田市国際交流協会（TIA）が実施した「日本語教師養成講座」であり、受講後の約8年間は同協会のボランティアグループの一員として大人を対象とした日本語教室で活動する一方で、「巡回日本語指導員」として市内の小中学校で子どもに対する指導もおこなった。2000年に同協会が豊田市保見団地で開始した、不就学の外国籍の子どもたちへのサポート事業に有償ボランティアとして参加し、さらに2001年からそのボランティアグループの代表者になった。インドネシアとスペインでの駐在経験をもつAさんは、恵まれない環境の人たちの状況を現地で目の当たりにし、とくに「教育」に関する活動に関心をもっていたため、外国籍の子どもたちにかかわる活動について「それまで『こうしたい』と思っていたことが形になり、面白かった」と振り返る。

しかし、次第にTIAの同事業の運営に疑問をもつようになり、2003年に同協会から離脱、それまでともに活動してきた仲間でNPO法人を設立した。その後、2005年に不登校問題に関係する活動団体とのネットワークを立ち上げ、2006年からは外国籍青少年の就労支援活動グループ立ち上げに参加した。2008年には、つなぎすと仲間のFさんから声をかけられて、まちづくり系NPO法人の理事としても活動にかかわるようになった。

NPO法人立ち上げ当時は「それだけでいっぱいいっぱい。他のことは何もできない」状況だったが、運営が落ち着いてくるにつれ活動を安定させ、継続していくためには「ネットワークがないと難しい」と考えるようになった。不登校関連団体のネットワークに加わることにより「他団体の話を聞くことで、自分たちだけの課題だと思っていたことが、外国人だけの特有の問題ではないことに気付いた」という。つなぎすとになったことで「いろいろな角度から活動を客観的に見る目が養われたと思う。つなぎすとという仲間がいることで、社会からは見えない、学校へ行っていない外国人の子どもを対象にした『孤立した活動』という感覚にとらわれなくなった。活動にはさまざまな課題があるが、直面したメンバーだけが抱え込むのではなく、組織的なかかわりのなかから解決の方法を探すことができるようになった」と自らの変化をとらえる。

④広域型中心に加え地縁型活動ともかかわりをもち始めたBさんの活動プロセス

Bさんは1976年に結婚のために大分県から豊田市に転入した。1983年に現在の居住地に家を建て、誰でも気軽に悩みなどを話しあえる場として1986年に自宅を開放し活動を開始した。活動の具体的な内容は、ミニコミ誌発行やガレージセール、映画上映会、手作りバザーなどを通して、子育て中の女性たちに社会参加や仲間づくり、助けあいの場を提供してきた。1990年にはワーカーズコレクティブとしての仕事づくり部門を新設し、「ファミリーコンサート」などの企画・運営をおこなった。その後、2000年に活動部門と事業部門を統合し、新たに活動拠点を設置し、若い既婚女性たちの家庭内から社会活動へとつながるインキュベート的な居場所を開設して貢献してきた。さらに近年は、精神的な悩みを抱える人たちの相談対応や子育て講座、親子教室、読書会やイベント活動等々、ますます活動の幅を広げている。28年間続けてきた前述の活動と並行して、国際交流の団体や市民の文化活動を盛り上げる団体などにも参加し、メンバーがそれぞれの活動へ相互にかかわるなどの関係を築いてきた。2002年からは若者の居場所としてのよさこい踊りにも参加しており、主に文化活動の分野でネットワークを広げてきた。

新たな展開が始まったのは2005年である。豊田市社会福祉協議会からの依頼でボランティア連絡協議会の会長に就任し、それまでまったく縁がなかった福祉分野とのつながりができた。その主な役割は、同協議会に登録する活動団体間の調整で、会長の役割を通して福祉分野でのネットワークをつくることができた。このころから、不登校やひきこもりの子どもたちを支援する活動や高齢者問題に取り組む活動などにもかかわり、そこでネットワークをさらに広げることができた。2006年からつなぎすと活動にかかわり、それまで地縁型活動とかかわることはなかったが、2007年に青少年健全育成推進協議会のアドバイザーになったことから、少しずつ地域の人から目を向けられるようになった。2010年に地域会議会長から声をかけられ、委員として地域問題解決に取り組むようにもなった。Bさんがこれまでかかわってきた活動は11種類で、忙しい時間をやりくりしながら走り回っている。

Bさんは地縁、血縁がない転入者の立場で、さまざまな形の活動を通して「活動縁（志縁）」を広げてきた。活動を開始したころは「個人」の活動にこだわっていたが、やがて社会に目を向けるようになり自分が果たす「役割」に気付くようになった。さまざまな活動を通して広いネットワークができたことで、「あちらこちらに軸足ができ、軽やかに自由に動けるようになった」という。それまでも中間支援を意識していたがつなぎすとになったことで、より明確な「伴走者」となり、人と人との関係を演出できるようにもなった。「これからの社会には、ますます『つなぐ』役割が重要で、人々が孤立しないしくみが必要だ」と考えている。

本項では、豊田市の市民活動促進施策の推移をふまえ、とよた市民活動センターが育成してきた「つなぎすと」が、市民活動団体のリーダーとして成長してきたプロセスに着目し検証した。Jさんの事例からは、自治区活動から地域への問題意識を育てることにより、地域から全市へと視点が広がり広域型活動にかかわるようになっていったことがわかる。また、AさんやBさん、Jさんの３名の活動プロセスから、その時々の課題認識をベースに周りの人たちを巻き込みながら団体やネットワークを立ち上げ活動を積み上げていることもわかった。

言い換えれば、地域や活動のリーダーたちは、その行動を通じて地道に市民活動者や地域の問題解決能力を育てているといえる。また、一般市民にとって共感できる主張をもつリーダーが身近にいることで、市民活動への関心が生まれ、協力者として活動に参加するきっかけが生まれるといえよう。その結果、豊田市の市民活動は、「地縁型」と「広域型」が相対的に分離している状況であるとはいえ、リーダーの活動プロセスにおいては地域住民の務めとしての「地縁型」活動と自由意思による「広域型」活動とが個人レベルで緩やかにつながりあう事例も出現し始めていると考えられる。また、活動経験が長くなるにつれ、自団体の活動だけでなく地域の問題やさまざまな団体や機関とのネットワークの重要性に気付き行動に移していったことがわかった。

4　つなぎすと事業の成果と課題

それでは、つなぎすと事業はどのように展開していったのか。2009年度から１期生と２期生の15名の養成が修了し、実際の活動を開始した。しかし、講座を受けただけで即コーディネーターとして活動できるわけではなく、つなぎすとの実践活動に必要な力をどのように蓄積していくのかが当面の重要な課題となった。そこで、地域の活動をつなぐ「交流会」と団体内のメンバーをつなぎ運営力強化を目的とする「団体への個別支援」を２本の柱とし、活動を通して市民活動コーディネーターとして必要な力を養成してきた。

活動開始後につなぎすとたちが注目したのが、「ワールド・カフェ」というワーク手法である（香取・大川 2009）。これは、参加者がより多くの人たちと話す機会をもつための交流会には最適な手法だが、さらにつなぎすと流にアレンジし使いこなせるようにするために「つなぎすとカフェ」を企画、実施した。同カフェは2008年７月から年度末まで１期生が中心となって隔月１回開催し、１期生と２期生が３～４人程度のチームとなり担当した。2009

写真8-2　あったか交流カフェの風景

年度には「つなぎすと共働カフェ」と名を変え、テーマに合わせて行政担当者と市民活動者がそれぞれの立場を知りあう場を提供した。その後、同事業は「あったか交流カフェ」と名前を変えて交流館の依頼に応じる形で地域の人々が課題について意見を交わす場づくりとして機能している（**写真8-2**）。

つなぎすとがかかわる交流会では、1つのテーブルをつなぎすと1～2名が担当し、最大10テーブル約50名の参加者の交流を促す。交流会の参加者は「顔見知りができた」「みんな同じような悩みを抱えながらも頑張っていることがわかった」「これまで話し合う場がなかった。みんなの話を聞けてよかった」など、住民や活動者が互いの活動について知り合うことの楽しさを実感している。また、分野の異同を問わず他団体とのつながりを意識するようにもなり、一部の団体ではあるが、交流会が新たな連携のきっかけとなったケースもあった。このことから、同交流会は、地域の課題について地域で活動する人々が話し合い連携を模索する新しい会議の形ととらえることができる。その意味では地域住民が自治について考える絶好の場であるが、年に2～3回程度の実施では住民がその成果を実感することが難しい。今後、同カフェの市内全地域での定期的開催が可能になれば、市民の自治への意識は一層高まると考えられる。

一方、つなぎすとたちの活動のなかでさまざまな課題も明らかになった。たとえば、団体への個別支援は活動開始時より「依頼対応」の形で実施していたが、一見バラバラのように見える依頼も実際に団体に出向き課題を検討していくと「団体内の会議がほとんど機能していない」ことが原因でメンバー間の意識が大きくバラついているという問題点が見えてきた。そこで試みられたのが、団体の会議でファシリテーションをおこなう個別サポートである。

だが、つなぎすとの知名度が低いことから団体からの依頼が少なく、支援対象団体の継続的な確保も大きな課題となった。そこで、とよた市民活動センターの補助金制度とリンクする形で対象となる団体を確保し、継続的な支援を実現すると同時につなぎすとの実力強化の場も確保した。この支援は2010年度から「出張活動サポート」として毎年度2〜3団体に対して約半年間5回のサポートを実施している（**写真8-3**）。同サポートの特徴は、団体を指導するのではなくメンバーとともに問題を探り、考え、解決策を引き出すという寄り添い型支援にある。第三者がファシリテーションをおこなうことにより、団体全員の話し合いが可能となり、互いに対する遠慮からそれまで言えなかったことが言えるようになることでメンバー間の距離が縮まり協力関係が強化される効果が顕著となった。このことにより、団体としての組織基盤ができ、メンバー全員で本来の活動目的に向かう推進力が高まった。ただ、サポート期間が半年間と短いため団体が効果を実感するころに終了するという問題があり、団体側からは「もっと期間を長くして欲しい」「回数を増やして欲しい」という意見が多いが、対応できるつなぎすとの体制の限界からニーズに応えきれないという課題を抱えている。

写真8-3　出張活動サポートの風景

以上の2つの主要事業のほかにも行政からの依頼を受けて、行政と市民との協働現場でのファシリテーションをおこない成果を上げている。なかでも特徴的な事例2件を紹介する。

1件目は、豊田市農政課の依頼で2011年度に実施した「ファーマーズマーケット意見交換会」である。これは、農政課がかかわるファーマーズマーケットに参加する農業者の同事業に対する意識の確認と意欲を刺激して欲しいという依頼を受け、「農業者どうし」「農業者と市民活動者」という異なる顔ぶれで2回の意見交換会をおこなった事例である。「農業者どうし」の話し合いでは、グループワークに慣れていない人も多いため、つなぎすとはゲーム性の高い手法を用いて導入を試みた。このようななかで、つなぎすとが「市民目線」を意識しつつ司会進行を担当することにより、次第に当事者としての課題認識に基づく意見が交わされるようになった。会議後「こんな話し合いは初めて。頭が疲れた」とこぼす出席者もいたが、後日、話し合いで気付いたことを早速、看板や商品の工夫に活かすなどの変化が見られた。「農業者と市民活動者」の話し合いでは、市民活動者から同事業のPRや連携の可能性について活発な意見が出され、異なる立場の人たちとの意見交換が農業者にとって大きな刺激になった。

このように市民と行政がともにかかわる「協働」の場面では、双方の相互理解がことに重要だが、行政側にとって市民側の意識や行動は把握しにくく、その事業の将来的な見通しが立ちにくいという問題がある。その解決策のひとつとしてつなぎすとの提案する意見交換会のあり方は、市民と行政の双方にとって効果が感じられるものだと言えよう。

2件目の事例は、2012年度に豊田市文化振興課から依頼された「文化芸術振興計画改定のためのヒアリング」である。行政が策定する計画には、そのもととなる情報が不可欠である。通常は審議会やアンケート、各種ヒアリングで必要な情報を収集するが、今回の依頼では個々の意見だけでなく、意見交換の内容をもとに文化芸術分野で活動する市民の意見をまとまった形で把握したいということが依頼の趣旨であった。

ヒアリングは3回に分けて実施し、毎回2〜3名のつなぎすとが担当した。出席者は市内で文化芸術活動に携わっている団体の代表者が中心で、その活動領域も多岐にわたっていた。1グループ4〜5人の出席者と行政担当者、つなぎすとという構成で、随時行政担当者からの説明を交えながら出席者それぞれの思いを語り合った。なかには個別ヒアリングと思い込んで出席した人もおり、ワーク形式のヒアリングという新たなスタイルに困惑しその場の雰囲気になかなか馴染めず、話し合いの間ずっと口を閉ざしたままの人もいたため、つなぎすと側から見て本来のヒアリングの目的が達成できたのか疑問が残る場面もあった。実施後、「第三者の立場で市民のみなさんの思いや意見を聞けてよかった。効果的な情報収集ができた」との行政担当者からの反応があった。このような新たな団体ヒアリングという形式は、市民が置かれている現状をおさえた上で市民の意見を把握し、それを行政が施策に反映できるという効果があるが、市民側にこの手法が受容、活用されるためには、今後このようなケースを増やしていくと同時につなぎすとの会議ファシリテーションスキルをなお一層磨いていく必要がある。

以上のような事業展開とは別に、地域において「つなぎすと的視点」を活かした新たな取り組みも始まっている。前出のAさんは日本語教室を運営するNPO法人の代表者だが、地域における外国人の生活についても細やかな心配りでサポートをおこなってきた。それを通じて外国人と地域住民との関係づくりがなかなか進まないことを地域の課題としてとらえていた。そこで、つなぎすと仲間である「T地区災害ボランティア連絡会」会長Jさんの全面的な協力を得て、2013年愛知県「安心・安全なまちづくりのための『顔の見える関係づくり』事業」の委託を受け、T地区で「防災」を切り口にした外国人と地域住民との顔の見える関係づくりをスタートした。同事業はT地区で長年にわたって地縁型活動をしてきたJさんと、外国人との共生を目指して地道に広域型活動を継続してきたAさんが、それぞれ自らの活動で構築してきたネットワークとつなぎすと活動で育てたコーディネーターの視点をフルに活用し実践していくものである。AさんやJさんのような専門的スキルをもった人材が他の人材をつないで地域の課題を解決していく道筋が少しずつではあるが見えてきた。このような動きは、市民活動者自らがコーディネート機能を果たしていくことを目指した「つなぎすと事業」の大きな成果といえる。

小　括

本章では豊田市の市民活動について、その支援施策やリーダー層のネットワーク化の試みに焦点をあてながら検討することを目的とした。アンケート調査の分析や「つなぎすと」事業の展開をおこないながら、同時に豊田市の市民活動の現状についてとりわけ広域型と呼ばれる新興の市民活動と地縁型活動との関係に目配りをし、その現状について明らかにしてきた。最後にまとめとして若干の考察をおこない、本章を締めくくろう。

本章のこれまでの分析と考察を踏まえると、「まちづくり活動」と称される旧来の地縁型活動とボランティアやNPOを中心とする新興の市民活動を一括して「市民活動」として扱ったとき、両者の距離をどのように埋めていくかという点は大きな課題であったと思われる。さらに、2005年の大規模合併によって中山間地域を域内に抱え込んだ結果、豊田市行政としては旧町村の地域的なまちづくり活動を尊重しつつ、広域型の市民活動を活性化するというまさに「二兎を追う」政策が求められることになった。地縁型組織の活動層の高齢化を考えたときに、NPOやボランティア団体のような新興の市民活動が地域コミュニティの公共的な活動領域をどのように担っていくかという問題は全国共通の課題である。とりわけ、日本の地域コミュニティに根を張ってきた地縁型組織と、広域型活動を担うNPOやボランティアのような団体がどのように有機的に連携していけるかという点は非常に難しい課題である。豊田市といえば「トヨタ自動車のまち」というイメージが強いが、もともと農村的地域であった豊田市には都市化が進むなかでも地縁型組織が求心力を保ってきた歴史がある。このような豊田市の地域コミュニティの歴史から見れば広域型の市民活動の歴史は浅く、両者が有機的に連携していく段階にはまだ至っていない。

だが、つなぎすとたちの活動に代表されるような取り組みの数々は、こうした現状を変えようとするものであるといえる。彼らが試行錯誤をする一方で、豊田市の行政や市民リーダーたちを巻き込みながら、さまざまな活動団体が連携しやすい環境づくりを進めていることは、注目に値しよう。また、つなぎすと自らが同時に市民活動のリーダーとして活動していることをみれば、つなぎすと事業はリーダー層の意識変化の具現化であり、これまで続けられてきた諸活動の成果の1つでもあることがわかる。トヨタ自動車を中心とした産業集積をもつ豊田市は、何よりも人材と財政面で他の地方自治体と比べて大きなアドバンテージをもっていることは確かであるが、問題はこうしたアドバンテージを、市民生活の充実化にどのように生かすことができるかという点である。行政が把握できる地域内のニーズには限界があるため、さまざまな市民活動団体が連携しながら地域内のニーズに応えていくことが重要である。こうした課題の解決に、本章で取り上げた市民リーダーのネットワーク化は欠かせない要素であるし、行政の支援や一般市民の積極的な参加がさらに必要であることはいうまでもない。

注

1　以下、簡略化のために広域型と表記する。

2　本章は菅原と木田の共同執筆である。1、5節は共同で執筆し、2節および4節は菅原が担当し、3節は木田が執筆、木田が原稿の統合と調整をおこなった。なお、本章の内容の一部は菅原（2011）をもとにしている。

3　アメリカの政治学者であるロバート・ペッカネンは町内会・自治会などの地縁型団体の伝統の上に、NPO・ボランティアなどの広域型（テーマ型団体）が叢生した日本の市民社会のあり方を、「二重構造」と評している（Pekkanen 2006=2008）。ペッカネン的な二重構造モデルですべてが説明できるほど豊田市の現実は単純ではないと思われるが、地方自治体との関係の上で前者が後者に比べて有利な立場を占めるというペッカネンの指摘は豊田市でも妥当すると考えられる。

4　調査の詳細については報告書（丹辺編 2010）を参照。同調査で得られたデータについては、女性の回収が少なかったためウェイトバックをかけており、サンプルサイズが実数よりやや大きくなっている。

5　調査の詳細については巻末資料を参照。

6　現在日本で活動している全ての市民活動団体を、地縁系団体と広域型団体の二分法で完全に分類することは難しい。とくに豊田市のように地域的なまちづくり活動が政策的に支援されている場合はこの傾向はより顕著である。

7　60代の参加率の高さの要因として、まず想定されるのは定年退職による時間的余裕の増加であろう。しかしながら第５章の分析で明らかになったように、退職そのものが活動参加を促進するわけではなく、社会貢献意欲や近隣の紐帯といった諸要因の方が重要である。

8　女性のライフステージとまちづくり活動への参加の関連については、第６章で詳細な検討が試みられているので、そちらを参照されたい。

9　市民団体リーダー層のより詳細な分析については、第７章を参照されたい。

10　筆者の一人である菅原は過去にとよた市民活動センターでは相談員として活動しており、このつなぎすと事業にかかわってきた。

第9章　女性たちが担う市民活動の展開
——三つの団体事例をめぐって

中根　多惠

第6章では、豊田市の女性たちの社会活動参加が、近代家族的な性別役割分業構造にもとづく家庭内女性の主婦役割や母親役割の一部が家庭外領域において社会化するかたちで促進されていることが明らかになった。この知見をふまえて、本章では活動団体レベルの具体的な事例の検討を通じ、家事・育児の役割により家庭内に閉ざされがちな女性たちが地域社会を舞台として活動を展開させていく過程を描出し、その特徴を把握しようとする。これまで多くの現代家族論者によって家庭内での母親役割が女性を労働市場や地域社会から孤立させる問題が指摘されてきた（木本 1994）。こうした状況は豊田市においても例外ではなく、むしろ男性雇用中心という自動車産業都市の特徴は性別役割分業を促進させ、女性の地域労働市場や地域社会への参入を妨げると考えられてきた。さらに、結婚により生まれ育った地縁・血縁集団を離れ豊田市に移り住む女性が少なくないことも、彼女たちの孤立感・疎外感と無縁ではない。木本喜美子（1995）は、こうしたいわゆる「主婦の憂鬱」問題が女性たちを、①憂鬱からの解放をめざすフェミニズム運動と②主婦役割の延長線上に位置づく「いのちと暮らし」をめぐる運動の2つの社会運動へと向かわせたことを指摘する。これまでの検討から、豊田市の女性たちの社会活動の水準は決して低くないことがわかったが、本章で取り上げる団体も多かれ少なかれこの2つの方向性をとっている。こうした女性たちによる活動は、地域社会においていかにして展開されるのか。そして活動への参加は彼女たちに何をもたらすのか。本章はこうした問題意識にたち、団体活動をとおして問題解決の場を見出そうとする女性たちの姿に迫る。

第１節　女性たちが担う市民活動団体の特色

はじめに、第7章で2011年の団体調査から明らかにされた女性メンバーの多い市民活動団体の特徴を再び確認していこう。同章では、メンバー構成、活動の範囲、集合財供給の範囲、団体のネットワークなどがそれぞれどのように関連しているのかが明らかにされたが、ここではメンバーのジェンダー構成を軸に団体の特徴をみていく。まず同章では、女性メンバーの多い団体においては、青少年育成・世代間交流や健康・医療・福祉など子どもやケアにかかわる活動がメインストリームであることが示された。また、団体のジェンダー構成と活動の範囲を軸にみると、男性メンバーが多い団体や中間的構成の団体が町内や自治区内を活動範囲とする一方で、女性メンバーの多い団体は豊田市全域、豊田市および近隣自治体、あるいは活動範囲をとくに決めていない割合が高く、比較的広範囲を対象として活動する傾向があった。また、それにともなって集合財供給の範囲も男性中心の団体と比べて広かった。

さらに団体のジェンダー構成を軸に豊田市行政の市民活動支援策の利用状況の分布をみてみよう（**図9-1**）。これによると、女性メンバーの多い団体では市民活動センターへの登録・事業への参加が40%以上みられ、男性メン

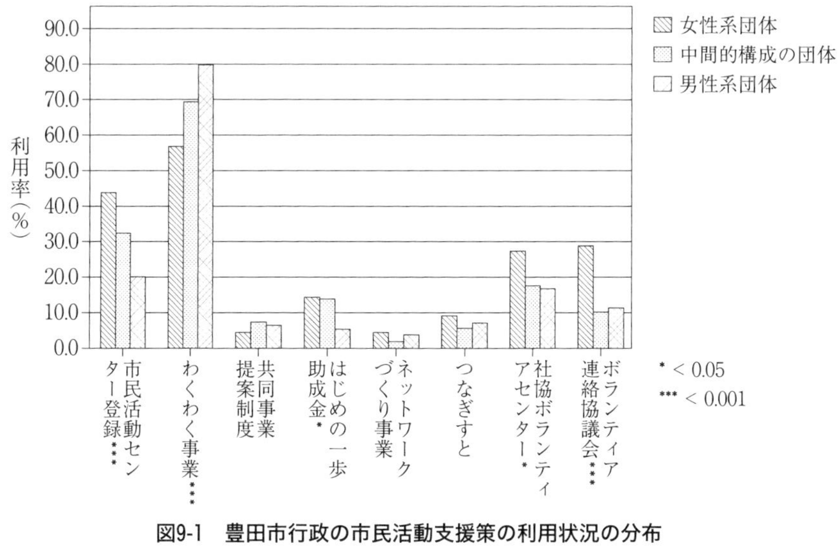

図9-1　豊田市行政の市民活動支援策の利用状況の分布

バーの多い団体と大きく差をつけている。市民活動センターへの登録によって、団体は活動のために部屋を借りることができ、さらに他の団体とのネットワークを形成することも可能になる。活動領域を比較的広範囲に設定する特徴をもつ女性メンバーの多い団体にとって、市民活動センターの利用はアクセスの良い活動場所を確保し、団体間ネットワークの形成をおこなう点でニーズにかなっている。社協ボランティアセンターやボランティア連絡協議会でも女性メンバーの多い団体の利用率は男性メンバーの多い団体と比べると高い。一方、わくわく事業の利用では女性メンバーの多い団体の利用率がもっとも低く、男性メンバーの多い団体では約8割の団体が利用していることがわかる。

以上から、女性メンバーの多い団体は、子どもやケアにかかわる活動を主流とし、活動範囲と集合財の供給範囲はともに比較的広いという特徴がみられ、その特徴にともなった制度の利用の仕方が選択されていることが確認できた。しかし、こうした活動団体のジェンダー的特徴は、いかなる背景のもとで現れているのだろうか。第6章で明らかにされたように豊田市女性の社会活動参加は、性別役割分業を助長させるような地域構造的特性と女性特有のライフステージが強く反映されていた。以降では、こうした彼女たちの置かれている立場や地域的コンテクストが活動団体の結成や活動の展開をいかに特徴づけているのかを把握するために、女性たちが担う3つの活動団体事例を具体的に取り上げる。ここでは団体レベルの事例調査をとおして、量的調査からだけではとらえきれない彼女たちの地域社会への参入プロセスとその連帯のありようを微細に描出しようとする。本章で具体的に取り上げるのは、以下の3つの団体である。

まず、専業主婦役割や母親役割にとらわれずに女性たちが自分らしく自由に活動できる場を提供する団体「フリースペースK」の事例をとおして、「母親は子育てに専念すべき」という固定化されたジェンダー規範を乗り越えようとする女性たちの活動に着目する（第2節）。また、「とよた子育てサークルネットワークの会『コネット』」の事例では、母親役割を担う育児中の女性たちが活動をとおして地域社会とのつながりを探求し、地域社会を「子育て」の視点からながめようとする試みを取り上げる（第3節）。最後に、母親の視点から「食」や「農」など子どもの環境や未来をテーマに活動する「Green Maman」の事例をとおして、性別役割分業構造に規定された女性たちの社会的活動が地域社会のなかでどのような役割をはたしているのかをみていく（第4節）。

第２節　女性たちの居場所づくり――「フリースペースK」の事例より[1]

フリースペースKは古い長屋の小さな1室を拠点としており、設立当初から代表を務めるBさんを中心におよそ25年間活動を続けている。悩みを相談したい人、つながりをもちたい人、何かにチャレンジしてみたい人、居場所が欲しい人などが自由につどう場であり、そのメンバーの多くが子育て期の母親たちである。リーダーの経歴については前章で紹介したので（「つなぎすと」Bさんの事例）、本章では、フリースペースKの活動に携わることが女性たちにどのような変化をもたらすのか、2人のメンバーの語りをとおしてみていこう。

福岡県出身のAさんが、夫の仕事の都合で豊田市に転居したのは3年半ほど前のことである。「（豊田市に）来たときはもう本当に何もわからないし、知り合いもいないので、何かしようと思った」と話すAさんは、新しい土地で何かを始めることに積極的だった。もともと外に出るのが好きだったAさんは、福岡に住んでいたころに手話のボランティアをした経験から当初は手話のボランティアをするつもりで社協に相談に行った。この相談がきっかけでAさんはフリースペースKを知ることになった。当時、Aさんにとって代表のBさんの存在はとても大きく、仕事を始めるときに相談し、また家族にでさえ相談できないようなこともBさんには相談することができたという。Aさんはすぐに新しい仕事を始めたため、昼間にフリースペースKの活動に参加する時間のない時期もあったが、Bさんに悩みを相談をし、またそこに居合わせたメンバーの話を聞くことによって、Aさんにとってフリースペース Kは「帰ってこられる場所」「人の話を聞くことのできる場所」となっていった。最初は「何もしていないただの人員だった」「何をしていいかわからなかった」というAさんのフリースペースKへのかかわり方に変化がみられたのは、妊娠をして仕事をやめたころだった。さまざまな活動があるなかでも、とくに子育て関連の活動に興味がわくようになり、力が入るようになった。Aさんが住んでいるマンションには高齢者が多いため子育てのことを相談できる人も少なく、また同じマンションに住んでいる数少ない「ママ友」たちは皆「子育て中には子育てしかしてはいけない」と思っている人ばかりだった。Aさんはフリースペース K のメンバーたちが子育てをしながらさまざまなことにチャレンジする様子を見て、「子育て中には子育てしかしてはいけない」という意識を拭い去ることができた。「（同じマンションのママ友たちは）『子育て中は何もできないよ〜』と言うんですよね。私は（フリースペース）Kにかかわったことで、『育児をしながら何かをしていいんだ！』という方向に変わっていきましたね。（フリースペースKのメンバーたちから）ボランティアだったり、活動だったり、『子育てしながらできるんだよ〜』というところを見せてもらった気がします」と話すAさんは現在、子育て、仕事、手話などのボランティアをする傍らで、ミニコミ誌の編集や「学びま専科」「with エイジングクラブ」「ほっこり子育て縁日」などフリースペースKのさまざまな活動にも積極的に参加している。

一方、生まれも育ちも豊田市のCさんは、現在4人の子どもを育て、新聞記者としてのキャリアを積み、さらにフリースペースKの活動にも積極的に携わっている。Cさんは「『○○さんの奥さん』とか『△△ちゃんのママ』じゃなくて、私は私一人。自分を評価してもらいたい。自分がピン[2]でどういう風か、が大事」と話す。母親あるいは妻としてではなく、自分自身を評価してもらいたいというCさんがフリースペースKと出会ったのは、託児所を運営し始めるので宣伝をしてほしいと頼んだことがきっかけであった。生まれ育った豊田市内ではあったもの、結婚して実家を離れて新しい地域に住み始めたころは、周りとの社会関係がほとんどなく、夫も仕事が忙しく、Cさんは育児ノイローゼになりかけた。実家の近くに引っ越してからは、周りにある社会的ネットワークを利用して、自ら子育てサークルをつくってしまうほどアクティブに活動をすることが可能になった。その後もチャイルドマインダーの資格を取得するため、子育てをしながら大阪や東京に勉強しに出かけるなど活動を続けている。何かを自分の力でやり遂げたい人が集まる場としてのフリースペースKは、Cさんにとって居心地の良い場所となっていた。

以上２人の事例をみてきたように、フリースペースKは、母親の役割を担うだけではない女性たちの生き方を受け入れ、共有し、可能にする場として機能していた。AさんとCさんの事例は、「母親は母親としての生活だけを送らねばならない」という価値観を押しつけられる社会のなかで、生きづらさを感じている女性がフリースペースKやそのメンバーとの出会いをとおして、その生きづらさを乗り越えることができた事例として解釈することができる。しかし、フリースペースKの活動に子育て関連のものが多いことからわかるように、それは「母親であること」を打ち消すのではなく、「母親」としての役割も含めた自分自身が何をするのか、どう生きるのか、ということを意味している。

フリースペースKの事例は、先述した女性メンバーが多い団体の特徴とはやや異なり、活動範囲や集合財供給の範囲は限定され、メンバーシップもやや限られているが、それぞれの活動についてはフレキシブルで自由度が高いという点が特徴的である。こうした限定的であるものの自由度の高い空間は、固定化されたジェンダー規範に規定されない生きかたを共有することで、生きづらさを乗り越えていきいきと活動する女性たちの「居場所」となっていた。

第３節　地域社会とのつながりへの探求
――「とよた子育てサークルネットワークの会『コネット』」の事例より

次に取り上げる活動団体は、とよた子育てサークルネットワークの会「コネット」（以下、コネット）である。現在13もの子育てサークル団体をつなぐネットワークの中心であるコネットは、ひとつの小さな子育てセミナーから始まった。コネット代表のDさんは、近所の交流館でおこなわれた子育てセミナーに参加し、同年代の子どもをもちながら共通の悩みを抱える母親たちと出会った。Dさんは、じきにセミナーが終わり、せっかく出会えた子育て仲間と会えなくなってしまうのは「さみしい」と感じ、セミナーの仲間で集まる自主サークルとしての子育てサークルを新しくつくることを提案し、設立に至った。しかし、子育てサークルでの活動に集まるのがいつも同じメンバーであることにDさんは「これでいいのかな？」と感じ始める。子育てをする母親のひとりとしてDさんは、「子育て期の女性は地域・社会から疎外されていると感じる」と述べる。子育てに関する情報を得る場も、悩みを相談したり、不安をわかちあったりする仲間もいない。そうした母親たちの声が地域に届くこともない。Dさんが「子育て期の母親たちが思っていることを行政に届け、地域とつないでいく必要がある」と感じたことがコネット設立のはじまりであった。

ひろがる母親どうしのつながり

こうしたDさんの問題意識を具体的な活動へと展開できたのは、とよた子育て支援センター「あいあい」の貢献によるところが大きい。「あいあい」はDさんと同じ認識にたつ女性たちをDさんに紹介した。そのメンバーは元保育士・元幼稚園教諭、元託児所経営者・小学校教諭・元子育て支援センター職員・地域子育てサークルリーダー・子育てネットワーカー・子育てサークルの講師・リトミック講師・保育ママ[3]など、子育てに関心がありかつ社会的スキルをもつ人びとであった。こうしてコネットとして具体的な活動が開始されることになった。最初に集まったのは、「あいあい」をとおしてコネットのことを知った20～30くらいの子育てサークル団体であった。活動の最大の目的は、各地域に点在する子育てサークルどうしを「つなぐ」場の提供をおこなうことである。そのため、主な活動は、各子育てサークルのリーダーを集めての情報交換会、子育てサークルリーダーの研修会、子育てサークル普及イベントなどを主催することであった。地域の各交流館、各子育て支援センター、豊田市役所の子ども部や保育課とのネットワークを利用しながら、このような活動を可能にしている。しかし、すでに述べているように、子育て期の母親が決められた日時に家の外へ出て、活動に参加することは簡単なことではない。そこで普段の活動は、各子育て団体の代表とコネットのメンバーの都合に合わせてその都度決めることにしており、それは月に1回のときもあれば2ヶ月に1回のときもある。

各子育て団体のリーダーどうしの情報交換によって、リーダーたちはほかの団体の運営の仕方やあそびのアイディアから学び、それらの情報を共有して、各団体にもち帰る。コネットの活動にかかわる子育て団体の多くは、Dさんが最初に立ち上げたようなサークルと同様に各地域の交流館であつまる一時的なサークルから発展した団体が多い。したがって、地域ごとにサークル独自に発展している場合もあるため、団体ごとに特徴があり、他の団体から得られることはたくさんあるという。たとえば、コネットのメンバーのひとりであるEさんが代表を務める子育て団体「くりくりクラブ」は15年間も続いている。彼女は自宅を開放して、小学校区に住む親子を対象に親子ふれあい活動をおこなっているが、ここでは子育てを終えた「先輩ママ」たちも活動に参加し続けているという点が特徴である。「先輩ママ」が子育てを終えたあとも子育てサークルに参加することは、「現役ママ」にとって学ぶ機会が増え、何よりも心の支えになる。また、同じ世代の子どもをもつ母親ばかりでなく、異なる世代の子どもをもつ母親との間にもネットワークができる。また、コネットは団体どうしで交流する「場」の提供だけでなく、各団体の間のコーディネーターとしての役割も果たしている。たとえば、活動人数が足りない子育てサークルと統合できそうなサークルとの出会いの場にもなっている。

「とよた子育てマップ」の作成

コネットは、このような子育て団体をつなぐ媒体としての活動のほかにも、地域から孤立して情報を受けにくい環境にいる母親のために、子育てサークルが開くイベントの案内や子育てサークルの紹介などの情報発信をおこなってきた。「自分の住んでいる近所に子育てサークルがあるのを知らずにわざわざ遠いところまで通っていた。そのような母親も結構多い」というメンバーのひとりであるFさんの話からもわかるように、子育て期の母親に求めている情報が届くツールはこれまであまりなかったといえる。コネットでは、子育てをしているとインターネットを見る機会や環境があまりないというメンバーたち自身の経験から、広報などの印刷物を中心に情報の発信するよう努めている。

とりわけ、情報発信に関して「とよた子育てマップ」の作成に最も力を注いで取り組んできた。この試みは、豊田市に移り住んできたばかりの母親た

写真9-1　とよた子育てマップ（表紙）

ちが、「子育ての際に役立つマップがあったらいいね」と話していたことがきっかけで始まった。代表のDさん自身も、名古屋市出身であり、結婚を機に転居してきた豊田市では「右も左もわからない状況」だったという。そのような状態で子育てをしなくてはならないのだから大変である。忙しいなかうまく時間をつくりながら審査のためにプレゼンの準備をおこない、わくわく事業から助成金をもらい、コネットのメンバーであり、印刷会社とつながりのあるFさんが中心となってマップの作成がおこなわれた。

彼女たちにとって地図の作成は初めての経験であるため、さまざまな地図を参考にマップのあらゆる部分を「子育て」という視点からで作り込んでいった。マップは、小児科・アレルギー科など子どもにかかわる病院や各種届出・相談窓口、各地域の子育て支援センターや子育てひろばなどの子どもにかかわる施設、託児所、授乳室やおむつ替えシートのある施設、子ども用のイスがあるレストラン、子育てサークルの紹介など、豊田市内の「子育て」にまつわるあらゆる情報が一目で確認できるようになっている。マップへの母親たちの反応はとても良く、手応えのあるものであった。なかには、「このマップがあるから子育てが楽しくなり、これだけで生きています!」と泣いて喜ぶ母親もいたという。印刷物であることから情報更新の必要があることが課題点ではあるが、豊田市において地域と母親をむすぶための重要なツールとなっている。

以上をふまえると、とよた子育てサークルネットワークの会「コネット」

の設立と展開は、子育て期の母親たちが抱く地域社会からの疎外感から生まれた地域社会とのつながりへの探求の結果であったといえるだろう。コネットでは、同じ世代の子どもをもつ近所の母親どうしのつながりから、異なる世代の子どもをもつ母親との近所を超えたつながり、さらには子育てサークル間の交流ネットワークが形成された。また、「とよた子育てマップ」の作成は、地域を「子育て」という視点から眺めることを試みたものであるといえる。「子育て」は子どもを育てる母親たちにとって重要な地域社会の一側面となり、マップは孤立する母親たちと地域社会を結びつける役割を果たしているといえるだろう。

第4節　母親たちによる子どもの環境を守るための社会活動
――「Green Maman」の事例より[4]

「Green Maman」設立の経緯

最後に、高橋地区を中心に活動する「Green Maman」の事例を紹介しよう。Green Mamanのはじまりは、高橋地区のとある幼稚園で生まれた「ママ友」のつながりにあった。現代表であるGさんは、夫の転勤を機に退職し、東京へ転居したのち、縁あって豊田市に移り住むことになった。現在、二児の母親であるGさんは、20歳のころから自然療法に興味をもっていたこともあって、子どもを自然育児の幼稚園に入園させた。この幼稚園には自然育児をおこなう母親が多く集まっており、子育てに対する同じ価値観を共有できる場があったという。この幼稚園でGさんに「私たちの仲間にならない？」と声をかけたのは、Green Mamanの主要なメンバーのひとりであるHさんだったそうだ。こうしてGさんはHさんの「ママ友」メンバーのひとりに加わった。このように、豊田市に人的つながりの少なかったGさんは、子どもの通う幼稚園をとおして社会的なつながりをつくることができたのだ。

その後、Gさんは2007年にある産婦人科で開催されたある環境活動家の講演会に参加し、「目からうろこ」という経験をする。そのあとに「子育てをするお母さんにこの情報を知ってもらいたい、共有したい」と感じ、このことを「ママ友」メンバーに話したことがきっかけで、豊田市でもその環境活動家による講演会を開催するため、Green Mamanが結成されることになったのだ。

「食と農」をめぐる母親たちと地域のつながり
――「ママンの朝市」の参与観察ノートから

秋晴れの朝、閑静な住宅街にひっそりとたたずむ守綱寺の門柱には「green maman朝市」と書かれた深緑の幕がかけられていた。寺の入口から狭い小道を進むと、小さな平屋の玄関にたどりつく。平屋では朝市の準備が少しずつ始められ、Green Mamanのメンバーたちが次々に到着して無農薬野菜を運び込む農家の人たちに元気よく声をかける。

この朝市は、Green Mamanの活動のなかでもメインイベントである「ママンの朝市」である。現在では、守綱寺の敷地内で定期的に開かれており、子ども連れの主婦層を中心に多くの客が訪れている。Green Mamanが結成されてからこの朝市が定期的におこなわれるようになるまでに、どのような経緯があったのだろうか。

先述のコミュニティセンターでおこなわれたGreen Maman主催の講演会には、子どもをもつ母親を中心に200人以上の参加があり、大盛況であった。Green Mamanのメンバーたちにとって、この講演会の成功は、集まった多くの母親たちから「よかった」という声を直接聞くことができ、豊田市に住む多くの母親たちも「食」をはじめとする子どもをとりまく環境に関心をもっていると気付くことができたという点で、以後の活動の展開

写真9-2　守綱寺入口の「ママンの朝市」の垂れ幕
（2012年9月筆者撮影）

につながる重要なきっかけとなった。この講演会以降、メンバーたちの間で「主婦の視点で何か活動がしたい」という思いが芽生えていった。アトピーやぜんそくをもつ子どもの母親もいるため、農家から直接野菜を買えるようにしたらいいのではないかという発想が生まれ、「おしゃれにマーケットをやるのはいいよね」という声から無農薬野菜の朝市を開くことを決めた。

朝市の開催には、多くの資源を必要とする。朝市をどこで開くのか。無農薬野菜はどこから調達するのか。無農薬野菜については、地元に拠点をおく若手の農家と協力するのがいいということになり、インターネットを通じて知った当時20代後半の男性が経営する農園へ話を聞きに行った。当時この農家はネット販売がメインであったため、名古屋市内の顧客が多く、豊田市での販路がなくて困っており、朝市に出店してもらうことになった。朝市はメンバーの自宅のガレージで開かれた。最初は10人くらいの客だったが、半年くらい経ったころから口コミなどによって少しずつ客が増え、駐車場が必要になったり、有機野菜を扱った他の農家からママンの朝市への出店要望があったりと、規模拡大の必要性が生まれた。より広い場所の確保という課題を抱えていたとき、高橋地区にある守綱寺にいるメンバーの友人が朝市の客であったというつながりから、守綱寺の敷地を借りられるようになり、朝市はより大きくなっていった。規模拡大にともなう新しい課題も、メンバーのインフォーマルなつながりをとおして克服することができた。さらに、守綱寺の敷地を借りることになってから、もともと守綱寺でおこなわれていた絵本の「読み聞かせ会」とママンの朝市のジョイントも実現した。このことは、読み聞かせ会に来る子連れの母親たちに朝市を知ってもらう絶好の機会となった。

この朝市の拡大は、さまざまな人びとの間に新しい関係を結ぶ役割を果たした。はじめはメンバーの知り合いが10人ほど集まっていたのが、現在では多いときには100人程度の客が訪れる。客層も当初は子連れの主婦が多かったが、高齢者や若い独身女性などへと広がっている。「ママンの朝市」をとおして、実際にどのような人びとが関係を結び、何がおこなわれているのだろうか。筆者は、2011年9月にこの朝市を訪れた。当時のフィールドノーツをもとに実際の「ママンの朝市」の現場をのぞいてみよう。

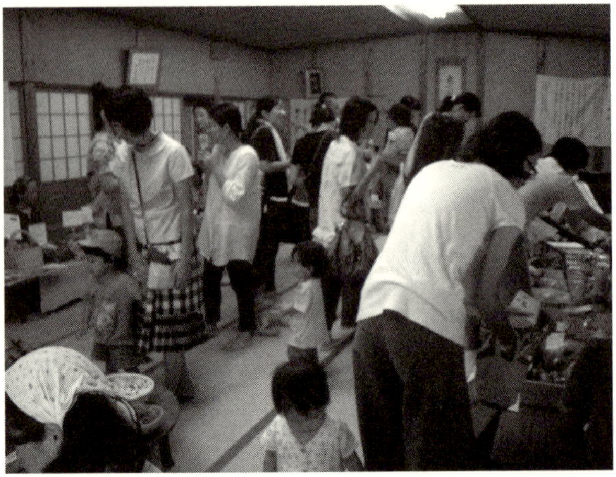

写真9-3　多くの買い物客でにぎわう「ママンの朝市」

その日に出店していたのは8店舗であった。有機野菜の販売のほかにも、惣菜、おにぎり、漬物、ジュース、手づくりのスコーンやクッキー、「食と農」をテーマにした雑誌や子どもの自然教育に関する本、自然食品を使った料理のレシピ本、手づくりエプロンのワークショップなどさまざまなものを扱っている。多様ではあるがオーガニックなものしか扱っていないことはどの店も共通である。客層は未就学児を連れた若い母親がほとんどで、およそ30組以上の親子が買い物に訪れていた。母親たちは子どもを抱きながら商品を見て回り、試食をしたり、パンフレットをみて出店者と会話を交わしながら買い物をしている。商品を選んでいるというよりも、出店者の話を聞き、どのような店なのかを詳しく知ることによって、信頼できる農家かどうかを見極めているようであった。また、朝市でみられた交流のもうひとつは、出店農家どうしの交流である。出店者は、売る側であると同時に買う側でもあった。自分の店を空けて周囲の店に買いに行っては、他の店と会話を交わす。7年前に農園を開き、6年前から朝市に出店している農家Iさんは、「『ママンの朝市』では儲けるためというよりも、出店することで農園のことを知ってもらういい機会になると思っている。また、直接客の声が聞こえてくるのもメリット。『ママンの朝市』をとおして交流することは良いことだと思っている。たまに出店していない農家の人も朝市にやってくる。他の農家がどのような野菜をつくっているのか、どのような人が農業に携わっているのかに興味をもって、様子をみるため。さらに、無農薬野菜を扱っていない農家の人も来ることがある。そのような人たちとかかわることができるのは面白い[5]」と話す。

「食と農」を取り巻くつながりの形成は、「ママンの朝市」を中心に口コミを通じて農家にも母親たちにもひろがっている。出店者のひとりである農家のJさんは、「『知り合いの知り合い』という感じでGreen Mamanから声をかけてもらった。出店の動機は、ここに集まる皆が『安全安心なものを食べたい』という同じ想いを共有しているから」と話す。農家Jさんはこうした「同じ想い」の共有を重視しており、「知っている人のつながりだけに開かれた場である点が非常に良い。公募スタイルになってしまうと、異なる考えをもった人や、さまざまな人が入ってきて嫌だ。『知り合いの知り合い』というスタンスが気に入っているので、これからもあまり必要以上に出店者を増やさないでほしいと思っている」という[6]。このように、「ママンの朝市」は各団体とのインフォーマルな関係によって成り立っているところが特徴であり、それがGreen Mamanのよさであると評価している人も少なくない。Green Mamanでは、メンバーは募集せず、特別な規定やルールのようなものはない。活動資金に関しても、会費制ではなく助成金も申請しない。わくわく事業などの助成金の申請準備には時間を要するため、学齢期の子どもをもつ母親にとっては難しい。「ママンの朝市」のときに出店者から出店料としてその日の売り上げに応じた１コインが支払われることになっており、それが活動資金となる。その日の売り上げに応じた１コインという出店料は、出店者側にとっても無理のないものである。

子どもたちのための平和と安全への取り組み

「ママンの朝市」の事例は、子どもが安心に育つことのできる環境づくりのひとつとしての「食と農」に関する試みといえるが、Green Mamanは「食と農」以外にも、子どもの安心安全な環境や未来という視点から活動を展開している。たとえば、子どもたちに戦争の怖さと平和の大切さを伝える活動として、「Remember Hiroshima Nagasaki」という戦争にまつわる写真展や、被爆経験者の体験談を聞く会を開催したこともある。これは、子どもたちだけを対象とした企画ではなく、戦争を体験していない母親が子どもたちにどうやって戦争と平和について伝えていくかを考えてもらおうと、母親たちに向けられた企画でもあった。

また、3.11以降、原発の問題をはじめとして、多くの母親たちから子どもの安全な環境を求める声があがるようになった。さらにGreen Mamanのメンバー内でも原発問題に対しては意見が分かれ、会のメンバーたちにとっても3.11は大きな転換期となった。こうしたことをきっかけに、メンバーの提案で、原発をテーマにしたゆんたく[7]が、2011年4月と6月に2回おこなわれた。さまざまな人がさまざまな意見を語り、それを分かちあう場という意味で「ゆんたく」と名付けられたこのイベントでは、ふだん周りに言えない心配ごとや不安、周りに言っても理解されない想いを母親たちがそれぞれ語った。そこでは、Green Mamanとつながりのある「もりそら」サークルのメンバーも一緒に語りあい、ふだんはあまり交流の少ない歳の離れた子どもをもつ親どうしのつながりが生まれた。

以上にみてきたように、Green Mamanは、同じ価値観をもつ母親どうしの小さなつながりからはじまり、母親たちの視点から生まれたアイディアをもとに具体的な活動へと発展してきた。また、定期的な会合をおこなったり会費制を導入したりするフォーマルなタイプの活動ではなく、母親としてのライフスタイルに合った活動形態をとりながら、無理なく活動をおこなっていることがうかがえた。このようなGreen Mamanの活動は、①女性が「母親」や「主婦」というアクターとして、「食と農」や「平和」というテーマに取り組み、子どもを安心安全な環境で育てようと目指す活動であること、②組織や活動の運営がインフォーマルでありながらも、多くのネットワークの形成に成功して活動が展開されていること、の2点に特徴がある。①の特徴から、Green Mamanの活動は木本（1995）のいう「いのちと暮らし」にかかわる活動のひとつとしてとらえることができるだろう。従来「女は家庭・子育て」とされてきた性別役割分業が社会的な活動においてもその特色を表しているという点で、彼女たちの活動は端的な事例としてみることができる。家庭内で子どもの安心できる環境を整えることには限界があり、地域へと枠を広げることによってそれが可能になるのである。しかし、それが一見「子ども」のための活動であるようにみえ、またそもそもの始まりがそうであったとしても、「ママンの朝市」の事例のように、活動するなかでさまざまなアクターを巻き込み、アクター間の関係形成に成功している。このことが地域のための活動につながっていることにも触れておきたい。

小　括

最後に、簡単なまとめをして本章を締めくくりたい。フリースペースKの事例では、女性たちが「母親」としてだけではない「自分」の居場所を垣間見ることができた。コネットの事例では、子育て期の女性の地域社会からの孤立という課題に向き合い、母親と地域を結ぶ子育てネットワークの形成を促す活動をみてきた。またGreen Mamanの事例では、子どもをもつ母親として「食と農」をテーマに取り組む姿を追うことができた。これらの調査事例を分かつのは集合財供給の範囲と社会運動指向型かどうかという２点であり、3つの事例をこの2つの軸で分類すると、**図9-2**のようになる。コネットやフリースペースKの事例では、子育てをする女性を支援することが活動の目的であった。しかし一方で、Green Mamanの活動では、母親のサポートというよりも「子どもの環境を守る」活動に力点が置かれ、反戦や反原発などのイシューを含んだ社会運動指向型の活動が特徴である。また、コネットが団体間のネットワーク形成や媒介を目的とし、Green Mamanが環境や

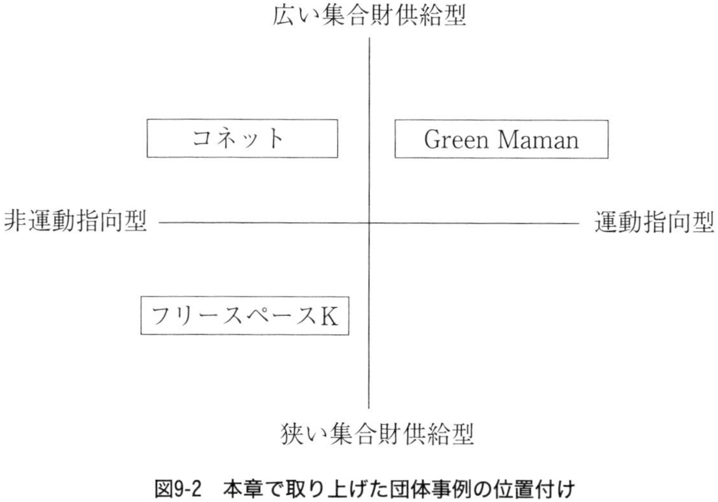

図9-2　本章で取り上げた団体事例の位置付け

平和という社会全体に向けた広い集合財の供給を目的とする一方で、フリースペースKは開かれた場ではあるものの、メンバーに限定した集合財供給が中心の活動であることが特徴である。

しかし、いずれも女性の母親役割が――見直しであったり、ネットワーク化であったり、運動への展開である点では異なるにせよ――活動のきっかけとなっている点は、3事例に共通するものである。この特徴をそなえた活動への男性による参入は現在のところ非常に少なく、ジェンダー的な差異がみられるといえる。子育てに忙しい彼女たちがどのように活動のための資源を獲得し活動を展開させていくのか。彼女たちの活動は地域社会をどう動かし得るのか。これらの問いに対する答えを探求することは、市民活動における女性の役割を明確にし、さらに地域社会のなかで女性がどこに位置するのかを考えていくことにもつながるであろう。

注

1　本節の内容はすべて2012年3月に実施した会のメンバーであるAさん、Bさん、Cさんへの聞き取り調査の記録にもとづいている。
2　「ピン」とは「一人」のことを意味している。
3　待機児童の保育士のことをさす。
4　本節の内容は2011年8月に実施した当時の会の代表であるGさんへの聞き取り調査および2012年9月に実施した参与観察法調査の記録にもとづいている。
5　守綱寺での農家Iさんの発言（2011年9月フィールドノーツより）。
6　守綱寺での農家Jさんの発言（2011年9月フィールドノーツより）。
7　「ゆんたく」とは沖縄の方言で「おしゃべり」のことを意味する。

第10章　トヨタ自動車のボランティア活動
――トヨタボランティアセンターの活動とその担い手をめぐって

岡村　徹也

近年、円高の進行やアジア諸国の市場の発展を背景に日本企業の海外進出が加速している。こうした動きは経済のグローバル化の一環として理解されることが多いが、これまで経済のグローバル化というと、国や地域というローカルな文脈を越えて事業展開するという、ポジティブなイメージで語られることが多かった。しかし、海外に進出する日本企業が増加するにつれてそのようなイメージは影を潜め、経営の現地化というローカルな文脈に密着した問題が注目されるようになってきた。言い換えれば、企業は事業を成功させるためにも、新たに事業展開する社会や地域の習慣や文化を理解する必要に迫られるようになった。

そのための重要な手段の一つとして改めて注目されているのが、社会・地域への貢献活動である。日本でもCSR（Corporate Social Responsibility: 企業の社会的責任）という考え方がすでに定着しているが、企業が社会・地域の一員として貢献活動をおこない、社会的責任を果たすことは、地域住民から信頼される企業として認知されるだけでなく、地域固有の事情をより理解できるためむしろますます重要になってきている。

トヨタ自動車株式会社（以下「トヨタ」と略記）が経営基盤を確立した成長期から環境を中心とした社会貢献、地元対策としての地域貢献活動に力を入れていたことは第2章でみた。本章では、初期に入社した従業員が退職期となった企業の成熟期を迎え、地元豊田で展開された企業側の社会貢献活動に焦点をあて、その拠点であるトヨタボランティアセンターの設立経緯、そこで組織されたボランティアサークルの活動についてみていく。従業員が定住化し退職期を迎えつつあるなか、グローバル企業がどのように地元の社会貢献活動を組織し取り組んできたのかをみていく。そして彼・彼女の活動にトヨタの組織文化のあり方はどのような影響を与えたのかについて見ていく。

第1節　はじめに
――経済のグローバル化と企業の地域社会貢献の必要性

トヨタは現在、世界各地でさまざまな社会・地域貢献活動を行っている。第Ⅰ部2章で、トヨタがナショナルカンパニーへと成長した時期から、事業展開する社会・地域社会のニーズを敏感に反応し、軋轢を生み出さない状態をつくり出すことが企業の長期的発展のために決定的に重要であると考えるようになったことをみた。そして社会貢献活動をそのための重要な手段として位置づけるようになったことを、関係者への聞き取り調査を通じて明らかにした。それはトヨタが社会貢献活動の重要性を認識していく経緯を経営的観点から注目したもの、すなわち全社的レベルの組織再編に注目したものであった。

本章も、トヨタによる社会貢献活動の実態と機能的意義について考察していく。その際、2章とは異なり、地元豊田市での社会貢献活動の拠点であるトヨタボランティアセンターの設立経緯とその活動に注目して議論を進めていく。具体的には、豊田市でのボランティア活動に携わっているトヨタ関係者におこなった聞き取り調査のデータを検討する。そして彼・彼女らの語りをもとにトヨタの社会貢献への取り組みにとってひとつの転機となったトヨタボランティアセンターの設立の経緯と、設立以後のボランティアの活動実態、地域社会とのかかわりなどを見ていく。最後に、ボランティア活動を通じて構築されたトヨタと地域社会との関係を社会的交換という観点から考察したい。

第2節　トヨタボランティアセンター設立の背景

1　トヨタとボランティアとの出会い――「憩の家」の建設

トヨタとボランティアとの出会いは、ある意味で1960年代にまでさかのぼる。トヨタは高度経済成長期の1960年代に入ると急成長し、62年6月には生産累計100万台を達成、65年には200万台を記録するまでになっていた。同年11月には上郷工場が、翌66年には高岡工場、68年には三好工場や豊田市をはじめとする周辺地域で次々と新しい工場の操業を開始した。こうした急成長に伴い、それまで地元の労働力で足りていた工場は次第に人手不足に陥り、北海道や九州など全国各地の若年労働力に頼らざるを得ない状況に追い込まれていた。トヨタは人手を確保するために、次々に独身寮を建て、地方からの集団就職組を豊田市に迎え入れていった。

地方からの若年労働者にとって、豊田市は未知の土地であったことに加え、そこで炊事や洗濯など全て自分でしなければならない状況にあった。さらに当時の豊田市は娯楽施設がほとんどなく、休日を楽しむ場さえなかった。その結果、非行に走る者も現れるなど、地方から来た若年労働者の生活環境の改善は喫緊の課題として社会問題化していた。

こうした状況を日本ルーテル教会の当時の牧師が見かねて、青少年たちが親睦を深めることができる場をつくるよう、トヨタの経営陣に進言した。それに賛同し、すぐさま動き出したのが、当時トヨタの副社長だった豊田英二の夫人、豊田寿子であった。そして、「働く青少年のために“いこいの家”を」との思いから、トヨタをはじめとする豊田市内の20社が建設費を出しあい、「憩の家」が建設された。

「憩の家」の活動はトヨタのボランティア活動の端緒となった。ボランティア活動が日本ではまだ一般に認知されていない時期であったが、「憩の家」はボランティアによる運営方法が取り入れられ、トヨタ従業員の婦人グループがその運営にあたった。地元農家の主婦も積極的に活動に加わり、トヨタと豊田市のボランティア活動に接点が生まれた。「憩の家」から芽生えた豊田市のボランティア活動とトヨタのボランティア活動との関係について、ボランティアセンター設立時のスタッフで後にボランティアセンター長となったA氏は次のように話す。

豊田寿子さんが母親代わりになって、地方から来た若い社員に話をしたり、相談に乗ったりしていた。自分のお父さんの所に働きに来た若い人たちを助けてやろうと、当時の部長や課長の奥さんにも声をかけて、自然に集まってできたボランティア活動となった。今振り返ると豊田寿子さんの活動もボランティアセンターを生み出す力になったと思う[1]。

その後、このボランティア活動を組織化しようという動きが起こり、1967年4月に「豊田家庭婦人ボランティア」が発足した。初代会長に豊田寿子が就き、トヨタ生活協同組合の家庭会にも声をかけ、ボランティアの人材確保に努めた。人材確保のさいにトヨタの家庭婦人の間にもボランティア組織の存在が広く知られるようになり、その結果、ボランティア会員の数は400人を超え、年間を通して「憩の家」を運営できるだけの人員が集まった。ボランティアの募集によって、会員は豊田市全域に広がり、地元農家などの住民だけでなくトヨタの家庭婦人の参加によって、さまざまな層の婦人の集まりができた。こうして「豊田家庭婦人ボランティア」は地域住民の連帯感を育む組織にもなっていった。こうした動きの中心にいた豊田寿子をA氏は「豊田市のボランティアの神様」と言い、ボランティアセンター設立時に大きな影響を与えた人物であると話す。そのときのエピソードをA氏は次のように話す。

　ボランティアセンターができて第1回ボランティア講演会をおこなうことになり、豊田寿子さんにお願いした。講演会が終わった後に控え室で「これからボランティアお願いしますね。ただし、社会貢献で会社がお金を出せば良いというものではなくて、人としてかかわる部分、ボランティアマインドを大事にしてくださいね」と言われた。ボランティアという意味では豊田寿子さんの影響がトヨタにとって強かった[2]。

時代の変化とともに果たす役割と機能を見直しながら活動を続けてきた「豊田家庭婦人ボランティア」だが、その後トヨタの社長を務めることになった豊田英二の夫人がその会長を務めていたことはトヨタに少なからぬ影響を与えた。そのことは「憩の家」の建設にトヨタがかかわったこと、そしてボランティアセンターの第1回ボランティア講演会に豊田寿子が呼ばれたことからも容易に想像ができる。こうした背景に加えて、A氏によれば豊田寿子が彼に話した次の言葉が、トヨタのボランティア活動の方向性を決定づけたという。

> 社会貢献活動も大事だけど、社会貢献活動とボランティア活動では心の入れ方が違う。純粋なる社員の気持ちを活かした活動に留めて欲しい[3]。

「これからの地域社会に生きる社会人として」というテーマでおこなわれた豊田寿子の講演会の内容は、ボランティアセンターの方向性を決定づけたとも言える。A氏は、豊田寿子の言葉を「定年まで貫き通そうと思ってやってきた」と話す。

2　トヨタ社内でのボランティア意識の高まり ――事業の一環としての社会貢献

こうして、豊田でのボランティア活動に間接的にかかわるかたちで始まったトヨタの社会貢献活動だが、当時はまだ外部社会への貢献を全面に押し出したものではなかった。しかし、1960年代後半に起こったリコール問題、そして自動車の騒音や排気ガスによる公害問題などを契機に、経済同友会、経団連などの経済諸団体が相次いで「企業の社会的責任」問題を取り上げるようになったこと、さらに海外市場進出に伴い、企業も地域社会の一員であり、応分の貢献を果たす「良き企業市民」であることが求められたことなどから、トヨタは1980年代後半には社会貢献活動を事業の一環として持続的に拡大させていく必要に迫られていた。(岡村 2009:103)

そうした中、1990年代に入るとトヨタ社内では次の2点が方針として打ち出された。①企業の経営資源を活用して、企業の能力に応じた社会貢献活動を展開していく、②企業活動を実際に行っているのは社員であることから、地域社会への貢献活動も人の見える活動が必要である。すなわち社員が自らの存在を実感できる活動が求められるようになった。言い換えれば、社員がボランティア活動などを通じて誇りをもち、自信をもつことが企業活動にも重要と考えられるようになったのである。この時の状況について、ボランティアセンター立ち上げのプロジェクトチームに広報部から参加していたB氏は次のように話す。

社会に向けてどんどん社会貢献をやろう。もっと社会に目を向けなくてはいけないという空気が社内に充満していた。経団連の1%クラブができて、企業市民という言葉ももてはやされていた。ボランティアという言葉も流行って、企業全体が社会に目を向けるという追い風が吹いていた[4]。

社会貢献活動の活性化ムードを追い風にして、1980年代前半からおこなっていたメセナ活動が軒並みプログラム充実の方向に向かっていた。一方で、それまでのメセナをはじめとする資金支援による社会貢献活動だけでなく、ボランティア活動のような人的貢献で地域にかかわることも大事なのではという意見が社内から出てきた。1992年に入ると、「社内にボランティアセンターを」との声が本格的に出始めた。A氏は、当時のトヨタの社内状況について次のように話す。

社会貢献活動で「お金を使って」というのは1990年ぐらいからやっていた。しかし、トヨタの社員の中には、地域に帰ると地域の区長とか民生委員をやっている人がいて、地域活動には実際たくさんの社員がかかわっていた。そうした人たちが、トヨタにはたくさんの社員がいるのに何でもっと地域とかかわらないのかと疑問を持ち出した。そこからボランティア活動のような人的貢献をもっとやるべきじゃないかという機運が社内に高まっていった[5]。

1992年10月、「ボランティア活動で地域にかかわることも大事なのでは」という社内の声の高まりを受け、トヨタは全社員に対してボランティア活動についての意識調査をおこなった。この調査についてA氏は次のように話す。

　ボランティア活動をしているかどうか、していない理由を社員に聞くと、活動しているとの回答が7.2%で、ボランティア活動への参加希望者は45%だった。良いことなのでやってもよいとの回答を合わせると全体で65%が活動希望者だった。調査によって、活動していないが活動しても良いとの答えで最も多かった理由は、ボランティアとは何かということからはじまって、活動内容や情報の不足であった[6]。

　社内調査によって、地域に貢献してもよいという社員が数多くいることが明らかになったが、同時にボランティア情報の不足により活動できていない状況があることもわかった。そこでボランティアとは何かを啓発するための組織をつくることになった。トヨタ社内につくられたプロジェクトチームには、人事・総務・広報部などから集められた社員が参加し、会議で検討した結果、ボランティアセンターを設置することになった。こうして、社員のボランティア意識の高まりを背景に、1993年5月、ボランティアセンターが開設されたのである。

3　トヨタボランティアセンターの設立

　開設されたトヨタボランティアセンターは、企業内組織のボランティアセンターとしては日本初となった。対象は当時7万人の社員とその家族、OB・OGであった。総務部の部付として設置され、スタッフはセンター長、A氏、C氏の3名で、センター長は元豊田市市会議員で豊田市とのパイプ役を期待された。C氏は電話交換手で、問い合わせなどの対応に役立つと考えられて採用された。A氏は技術工からの異動であった。3人ともボランティア知識はゼロからのスタートであった。ボランティアセンターに配属された当時の感想をA氏は次のように話す。

　会社一筋にやってきたけど、地域に目を向けるのも大切だと思った。最初にボランティアを担当した時には何もわからないから、とにかく会社のために何をしたら良いかという視点だった。それが次第に地域のために何をしたら良いかという視点に変わってきた。だから僕はボランティア活動においてはトヨタという名前は一切出さずに人を繰り出して、一生懸命かかわってください、という形でやってきた[7]。

従業員の自主性を尊重し、啓発に主眼を置いた支援、そして従業員が安心してボランティア活動に参加できる環境づくりを活動方針とした。その上で、ボランティア活動者数の増加と質的向上がボランティアセンターに求められた。そのため、最初におこなったことは全工場と全事業所へボランティアセンターの窓口を設置することであった。

ボランティアセンター開設当初の主な活動内容は、①啓発活動、②情報提供、③活動の拡大であった。

①のボランティアの啓発には、ボランティアセンターのスタッフ自らが各分野の活動を体験し、その活動体験を披露することでおこなった。センター開設の2ヶ月後の7月には機関誌「TVCだより」を創刊、研修会・講演会の開催などを積極的におこなった。

②の情報提供について、情報を提供するためにまず情報収集が求められた。社内外の各種団体への接触によって情報を収集し、豊田婦人ボランティア協会、社会福祉法人全国社会福祉協議会などとも接触した。あわせて、ボランティアセンター自身の情報についても、登録者に向けて「ボランティア募集します」とPR活動をおこなった。ボランティアセンターの活動は各地域で活動するさまざまな団体から情報を集めることから始まり、「トヨタに行けばボランティアを募集してもらえる」というイメージを豊田市のさまざまな団体に定着させることによって、ボランティア活動に関する情報の充実を目指した。

③の活動の拡大については、トヨタ社内で共通の趣味・特技や目的をもった社員が自主的に集まり、ボランティアサークルを結成する動きを支援した。そして、ボランティアセンター開設翌年の94年4月には、社内ボランティアサークル「JDR（じゃんだらりん）トヨタ」が結成された。「JDRトヨタ」は自らイベントを企画し、楽しみながら活動する企画ボランティアとして期待された。実際、地域にはさまざまなボランティアニーズがあり、「JDRトヨタ」はそれぞれのニーズに応じたイベントを企画、開催し、地域の人たち

と触れあおうという趣旨のサークルであった。こうしたボランティアサークルの設立支援は活動メニューの拡大・人材育成にもつながった。

現在のボランティアセンターの主な活動内容は、社員のボランティア活動への理解を深めるための機関誌の発行、各種団体から寄せられるボランティア活動メニューの紹介、自主企画イベントなどの開催である。そして、トヨタ国内の全工場および国内各地の事業所、東京本社など計20ヶ所に支援窓口を設け、社員のボランティア活動の支援をおこなうようになっている。

4　ボランティアセンターの活動転換――アメリカでの調査研究を経て

1995年1月17日未明に発生した「阪神・淡路大震災」は、ボランティアセンターの活動にとって大きな転換点となった。義援金や救援物資などによるトヨタの救援活動と並行し、ボランティアセンターでは経団連の要請を受け、現地にスタッフ1名を1ヶ月間派遣することになった。このとき、スタッフとして派遣されたA氏は被災地でNPOと協働してボランティア活動に従事し、企業とNPOの協働という日本で初めての試みを経験した。これは経団連の「1%クラブ」の事務局次長をしていた田代正美が、経団連会長だった豊田章一郎に要請して実現した。当時、会長職の企業がボランティア活動を活性化させなければならないということで、田代は豊田章一郎と緊密にコミュニケーションを取っていた。ボランティアセンターはここでNPOの世界を学ぶと同時に、ボランティアコーディネーターの必要性を学んだ。

翌96年には、NPOのために企業との中間支援をする組織である、名古屋のパートナーシップサポートセンター「PSC」のアレンジにより、トヨタはデンソーやアイシン精機とともにアメリカでボランティア活動についての調査研究をおこなった。このとき、フォード、UPS、ユナイテッドウェイ[8]、電話会社などを回った。なかでもA氏はフォードとIBMから大きな影響を受けたという。フォードのボランティア活動について、A氏は次のように話す。

> フォードもトヨタと同じようにボランティアセンターを組織して、情報を拠出してマッチングさせていた。また、フォードは病院をつくって、地域とか人種で差別をせず、みんなが病院に入れるようにしていた。

フォードが一時つぶれそうな事態に陥ったときでも、寄付を続けていた。地域のためにも社員が頑張ってきたから今のフォードがあるんです、とフォードの幹部が言ったことが忘れられない。地域とのかかわりは大事だなあと思って、フォードの話を聞いてボランティアへの考えが固まってきた。フォードは先人だし、同じ自動車会社として見習おうと、そういうことはトヨタの前例になっている[9]。

トヨタにとって、自動車製造の世界最大手であるフォードはしばしば学びの対象となってきた。トヨタは1974年、豊田自動織機製作所で自動車製造に着手してからちょうど40年目にあたることを機に、社会に貢献し社会との相互理解を深めることを目的に「トヨタ財団」を設立した。そして、財団設立に際し、その基本設計に大きな影響を与えたのが当時すでに世界有数の財団となっていたフォード財団であったが、社会貢献活動においてもフォードはトヨタの学びの対象となったのである。

また、A氏はフォードの担当者からIBMでは継続してボランティア活動をおこなっている人が40%いるという話を聞き、その数値を目標値とした。IBMの活動についてA氏は次のように感想を述べている。

トヨタボランティアセンター立ち上げのさらに2~3年前のデータだったがボランティアを継続しておこなっている人がIBMには40%もいて、すごいと思った。それでIBMを見習おうと。ボランティアを続けているというデータが40%に近づくようにということでトヨタボランティアセンターもやるようになった[10]。

ボランティア活動における数値目標の設定だけでなく、コーディネーターという存在の必要性も、トヨタがアメリカで学んだ重要な事柄であった。ユナイテッドウェイでは、インターネットを通じて、「ボランティアをして欲しい」という依頼を流し、ボランティア依頼者とボランティア活動をしたい人たちをつないでいた。

95年の阪神・淡路大震災でのボランティア活動に従事して実感したコー

ディネーションの重要性は、アメリカでの勉強会を通じて再認識されることとなった。以降、ボランティアセンターはコーディネート業務に力を入れていくことになった。

第3節　ボランティアサークルの活動実態

1　企画サークルの誕生――ボランティアニーズへの対応を目指して

ボランティアセンターでは、社内に共通の趣味・特技や目的をもった社員が自主的に集まりボランティアサークルを結成し、ボランティア活動そのものを拡大しようとしていた。前出したようにボランティアセンターの人員は設立当時3人で、それでは当時7万人近くいた社員にボランティア活動をするための情報を十分に公開できていないと感じていた。また当時問題だったのはボランティアの需要と供給が合わないことで、その解消も大きな課題であった。豊田市内でのボランティア活動の開拓と、ボランティアサークルを展開した当時の状況をA氏は次のように話す。

> 最初のころは地域にあるボランティアニーズがわからないので、とにかくあらゆるニーズを拾ってきたんだけれども、やっぱり限度がある。全部集めても100人分のボランティアしか出せない。トヨタがボランティアをやるとなるとやりたい人は何千人もいるから、このミスマッチをどうするかが問題となった。そこで、自主的につくったボランティアイベントで地域にも喜んでもらおうと思った。イベントで地域の人たちとふれ合いながら手伝いするボランティアを、ということで企画するボランティアをつくったのが「JDRトヨタ」だった[11]。

トヨタでボランティアを紹介しようにも組織が大きすぎるため、ニーズとシーズの間にどうしてもギャップが生じる。そのギャップを解消するため、ボランティアを直接生み出すサークルをつくろうという動きが起こった。そして、はじめに前述のJDRトヨタがつくられた。当時のサークル名は「企画サークル」だったが、本に紹介記事が載るというタイミングで「JDRトヨ

表10-1　登録ボランティアサークルの種別

サークル名	活動内容
JDRトヨタ	初めての人でも気軽に参加できる楽しいボランティアイベントを企画・実施
TOMORROW	視覚にハンディをもつ方のために、パソコンによる点訳や音訳テープのCD化
翻訳サークル	語学力を活かして、主にアジアの子供たちに贈る絵本を翻訳
五WD	長野オリンピックをきっかけに誕生。ボランティアイベントの運営のお手伝い
家具転倒防止サークル	ひとり暮らしのお年寄りのお宅で、地震に備えて家具の転倒防止対策
かたぐるま	肩もみやマッサージによるお年寄りの方々とのふれあい活動
大型車運転友の会	大型車の運転技術を活かし、地域イベントなどでシャトルバスなどを運転
ヒアツーハート	聴覚にハンディをもつ方をサポートする補助犬育成の応援とPR活動
むーびっつ	聴覚にハンディをもつ方のために、TV番組や映画の字幕スーパーを制作
ほっとハーモニー	子供会・敬老会や福祉施設などへの楽器演奏や演芸のお出かけボランティア
おもちゃシューリーズ	モノづくりの技術を活かし、おもちゃ図書館などで壊れたおもちゃを修理
スタジオフリーカム	トヨタボランティアセンター行事や地域イベントでのカメラ・ビデオ撮影と編集
トヨタDIY	ペットボトル工作や風船アートの技術を活かして各種のボランティアイベントに参加
衣浦農園サークル	農園を主にしたイベントを企画
収集サークル	社内で収集した古切手やベルマークの仕分けをしながら会員交流
通訳サークル	地域の方々と外国の方々との国際交流を通訳としてお手伝い
森林キーパーズ	山の役割を勉強しながら、森林の間伐や下草刈りなどの自然保護活動
田原企画サークル	田原工場内と地域でのボランティアイベントを企画・実施
東富士企画サークル	東富士研究所内と地域でのボランティアイベントを企画・実施

タ」に改名された。

メンバーについて、「JDRトヨタ」は女性メンバーが3分の1いるが、他のボランティアサークルには女性がほとんどいない。現在は男女あわせて13人でOBが5人、外部からトヨタスマイルライフという関連会社の寮母さんが1人参加している。1人はアメリカにいるとのこと。ミーティングという形で月に2回、イベントは多いときは年に5～6回おこなっている。2011年の活動実績は3回で、東日本大震災被災地からの避難者をトヨタ会館に招待し、ふれあいイベントをおこなった。イベントごとに会社からの補助をもらうこともあるが、額は1回あたり10万円である。サークルの広報活動はとくにしていない。他の団体との交流やネットワークは、ほとんどがメンバーOBのA氏個人の力に負うところが大きくなっている。サークルの様子について代表のD氏は次のように話す。

　個々の能力はそんなに高くなく、自分たちが好きで集まっている。毎回素人が集まっているので、回を重ねるにつれて良くなれば良いがなかなか難しい。何もないところからイベントを生み出すというところは、QCをやってきたことが生きている[12]。

JDRトヨタは近年高齢化が問題となっていたが、代表者が34歳と若く、20代のメンバーが何人か加入したことで、最近は平均年齢が下がっている。しかし、他のサークルは大半が高齢化問題に直面している。

2　地域貢献重視型サークル

ここでは、ボランティアサークルの活動実態を見ていく。メンバーのボランティアサークルへの入会動機はそれぞれであるが、地域貢献を通じた自己満足・自己実現という声が多くのサークル代表者から聞かれたことが特徴的であった。ボランティアサークル設立の状況について、ボランティアセンター設立時から2000年ごろまでの状況をボランティアセンター職員のE氏は次のように話す。

　せっかく同じメンバーがあつまるのであれば、サークル化した方がよいのではないかというので、声をかけたら、次から次にできたというのが経緯。メリットとしては、ボランティアを募集したときに普通は社員全員に発信しなければならないが、サークルだと代表者に声かけすれば、メンバーに展開できる。ボランティアセンターとしても手続きが簡単になることだった[13]。

ボランティアサークルに参加している人の多くが「地域貢献を通じた自己実現」を入会動機に挙げているが、サークルは設立動機や活動内容によって地域貢献に重点を置いたサークルと、メンバーの自己満足、自己実現に重点を置いたサークルの2つに分けることができる。

「家具転倒防止サークル」は地域貢献に重点を置いたサークルのひとつである。このサークルはボランティアセンターのA氏が阪神・淡路大震災のときに被災地の状況を目の当たりにして、やがて来るだろう巨大地震にどう対処すべきかについて議論したことが設立のきっかけとなった。阪神・淡路大震災のときは家具の転倒でけがをしたという人が負傷者全体の80%近くを占めたことから、家具転倒防止サークルを設立することになった。

家具転倒防止サークルの活動は民生委員を通した活動となっている。ボランティアセンターが民生委員とサークルをつないで活動の場をつくっている。メンバーはすべて技術員か技能員で、トヨタのモノづくりのノウハウを活かした活動となっている。こうした活動にはトヨタのモノづくりのノウハウが活かされやすいとボランティアセンターのE氏は次のように話す。

> 家具の形はそれぞれ異なり、仕事上の改善とか工夫が活きる活動となっている。この方が安全も考慮でき備品が少なくて済むとか、そうした発想は常日頃からのことになっている[14]。

家具転倒防止サークルは2003年から活動を始め、独居老人の家を中心に回っている。民生委員でさえ玄関から先に入れないという家もあり、難しい活動となっている。しかし、豊田市におけるトヨタの信頼度は高く、逆にトヨタでなければこの活動は進まないのではないかと、家具転倒防止サークル代表のF氏は次のように話す。

> 一人暮らしの人の家に入る時、寝室に入るときには必ずトヨタという名前を出して入るようにしている。豊田市では「トヨタさんだったらどうぞ」という面がある。トヨタの名前を出してはじめて安心してもらえる。トヨタ以外からサークルに入った人たちではできない、トヨタという名前があって活動ができる[15]。

家具転倒防止サークルはトヨタが一自動車メーカーを超えた存在として、地域での信頼があればこそ成り立つ活動となっている。また、こうした活動は行政で取り組んでいる地域がほとんどで、本来は行政サービスであるとも考えられる。しかし、トヨタはこの活動を無償でおこなっているため、ニーズは高まっている。修理に必要な備品は会社から支給されているが、実費で年間30万円程度となっている。部材はボランティアサークル「森林キーパーズ」との連携で調達するなどして工夫されている。15人のメンバーのうち6名がOBとなっており、F氏の年齢も59歳である。他のサークル同様メンバーの高齢化が大きな問題となっている。

地域貢献に重点をおいて活動しているサークルとしては森林キーパーズも家具転倒防止サークル同様、多くの地域ニーズを獲得している。代表のG氏は自身の山好きに加え、2005年4月に近隣町村が豊田市へ編入されたことで市の7割近くが森林になり、山の環境整備と保全のため「何とかしなければいけないと思いサークルに入った」と話す。サークルの参加者を含め多いときには170人が参加するという。メンバーは技術員と技能員しかいない。森林キーパーズの活動について、G氏は次のように感想を話す。

山がきれいになることで自分の満足感がある。地域貢献の考え方については、活動しているときに仲間から学んだ。そこから自己満足でやっていたことが、山の保全機能を維持することにつながっていると言うことを学んで、良いことをしているなという気持ちになった[16]。

3　ボランティアサークルの活動――メンバーの自己実現重視型サークル

次に、メンバーの自己満足、自己実現に重点を置いて地域貢献活動を展開しているサークルを見ていきたい。ボランティアサークルへの入会動機については、会社の同僚から声をかけられて入った人もいるが、ほとんどの人が自分自身の満足度を満たすためと答えている。「大型車運転友の会」もそのような人たちによって構成されたサークルである。代表のH氏はサークルのメンバーを「運転が好きな人の集まり」と評し、次のように話す。

運転が好きな人の集まりで、大きい車やバスを運転したいという夢をもった人の集まり。中には社内で取った資格をもっているという人もいるが、私は運転したくて自分で免許をとった。だいたいのメンバーは自分で免許を取っている。会社や主催者が借りたバスを運転することが楽しみで、仕事の経験とかは関係していない[17]。

1998年の長野オリンピックでの運転ボランティアがサークル設立の契機となった「大型車運転友の会」は、豊田市でおこなっている産業フェスタへの参加や障害者施設の送り迎えをしている。年15回程度の活動をおこなっている。メンバーはもともと40人ほどいたが、現在は28人、そのうち6人はOBと社外の人である。サークル設立当初には元自衛隊の人などもいたが、現在はいない。会社からの助成はなく、バスの手配や不慮の事故のための保険の手配はそれぞれの主催者がおこなうことになっている。

「おもちゃシューリーズ」は1999年5月の設立だが、サークル化以前から修理の依頼があるとおもちゃの修理をしていた。そこにボランティアセンターから声がかかり、サークルとなった。当時のメンバーは15名ほどで、現在は社外の人が多くなっている。現在6名はOBで、JAあいち豊田の人もメンバーとなっている。おもちゃシューリーズは自立心が強く、活動助成金も一切受け取っていない。メンバーはモノづくりの現場にいる人が多いが、関連企業の人もいる。そして、このサークルでもメンバーの高齢化が大きな問題となっている。

サークルへの入会動機はさまざまだが、子供が手を離れてようやくボランティア活動ができるようになったことを挙げる人が多い。代表のI氏は自身のサークルへの入会について次のように話す。

親が一人で置いておけない年代になり、同居するようになって、豊田でデイサービスに預かってもらったりしていた。若い職員が自分の親の面倒を一生懸命見てくれているのをみて、自分は何をしているんだろう、と思い、ボランティアセンターに何かできないかと聞きに行ったのがきっかけ。僕は設備の修理をやっていたので、おもちゃの修理があると聞いて参加を決めた。会社の中にボランティアセンター組織があったのがきっかけとして大きい[18]。

上記のようなボランティアサークルは一時、20団体に上った（**表10-1**）。

第4節　トヨタボランティアセンターの活動の広がり

1　活動経験者数、情報提供件数の推移

ボランティアセンター開設当時、社員から出された主な声は「ボランティアをやってもいいけど、ボランティアって何かよくわからない、どこに行けばやれるのか、そこに行って何をするのか」というものだった。そのため、ボランティア情報の不足を補い、十分な量の情報を提供することに活動の重点が置かれた。

情報提供件数は、2007年まで増え続けている。2009年12月以降は活動経験者数、情報提供件数ともにカウントしなくなったが、ボランティアセンター開設時から年々量的に拡大している様子がうかがえる。ただし、情報提供件数が増えたからボランティア活動が充実したとは一概に言えない。カウントされているボランティア活動は持続的におこなわれているものばかりではなく、活動期間1週間のボランティアや、週2時間しか活動しないボランティアなども1件としてカウントされている。

2011年12月現在ボランティアセンターへは約3000人の社員が登録しており、これまで延べで約2万人が活動している。ここ数年は2800～3000人の間で登録者数が推移している。トヨタの社員は現在約6万人で、全体の5%程度の人がボランティアセンターに登録していることになっているが、3000人のうち、「コアとなって活動している人は500人程度」(ボランティアセンター・E氏）とのことで[19]、積極的に活動している社員は社員全体の1%を切っている。ただし、「ボランティアセンターに関係なくボランティアセンターでは数をつかんでいない自主的に活動する社員がいっぱいいる。とくにスポーツ関係で地域で活躍している人は何千人といる[20]」(A氏)。ちなみに、本書でおこなった2009年質問紙調査でみても、トヨタ従業員（フルタイマー:男女ふくむ）で過去1年に「企業や経営団体関連の社会貢献活動」に参加した人は13.7%であった。比率でみればさほど大きな数値ではないが、従業員全体でみれば毎年8000人前後に達していることになる（図10-1)。

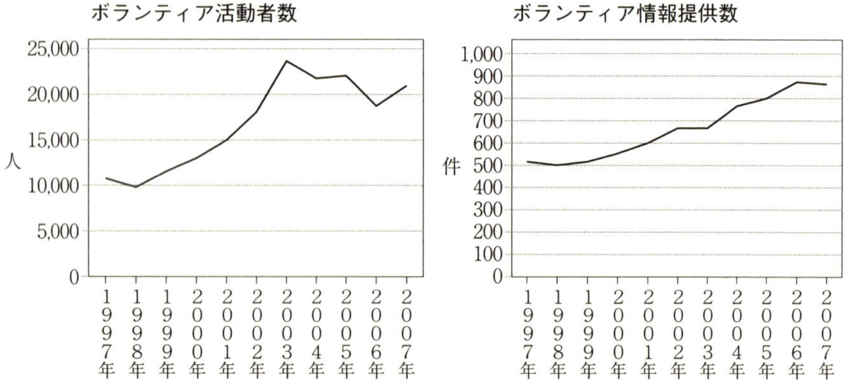

図10-1　活動経験者数、情報提供件数の推移[21]

2　活動の質的向上と社内外での認知度・評価の向上との両立 ——現実的課題

ボランティアセンターに対して会社はどのような形での成果を求めていたのか。成果を形や数字に表現できない部分については、社員のボランティア活動が地域から高く評価されても、外部に正確に伝える方法がないため社内での評価につながらないなどの問題があった。こうした悩みをA氏自身はもっていたが、トヨタもボランティアセンターに対してはとくに数値目標などは示さなかった。会社の姿勢についてA氏は次のように話す。

はっきり僕が覚えているのは会社からのプレッシャーは一切なかった。全部任せっぱなしという感じだった。ただ会社として言えるのは地域貢献がスムーズにできて、より多くの社員が地域にかかわって欲しい、という漠たる希望であった。しかし、それを数値にしていくつにしろとか、何%にしろとか、会社としては一切言ってこなかった。僕らにしてはありがたいし、自分たちのペースで何でもできた[22]。

A氏自身も「活動者数にこだわりはなかった」と話し、活動者数が仮に減ったとしても、質的に向上しているなら成果は大きいと考えていた。しかし、ボランティアセンター開設から10年後、社内での評価の高まりに結びつく出来事がおこった。トヨタボランティアセンターの活動の情報が地域の社会福祉協議会を通じて全国社会福祉協議会に届き、その推薦で2003年に厚生労働大臣賞を受賞したのである。これを機にボランティアセンターは翌2004年に社長表彰を受けた。これによって社内の体制が大きく変化することはなかったというが、トヨタ内でのボランティアセンターの認知度の高まりと外部での評価が変わった。このときのボランティアセンターを取り巻く環境の変化についてA氏は次のように話す。

> 厚生労働大臣賞と社長表彰により、トヨタの中にボランティアという言葉が浸透した。社内のさまざまな団体がボランティア活動を一年間のプログラムの中に入れてくれるようになったり、人事がいろんな教育の中にもボランティアを入れてくれるようになった。社内でボランティアをやりたいという機運が高まった[23]。

3　活動重点分野の確立と海外での活動展開 ——ボランティア活動の新たな方向性

ボランティアセンターでは2011年3月にボランティア活動の考え方の再整理をおこなった。「なぜ社会や地域の課題解決を目的とするのか」「なぜボランティアという手法で取り組むのか」について考え方を整理し、ボランティア活動を、従業員が地域の担い手になるための重要なステップと位置付けた。活動重点分野は、①環境保全、②災害対策、③福祉とした。環境保全は、国内で過密化した人工林の間伐を中心とした森林整備と、海外では植林活動を通じた現地事業体従業員との交流を目的としている。災害対策は、トヨタグループ各社の従業員・家族を対象とした防災講座や、地域に開かれた体験イベントの開催により、巨大地震を想定した防災意識の普及と災害ボランティアの育成を目的としている。福祉はボランティア活動の基本となる分野としてとらえ、児童養護、障害者支援、高齢者支援、国際交流を目的とした活動をおこなうこととした。

重点活動における方針として、社会・地域の要請を反映し、ボランティアに関心のある従業員が活動に踏み出すきっかけとなるような自主企画の立案・実施が謳われた。具体的には、次のようなことが決められた。若年層や子育て世代に魅力的な活動の継続および拡大、地域で定着している活動の継続および拡大、ニーズが減少した活動の縮小や中止。いくつかのボランティアサークルの解散手続きがとられたのも、こうした方針の一環である。

上記の方針に従ってとくに積極的に活動がおこなわれたのが、若年層や子育て世代に魅力的かつ地域ニーズのある自主活動として提案された新規企画であり、その立案・実施であった。海外の新しい事業エリアでの植林活動や、海をフィールドとしたボランティア活動が具体的に検討されている。海外での植林活動については、フィリピントヨタとの活動を継続事業とし、中国での植林活動を中止した。海をフィールドとした活動では蒲郡と愛知県南部の表浜海岸で地域との協働を進めている。蒲郡では障がいのある人の社会参加を促すため、ヨットレースを企画し、地元行政、NPO、地域と一体で進めている。表浜海岸の保全活動では、アカウミガメの産卵地として知られる表浜で砂丘を保全するための運動に新たに取り組んでいる。さらに2012年は東日本大震災の被災地での活動も重要課題として取り組まれている。

小　括　交換論的視点から見た企業の社会貢献活動

最後に、社会貢献活動を通じて構築されたトヨタと豊田市との関係性について、社会的交換という観点から検討したい。企業と地域社会との間には、ある種の社会的交換関係が存在していると考えられる。企業による社会貢献活動は、地域社会や個人・団体に財やサービスを提供する。これに対して、受け手の側は、何も返していないように見えても、その活動を評価し正当性を付与している。その意味で、企業と地域社会との関係は一方的なものではなく、またそう意図しなくても交換関係になる（**図10-2**）。注目すべきは、その交換関係がどのような条件・文脈のもとでおこなわれてきたかである。以下、このような交換論的視点からトヨタのボランティア活動について検討する。

総務部の部付きからスタートしたボランティアセンターは、まもなく開設から21年が経つ。2006年には社会貢献推進部へと移ったが、同部の母体は

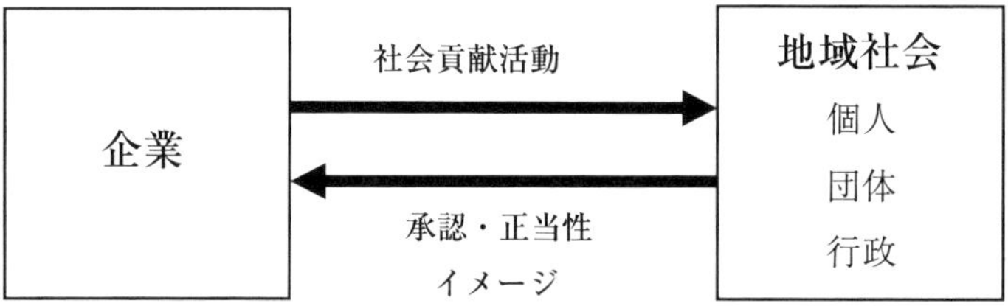

図10-2　企業と地域社会の社会的交換関係

広報部であったため、その影響で徐々に広報の一環としてのボランティアという位置付けが強くなりつつある。総務部付きの時代は地域対策や、地域を中心に考えたボランティア活動をおこなっていた。現在はトヨタの発展にしたがい、グローバルな展開を視野に入れた社会貢献活動や、豊田市を越えた環境問題への対応にも力を入れているが、一方で従来通り地域社会との関係がつよいボランティア活動にも新規に取り組んでいる。トヨタの社会貢献活動は現在、2つの性質をもった活動が併存している状態である。

トヨタが豊田市に工場建設を進めた開発期には用地買収や道路建設をめぐり地域社会に影響力を行使したこともあった。しかし2章で明らかにしたように、成長期から成熟期に入り、トヨタと地域社会の関係は変化してきている。世界有数のグローバル企業に成長したトヨタは地域に経営資源を依存する度合いが減り、地域社会との関係をみると企業側からの貢献が大きくなっている。地域から新たに得られるものはほとんどないようにみえる。それでもトヨタが豊田市およびその周辺地域におけるボランティア活動に積極的なのは、現在、そこにトヨタおよびグループ企業の従業員の多くが生活の根をおろしているからである。彼らの住む地域の環境を向上させることを通じて企業のイメージを良くすることは、従業員の生活とモラールにもかかわるため意義は大きい。ボランティアサークルに入会したトヨタ従業員が入会動機として地域貢献を通じた自己実現を挙げる例が多いのは、地域とのかかわりが深まり、そこでの活動が自らの生きがいや周囲——その多くはまたトヨタ・関連企業の関係者である——からの評価を高めると実感できるからである。こうした意味で、従業員個人レベルでも地域社会との間にある種の社会的交換関係が成立しているため、企業の社会貢献活動はその力を利用すると同時に促進するかたちになっている。このような従業員たちのニーズを受けて、ボランティア活動のさらなる活性化と社内での適正な評価、外部への積極的発信を目的としてボランティアセンターが設置されたのは、関係の変化を受けた自然な流れであった。

上述したように、トヨタの社会貢献活動は現在、グローバルな展開を視野に入れたものと、地域社会との結びつきが強いものの2種類が併存する。前者の多くが経営という観点からおこなわれている活動であるのに対して、後者は現時点では地域的紐帯と社会的貢献意欲が強い一部の従業員が主体的に取り組む活動を取り込みながら組織しているということである。トヨタの社会貢献活動はそれがおこなわれ始めた1960年代から長い間、従業員の定着、地元対策をふくめ、経営的観点から重要であると判断されおこなわれたものがほとんどであった。しかし、グローバル企業へと成長を遂げ、従業員が定住するにつれて、従業員・退職者たちの生きがいを充実させる活動を意識して組織的に対応するようになった。このことは、企業と地域社会の関係が成熟期に入ったことを示しているといえよう。

注

1　聞き取りは2011年11月24日におこなった。
2　聞き取りは2011年11月24日におこなった。
3　聞き取りは2011年11月24日におこなった。
4　聞き取りは2009年5月22日におこなった。
5　聞き取りは2011年11月24日におこなった。
6　聞き取りは2010年9月9日におこなった。
7　聞き取りは2010年9月9日におこなった。
8　NPOの活動資金を集め、分配するために設立された資金調達機関。
9　聞き取りは2011年11月24日におこなった。
10　聞き取りは2011年11月24日におこなった。
11　聞き取りは2011年11月24日におこなった。
12　聞き取りは2011年12月12日におこなった。
13　聞き取りは2011年12月12日におこなった。
14　聞き取りは2011年12月12日におこなった。
15　聞き取りは2011年12月12日におこなった。
16　聞き取りは2011年12月12日におこなった。
17　聞き取りは2011年12月12日におこなった。

18　聞き取りは2011年12月12日におこなった。
19　聞き取りは2011年12月12日におこなった。
20　聞き取りは2011年11月24日におこなった。
21　トヨタボランティアセンターから入手した資料に基づき作成。
22　聞き取りは2011年11月24日におこなった。
23　聞き取りは2011年11月24日におこなった。

コラム：トヨタ・ユニオン・ボランティア（TUV）

労働組合側が組織したボランティアグループとして、トヨタ・ユニオン・ボランティア（TUV）がある。トヨタ労組で地域貢献のために発足したボランティアの研究会（93年）が前身となり、97年に設立された。ボランティア意識が世間で高まってきたこともあるが、定年退職者が増えてきて、お世話になっている地域に何かをしよう、またそうした人を労組としても支援していこうという趣旨で設立された。

内部には、①地域支援のサークル（「どこでもギバー隊」）、②多目的サークル（「エンドレス」）、③施設支援サークル（「スマイル」）、④手話サークル（「デフ・JOY」）、の4つのグループが存在する。団体の事務は労組の会館にあり、それぞれのサークルの事務や情報提供のサポートをしている。4サークル合計で140名ほどメンバーがおり、うち組合員が80名、一般参加者60名（そのうち半分はトヨタの退職者だが、トヨタ以外の地域の人にも開いている）。会費は徴収していない。

①地域支援のサークルは、市の中心にある児ノ口公園が親自然型の公園に改められたときから整備に参加している。月に1度第2日曜日に維持管理の作業をするが、橋のかけかえや道路の補修をやるときにも、自分の得意な技能を持ちより作業をやるのであっという間にできてしまう。学生団体やボーイスカウトの団体、愛護会、老人会、自治区の人も秋祭りなど折にふれて一

緒に活動している。活動から派生して「ホタル飛ばし隊」という活動もできた。帽子や幟旗など、備品に関しては組合からも支援をしている。

②は、労組の会館で集めた古い切手を養護施設H学園に送り、それを使って絵画を制作する支援をしている。ベルマーク、コインも集め、それぞれ別々の市民団体に寄贈するほか、募金は社会福祉協議会に寄付している。③は養護施設で夏祭り、運動会、クリスマス会のイベントのときに行ってお手伝いをする活動、④は耳の不自由な人が職場の人とコミュニケーションをとりたいということで始まった。

広報は組合の広報誌を通じておこなっているが、チラシでは人はなかなか来ない、人の紹介や口コミがやはり有効という。組合としても、毎年テーマを変えボランティアへの意識を高め地域参加をよびかける一般向けの社会人セミナーを開催している（とよた市民活動センター、社会福祉協議会、公益財団法人「あすて」と共催）。また、従来からおこなっている交通安全活動以外に、ここ4年ほどは足助地区の水田を借りて参加者が有機農法で米作りをする「農業体験」に組合として取り組んでいる。トヨタ自動車労働組合も、時代とともに少しずつ地域社会とのかかわりを変化させているといえよう。

（2007年8月30日に事務局に実施したインタビューと2013年8月6日に組合役員に実施した補充調査による）

（文・丹辺宣彦）

第11章　自動車産業退職者の定年帰農
――豊田市農ライフ創生センターに注目して

中村　麻理

本章では、豊田市農ライフ創生センターとその修了者組織である豊田農ライフの会を事例として、自動車産業退職者による「定年帰農」に焦点をあてる。トヨタ自動車に勤務する団塊の世代が大量に定年退職するに際し、「クルマのまち」として知られる豊田市に設立されたのが豊田市農ライフ創生センターであり、農業研修や農地斡旋といった事業をおこなっている。本事例に注目することにより、豊田市に独特な定年帰農のパターン、自動車産業従業者の地域生活のありようが農地確保に与える影響、前職と生きがい型農業の関連等を明らかにすることがここでのねらいである。定年帰農の類型については、先行研究では農家居住の非農業従事者による「定年農業専従」、Uターンの「定年農村還流」、非農家出身の都市住民が定年後に農村へ参入する「定年農業参入」の3つに区分されているが、豊田市農ライフ創生センターを経て就農した自動車産業退職者のケースでは、「定年農業専従」に加え、高度経済成長期に豊田市に移住した人々がそのまま定着し、転居せずそのまま新規就農する「豊田型定年帰農」という新たなパターンを見出すことができた。また、先行研究では新規就農者による土地確保の困難さが農業参入の障壁のひとつとして指摘されているが、自動車産業退職後の定年帰農者の場合、豊田市農ライフ創生センターの支援体制に加え、居住の長期化にともなって彼らが地域紐帯を強めてきたことが、農地確保を容易にしていることがわかった。最後に、彼らの生きがい農業について言えば、自動車産業従業時代に培った能力を生かし、成果を出すための工夫を楽しむという共通性がそのユニークな特徴として析出できた。

第1節　はじめに——豊田市と農業

豊田市の中心的地域である挙母地区で養蚕業が興ったのは明治10年ごろ、すなわち、1870年代後半のことである。その後、繭の大産地として発展し、終戦後の時期まで養蚕業は栄えた。しかし、1938年にトヨタ自動車工場を誘致し、それまでは農業の町であった当地域が自動車産業の町へと変貌していったことは、よく知られている（東海農政局 1982: 8）。1960年代から70年代初頭にかけての高度経済成長期には、自動車産業への就労を契機に多くの人々が豊田市へと移住した。彼らが定年退職の時期を迎えるに至り、「定年退職者などを新たな農業の担い手として育成し、『生きがい型農業』の実践を支援することで、遊休農地の活用と高年齢者の生きがいづくりを進める」ために、2004年に創設されたのが「豊田市農ライフ創生センター」である。

1980年代に著された先行研究には、地域農業は減退しつつあるが、豊田市においては工業化が農業を直線的には破壊しておらず、「農工両全」的展開を見ているという記述がある（都丸・窪田・遠藤 1987: 114-6）。現在、上郷・高岡地区等では土地の利用集積が進んでおり、農業生産法人が水稲を中心とした大規模経営を担ってきたこともあって、豊田市の米の産出額は愛知県内有数となっている。また、この地区の特産品としては梨、柿、桃、ブルーベリー等の果実、白菜、スイカ、自然薯等の野菜、シンビジウム、小菊、シクラメンといった花卉などがあり、これらの作物のブランド化が進められている（豊田市 2007b: 7）。このように地域農業は一定程度維持されているものの、豊田市の総農家数は常に減少傾向にあり、さらに、その大半は自給的農家ないし第2種兼業農家であることがわかる（**図11-1**）。このような地域農業の概況をふまえたうえで、本章では自動車産業を退職した人々が「定年帰農」し、地域農業の新たな担い手として現れつつある現状を報告する。

ここで、「定年帰農」を定義しておく必要があるだろう。本章では、「定年帰農」という言葉を、「定年退職後（およびその前後を含む）に就農する」（農協共済総合研究所・田畑 2005）という意味で用いる。ところで、「定年帰農」といっても就農に至る経緯は一律ではない。「定年帰農」ルートの類型を整理

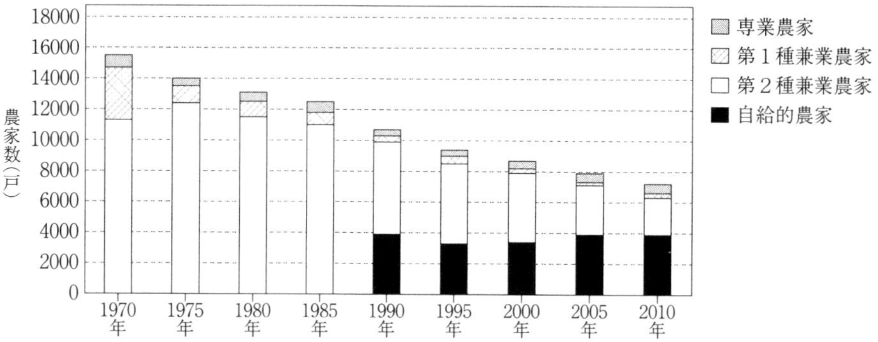

図11-1　豊田市における農家数の推移

資料：農林業センサス

している先行研究では、農業に還流する以前の居住状況によって「定年帰農」を次の3つに区分している。①農家に居住して他産業に従事していた労働力が定年を契機に農業従事を強化し、専業従事する「定年農業専従」、②農家出身者で都市部などに他出して他産業に従事していた労働力が定年退職を契機に出身地にUターンする「定年農村還流」、③非農家出身の都市住民が定年後に農村へ参入する「定年農業参入」である。澤田は農家数としては「定年農業専従」が多いことを指摘し、「定年農村還流」はUターン者、「定年農業参入」は新規参入者であると改めて位置づけている（澤田 2003: 93）。それでは、豊田市における自動車産業退職者の定年帰農のパターンはどのようなものなのだろうか。豊田市においては、農村的な環境を残しつつ、工場建設、従業員向け住宅建設等が進められ、いわゆる「低密分散的市街地」が形成されてきた（都丸・窪田・遠藤 1987: 168-88）。先行研究で整理されていた「定年帰農」の3区分のいずれのパターンが多いのか、あるいは、別のパターンが見出されるのかといったことを明らかにしていくことが、ここでの第一の課題である。

定年帰農③のパターン「定年農業参入」はいわゆる新規就農である。新規参入に際しては、経済的な条件、農業技術や農地の確保、家族の理解の問題等、複数の参入障壁がある（堀田 2009）。障壁のひとつに地域とのつながりの構築があり、これを扱った先行研究では、日常的なつきあいのなかで新規参入者が信用されるようになり、当初は困難だった土地確保が可能になった過程が明らかにされている（三須田 2005）。従来型の豊田－トヨタ研究では自動車産業就業者の地域社会との紐帯は弱いとされていたが（都丸・窪田・遠藤 1987）、「予想に反し、自動車産業就業者男性、とくにトヨタ従業員たちの住民活動参加は活発であり、そこには彼ら自身の――居住の長期化と地域の職縁に媒介された――地域的紐帯の強さという要因が効いている」ことが近年の研究で指摘されている（丹辺 2011）。そこで、自動車産業退職後の豊田市農ライフ創生センター修了生がどのように土地を確保したのかを、とくに「地域との関連性」に注目して明らかにすることを、第二の課題とする。

ところで、農ライフ創生センターの事例は「生きがい農業」の成功事例として知られている。新規参入者の就農動機を「事業志向」的動機と「生活志向」的動機に分類した秋津の先行研究を受けて（秋津 1998: 190-1）、堀田は新規就農者を「独立した起業家になることを目的」とした「事業指向型」新規就農者と、「他産業への就業や年金等の獲得が見込まれ、農業を副業的位置づけとする場合が多く見られる」ような「生活志向型」新規就農者に分類している。そのうえで、後者を対象とした受け入れ機関の優良事例として豊田市農ライフ創生センターを挙げている（堀田 2009: 17-21）。これ以外にも、東海農政局広報誌『View』2007年夏号などでも優良事例として取り上げられている（東海農政局 2007）。また、方向性は異なるが、農ライフ創生センター研修生に注目しつつ、農業を介して個人が脆弱性と向き合うことを扱った先行研究もある（Muramatsu 2012）。では、自動車産業退職後の定年帰農者は農業にどのような「生きがい」を見出しているのだろうか。高齢者にとっての「農」の意義を扱った先行研究では、健康力増進や社会参加による生きがい創出といった内容が指摘されている（松宮 2011）。最後に第三の課題として、自動車退職者に特徴的な前職と関連した農の「生きがい」のありようを描き出したいと考えている。

第2節　「豊田市農ライフ創生センター」と修了者組織「豊田農ライフの会」

1　農ライフ創生センターの概要

豊田市農ライフ創生センター前所長によれば、農ライフ創生センターの設立の契機は、「トヨタ自動車の雇用者が大量退職を迎えることだった。団塊世代をどうするのかということと、増え続ける耕作放棄地の問題を同時に解決しようとしたこと」であり、その実現には「鈴木市長の選挙公約であったため、豊田市のなかでトップダウンにより取り組まれた」ことが寄与したのだという[1]。2001年に検討が開始され、02年12月には関係団体の協議が始まった。翌年の03年6月には（仮称）営農支援センター設立準備会が発足した。設立準備会には、行政機関、農協などの農業団体、豊田市地方公設卸売市場協会、商工会議所、住民等に加え、トヨタ自動車労働組合、連合愛知、連合愛知豊田地域連絡協議会のような労働組合も参加していた。

農ライフ創生センターは、愛知環状鉄道四郷駅近くに位置し、センター建物に研修農場を併設、舞木町に実習果樹園も有している。これ以外に、高岡研修所と下山研修所にも実習農場がある。運営主体は豊田市とあいち豊田農業協同組合で、市職員と農協職員が勤務している。事業予算については豊田市が全額を負担しているが、前所長によれば、センターを技術面・資源面で農協が支えているという。センターの主要事業は、①研修事業（農作物栽培技術研修）、②農地仲介事業、③農家仲介事業、④研究開発事業の4つである。

農作物栽培技術研修は初級者向けと中・上級向けに分かれている。本章に関係する中・上級コースには2004年開設以来の「担い手作りコース」と、2009年に始まった農地所有者対象の「農地活用帰農コース」がある。「担い手作りコース」が対象とするのは、市内で就農または援農を希望する65歳以下の非農家の人々であり、受講料は年1万円である。講義・実技によって農作物の栽培技術や農業経営を2年間学んだ修了者には、市内で1反（約9.9アール）以上の農地が斡旋される仕組みになっており、センター発行の2013年度「事業概要」によれば、これまでに37万9428m^{2}の遊休農地がセンターから研修生に仲介・斡旋されている。また、「農地活用帰農コース」は、市内に1反以上の農地を所有している人を対象としており、研修期間は1年間となっている。両コースとも、修了生は豊田市農ライフ創生センターの農機具を有償で借りることができる。2013年度段階、センター開設以来の両コースの修了者は410名、在籍者数は131名である。なお、担い手作りコース修了者のうち、約80%がなんらかの形で就農しているという。研修生の入所時年齢に関しては、主力はやはり60代で、これまでの参加者の44%を、次いで50代が27%を占めており、残りの29%は20~40代である。性別については、男性が74%、女性が26%となっている[2]。

2　修了者組織「豊田農ライフの会」

2009年11月には、修了者組織「豊田農ライフの会」が結成されている。会の規約によれば、会員として加入できるのは豊田市農ライフ創生センター修了生であり、活動内容は「①会員相互の親睦を図る、②会員相互の情報交換をおこなう、③地域農業への貢献を図る、④会員相互の営農活動支援等をおこなう、⑤会員相互の意志により諸行事をおこなう」ことである。

運営組織として、会員が生産した安全で新鮮な地元野菜を市民に提供する活動を実施する「販売委員会」、収穫祭の開催等を担当する「会員交流委員会」、豊田産業フェスタの参加等を担う「地域交流委員会」、ホームページ立ち上げ研究等をおこなう「総務委員会」を設置している。販売委員会については、その下に「産直販売部会」「メグリア部会」「学校給食部会」の3つの部会が設置されている。

2013年3月現在、「産直販売部会」には約50名が参加し、JAあいち豊田産直プラザ屋外ブースでの対面販売活動を行っている。「メグリア部会」は、トヨタ生活協同組合（メグリア）の「地元野菜コーナー」で販売する野菜の納入を実施している。豊一豊田青果㈱が会員から農作物を買い取り、生協に卸す仕組みとなっている。生協への納入は2010年10月にスタートし、現在では約70名が部会に参加している。豊田農ライフの会では、この部会活動の目的を「地産地消機会の拡大」であると位置づけているという。「学校給食部会」には約30名が所属し、豊田市の学校給食センターに野菜を納入している。農ライフの会では、学校給食への納入を「豊田市に住む子どもたちを対象とした食育推進に貢献」する活動であると考えている。学校給食納入は、豊田市教育委員会保健給食課からのアプローチにより、豊田農ライフの会の設立準備段階で始まった。保健給食課担当者によれば、地場産学校給食を推進したいが、個々の生産者をとりまとめることは困難なのだという。農ライフの会との取り組みは、生産者が組織されているというメリットに加え、会員に会社員経験者が多いため、調整能力に優れ、交渉がしやすいのも良いという。「学校給食部会」では、野菜の納入だけでなく、小学校での食育活動も実施している。「授業をやるのは嫌がるかと思ったが、積極的に参加してくれている。耕作放棄地と退職者を結びつけて農業者を育成し、その人たちに学校給食に野菜を納入してもらい、子どもたちとの交流の場を創出する。高齢者の生きがいづくりという面でも給食が貢献できているのではないか」と担当者は語っている[3]。このように豊田農ライフの会は発足から間もないにもかかわらず、JA産直プラザ前での朝市の開催を皮切りに、豊田市の学校給食センターやトヨタ生協への納入といった目覚しい実績を上げている。豊田市の保健給食課担当者の発言からもわかるように、役員を務める退職者層が前職で培った実務能力が、これらの実績を上げてきた要因のひとつとなっていると考えられる。

第3節　豊田農ライフの会の自動車産業退職者像
——会員アンケートの結果から

前節で述べたように、会員の企業経験が「豊田農ライフの会」の発展の一要因となっている。そもそも豊田市農ライフ創生センター設立の契機は、団塊の世代のトヨタ自動車の雇用者たちが大量退職することであったが、トヨタ退職者は農ライフの会にどれくらい加入しているのであろうか。2011年9月、豊田農ライフの会の全会員を対象とするアンケート調査を実施した[4]。「これまで一番長く勤めた会社は？」という問いに対して、42名（28.4%）が「トヨタ自動車」、22名（14.9%）が「トヨタ関連企業」、84名（56.8%）が「その他」と回答し、トヨタ自動車とその関連企業出身者が半数近くを占めていた。なお、男女の割合については、「その他」では男性が56名、女性が

28名であるのに対し、「トヨタ自動車」では男性40名、女性2名である。年齢に関しては、「トヨタ自動車」において60歳未満は1名のみで、ほぼ全員が退職者層である。他方、「その他」では約3分の1（83名中28名）が60歳未満であった。現在、豊田市に住んでいる場合には、居住年数も聞いている。「その他」では60年以上が最多であるものの、居住年数はさまざまである。他方、「トヨタ自動車」では圧倒的に「40〜60年」に集中している。これは高度経済成長期に就業した者が多いことを示している。次いで多い「60年以上」は豊田市内出身者であると考えられる（**図11-2**）。

また、「その他」では県外出身者が16%であるのに対し、「トヨタ自動車」では57%を占めている（**図11-3**）。親世代の農業従事については、「その他」

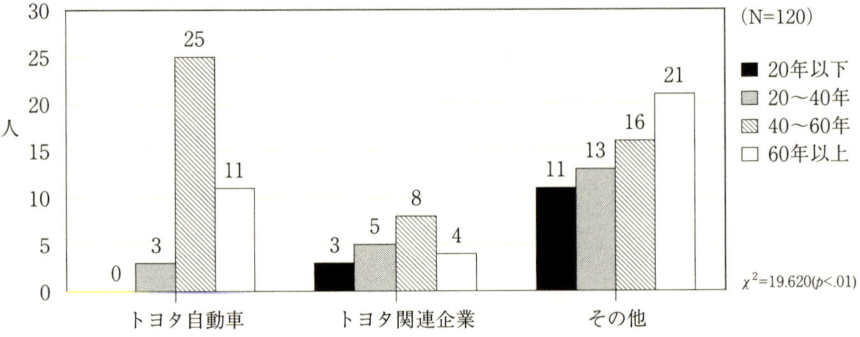

図11-2　豊田農ライフの会会員の豊田市居住年数

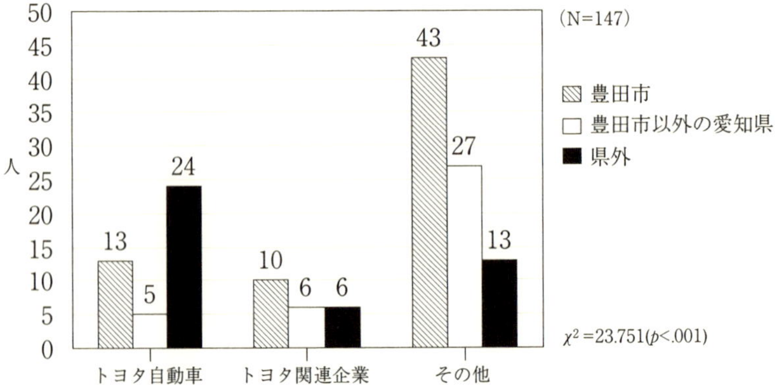

図11-3　豊田農ライフの会会員の中学卒業時の居住地

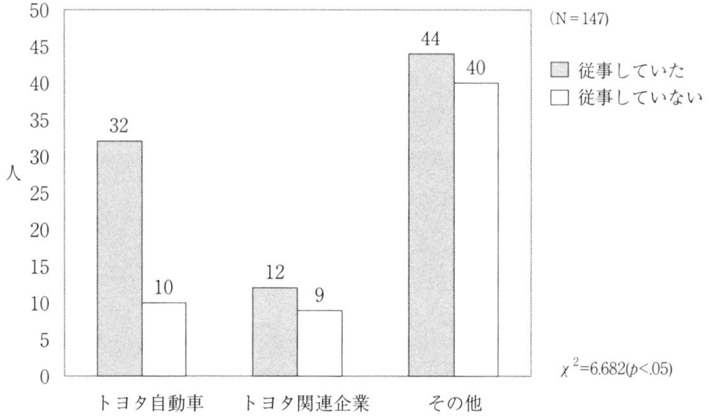

図11-4　豊田農ライフの会会員の実家の農業従事

でも従事していた者が5割強を占めているが、「トヨタ自動車」では4分の3を超えている（**図11-4**）。

本節では全会員に対する数量調査をもとに、豊田農ライフの会で活動する自動車産業退職者像を探ってきた。まず、男性が圧倒的である。豊田市内出身者も一定数を占めるが、県外から高度経済成長期に豊田市に移住し、40~60年という比較的長い居住歴をもつ、農家出身者が多いのではないかと考えられる。

第4節　自動車産業退職後の定年帰農者への聞き取り調査から

本節では、トヨタ自動車OBに焦点をあて、自動車産業を退職した定年帰農者の具体的な姿についてみてみる。2010年11月から翌年3月にかけて、豊田農ライフの会で積極的に活動している自動車産業退職後の定年帰農者を対象として選択し、聞き取り調査を実施した。**表11-1**は調査対象者の概要を一覧にしたものである。ここでは調査における聞き取り内容のうち、トヨタ自動車時代の仕事、就農動機、土地確保の方法、農業へのこだわりや楽しさ・やりがい等、冒頭に提示した課題と関連する項目について紹介する。

表11-1　聞き取り調査対象者一覧

	入所年	年齢	出身	親世代	耕作面積	土地確保	就農に伴う移住
A	2004	71歳	富山県	専業農家	2反	センターの斡旋	なし
B	2004	73歳	県内他市	兼業農家	200坪	知人の紹介	なし
C	2006	70歳	佐賀県	兼業農家	1反2畝	知人の紹介	なし
D	2006	69歳	長崎県	専業農家	5反	知人の紹介	なし
E	2007	62歳	三重県	兼業農家	4反	妻の知人の紹介	なし
F	2007	65歳	豊田市	兼業農家	3反	農地所有	なし
G	2008	64歳	和歌山県	兼業農家	1反	センターの斡旋	なし
H	2009	62歳	豊田市	兼業農家	1反5畝	農地所有	なし
I	2010	62歳	福岡県	非農家	1反	知人の紹介	なし

※年齢は聞き取り調査実施時のもの。1坪＝3.3m^2、1畝＝99m^2、1反＝991m^2。

1　Aさん

トヨタ自動車入社時に豊田市に転入。元町の製造部に配属後、本社生産管理部、元町工場の技術員室などを経験し、60歳で退職。退職後も東京に本社のあるコンサルティング会社にて、中小企業を対象としたトヨタ生産方式の指導に携わる。現在も、豊田商工会議所の「とよたキャリアプラーザ協議会」でカイゼンアドバイスを担当しているという。

在職中から、60歳を過ぎたら何か始めたいと考えていたが、親世代が専業農家で子ども時代は農作業を手伝うことがあたりまえだったこともあって、農業関係で何かしたいと思い、「山のほうに行って適当な土地をみつけて自給自足をするのもいいな」とか、「みかんの産地やりんごの産地にシーズンごとに行く援農もいいな」などと検討。そんな折、豊田市の広報で担い手を育成するという取り組み、すなわち農ライフ創生センター事業が始まることを知り、退職後の生きがいづくりになると思い、64歳でセンター1期生として入所した。研修修了後、自宅近くの圃場をセンターから斡旋してもらい、主にいちじくを生産している。

Aさんは「トヨタ生産方式は自分の農業に影響を与えている。効率を上げることやコストカットを常に考えている。例えば、欲をかいて畝の間隔をせまくしたり、木と木の間を狭くしたりすると、かえっていけない。工場において動線を考えることが重要だが、農業でも同じ。木と木の間隔や、畝と畝の間隔を適切に確保しないと、作業効率が落ちる」と、トヨタ生産方式が自分の農業に深い影響を与えているとしている。「常にもっと効率よく、もっと安く、をトヨタ時代にたたきこまれた。農業でも道具をもたず、経費を少なく、無駄のないやり方を模索。……農機具もセンターから借りる。買うより安い。成果がやりがい。もっといい方法を、と考えること自体が楽しい」とし、「やろうと決めた以上は『成果』を出したい。企業での仕事は、いいものを安くつくる、結果として成果となる。農業も同じこと。いいものをつくると収入につながる。これが目に見える成果であり、農業に対するモチベーションとなっている」と、農業で「工夫」して「成果」を出すことが農の「生きがい」であると語っている。また、「少しでも農業に貢献したいという気持ち。地域農業の担い手として、農業を支えていければと思っている」と述べている。

2　Bさん

トヨタ自動車入社と同時に豊田市転入。機械計算部に配属され、昭和40年代の初頭からはトヨタのカンバン方式のもととなる電子表示のシステム設計に携わり、プログラミング業務に約12年間従事した。「あのころは忙しくて大変だったけど、楽しかった」と会社人生で最も充実した時期だったとBさんは語る。その後、労組を経て、田原工場の立ち上げ時にはシステム部門に配属となった。本社人事部門等を経て、55歳でトヨタの100%出資子会社であるトヨタアメニティに出向し、8年半をすごす。

64歳で2002年開校の豊田市高年大学の第1期生となり、「環境農学科」で初心者向けの農業講習を受講。農ライフ創生センターに入所したのは、高年大学の延長という側面もあるが、60歳から64歳まで役員を務めていた自治区に勧誘があったこともきっかけになったという。健康維持にいいということで入所を決意し、1期生となった。研修修了後、コミットしていた地域の老人クラブのメンバーで農地を貸してくれる人があり、農ライフ創生センターで借りるための手続きをしてもらった。ちなみに、老人クラブや自治区のほか、子どもが12歳のときのソフトボール同好会の立ち上げ、ボーイスカウトの立ち上げ等、地域活動にも尽力してきたという。

Bさんは、「農業による達成感が大きなモチベーション」になっているという。「試行錯誤を重ねていて、農家にほめられるとうれしい」し、「例えば、サトイモだったら、専門の農家より早くつくりたい」として、「仕事時代の気持ち。『やるなら成果を出したい』農業」と話す。また、「給食への出荷などで地域貢献できれば。お金ではない」と語る。お金が第一ではなく、「成果」を出すこと自体を楽しむ姿勢がBさんにも見られる。

3　Cさん

トヨタ自動車入社時に豊田市に転入。総務・人事畑を歩み、最後の10年は技術管理部の従業員の健康管理業務に携わる。定年は60歳であるが、65歳まで派遣社員として就労延長。とくにメンタルヘルス関連業務が主体で、不調を訴える社員と面談し、必要に応じて産業医に相談させたり、病院への通院を勧めたりしていたという。

仕事を終える前年の64歳のとき、知り合いが現在の圃場を借りないかと紹介してくれたのが、農業を始めたきっかけだという。このときの広さは今の半分程度だったが、何の抵抗もなくやってみようかと思った。「考えてみれば、以前からやってみたいという漠然とした憧れがあったのかもしれない」という。65歳で退職。退職後は「何か生きがいをみつけないと」と思い、本格的に農業を始めようと農ライフ創生センター3期生となる。地域活動については、子ども会のラインサッカーチームの監督を皮切りに、役員を引き受けるなど、自治区活動には積極的に関与してきた。住んでいるのだから、仕事ばかりでなく、地域活動にも参加すべきと思っていたという。

Cさんは、「仕事は計画的にするのが当然だが、農業も然り。最初にプランをたて、計画的にサイクルをまわしていくのが自分の農業のやりかた。去年失敗したことは反省して繰り返さないようにする。工場と違って自然相手なので同じことを繰り返してもいけないが、だから仕方ないではなく、だからこそ一層のデータ管理が重要」だという。そして、「収益を上げることが楽しい。面積あたりの収益は普通より高いと思う。人と同じ当たり前のことをしていては、収益は上がらない」と、品種の選択や出荷時期を工夫して、単位面積当たりの収益を上げるようにしており、こうして工夫する「毎日が楽しい」し、「手をかけるといいものができる。手抜きすると、それなりのものしかできない」から、成果を感じられていいのだという。年金で暮らせるのでお金は第一ではないが、工夫して利益を上げることにやりがい、楽しさを感じているという。

4　Dさん

Dさんは自衛隊を経て、27歳でトヨタ自動車に入社。それ以来、豊田市に住んでいる。トヨタ自動車では本社のデザイン部で新車開発のためのクレイモデルをつくる技能工として勤務。農業を始めたきっかけは、自治区の旅行で知り合いに農業をやってみたいと話したことだった。その知り合いが地主を紹介してくれ、土地を借りることになった。ちなみに、自治区の活動については、役職はひととおり経験したという。農ライフ創生センターには、センターで講師をしていた会社の先輩から勧められ、3期生として入所した。

Dさんは、「農業は健康と生きがい。自分のつくった野菜をおいしいと言ってもらえるのがうれしい」と農業によって得られる喜びを語る。さらに、「トヨタ自動車にいたころの習慣は、野菜づくりとつながっている。やり方を変えてみたらよくなるのではないかと、創意工夫を繰り返す。アイデアによって、作業を楽にしたり、よりよいものをつくったりということは、職場で培ったもの」であると、現役時代の仕事での経験が農業に活かされていると話す。例えば、「農業は人と同じことをやっていたら駄目。1週間早く出すか、遅く出すだけで価格が違う」とし、「QCサークルの習慣で、データと照らし合わせるのは農業でも。例えば、出荷する際には価格変動データを参考にする。だいたいこの時期に出すと良い値段で出荷できるということを考え、計画的に生産する」ようにしているという。

5　Eさん

地元での販売の仕事を経て、トヨタ自動車に勤務していた兄の紹介により、トヨタ自動車に転職。57歳で早期退職するまで、一貫して生産技術関係。40代後半からは海外部門で、海外事業所の立ち上げにかかわる。海外進出の際には、現地工場における技術伝達が課題となるが、本来ならば10年で習得するような技術を、1年で習得させることができなければ、工場の立ち上げは不可能である。そこで必要となるのが、技術をできるだけ数値におきかえる標準化である。いわゆる固有技術といわれる部分について、よくよく調べてみると数値でおきかえられる部分がたくさんあるのだという。数値をプログラミングして加工用機械に習得させ、今まで手でやっていたことを機械にさせる。どうしても機械に置き換えられない部分はあるが、その部分について集中的にトレーニングするだけでよくなるため、メリットが大きい。

会社員時代は、いわゆる「仕事人間」だったが、退職後は「自分のために生きてもいいのではないか」と考え、農業をはじめることを決意する。退職後の1年間、自分でいろいろなことを勉強していたが、市の広報で農ライフ創生センターのことを知り、58歳で4期生として入所。土地は配偶者の知人に紹介してもらったという。

定年帰農した今、Eさんは農業での標準化に意欲を見せる。「以前、スイカづくりのエキスパートのところに勉強に行ったことがある。結局は、JAや農業普及科の指導員の言っていることと同じだった。彼らもそれに従って栽培しているので」職人芸的な部分は本人に意識化されていないと語る。「自分自身で検証するしかない。なぜこの肥料がいいのかエキスパートに問うても、自分が満足いく答えは得られなかった。理想的にはスイカのエキスパートが3人いたとすると、3つのケーススタディをすりあわせて、データをつきあわせるなら、ある程度検証できるはず。しかし、そういう動きにならない。農業普及員にも農業もいつまでもアナログではいけないと言っている」という。JAは正組合員。「部会で来年の夏にそなえての話し合いをした際、遮光ネットをはる方法によって、地温を上げるのをふせごうということになった。遮光ネットには50%、70%、90%とランクがあるが、何%がいいのかを検証しようと提案。投資がともなうこともあり、総意は得られなかったが、有志で検証に取り組むことに。結果がでれば、標準化の動きに賛同してくれる人も増えるのではないか」と、組織的な農業における標準化にも取り組みたいとしている。また、「会社員時代は仕事をがんばることで地域貢献してきたが、これからは給食に出荷することで地域貢献をしていきたい」

と、農業による地域貢献が生きがいになっているとしている。

6　Fさん

Fさんは豊田市出身で農家の後継ぎ。兼業のために地元就職したという。事技系の配属となり、購買部では設備購入の仕事に従事。1973年のオイルショックの翌年、海外部門へ移り、調達で買った設備を自販に売る仕事に携わる。当時の海外工場は部品を全部日本から持ち込み、組み立てのみ行っていたが、その後、貿易摩擦により海外で部品生産もおこなう方向に転換。トヨタ自販ではできない業務だったので、トヨタ自工がのりだすことになり、本格的な海外進出に向け、両者は合併。Fさんは海外での現地調達の仕事につくことになる。1977年からの4年間はオーストラリアのメルボルンに家族で赴任。次は日本において海外部門で進出計画をたてる仕事に15年間従事した。海外勤務の際は、水田は近所の農業法人に預けていた。農家の子供なので、農繁期にはなんでも手伝った。その経験もあり、トラクター、コンバインも揃っていたが、肥料のやり方等の基礎的なことを農ライフに入って学ぼうと思い、5期生として農ライフ創生センターに入所した。

Fさんにとって、農業は「あくまで趣味」だという。「農業は奥が深い。頭を使うし、手先も使う。農業やっている人は元気。農業は頭と体の両方を使うし、バランスがいい」とし、「仕事時代は人間関係ストレスが強かったが、今はそれがなく、無心になれるのがいい」と農業の良さを語る。仕事時代の習慣からか、「ようじっとしていない」のだという。「仕事は理屈が大事だし、納得するまで話し合う。事業をすすめるときは必ず、理路整然としていないといけなかったが、農業でもそういうところがある。畑もピシッとしていないと気がすまない。メジャーではかって。近所の農家さんには違うねといわれる。それに、人に負けたくない。コンチクショウという気持ちが強い。今年こうだったから、来年はこうしようと思う。次は絶対失敗しないぞと。われわれの世代は競争心や向上心が強い」と現役時代の仕事と農業のやり方の共通項を語っている。

7　Gさん

トヨタ自動車入社時より、豊田市に定住。入社より退職まで、技術部門で開発の仕事に携わる。具体的には振動や騒音に関する車両の評価試験。忙しいと同時に、難しい仕事だった。振動は目に見えないが、目に見えないものを目に見えるようにする。現在でも耳で聞いたものを波形で表現することができる。今は優れた計測機械があるが、間違っていることもあるのだという。スキルドパートナーとして3年延長し、63歳で退職した。

農業を始めたそもそものきっかけは、車両テストのため、インドネシアの田舎の道路を走っていたとき。当時は仕事に疲れていて、ところどころにやしの木がある棚田が現れ、「本当にほっとした。それがきっかけとなって、野菜づくりでもやってみるかと思った」という。61歳で5期生として入所し、研修修了後、農ライフ創生センターに1反の農地を斡旋してもらい、新規就農した。

Gさんは、農業は「趣味の延長」なので、「第一に自分が食べたいものをつくる」という。農協の産直にも出荷しているが、「産直は名前が出るし、プライドがある。へんなものは出せない」というこだわりがある。「会社では知恵を出して指示すれば部下がやってくれたが、こればっかりは自分が手をかけないといけない。そこが会社と違う。手をかけた分、実っていくのがいい。やるからにはちゃんとやりたい。草取りも丁寧にやる。性分だと思うが。根気がいる作業。ちゃんと草取りしないと、見た目でおいしくないと思えてしまう。売るからには、やはりいいものを売りたい」という。「農業は計画をたてても計画どおりにはなかなかいかない。自然まかせだから。仕事はある程度計画がたてられるし、わからないことでも仮説・仮説で目標に近づけることができる。農業は自然相手なのでなんともならない。(猛暑の)去年はそうだった。ひどく暑かったので、灌水チューブをマルチの下に通してナスに水をやった。このように工夫・挑戦するのが楽しい。他の皆さんが出荷しないときに出すのがいい。時期をずらしてつくって喜んでもらえる。このように『成果』を出すのが快感」だと、やはり「成果」が農業の喜びであるとしている。

8　Hさん

トヨタ関連企業に3ヶ月くらい勤めて退職。その後、トヨタ自動車に入社し、42年間元町工場に勤務。はじめはラインで、その後、検査業務の担当となる。トヨタ自動車に入社したのは、兼業農家なので、家の近くに勤める必要があったため。水田1反は会社員時代も耕作を続けていた。定年後、畑も耕作するつもりで、母親に習う予定だったが、その前に亡くなったため、60歳定年時に農地活用帰農コースに入った。農ライフ創生センターを知ったのは、会社の後輩がパンフレットを見せてくれたからだという。

Hさんにとって「農業は趣味」。しかし、野菜づくりは「真剣に取り組むかどうかが大事」だという。「農業は手間をかけるかどうか次第。暦どおりやれば問題ない。何でも、手をかければそのようにできる」という。とにかく「やる気があるかどうか。モノがきれいにできればうれしいし、失敗すると……。農業は雑草との戦い。やるかやらないかで作物がぜんぜん違ってくる。雑草に強いものだけつくっていれば別だが。『きれい』は形がきれいなこと。タコ足とか変な形になるのは、肥料次第。肥料が多いとタコ足になる。適当にやっていては何でも駄目」だと、農業に真剣に取り組んでいる。

9　Iさん

トヨタ自動車入社以来、元町工場に勤務し、車両の仕事に携わる。品質管理ではメーカーから仕入れる部品のチェックも担当業務だった。不良品が出ないように管理するのは大変で、「電話が鳴ると心臓がバクバクした」という。職場ではQCサークル活動がさかんで、週に1回は活動があり、勉強が大変だったと振り返る。

農業を始めたのは、もともと好きだったから。40代で家庭菜園を始める。豊田市の市民農園で8坪（約26m^2）を借りたのが6年前で、市民農園は3年契約だったが、次の抽選にはずれてしまい、自治区の組の忘年会で知り合いに相談したところ、その知り合いが地主を紹介してくれて、3年前まずは小さな区画を借りることができた。その後、拡大して現在の1反となるに至っている。毎日行って農作業をやっているのを見られ、地主に信頼されたことが農地確保につながったという。「農業は土地さえあればいいというものではないと思う。人と人との横のつながりが不可欠」だとIさんは強調する。

Iさんは、「農業日誌は毎日つけている。3年日誌形式なので、去年のいまごろどうだったかのかが参考になる。業務日誌と同じ。失敗したことなど記録しておく」のだとし、仕事時代の習慣が農業にも活きていると語る。また、「みんなが出すときに出したのではいけない。普通より早く収穫して収益を上げる。一人ひとりが工夫しないといけない。『のんべんだらり』ではいけない。人がとれないときに。温室できゅうりを11月に収穫したり。市場に出回らないときに。後ろに時期をずらしたり。顧客で『きゅうりが大きいと子供が食べない』という人があり、それに大きさを合わせている。工夫すること自体が楽しい」と、「工夫」することが「生きがい」になっているという。「みなさんがおいしいといってくれることがうれしい。おいしいといわれると、これでいいのかなと思う。おいしかったといわれ、また注文が来ると、またがんばろう、またいいものをつくろうと思う。単に並べるのではなく、反応が返ってくるのがうれしい。それが生産者の喜びなのではないか」としている。

小　括

高度経済成長期に豊田市に流入した団塊の世代の自動車産業従業者が大量退職を迎えることを背景に、担い手不足の問題や耕作放棄地問題への対応という意味あいも併せもちながら、豊田市農ライフ創生センターが設立された。同センターは、20~40代の若い世代も惹きつけつつ、自動車産業退職者を新規就農者として毎年輩出している。

冒頭で示した通り、本章の第一の課題は、豊田市における「定年帰農」のパターンを明らかにすることであった。先行研究では「①農家に居住して他産業に従事していた労働力が定年を契機に農業従事を強化し、専業従事する『定年農業専従』」、「②農家出身者で都市部などに他出して他産業に従事していた労働力が定年退職を契機に出身地にUターンする『定年農村還流』」、「③非農家出身の都市住民が定年後に農村へ参入する『定年農業参入』」という3つの定年帰農のパターンが提示されていた。豊田市における自動車産業退職後の定年帰農者の場合、「①農家に居住して他産業に従事していた労働力が定年を契機に農業従事を強化し、専業従事する『定年農業専従』」に加え、この地域に独特なパターンがあることが明らかになった。それは、高度経済成長期に自動車産業就労のために他地域から移住した人々が、出身地にUターンするのではなく豊田市に定着し、転居を伴わずに住居近くで農地を確保して就農する「豊田型定年帰農」とでも言うべきパターンである[5]。「豊田型定年帰農」は「③非農家出身の都市住民が定年後に農村へ参入する『定年農業参入』」のバリエーションのひとつとしてとらえることもできるが、通常の③のパターンからは都市住民が農村に移住し、農業に新規参入することが想起される。これに対し、豊田市においてはいわゆる「低密分散型」の市街地が形成されてきたため、農村へ移住することなく新規就農することが可能となっている。また、アンケート調査でも聞き取り調査でも、彼らの多くが農家出身者であることが明らかになっている。したがって、子ども時代に家業の手伝いをした経験のある者が多く、農業が身近であるということが共通点となっている。すなわち、市街地形成の特徴に加え、農業を身近に感じる素地をもった他産業従事者が多く存在するという地域特性、さらには、豊田市農ライフ創生センターが提供する農業研修や農地斡旋制度といった制度面の整備が、豊田市において毎年新たな定年帰農者の輩出を促す要因になっているものと考えられる。新たなパターンを加えて就農ルートの分類を模式化すると**図11-5**のようになる。

次に、第2の課題である「地域との関係性」と「土地確保」の関連についてであるが、先行研究でも農地仲介をセンターが斡旋していて、農地所有者と借地希望者との仲介をおこなう体制が確立していることを優れた点として指摘していた（堀田 2009: 20-1）。今回の聞き取り調査では、9名中新規参入者は7名であり、うち2名は豊田市農ライフ創生センターからの斡旋で土地を確保していたが、残りの5名は自治区や老人会の活動を介した地域の友人・知人から土地を紹介されて農地を確保し、手続きは豊田市農ライフ創生センターによる支援体制を活用していた。都市から農村に移住する新規就農者の土地確保の困難さが先行研究で指摘されているが、豊田市の自動車産業退職

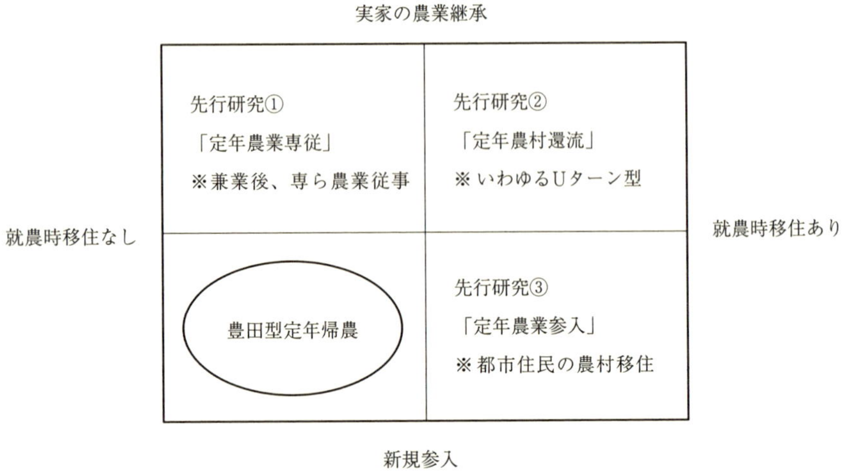

図11-5　豊田型を加えた定年帰農の4パターン

者の場合、豊田市農ライフ創生センターの支援体制に加え、居住の長期化に伴って地縁型の地域活動に積極的にコミットしてきたことが彼らの土地確保を容易にしていると考えられる。

最後に、第三の課題である自動車産業退職者に特徴的な農の「生きがい」のありようについて述べておきたい。彼らの多くには自然を相手に無心に作業することができる農業という仕事自体に喜びを感じる一方で、農業と自動車産業就業時代の経験を結びつけるという共通項が見出された。彼らには年金収入もあり、金銭が第一目的ではない。しかし、農業における標準化の取り組み、トヨタ生産方式の農作業への応用、データに基づく出荷調整、技能を活用した農業ツールの自作等の工夫をすることによって「成果」を出すことが、農を介して得られる彼らの「生きがい」となっている。

注

1　2010年9月15日、豊田市農ライフ創生センターにおけるヒアリングでの発言。
2　豊田市農ライフ創生センター作成「事業概要」参照（豊田市農ライフ創生センター 2013）。
3　2011年9月7日、豊田市教育委員会保健給食課におけるヒアリングでの発言。
4　当時の全会員229名に質問紙を配布し、154名から回答を得た（回収率67.2%）。

なお、本調査は悉皆調査であるが、参考値としてχ2乗検定の結果を示してある。

5　本章では自車産業退職後の定年帰農者に焦点をあてた議論の中で見出された諸特徴を網羅するような、豊田市に多くみられるパターンを「豊田型定年帰農」という名称で呼んでいる。「新規参入」かつ「就農時移住なし」のケースは他地域でももちろん存在すると考えるが、豊田市のような一定のボリュームをもっての輩出がある地域については今後の検討が必要である。なお、自動車産業以外の定年帰農者、事業志向の新規就農者等、多様な人々が農ライフ創生センターを修了し、新規就農している。これについては別稿（中村 2013）に詳しい。

第IV部

多文化共生と地域統合のかたち

第12章　多文化共生にかかわる市民活動
——日系ブラジル人支援活動に注目して

米勢　治子
土井　佳彦
山口　博史

豊田市では1990年ころから、自動車産業の下請け工場で働く外国人住民が増えてきた。この背景には、自動車関連の工場労働者の不足があった。地域外からの労働力の移動が国境を越えて生じたのが外国人労働者のケースと言える。愛知・岐阜・三重の東海三県を中心として、このような工業都市は少なくないが、比べてみると、豊かな財政力が豊田市の特徴となっていた。行政からの直接的な資源投入はさほど大きくなかったものの、主として市外の活動者たちの手によって、日系ブラジル人支援活動が進められてきた。本章では日系ブラジル人支援活動を豊田市の市民活動全体の文脈に位置づけ、またそれらの活動の実例と、活動がブラジル人集住地域にいかなる影響を及ぼしたのかをみていく。本章を通じて、ブラジル人支援活動と地域活動の重なりが、また相互触発の過程が明らかになるだろう。そしてブラジル人による当事者団体の登場と、その地域活動への統合、そして活動協力の事例が示される。また、企業および行政、大学による資源投入とそれを受けた支援活動の事例として、成人対象の日本語教室のケースをとりあげる。資源投入が安定し、支援活動が制度化されて成果を上げるようになると、都市住民に固有の「権利の積み増し」につながる可能性がある。

第1節　豊田市の日系ブラジル人をとりまく状況

1990年の出入国管理および難民認定法（以下、入管法とする）の改正以後、東海地方の各工業都市に日系南米人が多数来住していることはよく知られるようになっている。豊田市の日系南米人研究については、生活実態調査報告

（都築1993など）にはじまり、日本が市場の論理主導で日系南米人の受け入れをおこなったことが指摘され（梶田・丹野・樋口2005）、そして入国管理のみのいわゆるフロー政策にとどまらず、国内に居住する外国人をいかに日本社会に統合していくかを考えるストック政策を重要とする立場（渡戸2004）が注目されるようになっている。

これまでの日本への外国人の移住とその対応のあゆみをふりかえってみれば、ニューカマー、オールドタイマーともに国より地方自治体のほうが先行して取り組みを進めてきたことがわかる（松宮・山本2009）。本章では1990年以来、紆余曲折を経て日系南米人への対応をおこなってきた豊田市の支援活動について、地域特性やアクターどうしの連携、そして活動に携わる人の重なりといった諸特徴をみていく。

豊田市に居住する外国人は入管法改正前の1989年10月には2493人であったが、2011年5月には1万4228人と5.7倍にも増加している。このうち、もっとも増加の割合が著しかった人々がブラジル人で、96人から6298人と実に65倍以上の増加となっている[1]。また、地域的な集住化の傾向が顕著で、保見地区（中学校区）には外国人が4074人（2011年5月）居住しており、これは全市の外国人人口の約28.6%がこの地区に集住していることを示している。

ただ近年は、保見ヶ丘以外の地域でも外国人人口は増加しつつある。また居住する外国人に多国籍化の傾向がみられる。ブラジル人の割合は2001年10月には全外国人住民のうち55.6%を占めていたが、2011年5月にはその割合は44.3%にまで低下している。同時にアジア系外国人の割合は増加しつつあり、全外国人住民のうち中国人[2]の割合は2001年には8.3%であったものが、2011年には20.8%、フィリピン人の割合は同期間中に5.6%から8.5%に増加しているのである。

このような外国人集住状況を受けて外国籍住民側、また日本の住民側双方にそれぞれ地域生活における新たなサービスへのニーズが生じてきた。そのための行政の支援や資源投入も集住地域を中心に考えられてきた。また、これらの事情を背景として、豊田（というよりも保見団地）の日系ブラジル人支援活動は、豊田市内にとどまらず他地域の活動者たちの注意を強くひきつけることとなった。これは地縁と職縁を基盤にした、豊田市他地域の、とくに地縁的まちづくり活動のなりたちとはかなり性格を異にする部分となっている。また、近年では保見団地以外でも外国人居住者が増加する傾向が指摘され、それに向けた対応も始まっている。

豊田市の外国人集住地域では、他都市の集住地域と同様、外国の子どもの教育問題、地域問題（ゴミの放置や違法駐車など）、労働問題、医療問題が取り上げられてきた。また、こうした問題の解決をはかるため、多様なアクターがさまざまな取り組みをおこなってきた。それぞれの問題についての取り組みの深浅には差があるが、豊田市でも市独自の施策としてさまざまな事業がおこなわれている。

このような「問題」は豊田市にとっては、その多くが1990年以降に新たに出現した課題群である。これらには二つの側面があった。第一に、そうした課題群は、それまでには日本の社会的文脈ではあまり想定されていなかったという側面である。こうしたものの中には、たとえば、子どもの教育や医療、労働に関するニーズが含まれる。第二には、日系ブラジル人の移住にともなって、日本社会の側から提起されるようになったニーズがあったということである。これにはいわゆる地域問題への取り組みなどが含まれる。

とくに前者への対応については、日系ブラジル人の来住当初はどの機関が担当するのかすらはっきりしなかった。そのため、自然発生的に地方行政や民間諸団体がその役割を担ってきた。それゆえに、こうした新たなニーズへの対応について、きちんとした行政的制度設計がなされておらず、どこに最低限保証されるべきラインがあるのかは現在でもなお不明確なままとなっている（梶田・丹野・樋口 2005: 250）。

とはいえ豊田市では、豊かな財政力を背景として、こうした追加的ニーズへの対応のためのサービス提供がある程度試みられてきた。ただし、行政のみではその充足は難しく、民間アクターや企業、外部の教育機関などが連携しつつ充足が試みられているのが現状である。

第2節　日系ブラジル人支援活動の諸相

1　豊田市の多文化共生施策

豊田市の多文化共生施策においてひとつの軸になっているのは「豊田市多文化共生推進協議会」である。この協議会は2001年に設置され、市役所各課、公立学校、教育委員会、ブラジル人学校、企業、商工会議所、ハローワーク、自治区長、外国人住民支援にあたるNPO、愛知県といった組織から構成されている。この協議会のもとには常設の部会として教育・青少年部会[3]、保険・労働部会[4]、コミュニティ部会[5]があり、臨時の部会として日本語学習支援専門部会[6]が置かれている。市当局だけではなくさまざまなアクターが参加しているので、問題が提起されたときに解決の糸口が見つかりやすく、また問題にかかわる機関どうしで情報を共有する意味が大きいという。

また市役所の庁内の連絡の場として「豊田市国際化施策推進会議」[7]があり、国際化の基本方針、国際化施策にかかわる調査研究などに取り組んでいる。その他、豊田市外国人防災ネットワーク会議は外国人の防災に取り組んでおり、2007年には外国人向けの防災研修と避難所宿泊体験会をおこなっている。

市とNPOとの共働事業としては外国人児童生徒学習支援事業の委託（NPO法人こどもの国）、外国人青少年自立支援事業委託（NPO法人こどもの国）、外国人住民地域参加促進事業委託（NPO法人保見ヶ丘国際交流センター）、外国人不就学児童生徒サポート事業委託（NPO法人トルシーダ[8]）がある。

豊田市国際交流協会への委託事業としては、外国人を対象に、ポルトガル語と中国語による休日相談所（行政手続きや生活全般の相談）、日本語教室、求職者のための日本語講座、日本語ボランティア養成講座、豊田市外国人災害サポートボランティア養成講座などの開設、通訳の派遣などがおこなわれている。日本人向けのものとしては、外国語の入門講座（韓国・朝鮮語、中国語、スペイン語など）、小学生向け国際理解授業、国際理解プログラム相談事業などがある。さらに、日本人と外国人の交流を目指すものとしては、外国文化体験講座、外国・日本文化紹介、交流会などが実施されている。

こうした取り組みに加えて、近年外国人支援施策のさらなる充実が試みられている。そのひとつが、トヨタ自動車からの1億円の寄付による基金を活用し、豊田市が名古屋大学留学生センターに委託した「とよた日本語学習支援システム」であり、2007年に実施した調査をもとに成人の外国人住民向けの日本語学習支援事業をおこなっている（本章4節）。

また、2008年10月以降の急速な経済状況悪化にともない、緊急的な対応施策をおこなっている。上述のものと重なる部分もあるが順にみていくと、多文化共生推進協議会の提案により日本語講座を開催したこと、緊急雇用創出事業として、2008年10月以降に失業し離職時に豊田市内に住所を有していた人を対象に豊田市が雇用をおこなったこと、豊田市とハローワークが共同で外国人雇用・生活相談会をおこなったこと、求職者の外国人自助組織の支援をおこなっていることなどがある。

この他、学校関連では、豊田市教育委員会が外国人児童生徒教育推進事業として、学校に日本語指導員を市費で臨時職員として雇用していること、また「ことばの教室」として、来日後間もない児童生徒に3ヶ月程度、日本語や日本への適応に関する指導をおこなっていることがある。

2　日系ブラジル人支援活動にかかわる人々

豊田市の多文化共生施策において、NPO法人等の行政以外のアクターが活発に参加し、外国人のニーズ充足に力を発揮している。それらの活動には市民活動として始まり、後に行政との連携が生まれたものもあれば、行政主導の事業として生まれ、さまざまなアクターを巻き込んでいる活動もある。ここでは、豊田市で国際交流・多文化共生にかかわる人々の特徴を大まかにおさえたうえで、日本語学習支援に関する取り組みに焦点を合わせ、前者の例として、地域日本語教室とそこから派生した活動の担い手、それに加えてブラジル人の自助団体の担い手の語りから（本章3節）、そして、後者の例として、「とよた日本語学習支援システム」の事例から（本章4節）、日系南米人支援にかかわる人々の活動のきっかけと内容、活動資源、担い手、組織的プロフィール、ネットワーク、活動の問題点などに注目して日系ブラジル人支援活動をとらえていきたい。

まず、国際交流・多文化共生にかかわる人々、活動団体について概要を整理しておこう。こうした活動にかかわった経験のある人は、豊田市内にどれ

表12-1　各活動の参加者数と全体に占める割合

	青少年の育成・世代間交流	伝統・文化・スポーツ	住環境整備向上	防犯・交通安全・防災	自然環境保全	健康・医療・福祉	多文化共生・国際交流
参加経験者が全体に占める割合	30.9%	26.4%	62.9%	38.9%	11.2%	10.2%	5.4%

ほどいるのだろうか。**表12-1**は、2009年の住民向け質問紙調査データをもとに、各市民活動分野別に、活動経験者数とそれが全体に占める割合を示したものである。

これまでの章でみてきたように、住環境の整備・向上にかかわる人の数が最も多く、防犯・交通安全・防災に関する活動、青少年の育成や世代間交流にかかわる活動、伝統・文化・スポーツにかかわる活動がそれに次いでいる。対して、多文化共生や国際交流の活動にかかわったことのある人は全体の5%程度とかなり少ない[9]。ただこうした層は、市民活動に対する意欲が比較的高く、またまちづくり活動への参加傾向をみても、多様な分野に進出していることが特徴となっている（**表12-2**、**表12-3**）。

また、こうした活動にかかわる人は、豊田市外の人が相対的に多いようで

表12-2　市民活動区分別、活動参加経験者のNPO、ボランティア活動に関する意欲（平均値）

	青少年の育成・世代間交流	伝統・文化・スポーツ	住環境整備向上	防犯・交通安全・防災	自然環境保全	健康・医療・福祉	多文化共生・国際交流
参加経験者の活動意欲	2.44	2.50	2.39	2.43	2.70	2.75	2.69

（1~4点の平均値：全体の平均値は2.30）

表12-3　市民活動区分別、まちづくり参加活動分野の数（平均値）

	青少年の育成・世代間交流	伝統・文化・スポーツ	住環境整備向上	防犯・交通安全・防災	自然環境保全	健康・医療・福祉	多文化共生・国際交流
活動参加経験のある、活動分野数	3.39	3.71	2.66	3.30	4.36	4.39	4.78

（全体の平均値は1.82）

表12-4　活動分野別　市外在住者がいる団体の割合

	青少年の育成・世代間交流	伝統文化・スポーツ	住環境整備向上	防犯・交通安全・防災	自然環境保全	健康・医療・福祉	多文化共生・国際交流
豊田市外在住者がいる団体の割合	24.6%	26.3%	11.1%	15.0%	29.3%	39.2%	69.2%

（全体の平均は24.6%）

ある。**表12-4**は2011年の団体調査データによりメンバー構成をみたものであるが、豊田市で活動する団体の多くは市内在住者が主体となって運営されていることがわかる。しかし、国際交流・多文化共生活動団体は、7割近くの団体が活動者に市外在住者がいるということからもわかるように、その他の活動団体の成員構成とは大きく異なっている。ここにはこの活動分野独特の事情も反映していると思われるが、同時に豊田市が日系人の集住地であるという特殊事情が市外からの活動者をひきつけているという側面もあるだろう。

次に国際交流・多文化共生活動団体が有するネットワーク・パターンについて概観しておこう。**図12-1**に明らかなように、豊田市の活動団体全体と比較したとき、国際交流・多文化共生関連団体のネットワーク・パターンに

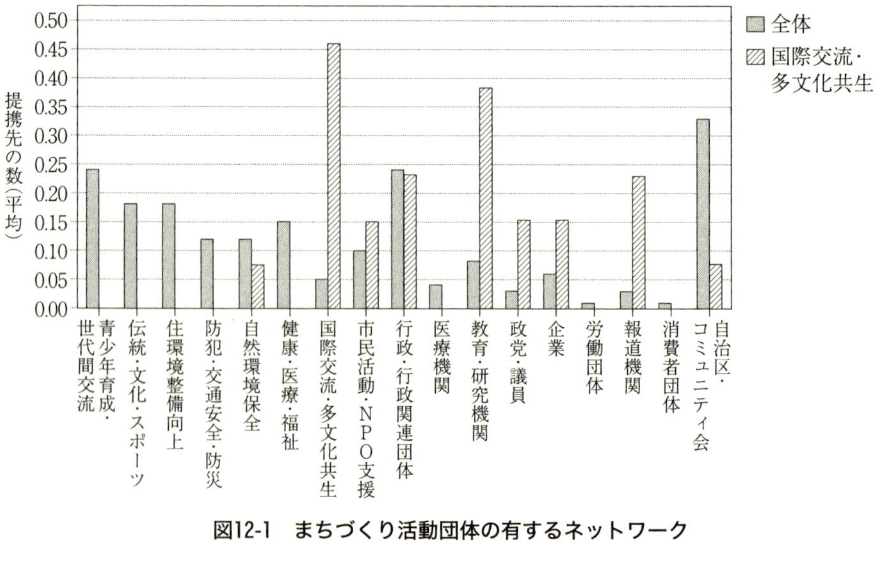

図12-1　まちづくり活動団体の有するネットワーク

は特徴的な傾向があらわれている。

国際交流・多文化共生関連団体は、まちづくり活動団体どうしのネットワークが全体的に非常に希薄であることが図12-1からわかる。同じジャンルの活動団体（国際交流・多文化共生関連）とのネットワーク形成は全体的傾向と比較して非常に多いが、その他のまちづくり活動団体からは相対的に孤立しているのである[10]。国際交流・多文化共生関係団体をネットワークの相手方にもつ団体の少なさはこれと表裏一体の現象であろう。行政および行政関連団体とのネットワークは活動団体全体をみたときと大きな違いはない。教育・研究機関とのネットワーク形成が国際交流・多文化共生関係団体で突出しているのは、豊田市ではニューカマー外国人の子ども学習支援の分野で必要性が大きいことによっているものとみられる。また報道機関とのネットワークが多い傾向は、この種の団体が、ニューカマー外国人についての取材を受けることが多いためであろう。

このように、国際交流や多文化共生にかかわる人々には、①絶対数の少なさ、②まちづくり活動に関する意欲の高さ、経験の豊富さ、③市外在住者の多さ、④他のまちづくり活動団体からの相対的孤立という側面があることが明らかになった。それでは実際の日系ブラジル人支援は、どのようにおこなわれているのだろうか。以下で実際の事例（地域日本語教室の実情、日系ブラジル人とともに防犯パトロールにあたる人物、日系人団体のリーダー、とよた日本語学習支援システム）をみてみよう。

第3節　保見団地で活動する人々

豊田市にある保見団地はブラジルをはじめとする外国人住民が半数を占める巨大団地である。1990年の入管法の改定に伴い多くの日系ブラジル人を中心とした外国人が移り住み、居住人数は1万1000人である。その数は一時4336人（うちブラジル人4036人）(2008年10月1日）に及んだが、この年のリーマンショックの影響を受け、現在は3843人（うちブラジル人3507人）(2011年5月1日）である[11]。一方、日本人住民の数は減り続けており、現在では4204人となる。団地は、県営住宅、公団住宅、一戸建て住宅の3種類

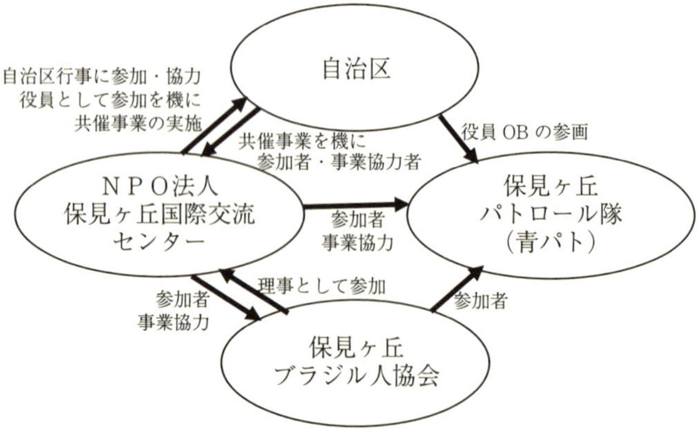

図12-2　本節の登場人物が形成する団地内ネットワーク

写真12-1　保見団地

に分かれ、公団は分譲棟と賃貸棟がある。団地全体の外国人比率は47.8％だが、一戸建てを除く集合住宅では57.4％、県営住宅に限れば63.6％に上り、すでに数の上では、日本人がマイノリティになりつつある。

その保見団地で外国人住民との共生という課題を抱えながら地域活性を模索している人々の活動を追う。**図12-2**に本節に登場する人々がかかわる団体の関係がどのようにつくられたかを示す。

1　自治区活動を通した関係性の変化

保見団地にはさまざまな人が居住する。A氏が保見団地に来たのは30年前だという。彼も保見に移り住み、保見で地域活動をおこないつつ周囲との人間関係をつくってきた人々の1人である。A氏は地域にかかわるようになったころのことを次のように語った。

水力発電の建設現場に単身赴任することが続き、その間、ほんとにここにいるのは月に1回ほどの生活なんですね。その後、名古屋の職場になったら、何十年に1回まわってくる、棟長および代表棟長の役が回ってきた。役員のなり手がないなか、だんだん重たい役を頼まれるようになるんだけど。みんな嫌なんだよね。自治区の行事はやらなきゃいけない。ゴミのこともやらなきゃいけない。苦情も引き受けなくちゃいけない。学校行事へも出なきゃいけない。とくに学校の行事なんかほとんど休まないと出れないでしょ。卒業式だ、ねえ。しかも、保育園だ、小学校2つに中学校でしょ。ほらあ、出てたらね、会社行けないじゃないですか。いろんな会議とかも平日だし。よう、引き受けたわ、正直な話。サラリーマンなのに。

自治区にかかわることになったころを振り返るA氏からは、役員の仕事の大変さが語られる。それは住民の声を代弁しているように聞こえる。働き方が変化し、総サラリーマン化した現在のような時代に自治区のあり方が問われているのかもしれない。

地域に最初にかかわったころは、とりたてて外国人に関心を払うことはなかったようにみえるA氏だが、ブラジル人役員との出会いをきっかけに彼らへの見方を変える。

98年ごろ、2度目の役員が回ってきた。Mという若いブラジルの女の子が役員をしていた。Mさんがいた棟はブラジル人が多かったね。トラブルも多かったもん。最初はね、Mさんと会う前は、もう、あそこにいる人たちは、もう嫌で嫌でしょうがなかったです、私は。違法駐車でしょ。ゴミの出し方でしょ。騒音でしょ。ベランダで焼肉はやるはね。音楽はすごいし。今は、ほんとなくなったね。すごいよね。UR（都市再生機構）が教育してきたんでしょうね。こういうことはダメだって。どこかで規律がよくなってきているんですよね。

Mさんとつきあうっていうだけじゃなくて、だんなとか、お母さんとか、すばらしい家族だからね。そっから変わってくるんですよ、接し方が。こんなことやっていたらダメだなって。同じ人間だからね。あのころはとにかく外国人は自治区に入らない、われわれは自治区に入れようって必死こいてたわけでね。でも、彼女たちはスッて入ってくるわけじゃない。これは、あんまりつっぱねていたりするんじゃなくって、もっとこっちも入っていかなきゃいけないなって。彼女らがパーティーをやる、それに招かれるんだけど、あのころはそれがいやでしょうがなかった。でも、中に入ってみると、全然違うわけですよ。だから、食わず嫌いなんですよ、日本人が。そこからだね、ちょっと変わってきたのは。たとえば、読めなかったポルトガル語だって、ほんとはこういうことが書いてあるんですよって言ってくれるじゃないですか。翻訳してくれって言えば、やってくれる。夏祭りに出てくれって言えば、浴衣着て出てきてくれるわけですよ。

多文化共生って特別扱いするなってことかなあ。たとえば、日本語で接してもいいのかなあって。変に意識してポルトガル語で広報するのもどうなのかなって思いますよね。しかも、今なんか、ブラジル人だけじゃなくなってきましたよね。

外国人への嫌悪感が「同じ人間」へと変化する過程が「食わず嫌い」ということばで語られているが、このような経験をする機会は誰にもあるはずだ。A氏が2度目の自治区役員として活動するようになったころ、保見団地にNPOによる外国人支援活動が生まれた。

2　保見ヶ丘日本語教室「HOMIGO」の活動

保見ヶ丘日本語教室は1998年に有志により団地内の集会所で始められ、現在ではNPO法人保見ヶ丘国際交流センター（以下センター）の活動の一環として位置づけられている。日本語ができなくても生活可能な保見団地では、外国人住民の日本語学習のニーズ自体が希薄だが、日本人住民とのコミュニケーションができない状況は地域の摩擦を増幅する。摩擦というよりは、むしろ無関心や冷淡さと言ったほうがいいかもしれない。

初めて保見ヶ丘日本語教室に参加するボランティア、学習者には、「ようこそHOMIGOへ」という各国語版の活動の手引きが手渡される。そこには、以下のように書かれている。

> センターの活動がめざすのは、すべての人にとって暮らしやすい地域づくりです。
>
> そのためには、まず、お互いが相手を理解し、仲良くなることが必要です。日本語教室はそのための場所です。仲良くなるのはお互いに相手のことを知るところから始まります。
>
> 日本語教室で自分自身のことを話す・相手のことを聞くことを通して、理解しあい、いっしょに活動することが楽しくなります。
>
> そして、聞き・話すことで、日本語能力が身につくのです。日本人ボランティアは、日本語がまだ十分ではない人とコミュニケーションをとるための日本語能力が身につきます。
>
> 保見ヶ丘日本語教室「HOMIGO」は、以上のような考えの下に、活動を行っています。(後略)

HOMIGOでは人間関係を構築することを通して日本語を習得することを目指している。学習者もボランティアも活動を継続するためのかけがえのない一人であることを実感することによって信頼関係がつくられる。そして、そこで育まれた人間関係が地域に反映されることが期待される。日本語教室は、毎週日曜日の午前中に開催されているが、天候がよければ教室前に立て看板とともに受付の机を出し、行き交う人々に声をかける。3ヶ月ごとにおこなわれる修了パーティーを地域に広げた「一日カフェ」の試みや、七夕、クリスマスなどの行事を地域イベントにするなどしている。日本語教室を主催しているセンター代表のK氏は教室と地域との関係を以下のように述べている。

> 教室の前の広場を以前のように人通りのある、子どもの声が聞こえる活気に満ちた場所にしたい。クリスマスや一日カフェの開催にもそういった想いがある。スーパーの屋上でフットサルの催しがあった日、に

ぎやかだった。こうじゃなきゃ！　と思った。通常の日本語教室も大切だけど、もっともっと地域に出て行く必要がある。

HOMIGOで交わされる会話が近所の人に広がってほしい。困ったときにとなりの人に相談できるようになってほしいと思っている。

3　日本語支援から地域環境の整備へ

K氏らは、日本語教室を運営するなかで、団地でおこっているさまざまな問題が単なる言葉だけの問題ではないことを実感し、より幅広い活動をしようと、1999年12月「保見ヶ丘国際交流センター」として活動を開始し、2002年にはNPO法人格を取得している。センターは活動をする上で自治区との連携が不可欠と考え、その手始めとして、4自治区と共催で2001年度に「日本語ボランティア養成講座（全10回）」を、2002年度にはトヨタ財団の助成事業として「ボランティア養成講座（全11回）」を実施している。講座タイトルが「日本語ボランティア」から「ボランティア」に変わったのはボランティア活動の目的が多様化していることを象徴している。同じ2002年度に愛知県の「多文化共生モデル事業」の委託を受け、「日本語・ポルトガル語ひとくち会話集（以後、ひとくち会話）」の作成・全戸配付事業を自治区と協働でおこない、さらに、2003年には同じく愛知県「多文化共生プロジェクト事業」の委託を受け「外国人集住地域ネットワーク（以後、NW事業）」を実施している。

ひとくち会話では、センタースタッフ、ポルトガル語・日本語バイリンガルの日系人、自治区役員の有志によって作成会議が月1~2回開かれた。作成物が全戸配付できたのは自治区との連携の賜物である。愛知県の委託事業は単年度であるが、その後もひとくち会話の作成は続けられており、ミニ冊子にまとめた会話集をイベント会場で配布するなどの周知活動にも努めてきた[12]。

NW事業は、センタースタッフや他のNPOのスタッフ、自治会役員らが愛知県内の集住団地を互いに訪問し意見交換するという参加型の事業で、事前調査アンケートや報告書作成への協力に際しても主体的なかかわりが求められた。この事業をおこなうなかで、保見団地のゴミ問題解決に向けて、思わ

写真12-2　整備されたゴミ集積所

ぬ成果が得られた。名古屋市九番団地を訪問した保見団地の自治区役員らが、整備されたゴミ集積所の状況を見て、保見団地のゴミ問題に取り組んだのである。九番団地自治会役員の協力を得て、都市基盤整備公団（当時）との粘り強い交渉の結果、わずか数ヶ月でゴミ集積所の整備を進め、その後の運営にも力を注いだ。当時のことを自治区役員としてNW事業にかかわったA氏は次のように振り返る。

NW会議のあと、Kさんが自分とこの副区長を誘って一緒に行ったんじゃないかな。すぐ話を聞きに行った。彼がゴミのことに興味を示して、あちらの自治会長と話してね。あれってタイミングだったんじゃないですか。UR再生機構になる寸前のときなんですよ[13]。そっちに行っちゃったら、民間色が強くなるから、そういう金は出ないような言い方しとったな。今のうちにって。チャンスだった。今だったら、絶対無理ですよ、あんな2000万なんて。21ヶ所。あのとき、名古屋（都市基盤整備公団中部支社）の課長さんが来てねえ。なんか詰め寄ったよね、俺たちね。やる気はあるのかって。あのとき、けっこう熱い感じだったもんね、私がうそをつくと思うんですかっ、とかなんとか言って。こいつは熱いから、なんかやるかもしれないって、期待したね。今はこの形になってないとこ、ないんじゃないですか。

それまで、違う区が一緒になって何かやるってことは絶対ありえなかったから、ゴミ・プロジェクトの達成感はすごかったね。それが「青パト」につながるんだけど。何かしようって言ったときに集まってくる。

4　パトロール活動に参加した人々

公団のゴミ問題解決に向けて一緒に取り組んだ自治区役員たちはその結束

力を強め、その後、パトロール事業に参加することになる。そして、A氏を中心にそれまでのやり方を変える。

30年位前から、もともと「保見ヶ丘パトロール隊」っていうのがあって、「保パト」って言ってたんですよね。そのころは毎月第2土曜日にみんなで集まって、火の用心みたいに歩いてやっていたんです。で、雨降りゃやらないし、行動力もないし、意味がないから。青色回転灯をつけた車で回るのが日本全国に広がってきたじゃないですか。そういうのをやりましょうよって、みんなを集めたのが、2007年。もともとの保パトは役員がやってたけど、これは役員のOBがやっている。だから、ボランティアなんです。どんどん増えてきて、今65人くらいいるんです。一番結束が固いんじゃないかな、この団地のなかで。

青パトは最初規約からつくらなきゃいけないんで、準備にけっこうかかるんです。毎晩12時ごろまでかなあ、ここで話し合って。19年(2007年)6月に免許証をもらっているからね。東保見小体育館で、役所、警察に来てもらって、結成した。

A氏は、パトロール活動をおこなうなかでメンバーの絆が強くなっていることと、ボランティアによる活動の意義を語る。A氏が隊長を務める保見ヶ丘パトロール隊（通称「青パト」）は、結成から3年後に愛知県警から本部長表彰を受けている。それは、日系ブラジル人S氏がいたからだと言う。

彼が市役所に行ったりして、新聞に出ましたよね。保見ヶ丘ブラジル人協会ができた。これはちょっと面白いな、その人に会おう。会ってその日に、青パトに入りなさいよって。それで青パトの会合に出た。そこから、いろんな新聞社がくるようになったんだよね。

愛知県だけで130いくつありますよ。その1割が表彰されて、豊田市からは1団体ですよ。うちだけ。ついこのあいだできた青パトが愛知県から表彰されたのは、Sさんがいるからね。あれだけマスコミに載れば注目されるしね。

5　保見ヶ丘ブラジル人協会設立の経緯

保見ヶ丘ブラジル人協会はS氏を中心に2009年1月に結成された団体である。A氏に誘われて青パトの活動に参加するまでに2ヶ月とかかっていない。

日系2世のS氏は1990年に派遣会社の仲介で家族とともに来日し、大阪府八尾市に住むことになる。S氏から保見に来た経緯、協会設立のいきさつを聞いた。

日本語は勉強したことない。日本人の友だちがおって、仕事のところとか近所の友だちとかと遊びながら覚えた。最初私たちが行ったときは、周りに外国人は少なかったので、みんなびっくり。有名になる。みんな話したいとか、大阪人は明るいので、みんな話しにくる。困ったとき声かけてくださいとか。保見だったら日本語できなかったかもしれない。

2007年に保見に移る。来たのは、上の子の孫が幼稚園に行くとき、まわりにブラジル人がいないとポルトガル語を忘れると心配して、保見に行けば、ブラジル人も多くて友だちもできるから、ブラジル人学校もあるし、引っ越した。ブラジル人にとっては家族が大事だから、私たちも行こうかって、来たんです。

大阪に来て、最初から助けがあった。保見に来て、日本人とブラジル人はコミュニケーションがない。どうして。2008年リーマンショックがあったとき、友達の一人と市役所に行ったら、いろいろな困っているブラジル人がいた。みんな日本語ができない。日本語ができたら、アルバイトがある。日本語ができたら仕事ができるのに、なんで日本語ができないかと思って、なんかしようかと思って協会をつくる話が出た。作って、何か考えて、お互いに文化を教えたらどうかと思った。

S氏は大阪での経験と保見の状況がかなり違うことに気づく。保見のブラジル人と日本人との間にコミュニケーションがないことに問題を感じて、保見ヶ丘ブラジル人協会を設立することになる。

最初は市役所にあいさつに行った。なんか大きいことになった。ただ協会をつくって何かやろうと思って、ブラジル人に何かできるようにしようかと思って、最初は市役所に行こうって。市役所に頼んで自治会に紹介してもらった。下の交流館でみなさんに。自治区は反対のところがあった。認めないとか。続かないとか、1回やってダメとか[14]。ブラジル人の窓口ないでしょ。それをつくりましょうかって話で始めたんです。こういう活動は全然経験がない。お父さんはブラジルではいろいろやっていたんです。でも僕は全然興味がなかったんです。なんでそんなことするのか。日本人会をつくっていたんです。やっぱりお父さんの気持わかってきたんですよね。小さいことでもできたらうれしい。

つくって感じたのは、みんなあまり時間がない。仕事が忙しいから。日本語教室も最初はおおぜいくる。仕事がきついからだんだんこなくなる。それが問題、仕事とか。今は続いている。うれしい。コミュニケーションできたらいいんじゃないかと思って。土日は協会でなんかするって言ってもあんまりこない。家族と一緒にすごすから。私たちも土曜日にサンバとかやっているんだけど、こない。全部タダですけど、あんまりこない。

多くの人一緒にやるのは時間がかかる。ブラジルは国が大きいですよね。日本でも大阪の人間と東京の人間は考え方の違いとかあるんじゃない。ブラジルはもっと大きいんですよね。難しいところなんです。教会の違いもある。難しいですよね。でも、つきあいあったら、だんだんわかってくるんですよね。だから、みんなでやるといいと思って協会つくったんですよね。若い人に入ってもらって。場所をつくって、なんでもいいから、料理でも、コミュニケーションをやるといいんですよね。

保見に来て、一世の父と同じような活動をすることになったS氏だが、周りの理解を得るのは簡単ではなく、活動に参加する者も少ない。その現実を受け止めつつ、コミュニケーションをしていくことが大切だと語った。

6　多文化共生活動とフェスティバル「ほみにおいでん」

豊田市の一大イベント「おいでん祭り」の各地区でおこなう「マイタウンおいでん」が2011年に保見団地において保見地区ではじめて開催された。A氏とS氏は実行委員として参加している。A氏は場所を保見団地を横断する道路一帯にしたことについて以下のように語った。

トラックヤード、あれがなくなることが一番のここのイメージアップだし、それを知らせるためのPRはこれしかないと思っていたんで、だからこの場所にこだわったんですよ。みんな言ってましたもん、なんでここなんだって。もっと広場とか、運動場とかあるじゃないって。警察も、おいでんなんて道路でやるもんじゃないって、あんたがおいでんを道路でやったら、他の地区のみんなも道路でやるようになるからダメだって。俺は道路でやりたいんじゃないよ、あんたらがずっとこだわっていたここがなくなったんだから、みんなでそれを喜べばいいじゃないって、1時間説明しましたよ。

もともと「おいでん」の話はブラジル人協会に行ったんですよ。ブラジル人がやる「おいでん」がキャッチフレーズになっていいんじゃないかって。で、Sが俺んとこにきたんだよね。どうせやるなら、トラックヤードがなくなるって言ってるから、トラックヤードがなくなる時点でやったほうがいいぞって。待てって。去年は辞退した。

写真12-3　ほみにおいでん

A氏のこだわった場所「トラックヤード」は、軽食などの車上販売を規制するために、一ヶ所に集めて営業させるための駐車場として2001年につくられた。ブラジル人たちの憩いの場として、団地に在住する人だけでなく、多くのブラジル人たちが保見まで足を運んだ。そのうち、夜中の騒音、路上駐車、博打などの苦情が出はじめ、ブラジル人自身も避けたい場所と言われるようになり、どうやって立ち退かせるかが懸案となっていた。

翌年S氏はA氏らとともに実行委員会をつくり、5月までにトラックヤード問題が解決することを見越して「マイタウンおいでん」に手を挙げたという。

Aさんと一緒に活動ができてうれしい。青パトをやったり、Aさんが助けてくれる。「おいでん」もスタッフだけど、ブラジル人協会だけじゃなく周りの人たちも含めて一緒にやるんです。

S氏は、ブラジル人である自分を受け入れてくれたA氏への信頼をこめて、多くの人が一緒にやることの必要性を語る。

そして、A氏は自治区の弱体化と既存の手続きの難しさについて次のように語った。

自治区もちょっと崩壊気味になっちゃってるよね。熱く語るのがいなくなっちゃった。そういうのがどんどんいなくなって、順番だからなってる。こういうことはボランティアっていうかね、無償でやってたほうが、絶対いいんだと思いますよ。ただね、市役所なんかに行っても、区長さん、区長さんって言われるじゃないですか。「おいでん」で警察に行っても区長さんのハンコをもってこいって言うもんね。

最後に、A氏は期待を込めて以下のように締めくくった。

7月~9月まで土日仕事になると、会合などどうなる。6月25日の「ほみにおいでん」はむちゃくちゃラッキーですよ[15]。とにかく、ゴミプロ（ジェクト）からはじまってね、青パト、おいでんにくるまでね、追い風なんですよ。私はとにかく、市とかそういう人たちを巻き込みたい。いままで来なかったじゃないですか。孤立した島国みたいになっちゃって。もっとみんなにきてもらいたいね。

「ほみにおいでん」は盛況のうちに終わった。本節で取り上げたA氏やS氏、K氏らのほかにも何人もの地域住民が祭りの推進役を担っている。その一人ひとりに多文化共生活動にかかわることになったきっかけやいきさつ、そのときどきの想い、そして、協働で得た達成感や感慨があるはずだ。

まだ祭りの興奮が覚めやらぬ1週間後、日本語教室HOMIGOの七夕イベントには、流しそうめん、焼きそば、カレーライスが並んだ。それらは「ほみにおいでん」にかかわった地域の人々の協力でつくられたものであった。

本節では、外国人が集住する団地で地域活性化を目指す人々の姿を追った。保見ヶ丘国際交流センターの活動からは、日本語教室を地域に開かれたものととらえ、行政や自治区と協働することを大切にしてきたことがうかがえる。自治区役員として活動にかかわることになったA氏の語りからは、自治区活動を通してブラジル人を受け入れるようになり、外国人と協働するようになる経緯と、一方で、自治区活動に限界を感じ、ボランティア活動に活路を見出していく状況を見ることができる。また、外国人集住地域のコミュニケーション不全に問題を感じて団体を立上げた日系ブラジル人S氏の語りからは、日本人と一緒に活動することに当事者組織の自立に向けた展望を見出していることが感じられる。そして、「ほみにおいでん」は立場を超えてかかわった人々の結びつきをさらに強めたと言えよう。

保見団地で解決を必要とする課題は多岐にわたる。1970年代に各地で開発された団地が共通して抱えている人口流出・減少と高齢化による問題にはなんの対策も打たれていない。また、自治のありかたにも課題を残したままである。外国人人口構成の多様化といった現代的状況もある。そうした現状を象徴するように、本節の2項で紹介した「ようこそHOMIGOへ」の冒頭のことばは、以前の「日本人にとっても外国人にとっても暮らしやすい地域づくり」から「すべての人にとって暮らしやすい地域づくり」へと変わっている。

第4節　「とよた日本語学習支援システム」における共働

豊田市は多文化共生施策の一環として、2008年度より名古屋大学および市内関係機関との共働による、市内在住・在勤の外国人を対象とした日本語学習支援の仕組みづくりに着手した。これは、実施期間の長さや予算規模の大きさからして多文化共生施策のなかでも大きな柱の一つとなっており、また全国的に見ても例のない取り組みであることから、年々注目度が高まっている。以下、その構築経緯等について詳しく述べる。

1　とよた日本語学習支援システム

豊田市では、2001年度より豊田市多文化共生推進協議会を設置し、多文化共生社会の実現に向けてさまざまな取り組みをおこなってきた。2007年度には、今後10年にわたる「世界に開かれた国際都市」のビジョンに関する検討をおこなうことを目的として、4月に豊田市国際有識者会議（座長：井口泰関西学院大学経済学部教授）を設置し、同年9月に『「世界に開かれた国際都市」報告書』（豊田市国際有識者会議2007）をまとめ市長に手渡した。

報告書では、3つの方向性とそれを実現するための6つの施策体系が示され、その一つとして最先端の「多文化共生のまち」づくりが掲げられた。さらに、その具体的な事例の提案として13項目が示され、うち2つに日本語教育の重要性について触れられている[16]。

また、豊田市は2007年度に財団法人豊田市国際交流協会に「外国人労働者対象の日本語支援ボランティア養成講座」の開催および、企業内日本語教室開設を委託し、新たな日本語学習支援を試行実施した。それと同時に、名古屋大学に「外国籍住民の日本語学習における実態等予備調査」を委託し、外国人住民の日本語力や日本語学習のニーズ、日本人住民とのかかわり等について調べた。その結果、8割を超える外国人住民が日本語学習機会の提供を希望していること、日本人・外国人ともに日本語能力の向上により現在抱えるさまざまな生活上の課題を解決したいと思っていることなどが明らかになった。一方で、単に外国人側の日本語能力の向上だけでは解決されない問題もあり、地域社会のルールやマナーの理解、文化や価値観のちがいを相互に理解し尊重すること、人間関係を構築すること等が必要であるという回答も得られた。この予備調査報告書（名古屋大学2008）では、それらの課題やニーズに応えるには、外国人住民が豊田市で生活する上で必要最低限の日本語能力および日本人住民と相互理解のためのコミュニケーション能力を身につけることと、それを支える日本語学習支援システムの構築が必要であるという提言がなされた。こうした経緯から、豊田市は2008年度より独自に日本語学習支援の仕組み構築に取り組むことを決めた。その事業費は、2007年3月にトヨタ自動車より受けた寄付金（総額3億円）を原資に設置された「豊田市国際化推進基金」(1億円）からあてることとした。

豊田市における日本語学習支援の仕組みづくりは、「とよた日本語学習支援システム構築事業」として、2008年度から当面5年間、名古屋大学への委託事業として進められている。とよた日本語学習支援システム（以下、システム）構築の主な目的は次の3つである。

①地域コミュニティの維持、向上を図るため、豊田市内に在住あるいは在勤の外国人が円滑な日常生活を営むために最低限必要な日本語能力を習得することを支援する包括的なシステムを構築、普及すること

②外国人住民と日本人住民との接触機会を増やし、相互理解の促進および双方のコミュニケーション能力の向上を支援すること

③上記の成果およびプロセスを外部に発信することで、他の自治体および国での取り組みにつなげること

この目的達成に向けて、豊田市および名古屋大学は、財団法人豊田市国際交流協会や豊田商工会議所等、豊田市多文化共生推進協議会参加者らとの共働により、事業を推進することとなっている。本事業では、①日本語教室の開設・運営支援、②「とよた日本語能力判定」の開発・実施、③日本語教室の運営にかかる人材の育成、④「とよたeラーニング」の開発・運営、⑤日本語学習支援にかかる相談対応、の5つを事業の柱としている。本章では紙幅の都合により各事業の詳細については割愛し、事業の中心である①日本語教室の開設・運営支援のみについて以下に詳しく述べる。その他の事業についてはシステムのホームページ (http://www.toyota-j.com/) を参照いただきたい。

名古屋大学（2008）によれば、現在日本語の勉強をしていない人の理由に

ついて、最も多かった回答が「勉強する時間がないから」、次いで「勉強する場所を知らないから」であった。そして、希望する学習環境としては「住まいの近く」が圧倒的に多く、次いで「職場内」「インターネットを通じて」がほぼ同数であった。当時、豊田市内で開催されていた成人対象の日本語教室は8箇所で、うち3ヶ所がとよたグローバルスクエア（豊田産業文化センター3階）、それ以外は深田山公会堂、高橋交流館、末野原交流館、上郷コミュニティセンター、保見団地公団第2集会所であった（財団法人豊田市国際交流協会調べ）。時間帯は、水曜日の午前中に1つ、土曜日の午前中に1つ、日曜日の午前中に4つ、日曜日の午後に2つであった。このように、限られた曜日に限られた場所で開催されている状況では、愛知県内で最も広い面積を誇る豊田市で、約1万6000人の外国人住民（2007年10月1日現在）の日本語学習ニーズに応えるのは困難であった。また、日本語レベルや学習目的、学習スタイル等学習者の多様性に対応するという点においても、新たな支援のあり方が求められていたのである。

そこでシステムでは、日本語学習を希望する外国人住民および日本語教室の開設を希望する日本人住民のニーズに最大限応えるべく、日本語教室の開催時間と開催場所、開催期間等を主催者となる企業や自治会等との相談により、セミオーダーメイド式に決めることとした。これにより、「日本語は勉強したいが、時間や場所の制限から教室に参加できない」という問題を解決しようとしたのである。また、システムでは支援対象とする学習者を年齢（16歳以上）と日本語レベル（限られた単語でしか理解したり伝えたりすることができない人）で絞り、学習目的を日常生活の向上および日本人住民との相互理解に必要な日本語コミュニケーション能力の習得とし、それ以外の条件や学習目的をもつ人に対しては、可能な範囲でニーズに応じた別の教室を紹介することで、学習者の多様性に対応している。つまり、一つの教室ですべての学習ニーズに応えるのではなく、市内のすべての日本語教室をネットワーク化することで支援者側と学習者側のマッチングを図り、より適切な形での日本語学習機会の提供に努めているのである。

次に、既存の日本語学習支援に関する取り組みと比較して、豊田市のシステムがとくに異なる点について述べる。2006年に総務省が「多文化共生推進プログラム」を発表し、多文化共生の推進に必要な取り組みの一つとして日本語学習支援を挙げたことにより、現在各自治体では日本語学習支援は国際化・多文化共生推進施策のなかに位置づけられている。しかし、その方針や計画にあるさまざまな項目の一つとして挙げられているだけで、その他の項目との関連性はあまり明確にされていない。なかには一方的に外国人にのみ日本語習得努力を求めるだけで、ともすれば実質的な同化政策ともとらえられかねないような教室活動がおこなわれている場合もある。その点、システムでは構築にかかるすべての事項が多文化共生の推進を目的としたものであることを明記し、最大限それにかなうような教室活動や日本語能力判定、人材育成等をおこなっている。また構築過程においては、豊田市多文化共生推進協議会の構成員である市役所内関係部署、国際交流協会、企業、病院、公立学校、外国人学校、NPO等との情報共有および意見交換を通じて、同協議会で挙げられている教育、就労、健康保険等さまざまな課題の解決に資するものとして、教材・カリキュラム開発や情報提供の仕組みづくりがおこなわれている。

また、システムでは、前述のとおり単なる教室開設・運営に限ることなく、独自の日本語能力判定基準・判定方法の開発や人材育成、eラーニングの開発等、日本語学習支援にかかるさまざまな事業が共通の目的のもと包括的な取り組みとしておこなわれている。そしてそれらは、実態予備調査の結果をもとに、2008年度からの5年間で、下位レベルの教室運営の試行や教材試作、日本語能力判定基準・方法の開発（2008、2009年度）、下位レベルの本格運用および上位レベルの試行・開発（2010、2011年度）、下位レベルの継続および上位レベルの本格運用（2012年度以降）と、長期的な計画をもって進められている。このような進め方は、国内の自治体施策として今なお他に類を見ないものであろう。

そして、システムの構築目的が多文化共生の推進に資することであることから、社会全体の意識を醸成していくため、その過程にはさまざまな機関・団体の協力を得て事業を進めていくことと、より多くの住民が主体的にかかわり相互理解およびコミュニケーション能力を向上させることが期待されている。その一例として、eラーニングの開発においては、市役所・病院・学校場面の動画撮影の際、実際に市内の施設を使用し、職員の方々に事前の打合せから学習内容の決定、当日の出演、編集後の確認、完成後の関係者への広報に至るまでさまざまな形で協力を得ておこなわれた。また日本語教室の開設・運営においては、主催者となる企業または自治会等が、学習者およびボランティアへの参加呼びかけ、会場や機材・設備等の提供等をおこない、社内行事での日本語発表会や地域のお祭りへの出店など教室独自の取り組みもおこなわれている。こうした働きかけは、システムを機能させる役割として配置されているシステム・コーディネーターと日本語教室の運営担当者であるプログラム・コーディネーターが中心となっておこなわれており、いずれも日本語教育の専門家として、日本語能力の向上および住民間の相互理解、ひいては地域のコミュニティづくりにつながるよう実施されている。次に、その事例の一つを紹介したい。

2　日本語教室の運営における共働

豊田市内に本社を置くA社は、自動車関連部品の製造を主とする従業員数160名、そのうち約30名が外国籍（契約社員）という中小企業である。2009年3月、システム・コーディネーターの元に企業から日本語教室の開設について相談があった。企業担当者によれば、「きっかけは、豊田市から送られてきたシステムのパンフレットを目にしたことだった。2008年秋以降の世界同時不況により“派遣切り”“雇い止め”という現象が社会問題になり失業者が激増した。とりわけ外国人労働者は日本語能力の不足等から日本人に比べ再就職が困難であり、帰国を余儀なくされた者も少なくない。なかなか回復の兆しが見えない経済状況のなかでは、当社の外国人社員もいつそのような状況に見舞われるとも限らない。万が一に備えて、彼らの再就職の助けになるようにと日本語能力向上のための機会の提供を会社として検討したところ、職場内でのコミュニケーションの円滑化や生産現場での技能の向上および品質の安定、居住地域での日常生活のトラブル回避等、さまざまな効果が期待できることがわかった。自社だけではどうしようもなかったが、システムの協力が得られれば可能ではないかと思い相談をもちかけた」とのことだった。

こうして、2009年4月より、A社内において外国人従業員を対象とした日本語教室が開始された。外国人従業員は事前にレベルチェックテストを受け、25名のうち19名が対象となり、そのうち日本語学習を希望する14名でスタートした。学習者は昼勤組と夜勤組に別れて、勤務時間外の90分を日本語学習の時間とした。教室には、企業から日本人従業員が日本語パートナー（ボランティア）として数名参加し、外国人の日本語学習を手伝った。システムからは教室運営を担当するプログラム・コーディネーターを各クラスに1名派遣するとともに、地域住民にも声かけをし、日本語パートナーを募った。講師謝金等教室運営にかかる費用は、豊田市が負担することとなっている。つまり、企業は外国人従業員の日本語学習時間と場所を確保し、日本人従業員のボランティア参加を促す。名古屋大学は育成した人材を派遣するとともに地域住民の協力も募る。行政は運営コストを負担する、という共働関係となっている。この教室は、約3ヶ月を1タームとし、タームとタームの間に約1ヶ月を置いて継続され、本稿執筆時点（2011年9月20日）で4ターム目を迎えている。

ここで、約1年半の教室活動を通じて見られた成果と課題について、いくつか注目すべき点を紹介したい。4タームを通して学習者と日本語パートナーが継続的に教室参加をし、意欲的に日本語学習に取り組んだ（**表12-5**）。

各コース終了後の学習者アンケートからは、「会社の中で使えることばが増えた」「機械に書いてある文字が少しわかるようになった」といった日本語能力の向上だけでなく、「街中で見かける日本語の読み方が気になるようになった」「自分で漢字を勉強したくなった」「もっと教室の時間・回数を増やしてほしい」といった学習意欲の向上や、「近所の日本人や会社の同僚と日本語で話すようになった」「会社や自治会等の行事に参加してみたくなった」という行動の変化についても回答を得た。一方、日本語パートナーとして参加した日本人従業員からは、日ごろの職場での外国人従業員とのコミュニケー

表12-5　ターム別学習者数・日本語パートナー数【異なり数（延べ人数）】

	第1ターム	第2ターム	第3ターム	第4ターム※
学習者	14（112）	17（98）	22（69）	14（27）
日本語パートナー	9（77）	25（85）	18（49）	2（10）

※全10回のうち第5回までの数

ションについて、「相手に伝わるかどうかを考えながら対応するようになった」「難しい単語を簡単なことばで言い換えることをよくするようになった」、といった回答が多く寄せられた。さらに、教室開設を決定した企業の担当者は、「初めは挨拶程度だったが、今では学習者から声をかけてくれるようになった」「（日本語の）学習意欲が向上した」、と好評を得た。また、第2タームの途中には、社員の家族を招いて開かれる毎年恒例の社内行事があり、そのプログラムの一つとして外国人従業員による日本語でのプレゼンテーションがおこなわれた。日ごろの学習成果を発揮する場を設けるとともに、社内に広く日本語教室の存在を周知して従業員の参加を促そうというねらいであった。外国人従業員が、一人ひとり自分の趣味や家族、母国の食べ物や文化等について写真や絵を見せながら日本語でプレゼンテーションをおこなったところ、それまで日本語教室に参加することのなかった従業員やその家族から大きな拍手が起こった。ふだん、日本語パートナーとして教室参加していた日本人従業員は、「拍手をもらった彼ら（＝外国人従業員）の、恥ずかしそうでも誇らしげな表情が忘れられない」と言った。

一方、課題としては、表12-5にあるとおり、全体的には意欲的な参加が見られたものの、各回の参加者数にはばらつきが見られた。第2タームに入ると、学習者や日本語パートナーの数が1～3名という回が続いた。これには、残業時間に重なると当然教室参加ができなくなってしまうこと、教室参加が任意であるため容易に欠席できること、夏場など疲れが溜まると日本語学習の体力や気力が失われがちになること、いっしょに教室に参加していた人が何らかの理由で参加しなくなると参加動機が弱まってしまうこと、そして学習内容やレベル等が合わなくなって学習意欲が減退してしまうこと、といった理由が考えられる。企業担当者は、「とくに残業と重なった場合、日本語教室より残業を選ぶことになる。班長には日本語教室への参加を希望する者には残業を無理強いすることのないように指示してあるが、当然契約社員は少しでも収入を増やそうと残業を選ぶ」と、当初は教室への参加者減を仕方なしとしていた。しかし、やはりそれでは日本語教室を開設した目的が果たせないと、企業担当者は頭を悩ませた。そして、まずは教室の意義と学習成果を社内に示そうと企画されたのが、前述の社内行事でのプレゼンテーションである。それが現場管理者の目に留まり、外国人従業員が日本語教室に参加しやすいようシフトの組み換えがおこなわれた。また、経営陣の了解を得て、残業があっても日本語教室への参加を希望する者には、別の日に同じ時間の残業を保証することになった。当然、企業にとっては大幅なコスト増ではあるが、「中途半端なやり方では改善は期待できないと思った。日本語学習を通じてもたらされる成果を大事にしたい」という企業側の判断であった。これにより、学習者は安心して日本語学習に取り組めることとなり、その後の教室参加者数は安定した。第3タームは繁忙期にあたり、全体的に教室参加のための時間確保が難しくなったためクラスを1つに減らしたが、第1、2タームに比べるとタームを通して継続的に参加できる人は少なかった。企業内日本語教室では、学習者も日本語パートナーも、安心して継続的に参加できる環境づくりが大きな課題である。

3　日本語学習支援活動の意義

豊田市では、地域コミュニティの維持・向上を目的に、外国人住民が日常生活に必要な最低限の日本語能力を習得することを支援するとともに、日本人住民との相互理解を促進するためのシステムづくりに取り組んでいる。その一環として、行政・大学・企業・市民の共働による日本語教室運営をおこなっている。本節で取り上げた企業内日本語教室の事例からは、外国人の日本語能力および日本語学習意欲の向上、日本人や日本社会に積極的にかかわるような行動変容が見られた。また日本人には、外国人への接し方の変化が見られ、企業としても、そうした成果の維持・拡大に向けた対応がとられた。

今後さらに、日本語教室という装置が、教室参加者を含め企業にどのような影響を及ぼすか引き続き注視していきたい。そして企業内日本語教室が豊田市内に広く展開されることで、地域にもたらされる成果を明らかにしていきたい。

第5節　豊田の市民活動からみた外国人支援の特徴

1990年以降の日系南米人移住にともない、日系南米人、既存地域社会の双方に新しいニーズが現れ、それらに対応する活動が生まれた。そのなかから、保見団地の日系南米人に関係する活動、また、トヨタ自動車からの資源提供でつくられた日本語教室の事例を見てきたわけだが、ここから明らかになったことをまとめると次のようになる。

まず、資源投入の面からは、豊田市に外国人が多数来住するようになってから、20年以上の年月を要したとはいえ、行政や企業からの活動に対する資源投入がある程度は見られるようになったということである。豊田市では、域内に顕著な日系南米人集住地区（保見団地）を擁するため、同地域に集中的に行政資源や民間の人的知的資源が投入されてきた。それにともなう活動は、活動者や地域集団の努力によって可能になり、活動間の相互刺激を生み出しながら一定の成果を挙げたといえる。

こうした状況に加えて、保見団地以外での取り組み、また企業内での取り組みも近年始まっており、これまでの日系南米人支援活動から空間面やその受け皿の面で拡大していく状況が見られる。前節で紹介した「とよた日本語学習支援システム」は市内全域を視野に事業を展開しているが、公的資源の投入がなければ実現することがなかったものである。これまでの資源投入が対症療法的な事業であったり、既存の活動に予算をつけるといったものであったのに比べ、この事業は、外国人、日本人双方の日本語コミュニケーション能力の獲得をとおした多文化共生社会の構築を理念として掲げ、そのグランドデザインを描いて実施された点が異なっている。

次に、活動の担い手や組織的プロフィール、ネットワークの視点から見ると、当初、保見団地においてそれまで見られなかった住民ニーズに対応してきたのは自治区であった。一方で日本語教室を核としたNPOの活動が見られるようになる。これらの人々は、行政機関や地域集団との関係をつくりながら、また、時には自らもさまざまな団体に積極的に参加しつつ、こうした追加的ニーズを充足しようとしてきた。しかし、他の市民活動団体との比較でみると、ネットワーク形成はまだ道半ばというところである。

豊田市でおこなわれている外国人支援活動の多くは、前章までに見てきたようなまちづくり活動のネットワークからは少し離れた位置にある。主体になっているアクターは、いわゆる広域型市民活動と行政およびその関連機関であるが、本章3節で紹介した日本語教室HOMIGOの参加者は日本人、外国人とも保見団地の外からやってくる人々のほうが多い。また、第4節で紹介したシステムの保見日本語教室に参加する日本人ボランティアも地域住民ではない。このような状況は外国人集住地域の支援活動にはしばしば見られる現象であり、国際交流・多文化共生関係の活動が、「非通念的」な（＝誰もがコミットするわけでない）活動であることを反映している。

また、外国人住民は一部を除いて、その流動性の高さもあり、こうした相互作用の場に参入してくるケースは少ないとみられる。当事者である外国籍住民の参加はまだ緒についたばかりである。そのような中で、保見ヶ丘ブラジル人協会の「青パト」や「ほみにおいでん」への参加は地域住民を中心とした新しい芽が育ってきているとみることもできるだろう。

日本政府は確たる移民政策をもたず、外国籍住民への対応は自治体にその大半が任される状況となっている。長期にわたって繁栄する製造業の立地と、潤沢な行政資源を有する豊田市は、外国籍住民増加に対応するための取り組みをおこなっていく上で日本の類似自治体のなかでは比較的恵まれた環境のもとにある。こうした取り組みが蓄積し、定着していくとき、それは豊田市の住民としての「権利の積み増し」になりうる。この「権利の積み増し」は、J.ホルストンやT.ツダが「都市市民権」あるいは「ローカル市民権」(豊田市に居住する外国籍住民が享受する権利）と呼んだものに近づいていく可能性がある（Holston 2008; Tsuda 2006）[17]。

ただ、それが都市市民権の性質を帯びているとしても、本章で示されたように、資源の確保と活動者たちの社会的ネットワークの広がりは徐々に拡大してきたものであり、それに支えられた現在の活動にも長いあゆみがあることを見逃してはならないだろう。また今後は、日系人高齢者たちへの対応や外国人人口構成の多様化など、豊田市における外国人に関するニーズ自体が変化していくことにも目を向けておきたい。投入資源や社会的ネットワークの変動、そこに参入する人々や団体の変化とともに、活動がニーズ自体の変動に合わせてどのように変化していくのか、この点についても継続的に調査、検討する必要があろう。

注

1　出所:豊田市外国人統計（2011年）、豊田市の国際化（現状と取組）平成21年度版（2009年）。

2　中国人のうち多くを占める技能実習生については、本章末のコラムを参照のこと。

3　外国人児童生徒の教育問題を主に取り扱い、高校入試における特別枠、日本語指導員の増員、不就学状況の調査、外国人青少年の健全育成などに取り組む（「豊田市の国際化」(現状と取組、平成21年度版、11ページ)。

4　外国人の保険加入問題や雇用環境に関する問題を主に取り扱い、社会保障制度の改正、雇用主への指導体制強化要望、豊田商工会議所による実態調査、外国人雇用に関する留意事項の策定などがおこなわれている（「豊田市の国際化」(現状と取組、平成21年度版、11ページ))。

5　ゴミ問題、違法駐車問題を乗り越え、地域共生についての協議をおこなう。ここから不法投棄パトロール隊が結成された（「豊田市の国際化」(現状と取組、平成21年度版、11ページ))。

6　当面、2008年度から2012年度までの予定である。この部会では外国人住民向けの日本語学習支援についての協議がもたれ、とくにとよた日本語学習支援システムの運営に関することなどが話し合われる（「豊田市の国際化」(現状と取組、平成21年度版、11ページ))。

7　1999年8月設置。

8　トルシーダは2010年度より豊田市の委託事業を離れ、文部科学省委託「虹の架け橋」事業に取り組んでいる。

9　また、このカテゴリーでは「多文化共生」と「国際交流」が区別されていないことにも注意を要する。概括的な区分にすぎないが、多文化共生の語では日系ブラジル人支援活動が指され、国際交流の語では途上国支援や外国との文化交流活動が指される傾向がある。

10　他都市でも同様の傾向が指摘されている。詳しくは山口・坂本（2009）を参照。

11　2010年10月1日時点の保見団地の外国人登録者数は3943人（うちフラジル国籍3623人）であるが、2011年5月1日の数字は3月11日の東日本大震災の影響による工場の操業停止にともなう失業などの要因の可能性も考えられる。

12　この事業は、日本語教室開催やNW事業などとともに、2004年度より豊田市の「外国人住民地域参加促進事業」として委託される。

13　団地造成にかかわった日本住宅公団は、1981年に宅地開発公団と統合され住宅・都市整備公団となる。1999年、都市基盤整備公団に改組し、2004年には都市再生機構（UR都市機構）となった。

14　1992年にやはりブラジル人を中心とした「日系ブラジル人協会」が保見団地で設立されたが、活動の継続は難しかった。そのことを自治区役員の1人から言われたものと思われる。

15　トヨタは2011年の夏場の電力供給低下に備えて、7月~9月のあいだ、土･日を操業、木·金を休みとした。「おいでん」そのものも、各地で展開される「マイタウンおいでん」も、そのための会議なども週末に日程を組んでいたが、6月開催の「ほみにおいでん」はその影響を免れた。

16　豊田市国際有識者会議2007「世界に開かれた国際都市」報告書p.33, 34に「『豊田市民（Toyota Citizenship）契約』を導入し、契約の下に、導入教育や日本語学習を支援する。日本語講習の受講や導入教育の受講、多文化共生への積極的な参加を市と外国人の間で契約し、企業の協力も得て、必要な助成措置を講じる」(提案5)、「豊田市として、NPOの蓄積したさまざまなノウハウを踏まえて、成人及び子ども向けの日本語教育プログラムを開発し、言語講習の現場に提供していく」(提案8）とある。

17　上記16にあるように、これを日本語の文脈でもシチズンシップという語で理解しようという動きも一部にはある。

コラム：中国人技能実習生、技術者派遣について

中国籍技能実習生のトヨタ関連企業への受け入れをおこなっているX企業組合によると、受け入れは、まず現地政府公認の送り出し機関が求人募集をかけ、受け入れ企業による面接によって選考をおこなうという。そして最短6ヶ月間日本語を中心とした渡日前教育をおこない、受け入れ企業配属前に約1ヶ月間、160時間の集合研修をおこなう。この企業組合では、現地機関と提携して日本語教育のクラスを開設している。優秀な候補者に事前教育をおこなっておいて、企業から受け入れの打診があったときにすぐに応じられるような体制が整えられている。受け入れにあたっての企業の負担は労働者派遣の場合には時間あたり1800円程度であるが、技能実習生の場合には1200円程度である。また日本での実習にあたっては、トヨタ自動車に長年勤めた現場経験豊富な元社員が実習先企業に出向いて技術指導がおこなわれている。研修・実習は通算3年を上限として帰国していくが、実習生は3年間で400万円ほど貯金して帰国するケースが多いという。

技能実習制度とは別に、中国（天津）の大学新卒者を採用し、技術者として日本の企業への人材派遣がおこなわれている。中国現地の人材派遣業務をおこなっている会社と協力しつつ、天津にある大学（理工系）にカリキュラムを提供し、大学3年生から、通常の講義終了後に日本語のトレーニングをおこなっている。候補となった現地学生らには卒業までの間に1年半ほど日本語教育を施して、日常会話に支障がない程度まで日本語を習得させ、顧客企業に紹介派遣をおこなっている。

中国人技能実習生、派遣技術者あっせんは、各企業の労働力需要への即応体制、教育・指導面も含めた現地の送り出し機関との連携、（技能実習生に限っていえば）在留資格上の制限による滞在期間の短かさが特徴で、日系南米人のばあいとは年齢層、流動性などの面でその特質は大きく異なる。今後も状況の推移を注視していく必要があるだろう。（文・山口博史）

第13章　多文化共生をめぐる市民活動のネットワーク

――豊田市の外国人医療支援グループの場合

大谷　かがり

豊田市では、長期にわたる地域経済の発展と豊かな財政基盤、新住民の定住化を背景に市民活動が各方面に展開している。ここまで見てきたように、いくつかの分野では企業、地域住民、行政の間で社会的交換がおこなわれ、そのアウトプットとしてさまざまな活動が地域にもたらされている。

しかし多文化共生に関する市民活動については、企業、地域住民、行政との社会的交換が円滑に進んでいるとまでは言いにくい。また、多文化共生に関する市民活動の資金をサポートするための制度的基盤が乏しく、活動を継続することが難しい場合もある。在住外国人を支援する活動については、豊田市が教育の分野で実績のあるいくつかの市民活動団体を経済的にバックアップしているが、それらの団体の活動は日本語教育から生活相談などまで多岐にわたるため、残念ながらそのバックアップも十分ではない。

豊田市在住の外国人の保健医療に関して、1998年から「外国人医療支援グループ」というボランティアグループが、在住外国人の健康をサポートする活動を行っている。市役所では、外国人登録をしている、日本の保健行政の対象である妊婦、乳幼児、成人の健康の保持・増進をサポートしている。しかしながら日本の学校に在籍していない学齢期の子どもたちの健康に関しては、制度上保健行政の対象から外れており[1]、保護者やブラジル人学校の教員が子どもの健康について相談する機関がない。ブラジル人の子どもの教育を支援するNPOやブラジル人学校の教員から、このグループに子どもたちの健康を心配する声が寄せられ、2004年度から保見団地[2]で子どもたちの健康をサポートする活動をおこなうようになった。本章では、外国人医療支援グループの2007年度から09年度までの活動から、このグループの活動内容の変化とそれにともなうネットワークの変遷について分析し、多文化共生に関する市民活動のネットワークについて考えたい。

第1節　多文化共生をめぐる市民活動のネットワークに関する議論

1990年に入管法が改定されてから、多くのブラジル人が豊田市内の自動車部品工場で働き、保見団地に暮らすようになり、ブラジル人の集住地域となった保見団地では外国人の生活をサポートする活動が始まった。都築（1995; 2001; 2003）は、ブラジル人の集住にともなった保見団地での出来事を調査し、記録をとっている。都築によると、保見団地に外国人が集住するようになってからゴミの投棄問題、騒音、回覧板が届かないなどの問題が起こるようになった。自治区は日本住宅公団（現在のUR都市機構）、企業や行政に働きかけて、外国人集住地域の環境づくりを模索していった。このほかにも言語や子どもの教育、学童保育、健康問題などさまざまな問題が噴出した。保見団地では在住外国人の生活を支援するためにNPOや日系人の自助組織が発足し活動をおこなうようになった。都築は、保見団地におけるブラジル人の集住の過程を分析して、在住外国人の集住地域のNPO、行政、自治区や自治組織などがネットワークを形成し、連携して問題や課題に取り組むことの重要性を指摘する（都築 2001）。

組織には消長もあるが、その後、保見団地ではいくつものグループやNPOが在住外国人の生活をサポートしている。米勢（2007）は、保見団地で子どもの教育や在住外国人の日本語サポート、生活支援などを行っているNPO法人保見ヶ丘国際交流センターの活動を分析している。米勢によると、保見ヶ丘国際交流センターはその活動を通じて、保見団地内で活動するNPO、保見団地の外にあるNPO、愛知県、豊田市、小中学校、教育委員会、愛知県内NPOなどとつながっていった。これらの組織や団体も保見が丘国際交流センターの活動を通じてつながり、ネットワークが形成されていったという。米勢は、在住外国人の生活をサポートするためには、このような多重的なネットワークが形成されることが重要であると指摘する。

しかし一方でこのような組織どうしのネットワークの形成の困難さを指摘する意見もある。小松（2011）は、豊田市内の労働組合や保見団地内のNPOの活動を聞き取り調査し、在住外国人の労働環境と、在住外国人へのサポートやそのネットワークを分析している。小松によると、職場では未だに在住外国人に対する差別や偏見が存在し、不安定な労働を強いられる傾向にある。在住外国人は日本語能力、日本の労働法や社会保障制度の知識に乏しく、これらの要因が不安定な就労を強いられても抵抗することを難しくさせているという。小松は、このような在住外国人の労働環境を改善するためには、NPO、労働組合、地域住民、企業、行政、在住外国人が連携し、ネットワークを築く必要があると述べている。小松によれば、NPOはそれぞれの特徴やネットワークを活かし、在住外国人の生活サポートに寄与しているが、人的、金銭的に余裕のないNPOが互いに連携して活動する状況をつくることは難しく、NPOの活動に対する行政や企業の支援も足りていないと指摘している（小松 2011）。

豊田市の事例ではないが、山口・坂本（2009）は、鈴鹿市における市民活動団体の活動やネットワーク、外国人支援団体と市民活動団体の関係性を明らかにした。鈴鹿市では、市民活動団体は活動資金源である行政と連携して活動をおこなうが、市民活動団体どうしが連携して活動することはあまりない。多文化共生の市民団体は一つ存在するが、他の市民活動団体と連携することはほとんどないという（山口・坂本 2009）。

このような多文化共生に関する市民活動をめぐる議論では、ネットワークを形成していくことの重要性や困難さが論じられ、その要因として活動資源不足の問題や、活動人員の不足、他団体との紐帯の弱さ、企業・行政との関係性が指摘されている。このように困難な状況のなかで、多文化共生に関する市民団体はどのようにネットワークを形成しているのだろうか。本章では、外国人医療支援グループの活動内容や活動の参加者、行政との関係性の変化について分析する。

第２節　外国人医療支援グループについて

外国人医療支援グループは、1998年、豊田市国際交流協会（以下TIAとする）に登録するボランティアグループとしてスタートした。豊田市およびその周辺に在住する外国人の健康の保持増進を目標にし、在住外国人が日本人と同じような保健医療サービスを受けられるようになることを目標にさまざまな活動を行ってきた。2007年5月にTIAから独立し、ボランティアグループとして活動を続けている。会員数は2013年8月現在、10名であり、学生、会社員、大学職員、主婦などさまざま人びとが参加している。筆者もメンバーのひとりである。筆者はこのグループに2003年2月から看護師のボランティアとして参加している。メンバーのうち豊田市内に暮らしているのは2名だけである。その他のメンバーは近隣の市町村から参加している。

グループの活動が始まってから2002年までは在住外国人の健康診断や在住外国人の健康に関するシンポジウムなどをおこなった。2003年に入ってから、のちにNPO法人トルシーダ（以下トルシーダとする）を設立したメンバーから、日本語教室に通う在住外国人の子どもの健康が心配なので健康診断をしてほしいと要請があった。2003年5月から6月、在住外国人の子どもの健康について調べるために豊田市内のブラジル人学校3校と日本語教室で聞き取り調査をおこなった。この調査により、ブラジル人学校では、日本の学校で行われているような健康診断を行っていないことや、ブラジル人学校の教員は子どもの健康を心配していたが健康診断をどのように行ったらよいのかわからず困っていることがわかった。そこで2004年11月から保見団地内の都市再生機構の集会所にてブラジル人学校児童、生徒の健康相談会を始めた。

健康相談会の内容は、身長・体重測定、視力検査、尿検査、問診、医師の診察である。2004年から2006年までの健康相談会は毎年約50名の子どもが保護者とともに参加した（**写真13-1**）。対象は小学校から中学校までの年齢層の子どもであったが、ブラジル人学校の託児サービスや託児アパート[3]に預けられている乳幼児もやってきた。参加した子どもの約2割が肥満、約4割が朝食を食べていないことがわかった。喘息、アトピー性皮膚炎に罹患している子どもが多いこともわかった。問診では、病院に行って相談したいが、言葉が通じない、残業などの理由で子どもを病院に連れていくのが難しい、と保護者が苦悩していることもわかってきた（大谷2009）。

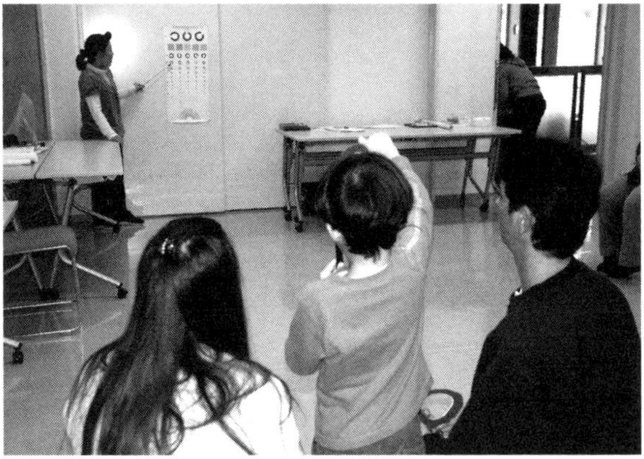

写真13-1　健康相談会で視力を測る子ども

2004年は健康診断会という名称であったが、保護者自身の相談ニーズが大きく、保護者も含めてサポートする必要性を感じたため、2005年からは健康相談会と名称を改め、生活の悩みを聞くことに力を入れるようになった。2004年から2006年までの健康相談会に参加したボランティア（医師、保健師・看護師、外国人医療支援グループ、コミュニティ通訳者、ブラジル人学校教員、トルシーダ、豊田市市民活動センター、その他）は、2004年は29名、2005年は34名、2006年は35名であった。医師のボランティアについては、TIAが豊田加茂医師会に医師の派遣を依頼した。保健師・看護師は外国人医療支援グループのメンバーと豊田市内のボランティアが参加した。保健師・看護師のボランティアは、近隣の病院にお願いしたり、外国人医療支援グループのメンバーが知り合いを誘ったりした。通訳は保見団地で活動するコミュニティ通訳者[4]が引き受けてくれた。トルシーダのメンバーも数名が参加し、外国人医療支援グループのメンバーとともに受付や雑務を担当した。またトルシーダのメンバーのひとりが外国人医療支援グループのメンバーとなり、健康相談会の準備や会議にも参加した。その他のボランティアは、多文化共生に関心のある大学生、看護学生などであった。

問診で保護者が語る子どもの健康問題の背景を探るため、筆者は外国人医療支援グループのメンバーとして、2005年にトルシーダが行った愛知県多文化共生教育支援事業「保見子どもの教育まるっとネット」に参加し、保見団地の託児アパートやブラジル人学校の子どもの健康調査を行った。2006年はトルシーダのメンバー2名と筆者が「大谷コンサウジチーム」という新たなグループを結成し、社団法人地域問題研究所の助成を得て調査を継続した。この2年間の調査によって、保護者は仕事が忙しく、子育ての大部分を託児アパートに頼っていること、ブラジル人学校や保見団地のコミュニティ通訳者が子どもの健康問題に悩む保護者の相談に乗っていることがわかった（大谷 2007）。

健康相談会をおこなうには、尿検査に使用する検尿用コップや試薬を購入したり、問診時に使用する寝具をレンタルしなくてはならない。健康相談会の準備をするためには、毎年TIAから支給される2万円の活動資金では足りず、ボランティアに参加してくれた人びとからの寄付などを含めてやりくりしていたが、グループのミーティングで十分な活動資金を獲得する必要性について話し合い、2006年度はとよた市民活動センターの「はじめの一歩助成金」に応募し助成を得ることになった。そしてこの年、とよた市民活動センターにボランティア団体として登録をした。

外国人医療支援グループの活動には、子どもの健康に携わる、もしくは関連する機関や人びとが参加したり、関連したりして、活動の場が同時に参加者の情報交換の場となっていった（斉藤・大谷 2008）。情報交換をするなかで、活動に参加した人びとの間で、近所に相談する相手がいなくて困っているブラジル人がいるならば、隣近所の人の相談に乗るような感覚でシンポジウムを開き、話をする場を設けようという雰囲気が高まった。これが2007年度の愛知県の多文化共生社会づくり推進事業、社会参画活動育成事業「地域で支える外国人の健康推進」に応募するきっかけとなった。

第3節　リーマン・ショックをめぐる外国人医療支援グループの活動の変遷——2007年から2010年まで

1　行政の委託事業と共催事業という転機——2007年度の出来事

2007年7月から08年2月まで、愛知県多文化共生社会づくり推進事業、社会参画活動育成事業「地域で支える外国人の健康推進」を行った。この事業では、外国籍の子どもたちの健康をテーマにしたワークショップを保見団地の集会所で4回開催した。各回の参加者数は17~28名だった。参加者はコミュニティ通訳者、ブラジル人学校教員、医療支援グループメンバー、愛知県職員、とよた市民活動センター（つなぎすと）、市職員、多文化共生にかかわるNPOのメンバー、その他日頃から外国籍の子どもたちの健康を心配しており、ワークショップのテーマに興味をもって参加した人たちだった。また、とよた市民活動センターから参加したつなぎすとはグループワークのファシリテーターを務めた。

8月26日は「子どもが病気になったとき」というテーマで話し合った。ブラジル人のコミュニティ通訳者とブラジル人学校の教員は、保護者は日本語が読めず、簡単な日常会話しかできないので、地域での暮らしに必要な情報を得るのが難しく、生活に不安を感じている、と語った。また、中には簡単なポルトガル語の文章しかわからない保護者もおり、たとえポルトガル語で配布物を作成したとしても、文章が長かったり、難しい単語が使用されていたりすると、読んでもらえないということであった。そこで9月30日は地域で支えるために何ができるかを話し合うこととなった。9月30日のワークショップでは、大きく分けて3つの意見が出た。まずは、市の広報誌に掲載されるブラジル人向けのポルトガル語の文章をもっと簡単にする、文字数を減らす、というものであった。つぎに、文字が大きくて簡単に読める暮らしの情報誌をつくり、それをブラジルレストラン、雑貨屋、ブラジル人学校に置いてもらう。そして最後は、夜間に日本語教室を開催する、であった。

10月21日は神奈川県からブラジルの医療に詳しい医師を招いて、日本とブラジルの医療の違いに焦点をあてた講演会を行った。その後健康相談会を開催した。健康相談会に参加した子どもは50名、平均年齢は7.22歳だった。健康相談会に参加したボランティアは32名だった。この年も豊田加茂医師会に医師の派遣を依頼したが、外国人医療グループはTIAを退会していたため、公ではない私的活動には医師を派遣できないという返答であった。そのため、この講演会の講師である医師と、筆者の友人である静岡県在住の医師にボランティアをお願いした。また、この年は保健師・看護師のボランティアを豊田市内で見つけることがとても難しかったので、筆者の友人である静

写真13-2　外国籍の子どもたちの健康をテーマにしたワークショップ

岡県在住の看護師2名にボランティアとして参加してもらった。このほかに、外国籍の子どもの健康問題に関心を寄せる大学生が参加した。

12月21日には「課題解決のためにできること」について話し合った（**写真13-2**）。これまでの3回のワークショップの話し合いを通して、参加者たちには、身体面だけに目を向けるだけでは子どもの健康はサポートできないという気持ちが芽生えていた。そして、子どもの健康をサポートするにはブラジル人の暮らしをサポートすることが必要だろうという結論に至った。すると、コミュニティ通訳者たちが、皆でブラジル人向けの暮らしの情報誌を作って、ブラジル人に配ろうではないかと提案した。外国人医療支援グループは、そのアイデアをもとに企画し、2008年度も愛知県多文化共生社会づくり推進事業、社会参画活動育成事業に応募することにした。

2007年11月、豊田市役所協働推進課がコーディネーターとなり、社会部自治振興課、福祉保健健康増進課、子ども部子ども家庭課から来年度の健康相談会を共同開催したいとの文書が外国人医療支援グループに届けられた。それによると「健診機会のない外国人の子どもたちに対する健康管理の意識付け、啓発の機会を目的として、貴団体の取り組みを支援していきます。来年度以降、市と貴団体の共催事業として、両者の役割分担を明確にした協定書に基づき、進めていきます。（原文まま）」とあった。グループで話し合い、健康相談会が共催事業になれば、市を通じて医師会や病院に医師や看護師の派遣を頼めるかもしれないし、毎年確実に健康相談会に必要な資金を得られると考え、この事業の話を進めることにした。

2　コミュニティ通訳者、ブラジル人学校と協働で情報発信 ——2008年度の出来事

2008年3月、公益信託愛・地球博開催地域社会貢献活動基金の助成を得て、外国人医療支援グループは健康相談会の準備を始めた。同年7月から2009年2月まで7回にわたり愛知県多文化社会づくり推進事業、社会参画活動育成事業「在住外国人によるコミュニティサポーター育成（通称こみゅさぽの会）」を行った。この事業は、2007年度の事業に参加したコミュニティ通訳者、ブラジル人学校の教員、外国人医療支援グループのメンバーが生活や健康について勉強し、ポルトガル語の壁新聞「こみゅさぽ新聞」を作成するというものであった。ペルー人のコミュニティ通訳者が参加したときはスペイン語版も作成することになった。この新聞はブラジル料理レストランやスーパーなどに掲示したり、A4サイズに印刷して工場や学校に配布した。こみゅさぽの会は保見交流館で計7回行った。各回の参加者数は6名~15名であった（**写真13-3**）。

健康相談会で最も多く質問を受けるのが子どもの予防接種であったので、7月の勉強会のテーマは予防接種を選んだ。8月のテーマは予防接種についで質問が多い乳幼児健診にした。9月は、コミュニティ通訳者が、ブラジル人の母親の間で子どもの手足に水疱ができる原因不明の不治の病が流行っているという噂があると話をしたため、手足口病にした。10月は、参加者が大変興味があり、ぜひ専門家の話が聞きたいと希望が多かったため、豊田市こども発達センターの小児精神科医を招き、発達障害の勉強会を開いた。医師が発達障害について説明した後、コミュニティ通訳者やブラジル人学校の教員は、具体例を挙げて日頃の悩みを医

写真13-3　こみゅさぽの会の参加者とこみゅさぽ新聞

師に相談した。医師もブラジル人の病気への対処について質問をし、相互に情報交換を行った。12月は子どもの不安について勉強した。2009年1月は豊田市役所から感染症予防課の保健師を招き、インフルエンザの勉強会を開いた。2009年1月時点では、日本では新型インフルエンザの発症例は報告されていなかった。しかしブラジル人学校の教員が、豊田市内に暮らすブラジル人が新型インフルエンザを発症してどこかの病院に隔離されているという噂を聞いて不安だと相談した。保健師はこの時点での最新の情報を説明し、それはただの噂であると答えた。相談者や参加者は保健師の説明を聞いて安心したようであった。2月も引き続きインフルエンザについて勉強した。また、豊田市こども発達センターの看護師が参加し、コミュニティ通訳者らにセンターのパンフレットをポルトガル語とスペイン語に訳してくれないかという依頼があり、皆で取り組むことにした。勉強した内容はポルトガル語に訳して「こみゅさぽ新聞」を計5枚作成した。新聞には難しい単語を使わず、なるべく文字を大きくした。この事業が終了した後、通訳者のひとりが、3ヶ月ごとに更新が必要な契約ではあるが、豊田市役所子ども家庭課で通訳として働くことになった。

参加者らは、医師や行政の保健師とこみゅさぽの会を通じて顔見知りになったことで、日本の社会とつながった感じがして安心したと語り、コミュニティ通訳者が「今後もこの活動を続けたい」と提案した。参加者らによれば、リーマンショック以降失業した友人が増えたこと、病院に行きたいがコミュニティ通訳者を雇う費用がなく、受診を断念している人が大勢いるということだった。そこで、通訳者がいなくても医師の診察を受けられるような、指で示すだけで医師と簡単な話ができるような冊子をつくろうではないかということになり、2009年度は財団法人愛知県国際交流協会の補助金と愛知県多文化共生社会づくり推進事業、社会参画活動育成事業に応募した。

2008年8月、豊田市役所にて第1回の健康相談会共同開催のための会議が行われ、外国人医療支援グループは2004年から2007年までの活動内容について報告し、ブラジル人学校に通う子どもや不就学の外国籍の子どもの健康をサポートしてほしいと訴えた。同年9月、子ども部子ども家庭課より外国人医療支援グループの代表あてに公文書が届いた。そこには「外国人の子どもたちの健康を守るための施策を行政の事業として取り組んでいくべきと提案を受けたものの、豊田市として、現状に関する情報把握が不十分な現段階においては、まず、この問題が、行政が施策として取り組むべきものであるかどうかを検証することから始める必要があります。（原文まま）」と記載されていた。その後、子ども家庭課としては医師を派遣する必要性が説明できないため医師は派遣できないが、豊田市は保健師4名、管理栄養士2名、歯科衛生士1名を健康相談会に派遣することになった、と連絡があった。

外国人医療支援グループはさまざまな人たちに連絡を取り、ようやく静岡県から1名の医師が参加してくれることが決まった。この医師は、外国人医療支援グループのメンバーのひとりが、静岡市で行われている外国人無料健診会で一緒に活動をしていたボランティア仲間であった。同年11月に健康相談会をおこない、参加した子どもは54名、平均年齢は7.12歳だった。手伝ってくれたボランティアは38名であった。医師、保健師・看護師、管理栄養士、歯科衛生士、外国人医療支援グループメンバー、コミュニティ通訳者、ブラジル人学校教員、トルシーダのメンバー、多文化共生に興味のある大学生や、愛知県立大学の「ポルトガル語スペイン語による医療分野地域コミュニケーション支援能力養成講座」の受講生がボランティアとして参加した。この講座の受講生はそれぞれの地域で多文化共生に関するボランティア活動に携わっており、在住外国人の子どもの健康をサポートすることに関心をもっていた。

2009年1月、豊田市役所にて第2回健康相談会共同開催のための会議が行われた。会議の席で子ども家庭課課長は「（ブラジル人の子どもの健康問題は）行政が積極的に介入できる問題ではなかったのではないかと思う。ブラジル人とその子どもたちは受診行動ができている。これからもグループには自助、互助の範囲で活動を続けていってほしい（筆者のフィールドノートより）。」と発言した。豊田市の場合、住民登録、もしくは外国人登録を豊田市で行えば、「住民」としてブラジル人の健康を主体的に獲得するためのサポートをおこなうことは可能であるし、実際に行っているという（筆者のフィールドノートより）。また、今後健康相談会をおこなう際は、医師が診察をおこなうならば診療所開設届を提出する必要があると指導を受けた。2008年11月の健康相談会に参加した医師は開業医であった。開業医は開業時にすでにその届を提出しているため、健康相談会のときに提出するこの書類に記入してもらうことができない。次年度に健康相談会をおこなう場合は、診療所開設届を提出していない医師（総合病院の勤務医など）を探してこなければならなくなった。そして豊田市役所側から、ブラジル人の子どもの健康問題は地域の問題だからわくわく事業に応募してはどうだろうか、と提案された。2009年5月、わくわく事業[5]に応募したが、審査員は外国人の子どもたちの健康問題は行政の担当すべきところで地域の問題ではないという見解であり、外国人医療支援グループは選にもれてしまった。

3　リーマンショックにより受診が難しくなった人びとをサポートする——2009年度の出来事

2009年6月、財団法人愛知県国際交流協会からの補助金を得て「ばちぱっぽの会診察室の会話」事業を行った。また同年7月から10年3月まで、愛知県多文化社会づくり推進事業、社会参画活動育成事業「病院会話集の作成と健康フェスティバルの開催」を行った。これらの事業では計8回の勉強会を行った。各回の参加者は8~15名であった。コミュニティ通訳者、ブラジル人学校教員、外国人医療支援グループのメンバー、保見ヶ丘ブラジル人協会、豊田市日伯協会の人々のほか、多文化共生に関心のある大学生が参加した。

こうしたなか2009年6月まで一緒に事業を行ってきたコミュニティ通訳者3名と健康相談会に協力してくれていた託児アパートの経営者の帰国が次々と決まった。コミュニティ通訳者たちは2008年の失業後、再就職先が見つからなかった。ブラジル人の失業は保護者が子どもを保育する時間を生み出したので、託児アパートに子どもを預ける人が激減し、託児アパートの経営も思わしくないようであった。

2009年6月4日の勉強会には保見ヶ丘ブラジル人協会から2名が参加した。その他に、6名のコミュニティ通訳者が参加した。その中には、リーマンショック以降、工場での通訳の仕事を失い、医療通訳の道を模索しているコミュニティ通訳者が何名かいた。医療の通訳をするためには医療の知識と専門用語を勉強する必要があることを伝えると、8月9日以降のコミュニティ通訳者の参加数は1/3に減少した。10月25日、11月8日は、夫の仕事の都合で豊田市に滞在中のアルゼンチン人の医師が参加した。この医師は、日本で医師として働きたいと願い、その可能性を模索中であった。2010年1月17日は豊田日伯協会から1名が参加した。

「ばちぱっぽの会診察室の会話」「病院会話集の作成と健康フェスティバルの開催」は、ポルトガル語と日本語の病院会話集を作成するために、月に1回のペースで勉強会を行った。勉強会では、通訳した際に困ったこと、こんな言葉を知っていたら便利であったことなどを出し合い、会話集は、文章を示せば医師との会話が可能となるようなものに仕上げた。たとえば、「おなかが痛いです」「頭が痛いです」といった短い文章や、風邪、嘔吐、心臓病などの単語を列記した。また、日本では血圧を「150/90」と表記するが、ブラジルでは「15/9」と表記するなどといった医療文化の違いも記載した（**写真13-4**）。

「ばちぱっぽの会診察室の会話」で作成した病院会話集は豊田市内のブラジル人学校、日本語教室、保見団地周辺の小学校と中学校に無料で配布した。この会話集はたいへん好評で、次回は薬局での会話も加えてほしいとの意見が多数寄せられた。コミュニティ通訳者やブラジル人学校の教員によると、ブラジルでは病気になったらまずは薬局に行くとのことであった。そこで、「病院会話集の作成と健康フェスティバルの開催」で作成した病院会話集には、薬局での会話に使用する単語や文例を加えた。また、この会話集には、たとえば、昼勤と夜勤を繰り返す工場で働く人々にとって、食間、食前という表現はわかりにくい、といった一口メモも載せた。この病院会話集も豊田

写真13-4　病院会話集「診察室の会話2」

写真13-5　「VIVA!ブラジルデー2009」の健康相談コーナー

市内のブラジル人学校、日本語教室、保見団地周辺の小学校と中学校に無料で配布した。

2009年1月の豊田市役所との話し合いで診療所開設届に関する指導を受けてから、届け出を出すことが可能な医師を懸命に探したが見つからなかったため、グループ内で話し合い、2009年度は健康相談会の形を変えることにした。そして10月3日、豊田スタジアムで行われた豊田日伯協会主催の「VIVA!ブラジルデー2009」に健康相談コーナーを出し、健康相談をおこなった（**写真13-5**）。この健康相談には、コミュニティ通訳者1名、外国人医療支援グループのメンバー5名が参加した。相談コーナーには30名の成人の相談者がやってきた。29名が高血圧、1名が糖尿病であったが、相談者は皆失業中で、生活費を切り詰めるために通院をやめたと語った。そして相談コーナーにやってきた多くの人々が「死んでしまうのではないかと心配だ」と不安を打ち明けた。机の上に病院会話集を置き、希望者には無料で配布した。相談することはないが、受診の際日本語ができなくて困っているので病院会話集がほしいという人もいて、100名近い人々に病院会話集を配布した。

10月2日は、トルシーダが運営している不就学の外国籍の子どもたちを対象にした日本語教室CSNにて、子どもたちを対象に新型インフルエンザに関する講話をおこなった。その後豊田日伯協会から、ブラジル人学校EAS豊田校で保護者向けに新型インフルエンザの説明会をしてもらえないだろうかと相談があった。EAS豊田校では、数名の子どもたちが新型インフルエンザに罹患し、保護者がパニックになっているという。豊田日伯協会はEAS豊田校から相談を受け、このことを相談できる医療者を探していた。そこで10月25日はEAS豊田校にて、新型インフルエンザに関する説明会を行った

（**写真13-6**）。説明自体は20分ほどで終わったが、保護者からの質問がたいへん多く、質疑応答は40分以上続いた。「新型インフルエンザはエイズと一緒だ」「豊田市のデパートの空調から新型インフルエンザがばらまかれていると聞いた」など、大半の質問は根も葉もない噂に関することであったが、それらの質問や会場の雰囲気から、保護者の不安が伝わってきた。そこで、11月8日は新型インフルエンザについて勉強会をおこなった。このとき、勉強会に参加していたアルゼンチン人の医師が新型インフルエンザの対処方法について説明してくれた。アルゼンチンでは日本よりも先に新型インフルエンザが流行しており、11月8日当時、南半球にあるアルゼンチンは春を迎え、新型インフルエンザの流行はひと段落を迎えていた。12月13日に新型インフルエンザの予防と対策に関するチラシを作成し、12月15日に保見団地周辺にあるブラジル人学校3校と日本語教室に配布した。また、保見ヶ丘ブラジル人協会にお願いをして、協会の情報誌「保見ヶ丘インフォメーション」の1月号にチラシの内容を載せてもらった。

写真13-6　新型インフルエンザの説明会

2010年3月にトルシーダの日本語教室CSNで健康相談会をおこなった（**写真13-7**）。この会では身長、体重を測定後、子どもたちが自分のBMIを計算し、日頃の生活を振り返ってもらうとともに、栄養のバランスがよい昼食を提供した。昼食を出すというアイデアは、トルシーダのメン

写真13-7　2010年の健康相談会

バーが「子どもたちが食べる昼食を見ると、肉ばかりで栄養が偏っている感じがする」と心配しているのを聞いたことから思いついた。この健康相談会には23名の子どもが参加した。参加したボランティアは保健師・看護師、外国人医療支援グループメンバー、コミュニティ通訳者、多文化共生に興味のある大学生、調理を担当してくれたボランティアなど計7名であった。

第4節　外国人医療支援グループの活動が形成したネットワークについて

外国人医療支援グループの活動が形成したネットワークは**図13-1**のとおりである。外国人医療支援グループは、TIAを退会する2007年5月までは、TIAを介して医師や病院などとネットワークを形成しており、TIAは外国人医療支援グループの医療の人的資源確保の回路になっていた。2004年から保見団地で健康相談会をおこなうようになってからはブラジル人学校、託児

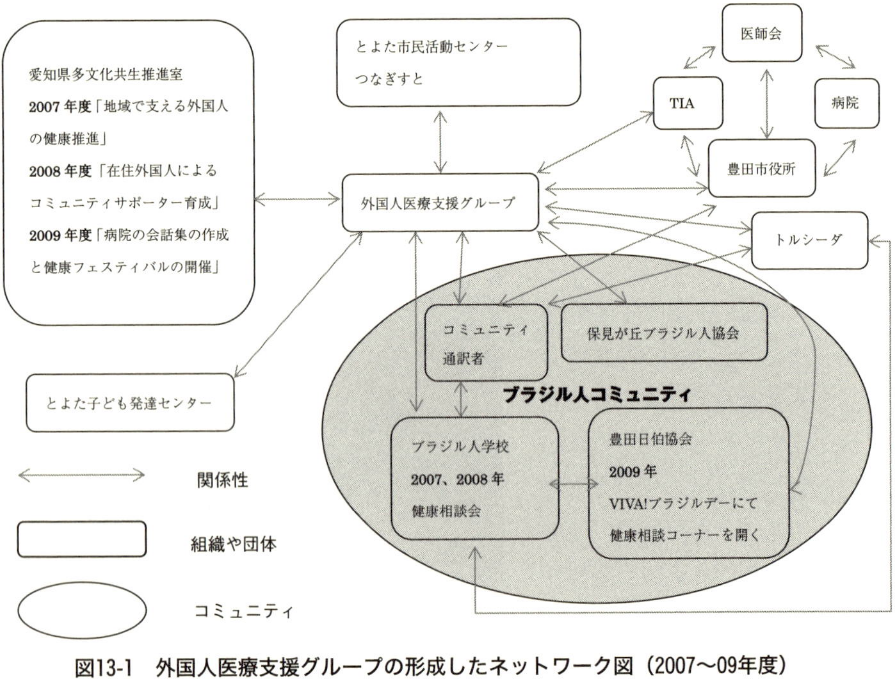

図13-1　外国人医療支援グループの形成したネットワーク図（2007～09年度）

アパートやトルシーダとのつながりが形成されていった。とくにトルシーダとは、外国人医療支援グループのメンバーがトルシーダの事業に参加したり、両者が大谷コンサウジチームを結成して調査をおこなったりして、つながりが強くなっていった。現在もその関係は進行中であるが、事例を提示した2010年3月まで、外国人医療支援グループはトルシーダを介してブラジル人コミュニティにつながっている部分がある。

慢性的な活動資源の不足のため、2006年にとよた市民活動センターの「はじめの一歩助成金」を得たが、これによってとよた市民活動センターとの関係ができた。この関係性は2007年度の愛知県の事業へとつながっていった。TIAを退会した後、外国人医療支援グループは医師会や病院とのネットワークを失ったため、活動の軸を医療から生活へと転換したのだが、その結果ブラジル人コミュニティの成員であり、ブラジル人の生活に地域の情報を届けているコミュニティ通訳者やブラジル人学校の教員らとともに活動することになった。協働のきっかけとなったのが、2007年度の愛知県多文化共生社会づくり推進事業、社会参画活動育成事業であった。この活動には、コミュニティ通訳者、ブラジル人学校の教員、豊田市民、多文化共生に関するNPO、とよた市民活動センター、愛知県、豊田市が参加した。計4回のワークショップでそれぞれがそれぞれの立場から意見を出し合い、ブラジル人の生活をサポートするために必要な情報を発信しようということになった。

2008年度の愛知県多文化共生社会づくり推進事業、社会参画活動育成事業には、2007年度に協働したコミュニティ通訳者、ブラジル人学校の教員が参加した。情報を発信するために勉強会をおこなったが、この勉強会によって、コミュニティ通訳者、ブラジル人学校の教員、およびとよた子ども発達センターや市役所とのつながりができた。外国人医療支援グループは両者を媒介する役割を担った。

2009年度の愛知県交際交流協会の補助金と、愛知県多文化共生社会づくり推進事業、社会参画活動育成事業による活動には、2008年度まで参加していたコミュニティ通訳者、ブラジル人学校の教員のほかに、リーマンショックの余波で失業したコミュニティ通訳者、保見ヶ丘ブラジル人協会、豊田日伯協会、多文化共生に関心をもつ大学生も参加した。豊田日伯協会は、外国人医療支援グループが当協会主催の「VIVA!ブラジルデー2009」に健康相談コーナーを出したことをきっかけに、ブラジル人学校への健康保健啓蒙活動に興味をもつようになり、その後この事業に参加した。

2007年度から09年度までの活動でネットワークの形成とそれを活動に活かしていく際にカギとなったのは「情報交換」ではなかったかと考える。新たな団体・機関とのつながりから、それまでの活動からは見えなかったポイントが視野に入ってきて、それが新たな活動展開につながっていったのである。その際、活動に参加した人びとが話し合い、情報が交換されることには意義があった。また活動の内容や参加者の都合に応じて、活動に加わる人はつねに変動していた。そのためシンポジウムや勉強会ではいつも違うメンバーが話し合いをすることになった。このような参加メンバーを固定しないスタイルが結果的に新たなアイデアを生み出し、緩やかにネットワークを広げていったのではないだろうか。

なお、コミュニティ通訳者やブラジル人学校の教員などのなかには継続して参加していた者もいた。彼らは、地域の暮らしの情報、とくに子育てや健康に関する情報をブラジル人コミュニティに届けるために参加していたが、それが結果的に、彼らの日本社会へのつながりを太くしていった。また、外国人医療支援グループも、2007年度から09年度の事業を介して、またはトルシーダを介してブラジル人コミュニティにつながっていった。そして、行政もまた、外国人医療支援グループと協働することで、ブラジル人コミュニティへの潜在的紐帯を保持していた。

反対に、他の団体・機関との関係性が弱くなるとネットワークや活動資源の面に影響が及んでくることもある。たとえば豊田市役所とともに取り組んだ健康相談会がそうであろう。外国人医療支援グループとしては、市役所は人びとの健康をサポートする機関なのだから、子どもの健康相談会は市が担ってほしいと考え、そのスタンスで市役所と話し合ってきた。しかし2009年1月の市役所との会議で、子ども家庭課の課長が、結果的に外国籍の子どもの健康は行政が介入すべきことではなかったのではないかと思う、と述べ、市役所との話し合いの回路がいったん閉ざされてしまった。わくわく事業に応募しても選外となり、豊田市からの助成を受けることも難しくなった。

　外国人医療支援グループは豊田市の保健行政と直接のネットワークを形成するにはいたらなかったが、外国人医療支援グループと協働していたコミュニティ通訳者が健康診断の交渉を行っていた豊田市役所子ども家庭課で通訳として働くことになった。外国人医療支援グループはこの通訳者を介して豊田市とつながることになった。

　健康相談会にかかわった団体・機関を時系列的で整理すると**表13-1**のようになる。先に見たように、健康相談会に医師の参加が難しくなったきっかけになったのは、TIAからの退会である。そして2009年1月に市役所から診療所開設届に関する指導を受けたことにより、医師の活動への参加が困難になってしまった。

　また、医師に限らず2009年に大きく参加者を減らしているのは、活動資金を確保できなくなったことが大きい。外国人医療支援グループはTIAを退会したあと、愛知県多文化共生推進室の2007年度から09年度までの委託事業に応募して活動資金を得ることができたが、毎年確実に活動資金を確保できる保証はなかった。わくわく事業への提案も選外となった。このように外国人医療支援グループと豊田市や地域住民とが直接的な関係を有していないこと、毎年確実に資金を得られる状況でないことが原因となって資金不足に

表13-1　健康相談会にかかわった団体・機関

	2004年	2005年	2006年	2007年	2008年	2009年	2010年
A	━━	━━	━━	■ ■ ■	■ ■ ■		
B	━━	━━	━━	━━	━━		■ ■ ■
C	━━	━━	━━	━━	━━	━━	━━
D	━━	━━	━━	━━	━━	■ ■ ■	━━
E	━━	■ ■ ■	■ ■ ■	■ ■ ■	■ ■ ■		
F	━━	■ ■ ■	■ ■ ■	■ ■ ■	■ ■ ■		
G			■ ■				
H			■ ■ ■				
I				■ ■ ■			
J	━━	━━	━━	━━	━━		━━

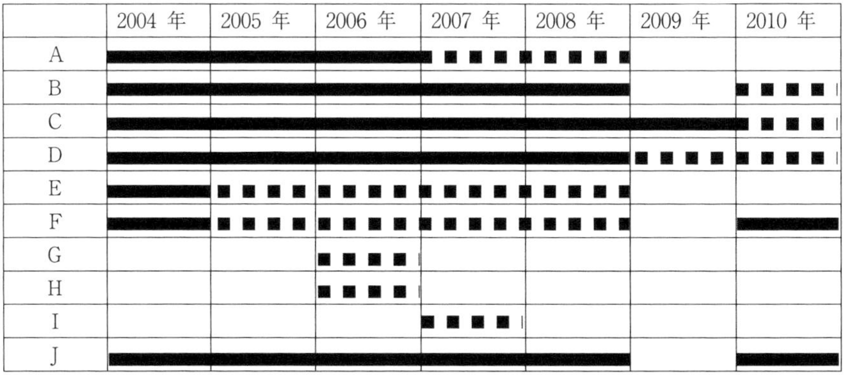

3名以上の参加の場合を実線、それ以下の参加の場合を点線、参加がない場合は空白で表している。
A:医師／B:保健師・看護師／C:外国人支援グループメンバー／D:コミュニティ通訳／
E:ブラジル人学校教員／F:トルシーダ／G:TIA／H:とよた市民活動センター／I:愛知県／J:その他

見舞われている。

2010年は、2008年までの活動とはおもむきを変え、NPOトルシーダと共同で活動をおこなった。この年は、医師の参加が実現できない状況であったので、NPOがおこなう日本語教室で身体測定や食事についてのインストラクションをおこなうことになった。これはそれまでの困難な状況を脱するために、新たな活動展開を目指したものと言えよう。

小　括

本章では、2007年度から09年度までの外国人医療支援グループの活動を当事者として分析し、多文化共生に関する市民活動のネットワークについての考察を試みた。外国人児童の健康を守る活動は、ホスト社会の言語を教える活動と同じく、基本的な人権や市民権を広く擁護する意義をもつ。外国人医療支援グループのネットワークは、事業に参加した参加者、他団体、組織が情報交換をおこなうなかで新しいアイデアが生まれ、新たな事業をおこない、情報を交換する、という循環を繰り返しながら広がっていった。直接の協働が困難な場合もあるが、時系列的に活動をふりかえってみると、その困難が結果的に次の活動展開にきっかけを与えていることがわかる。外国人医療支援グループのもつネットワークは、フレキシブルに協働する相手を変えながら困難な仮題に取り組んできたといえよう。

リーマンショック以降の参加者の減少は、外国人医療支援グループがブラジル人コミュニティとつながる回路が減っていることを意味する。また、ブラジル人コミュニティが地域、日本の社会とつながるためのキーパーソンが減っているととることもできる。このことが活動や、活動に参加した人びとに何をもたらすのか多文化共生に関する市民活動のネットワークの検討を今後も続けていく必要があるだろう。

注

1　日本では、学齢期の子どもの健康の保持増進を目的に、健康診断を実施することを義務付けているが、豊田市内のブラジル人学校は各種学校に認定されていないため、学校保健安全法の対象外であり、児童・生徒の健康診断はおこなっていない。

2　保見団地と豊田市の外国籍住民の居住状況については本書12章を参照のこと。

3　保育所とは異なる。子ども1人につき月4万円で、朝7時から夜10時くらいまで自宅で預かる。日本語が話せない、ブラジルと同じように子どもを育てたい保護者が預ける。保護者の代わりに子どもを病院、予防接種、健康診断などに連れて行ってくれるので、働いている保護者に好評である。このような託児アパートが保見団地とその周辺にはたくさん存在したが、2008年以降ブラジル人の失業とともにその数が激減している。正確な数を把握することは難しい。

4　通訳の専門家ではない。こういった通訳者は日本語でコミュニケーションがとれるため、近所に暮らすブラジル人や親類、友人から頼まれて通訳を行っている。保見団地やその周辺で活動する通訳者の場合、時給3000円（交通費込み）で仕事をしている。保護者から保険証を預かり、保護者の代わりに子どもを病院へ連れて行くこともしばしばある。口が堅く、なんでも相談に乗ってくれる通訳者は人気がある。通訳者の多くが兼業である。

5　わくわく事業の内容、審査体制などについては本書第3章のほか、丹辺の論考（丹辺 2009）を参照のこと。

第14章　グローバル企業の人材獲得と育成
――トヨタ工業学園高等部の人材育成・教育プログラムをめぐって

岡村　徹也

本章は、地域活動の担い手として活躍するようになっているトヨタ自動車従業員・退職者の価値形成の原点に着目し、トヨタ自動車株式会社（以下、「トヨタ」と略記）の企業内訓練校であるトヨタ工業学園[1]の人材育成・教育プログラムに注目し、その実態を明らかにする[2]。トヨタ工業学園とは、職業能力開発促進法に基づくトヨタの認定事業内職業訓練所であるが、その人材育成・教育プログラムの有効性は、直接的にはトヨタの生産活動上のニーズと直接結びついている。それは単なる技能を習得させるのみにとどまらず、チームワークの中心を担う人材を養成し、トヨタの組織文化を次世代に継承させる役割を担っている。

本章はトヨタ工業学園の人材育成・教育プログラムの特徴と組織的機能に加え、地域社会におけるまちづくり活動との親和性についても検討する。そのために、学園関係者、OB、現役学園生、経営者層からの聞き取り調査に基づき、トヨタ工業学園の設立経緯および沿革を整理する。その上で教育内容および目標、人材育成・教育プログラムの特徴とトヨタの生産現場への影響、学園生、OBと地域社会とのかかわりについて明らかにする。

第1節　日本における企業内訓練制度をめぐる研究史

1　トヨタの企業内訓練への批判

企業のなかの労働者、企業内訓練制度に疑問を呈した代表的な論者に鎌田慧がいる。鎌田はトヨタの工場労働者について、以下のように述べている。

> 労働者は機械ですらない。機械的な動きを強いられた人間であり、機械より安くて、取り換えが簡単な部品であり、もっと簡単にいえば、使い捨てられる電池なのだ（鎌田1983:105）。

さらにトヨタの企業内訓練校であるトヨタ工業学園を卒業した労働者については、以下のように述べている。

> 若く、さまざまな可能性を持っている一人の人間が、ひとつの器官だけを激しく使う労働に囲いこまれ、人為的に未発達な人間にされてしまう。何も特徴のない、代替可能な、従順な労働力でいる限り、かれには一定の報酬が一応保障される。かれは閉鎖社会の中で飼い殺しになる。工程を細分化し再構成した合理化は、人間の能力を細分化させ、人格さえ企業に都合の良いように再構成する。それはロボトミーの手術にも匹敵する（鎌田1983:120-121）。

一般に、自動車工場の組み立て作業は単純労働のイメージで語られることが多い。長時間におよぶ単調な流れ作業が労働者にとって肉体的・精神的に過酷な面があるのは容易に想像でき、その意味で鎌田のイメージはトヨタの工場労働者の置かれている労働環境の一つの側面を表しているといえるかもしれない。しかし、それが全てであろうか。

本章では別の角度から企業内訓練の機能・役割を検討してみたい。初期に入社した従業員が退職期を迎え、次世代に交替する時期（成熟期）を迎えた局面では、とくに企業の組織文化を継承することと、組織文化が地域社会に影響をおよぼすことの両面をみていく必要がある。これらを明らかにするため、実際にトヨタにおいて企業内訓練がどのように行われているか、トヨタ工業学園の事例を通してみていこう。

2　企業内訓練制度の発展と衰退

トヨタにおける企業内訓練が、日本の企業内訓練の歴史においてどのように位置付けられるかを考えるために日本において企業内訓練制度（養成工制度）がいつごろ生まれ、どのように発展してきたのかを見ておきたい。小池和男は大きく二つの時期に分けて説明している（小池1997:129-130）。第一の時期は第一次世界大戦後である。この時期に造船、鉄鋼、機械などの業界で企業内訓練制度が始まった。第一次世界大戦前までは工場における徒弟制度が、熟練技能者養成の一般的な方法であった。

企業内訓練制度の先駆的形態は1899年に設立された三菱工業予備学校[3]にみることができ、1910年に八幡製鉄所（現在の新日鐵住金）や日立製作所で始まった訓練課程が初期導入事例である[4]。その後、1918〜19年ごろに三井造船、神戸製鋼、住友機械などで訓練課程が導入されている。当時の訓練課程の年限は3〜4年程度で、教室や研修室での訓練と職場での実務訓練が織り込まれた形態であった。日立では毎日2〜3時間の研修が組まれ、それぞれの職種の基礎技能だけでなく、国語や算数など普通科目も教えていた。

その後、第二次世界大戦期、軍需の影響を受けて活況を呈した機械工業分野において企業内訓練制度は発展した。訓練課程は全日となり、最初の2年間は全て訓練期間、3年目から職場での実習を増やすという形態が増えた。当時、従業員100人以上を抱える工場2268のうち288（12.7%）が1年以上の企業内訓練制度を導入しており、その多くは2〜3年の訓練期間を設けていた[5]。

企業内訓練制度発展の第二の時期は第二次世界大戦後である。第二次世界大戦後、企業内訓練制度は長期社内教育制度として質量ともに充実していった。大企業では訓練課程を3〜4年とし、科目の半分を普通科目の英語、国語、数学にあて、普通高校のレベルに合わせた。そして、高度経済成長期の1960年代半ばに日本の企業内訓練制度は最盛期を迎えた[6]。

しかし、1960年代半ば以降、企業内訓練制度は衰退し始めた。**表14-1**は日立製作所での応募者数である。日立の養成工制度は現在まで続いているが、1965年以降の応募者数は減少し続けている。応募者数減少の原因の一つは、高校進学率の上昇である。1940年代後半に50%を超えた高校進学率はその後も上昇し続け、60年代初めには60%を超えていた。その結果、養成工課程に進む人材の確保が困難な状況になった。またこの時期、極度の労働力不足も影響した。50年代前半には0.2〜0.3程度だった求人求職倍率は1967年には1.0へ、第一次石油危機直前には1.7にまで上昇していた。この倍率は

表14-1　日立製作所の企業内訓練校への応募者数推移（1950-1973年）

年	応募者数	見習工数／年間
1950	1201	86
1955	1559	85
1960	1990	318
1965	1265	250
1970	768	251
1973	504	146

出典：隅谷，1978，『日本職業訓練発達史《戦後編》』日本労働協会：232。

若年層でより高く、企業の技能系職場への投資の妨げとなった。

石油危機後、労働力不足は解消されたが、大企業はかつての養成工課程を復活させなかった。その理由について小池は、①企業の技能系職場の人材の一部しかカバーできない、②高いコストから大企業といえども課程の維持が困難となった、の2点を指摘している。つまり、すでに多くの企業にとっては「養成工制度は知的熟練の形成において不可欠の要素ではなかった」のである。

東証一部に上場している大企業のなかで技能者育成のために企業内訓練校を設置しているのは、現在ではトヨタ、日立製作所、日野自動車、デンソーの4社のみとなっている。うちトヨタとその系列の会社が3社を占める。つまり、企業内訓練制度は現代日本においては衰退の方向にあるにもかかわらず、グローバル企業トヨタにおいては未だに残存しているのである。なぜ、そうなのか。単なる惰性なのか、それとも独自の意義があるのだろうか。

第2節　トヨタ工業学園の概要

1　トヨタ工業学園の設立と歴史的変遷[7]

トヨタ工業学園は、トヨタの技能系職場の中核となる人材育成を目的として設立された。その歴史はトヨタ設立翌年に開校した男子作業員の教育をおこなう私立豊田工科青年学校にさかのぼる。この青年学校の課程に、工場事業場技能者養成令（1939年3月31日公布）による3年課程の教育を含めたのが養成工教育のはじまりで、高等小学校卒業生を対象にしていた。1939年4

表14-2　トヨタ工業学園卒業者数（トヨタ提供資料を元に作成）

卒業年	1942	1943	1944	1944	1944	1945	1954	1956	1957
人員	201	114	150	571	506	225	49	30	37
(期別)	(1)	(2)	(3)	(4)	(5)	(6)	(7)	(8)	(9)
1958	1959	1960	1961	1962	1963	1964	1965	1966	1967
16	17	51	47	80	141	196	250	180	321
(10)	(11)	(12)	(13)	(14)	(15)	(16)	(17)	(18)	(19)
1968	1969	1970	1971	1972	1973	1974	1975	1976	1977
288	181	200	368	405	601/265	643/274	638/97	638	683
(20)	(21)	(22)	(23)	(24)	(25)	(26)	(27)	(28)	(29)
1978	1979	1980	1981	1982	1983	1984	1985	1986	1987
485	394	320	255	145	200	238	256	264	246
(30)	(31)	(32)	(33)	(34)	(35)	(36)	(37)	(38)	(39)
1988	1989	1990	1991	1992	1993	1994	1995	1996	1997
264	262	247	244/97	183/136	187/143	158/154	151/130	133/124	108/72
(40)	(41)	(42)	(43/専1)	(44/専2)	(45/専3)	(46/専4)	(47/専5)	(48/専6)	(49/専7)
1998	1999	2000	2001	2002	2003	2004	2005	2006	2007
109/88	100/88	100/89	121/89	117/89	73/101	71/99	70/101	73/106	72/122
(50/専8)	(51/専9)	(52/専10)	(53/専11)	(54/専12)	(55/専13)	(56/専14)	(57/専15)	(58/専16)	(59/専17)
2008	2009	2010.2	2011.2						
98/124	114/127	114/130	116/128						
(60/専18)	(61/専19)	(62/専20)	(63/専21)						

※卒業者数の下段（　）内「専」は専門部卒業期数。
※1973～1975年の／前後の数字は左が中学校卒業後3年間課程（高等部）、右が中学校卒業後1年間課程（この3年間のみ）を示す。
1991年からの／前後の数字は左が中学校卒業後3年間課程（高等部）、右が高校卒業後1年間課程（専門部）を示す。

トヨタ工業学園沿革

1938年　短期の技能者育成教育を開始（刈谷1～4期）
　　　　豊田工科青年学校開校、短期教育を併合
1939年　豊田工科青年学校内に技能者養成所を開設
　　　　（生徒は社内選抜で募集）豊田（挙母）1期（3年コース）
1951年　労働基準法に基づき養成工教育を再開
1953年　訓練対象を新規中学校卒採用に変更（豊田8期～）
1958年　職業訓練法による認定事業内職業訓練所として許可を受ける
1962年　トヨタ技能者養成所に名称変更
1967年　科学技術学園高等学校（科技高）と連携教育を開始
　　　　（通信制課程機械科を履修）
　　　　＊当時は4年で卒業。1967年に入学し1969年に学園卒業、1970年に科技高卒
　　　　＊1989年から科技高も3年で卒業。40期と41期は卒業は同年
1970年　トヨタ工業高等学園に名称変更
　　　　採用地区を全国に拡大
1990年　専門部（高等学校卒1ヶ年教育）を新設。中学校卒3ヶ年教育を高等部とする
1996年　トヨタ工業技術学園に名称変更
2002年　トヨタスポーツセンター内の新校舎に移転
　　　　トヨタ工業学園に名称変更

月、第1期生339人を受け入れて以降、終戦までに1803人（**表14-2**）の教育がおこなわれた[8]。

学園設立は、当時の技能者不足と大きく関係していた。トヨタは創業者である豊田喜一郎の「日本人の頭と腕で自動車を造る」という理想の下、自動車製造を開始したが、自動車製造には機械加工・ボディーの板金・塗装など広範かつ高度な技能が必要であった。そのために、早急な技能者養成の必要性に迫られていたのである。

トヨタの養成工教育は、終戦後一時中断していたが1951年4月から再開され、各職場から推薦された年少従業員のなかから7期生66名が選抜された。1953年入学の8期生31名からは周辺地域の新規中学校卒業生を採用し、3年間の教育課程も確立、今日に至っている。

1950年代半ば以降は、自動車生産台数の増加に伴う生産要員の確保が大きな課題となった。そのためトヨタは、創業からの伝統を受け継いで生産要員は養成工でまかなっていた形態を転換せざるをえず、急増する生産台数に対応しながらさまざまな形態で採用をおこなうことになった。1956年から臨時工を、1962年からは事務・技術員としてのみ採用していた高校卒を、1963年からは季節工（現在の期間従業員）を新たに生産要員として採用し始めた[9]。

これにあわせて、養成工も収容能力の限界まで人数が増やされた。1971年には1学年1000人体制となり、日本最大の企業内訓練校となったが、1973年の第一次石油危機を契機に徐々に人数を減らし、1980年からは1学年300人体制となった。1990年、専門部の設置とともに1学年150人体制になった。その後、国内生産の縮小にともなう生産要員の採用減にあわせて学園高等部の定員も減らし、2000年からは1学年70人体制となった。2005年以降は入学者数を徐々に増やしており、2011年には1学年105人体制となっている。

2　教育内容

トヨタ工業学園は高等部と専門部で構成され、高等部は中学校卒業生を対象とした3年課程となっている。学園生は入学と同時にトヨタの従業員となり、基礎実習で自動車製造にかかわる技能を身に付ける。即戦力となる高い技術を身に付けられるだけでなく、文部科学省認定の広域通信制高等学校「科学技術学園高等学校（東京都）」との提携によって工業高校と同等のカリキュラムで学ぶことができ、3年間で高校卒業資格も取得できる。1990年に設置された専門部は高校卒業生を対象とした1年課程で、メカトロニクス分野のスペシャリストを育成することを目的としている。

また、危険物取扱者・ガス溶接などの国家資格をはじめ、トヨタが認定するアーク溶接・有機溶剤作業などの各種社内資格の取得にも力を入れている。とくに優れた学園生は選抜されて、自動車製造に関連した9種類の技能五輪に挑戦するコースへと進む。こうした学園の大きな特徴は、次の4点である。①訓練生手当の支給により自立した生活ができる[10]、②最新の教育設備で実習ができる[11]、③第一線で活躍するトヨタ社員が直接指導する、④卒業と同時にトヨタの正社員になることができる。

学園は「心身・技能・知識」を教育の三本柱として、3年間を通してバランスの取れた人材を育成し、現場に送り出すことに重点を置いている。とくに「心身」については、身だしなみ・挨拶など社会人として求められる礼儀作法を身につける訓練に力を入れている。また、チームワークを必要とする職場であるため、団体でおこなう「団体規律訓練」では集合・整列・挨拶などに力を入れている。

さらに集団生活の基本を学ぶため、登山や遠泳などの合宿訓練が実施されている。そこでも大きな声で挨拶をしたり、号令にあわせて行動する団体規律訓練が重視されている。また、体力向上とチャレンジ精神育成のため、クラブ活動は全員参加となっている。

教育内容を学年ごとにみていくと、1年次は基礎学習を中心に、国語、数学、理科、社会といった普通科目を学ぶ。中学を卒業したばかりということもあり、礼儀作法の教育は重点的に行われる。学園ではOBが中心となって後進の育成にあたっているが、学園OBで1年生の指導を担当するA氏は、1年次の教育の重要性について次のように話す。

企業内訓練校というところを入口の部分でしっかりとその意識を植え付けなければいけない。やっていることは基本的な生活習慣で、挨拶とか礼儀とか、先輩を敬うとかを徹底して繰り返し教育しています[12]。

2年次からはモノづくりに欠かせない製図技能や電気・情報技術など専門的な内容を学ぶ。さらに習得した技能を実践する職場実習が始まる。高等部・専門部とも在学中に卒業後の配属先を決め、そこで実習をおこなう。鋳造・精密加工・木型・塑性加工・自動車製造・金属塗装・機械加工・自動車整備の8つの専攻科へ本人の適性を踏まえて配属される。学園での学科教育と職場での実習教育とが半々となり、3年生の9月まで続く。A氏と同じく学園OBで、2年生の指導を担当するB氏は2年次の教育で重視している点を、自身がトヨタの現場で体験して得たことを踏まえて次のように話す。

2年生は「模範を示す」ということをキーワードに指導しています。具体的には、元気な挨拶とか意欲とか取り組む姿勢です。あとはルールを守るとか健康に留意する、与えられたことをしっかりこなす責任感とか仲間を大切にするチームワークです[13]。

3年次は学園教育の仕上げの段階となる。10月以降は実習教育中心のカリキュラム編成となっており、学科教育と職場実習を一週間交替でおこなう。職場ではトヨタの社員が付き、その技に直接触れながら指導を受ける。学園生はそれぞれのテーマに従って、働きながら問題を見つけて「カイゼン（改善）」していく課題に取り組む。3年生の指導を担当するC氏は、3年次での教育で重視している点を次のように話す。

やはり元気さですね。具体的には「挨拶」です。「おねがいします」と大きな声で言うことで、自分のスイッチが切り替わるんですね[14]。

学園に入ると、生徒がいるところでは常に大きな挨拶や声かけが行われていることに気付く。「TOYOTA」と赤い刺繍が入った作業着を着た学園生は校内をキビキビと歩き、団体では2列縦隊になって歩いている。すれ違う人に「おはようございます!」「こんにちは！」と大きな声をかけている。あいさつや礼儀作法が徹底している様子が一目でわかる。

学園生は卒業後、トヨタの正社員として主に工場製造部門に配属され、高度な技能を必要とする業務に従事することになる。豊田市周辺の10工場を中心に、田原・衣浦工場などの勤務地へ配属される。これまでの卒業生の総数は約1万8000人で、社内には現在8507人が在籍している[15]。学園生は心身、技能、知識を身に付け、卒業後は正社員として職場をリードすることが期待されている。

3　教育目標

学園教育はモノづくりのプロを養成する上で、その最大の目標は将来職場のリーダーとなる人材を育成することにある。学園長の石田貞彰はトヨタおよび学園が求める人材について次のように話す。

> 心身・知識・技能がバランス良く取れて、職場のリーダーになれる人材を育成するというのが大きな使命です。いま学園のOBから2人理事が出ている。基幹職、課長以上も100人以上出ている。目指すべき人材というか、目指すところはグループ・リーダーで、それを最低限クリアしたい[16]。

また石田は企業内訓練校の現状とトヨタにおける学園生の占める割合から、学園の評価と役割について次のように話す。

> 卒業した先輩がいい評価を得ているので、今まで残っている。昭和40年代には、企業内職業訓練学校が40近くあったが、今は4社しかない。トヨタと日立と日野とデンソーだけ。日立は100名ぐらい、デンソーが30人ぐらい、日野が40人ぐらいになって減ってきている。理由は経費の削減とか、工場を海外にもっていくということで、国内では技能者を育てないということ。トヨタの場合は会社が評価をしているのでここまで残っている。全社で9人に1人が学園生、現場の技能員となると5人に1人が学園生。現場でモノをつくる人、そのリーダーを育てる

のが、このトヨタ工業学園である[17]。

さらに学園では近年、新たな目標として「グローバルに活躍できる人材の育成」を掲げ、海外生産支援に必要な専門知識および技能や英語によるコミュニケーション能力を身に付けた人材育成にも力を入れている[18]。

第3節　「心身」教育の重視

1　なぜ「心身」教育を重視しているのか

トヨタ工業学園は、一貫してトヨタのモノづくりの精神「よい品よい考」に徹し、伝統を受け継ぎ「よき社会人」「よきトヨタマン」として、心身・技能・知識にバランスのとれた技能者を育成してきた。モノづくりの現場を担う技能者を育てる機関として設置された学園だが、技能や知識の教育以上に「心身」の教育に力を入れている。指導員であるA氏、B氏、C氏の3人が、それぞれ担当する学年が異なるにもかかわらず、一貫して「心身」教育を重視している点は興味深い。この点に関して、C氏は次のように話す。

他の高卒の子と比べて何をプラスアルファで3年間学んでくるかとなると、「心身」の部分になる。普通の高校ではカリキュラムにないので、その差で優劣をつけてあげたい、というのがあります[19]。

各学年の担任のサポート役をしているD氏は、大分の高校からラグビーでトヨタに採用され、高岡工場の品質管理部に所属しながら30歳まで選手と仕事とを両立していた。「担任20名のうち、学園OBが8割」（D氏[20]）というなかでは異色の経歴の持ち主であるD氏は学園卒業生と自らの経歴との違いから、学生への指導の際に重視している点を次のように話す。

学園卒は現場ではライバルですけど、学園を3年間やってきたメンバーは、礼儀とかマナーがしっかりできたり、皆が嫌がることを率先して手を挙げたりという部分が秀でている。だから、生徒には学園生としてのアドバンテージを持てる部分を一生懸命教えている。さらに、いつも言うのは当事者意識。常に人を思いやる。隣の人が困っていたら、助けてあげる。今は個人主義で自分のこと以外に目もくれないという生徒が多いので、心をもった生徒を育成していきたい[21]。

学園教育で「心身」の部分が重視されているのはなぜか。それは心身を鍛えることが、「将来の生産活動の中核として活躍できる人材」の養成と直接結びついていると考えられているからである。A氏は次のように話す。

学園卒というのはトヨタの先人の思いを3年間教育されているし、3年間の教育の中でベース部分を教育されているので「学園生の方がリーダーとして出てくることが多いですよ」というのを現場の方から聞く。それでベース部分を教え込んでいる[22]。

2　よきトヨタマンとしての心構え

「心身」教育を重視しているトヨタ工業学園だが、その方針は教材にもあらわれている。学園では、オリジナルの教科書『根っこ』と『大樹』が用いられている。『根っこ』は基礎編の教科書として、社会倫理や「よき社会人」「よきトヨタマン」になるための心構え教育に用いられている。これに対して『大樹』は応用編として、トヨタの歴史や過去のさまざまな事例から学ぶための副読本として用いられている[23]。

『根っこ』には巻頭に学園生へのメッセージとして、「この三年間（一年間)、根っこを大地に張りめぐらし、栄養分（基礎・基本）をしっかり吸収し、風雪に耐えられる大樹を目指して、若葉（心身・知識・技能）を伸ばして行こう」という言葉が掲げられている。トヨタ全社の心構えになっている「豊田綱領」も学生向けの「学園版」が掲載されている。

『大樹』では、最初にトヨタの歴史が紹介されている[24]。「人間がものをつくるのだから、人をつくらなければ仕事も始まらない」との豊田英二の言葉が紹介され、次いでトヨタと学園の関係が以下のように説明されている。

トヨタは創業時から従業員教育に積極的に取り組んできており、車づくりを通じて従業員を成長させてくれる会社であります。トヨタは基本に忠実にこつこつと何事にも前向きに一生懸命取り組む会社であり、それがトヨタをこれまで成長させ日本を代表する会社にさせた原動力であります。

トヨタ設立の翌年にできた青年学校……日本人の頭と手で自動車をつくるという創業者の思いのもとはじまった自動車製造の起因となり、当初は自動車にかかわる技能者養成が急務となり、モノづくりは人づくりの考えから、まさに学園はトヨタの歴史とともに歩んできており、現在もその技能者養成の考え方が今日まで続いている。学園はトヨタのモノづくりを支える人づくりをするところ。皆さんも現状に満足することなく、常に新しいことにチャレンジしてください。

また、『大樹』には「一期生の思い」と題された文章がある。そこには過去の学園生のトヨタに対する思いが綴られている。

「旗本の俺たちが会社を守らないで誰が守る」……一期生は将来中堅の社員になってもらうため、職場のいわゆる中核となるために育てられた。そのため、一期生はよく絞られ、仕込まれたが、金には換えられない財産になった。「トヨタを一流にするのも支えていくのも俺たちだ」と張り切ってきたと当時を振り返る。この同窓会は「豊養会」、現在の卒業生の会「翔養」の名の下に親和・団結し、ともに絆を深めトヨタの現場を支えています。現在、卒業生の会、翔養の会員は社内在籍だけで8,000人を超えて、学園卒業生総数は約16,000人。現在も一期生の思いは、卒業生の会、会員の胸に脈々と生き続けています。時代の流れとともにモノづくりの方法は変わってきていますが、トヨタをささえていくこの思いはしっかり継承しています。

このように、学園では『根っこ』や『大樹』といったオリジナルの教材を用いて、さまざまな事例を挙げながら「トヨタマン」の価値規準や心構えをわかりやすく教えている。それらは社会とのかかわりを強調したものであり、学園生は学んでいる規範や心構えが単に学生に求められるものにとどまらず、社会人に求められるものであることを強く意識するという。

第４節　学園生の寮生活と地域活動

1　社会化の場としての寮生活

トヨタ工業学園の学園生は全員トヨタ本社近くの住宅街の一角にある寮に入る。男子生徒は1部屋5人の相部屋で、全員で寝食をともにする。部屋割りは学年をまたいでなされ、3年生がリーダー役として下級生を指導する。学園生は寮生活を通じて生活全般にわたる訓練を受ける。1年生から3年生まで同じ寮で寝食をともにし、規則正しい生活をすることから、トヨタ社員としての第一歩を踏み出すのである。入学直後にはじまる寮生活について、生徒会長のF氏は次のように話す。

入学してから1ヶ月間は、本当に大変な1ヶ月間だった。辛いことばかりだった。全部自分でやらなければならないし、訓練も今までやったこともないような訓練もあって大変だった。良き企業人になるために、挨拶であったり元気の良さであったり、日頃の生活習慣であったりとかは、寮生活から厳しく徹底されていて、他の学校では体験することの出来ないことがたくさんあるので、確かに大変で辛いこともありました。でもこの学校に来て良かったです[25]。

寮での生活については、聞き取りをした現役学園生・OBのほぼ全員が「最初は厳しかった、辛かった」と答えた。学園32期生で元町工場に勤務しているG氏は北海道の中学校を出て学園に入学したOBで、「僕の世代は環境的に裕福でないという人が結構いて、学校の先生に勧められてきた」と話し、入学当時の寮の思い出について次のように話す。

入学して、学校生活よりも寮の生活にまずは衝撃を受けました。先輩

表14-3　トヨタ工業学園の入学者数と親がトヨタ従業員もしくは学園卒業生の割合

〈高等部〉

	入学者数	親がトヨタ従業員（学園卒含む）
第66期　2011年	105〈5〉	29（28%）
第65期　2010年	93〈9〉	33（35%）
第64期　2009年	110〈5〉	47（43%）
第63期　2008年	120〈5〉	33（28%）
第62期　2007年	119〈2〉	48（40%）
第61期　2006年	115〈2〉	37（32%）
第60期　2005年	101〈5〉	28（28%）
第59期　2004年	72〈2〉	20（28%）
第58期　2003年	74〈2〉	19（26%）
第57期　2002年	74	19（26%）
第56期　2001年	74	19（26%）

※入学者数の〈〉内数字は女子生徒数（内数）
出典：トヨタ提供資料を元に作成。

たちは、大人というよりも「怖いな」というイメージでした。言葉遣い一つにも指導を受けました。礼儀作法をきちっとしなさいというね。緊張感がほぐれてくるまでは大変でした[26]。

現役学園生やOBは、寮での生活が厳しいものである反面、期待と不安の中で全国各地から集まった若者が寮で共同生活を体験し、その中で生活の知恵や知識、人としてのあり方を身に付けていく場であると語る。親元を離れ、洗濯や部屋掃除、金銭管理など、自分のことは自分でする能力を身に付けていく。1年生には上級生が寮兄として付く。学園生活、生活習慣について相談に乗ってもらったり、教えてもらったりすることを通じて、先輩と後輩の絆を培っていくという。学園長の石田は次のように話す。

一期でも違うと先輩・後輩の関係があって、すごいタテの絆というのがあって、先輩がしっかり若い人を見てくれる[27]。

寮生活で一生涯続く友人をつくる者も多く、また会社に入ってからも寮生活での人間関係が大いに役立つと言われている。

ところで、厳しい教育で知られるトヨタ工業学園であるが、そのOBは自分の子供に同じ道を歩ませたいと思っている人が多い。2年生の指導を担当するB氏は「子供が中学3年生で来年受けたいと言ってるんですよ」と話す。また、43期生で上郷工場に勤務しているH氏も「子供が将来学園に入ってもらえれば、それはありがたいですよ」と話す。

表14-3は、トヨタ工業学園入学者に占める「親がトヨタ従業員もしくは学園卒業生の割合」を示したものである。この表を見ると、学園生の約2割、ここ5年は3割から4割前後の親がトヨタ従業員で占められている。少なからぬ生徒が親と同じ道を歩んでいるわけで、親の働き方がネガティブに受け止められていないことがうかがえる。

2　地域社会との最初の接点としての寮生活

寮は社会化の場というだけでなく、学園生が地域（豊田市）との関係を結ぶ最初の場ともなっている。学園生は住民として、地域の活動や行事にも参加している。学園総務のI氏は次のように話す。

> 生徒が住んでいる寮の近くの御幸本町での夏祭りには、寮生が地域住民ということで、長年、この夏祭りに参加している[28]。

こうした地域とのふれ合いや地域活動への参加について、自分が学園生のころにはなかったという意見もある。学園のOB会会長で上郷工場で勤務していたJ氏は次のように話す。

> 学園生のときは寮での地域活動はなかった。卒業してから、寮生会で田植えを手伝ったり、寮のまわりの地域の人たちとの交流、お祭り活動や奉仕活動も含めてやっていました。学園自体での地域活動は当時は今ほどの活動はありませんでした[29]。

学園23期生で堤工場に勤務しているK氏も次のように話す。

　私のころは地域活動とか学園ではなかったですね。敷地の中での草取りはありましたけど、寮の外のゴミを拾ったりとかもなかったです。あえて言うと、キャンプ訓練のときに、来たときよりもきれいにして帰ろうとかぐらい。ほとんど経験がないですね[30]。

地域活動への参加が始まった時期について、K氏は次のように話す。

　ずいぶん前は、なかなか会社を休めない、地域では役をやるな、地域で役をやると会社を休まなければならないと職場としてはあまり歓迎されてなかった。時代も変わって会社も変わったのか、「地域でもみんながんばれ」となって、地域でいろんな役をやる人が増えた。これは1980年代に入ってからですかね[31]。

現在は、寮周辺だけでなく、学園近くの名古屋鉄道三好ヶ丘駅付近での交通安全立哨をはじめ、豊田市駅周辺のゴミ拾いなど、地域活動が積極的に行われており、学園生には地域の掃除や老人ホーム訪問などの学習プログラムが用意されている。現在の地域活動、ボランティア活動について生徒会長のF氏は次のように話す。

　駅のまわりのゴミ拾いをやったり、学園寮から地域祭りのボランティアもしています。交通安全では、朝、近くの交差点で、帽子をかぶってシートベルト着用の札をもって交通安全立哨もしています。自動車会社でもありますし、学園がそういう機会を用意してくれているので、しっかりやりたいと思っています[32]。

3　トヨタウェイと地域社会

トヨタに評価される人材として、技能者のリーダーとしての期待を背負った学園生が学園で学んだこと、中でも「心身」教育を重視するトヨタウェイと地域社会との関係について、J氏は次のように話す。

トヨタウェイの中に人間性尊重があり、学園の訓練で醸成していきます。我々のときでもいろんな訓練がありました。夏期マラソンでは皆で助けあいながら走りました。地域に行ったときも同じで、同じ地域にいる人に対して、その特徴を確認しながら、一緒に活動をおこなう。先輩だったら、副会長やってもらえませんかと、会合があると司会やってもらえませんかと。人をみて、この人を使って地域をうまくやっていこうというのは、トヨタで部を運営するためにこの人をどう使って部を回していこうと考えることと同じです。学園で学んだり、トヨタの考え方から学んだことです[33]。

とくに学園卒業生のネットワークは強く、豊田市ではそのネットワークを生かしてさまざまな地域活動が展開されている。J氏は次のように話す。

地域のボランティアリーダー的な役割をしている人に先輩が何人かいます。同じ釜の飯を食った先輩ががんばっていると自分もがんばろうかなという部分はこの学校を卒業したものとしては強いですね。タテのつながりが醸成されるので、そうした経験が地域でも活きている部分がある。そこでは職位は関係なしでね[34]。

ここでは、「職位」とは関係のない職場の人間関係が、地域活動へのかかわりを引き出している一例が示されている。トヨタウェイは職場集団へのコミットメントを求めるが、職場と居住地が近接している豊田市のような地域では、間接的に地域の紐帯強化にも影響を与えていると考えられる。

小　括

「自動車生産会社」としてのトヨタにとって、精度の高いモノづくりを支える優れた技能者は常に必要である。そうした技能者集団の中核を担う基幹技能者、トヨタ生産システムの中核となるリーダー層を担っているのがトヨタ工業学園の卒業生であり、いまやトヨタの生産現場の5人に1人が学園の卒業生となっている。

トヨタにとって、企業内訓練校としてのトヨタ工業学園は、単に熟練技能者養成のためだけではなく、経営の中での戦略的要として位置付けられている。つまり、トヨタの場合は、企業内訓練校としての機能よりもむしろチーム・集団・組織の力を引き出すトヨタのカルチャーを育み継承する中核にあるため重要と考えられているのである。トヨタは自動車メーカーであるが、「ものをつくっている会社ではなくて、人をつくっている会社である」という考え方は、現在の経営者層からも聞くことができる。豊田章男社長は次のように話す。

> 前々からのトップが「モノづくりは人づくり」といっている。トヨタは人をずっとつくってきている。だから、トヨタは今年で75周年ですけど未来にわたって継続するんじゃないかと思うんですよ。継続性がある。そういうのが大事だと思っています[35]。

トヨタにおける自動車生産労働、とりわけライン労働はたしかに厳しいと考えられるが、一方では濃密な集団関係やその中でのやりがいに支えられている面がある。トヨタ工業学園の現役学園生やOBからの聞き取り調査では「トヨタマン」としての誇りや組織への帰属意識をつよく語る言葉が聞かれた。また学園生の親に占めるトヨタ従業員の多さは、会社を肯定的にとらえている従業員が少なくないことを示唆している。

学園のカリキュラムはトヨタの変化にあわせて更新されており、現在では「グローバル教育」にも力を入れている。しかし、チームワークによって支えられるトヨタ生産方式の論理を前提にすれば、「カイゼン」などトヨタの生産現場で必要な知識教育や、「トヨタマン」としてふさわしい「心身」教育の重要性は変わらない。リーダーの役割、チームワークの大切さ、精神力を学園ではふだんの学習や合宿、遠泳などの訓練行事を通じて学んでいる。

そして、さまざまな訓練によって身に付けたトヨタウェイのある部分は生産活動のみならず、従業員と退職者がもつ「職縁」を通じて、間接的には職場以外の地域活動や人間関係にまで及ぶ可能性がある。学園のOBがさまざまな地域活動に参加する際の態度や意識は、そのままではないものの職場の人間関係や価値観に間接的に影響を受けて組織されている面がある。それは、会社が掲げるグローバルな「社会貢献」や組織ヒエラルキーとは異なり、ローカルな回路、従業員たちの地域生活を通してはたらくものなのである。

注

1　本章では一部の箇所を除き、「学園」と略記する。

2　企業内訓練制度の最盛期におこなわれた調査研究において、トヨタにおける養成工教育の特徴は「トヨタマン」育成を目指す生活指導中心の教育プログラムにあるとして報告されている（日本人文科学会 1963:160-178）。本章では、それら調査研究を踏まえた上で現代日本において衰退の方向にある企業内訓練制度が未だに残存しているトヨタ工業学園の教育プログラムに改めて着目し、その現代的な意義を考察することにより先行研究の知見を拡大するものである。

3　隅谷三喜男, 1970,『日本職業訓練発達史《上》』日本労働協会: 178-188.

4　隅谷三喜男, 1971,『日本職業訓練発達史《下》』日本労働協会: 40-55.

5　隅谷三喜男, 1971,『日本職業訓練発達史《下》』日本労働協会: 284-316.

6　隅谷三喜男, 1978,『日本職業訓練発達史《戦後編》』日本労働協会: 45-54.

7　出典：トヨタ提供資料および野原光・藤田栄史編, 1988,『自動車産業と労働者』法律文化社: 89-98.

8　刈谷工場時代でも1期から4期まで短期技能者の養成がおこなわれていた。

9　トヨタには現在、一般高校以上を卒業した正社員、期間従業員、派遣社員、トヨタ工業学園の訓練生と、大きく分けて4種類の従業員がいる。

10　「生徒手当」は、1ヶ月に1年生、2年生約12万円、3年生約14万円で、さらにボーナスにあたる「特別手当」は年間で1年生約20万円、2年生約34万円、3年生約40万円となっている（トヨタ工業学園「高等部」ホームページ、2013年3月31日取得、http://www.toyota.co.jp/company/gakuen/koutou/tokusyoku/index.html）。

11　一般の工業高校の実習時間が3年間で400時間程度に対し、学園では2400時間を割いている。

12　聞き取りは2011年6月3日におこなった。

13　聞き取りは2011年6月3日におこなった。

14　聞き取りは2011年6月3日におこなった。

15　「平成23年トヨタ工業学園入学式」展示資料より（2011年4月6日）

16　聞き取りは2011年6月3日におこなった。

17　聞き取りは2011年6月3日におこなった。

18　3年次に8泊10日の海外研修をカナダでおこない、一般家庭にホームステイをしながら異文化でも生活、仕事ができる力を身に付ける取り組みを行っている。

19　聞き取りは2011年6月3日におこなった。

20 聞き取りは2011年6月3日におこなった。
21 聞き取りは2011年6月3日におこなった。
22 聞き取りは2011年6月3日におこなった。
23 『根っこ』は全145頁で、2008、2009、2010、2011年と、近年は毎年改訂している。『大樹』は1971年4月1日に発刊、全133頁で、2005、2006、2008、2009、2010、2011年に改訂している。
24 具体的には、第一章「豊田佐吉翁の生い立ち」「佐吉翁の発明と事業」「佐吉翁と車」「トヨタグループの形成」「豊田精神」。第二章「苦難の道」「豊田喜一郎」「トヨタ自動車工業株式会社創立」「挙母工場建設」「太平洋戦争とトヨタ」「戦後復興へのみち」「経営危機」「花開くトヨタ」「石田退三」「朝鮮動乱とトヨタ」「国際化時代を超えて」「石油危機」「訓練を超えて」「新生トヨタ自動車」「世界企業へ」「創立50周年」など。
25 聞き取りは2011年6月3日におこなった。
26 聞き取りは2011年6月3日におこなった。
27 聞き取りは2011年6月3日におこなった。
28 聞き取りは2011年2月24日におこなった。
29 聞き取りは2011年6月3日におこなった。
30 聞き取りは2011年6月3日におこなった。
31 聞き取りは2011年6月3日におこなった。
32 聞き取りは2011年6月3日におこなった。
33 聞き取りは2011年6月3日におこなった。
34 聞き取りは2011年6月3日におこなった。
35 聞き取りは2012年11月22日におこなった。

終章　岐路に立つ豊田とトヨタ
――総括・展望と都市研究への意義

丹辺　宣彦
岡村　徹也
山口　博史

第1節　知見の整理――構造変動とアクター間の社会的交換をめぐって

最後に、本書の内容を振り返りながら、地域研究にとっての意味合いを考えてみたい。本書冒頭でも述べたように、近代工業の立地によって発達した都市が、半世紀以上にわたって繁栄し続けることは難しい。とくにプロダクト・サイクルや流行の影響を受けやすく、国際競争にさらされやすい製品をつくる業種であればなおのことである。かつての繊維産業や、現在アジア諸国との競争にさらされている家電産業のことを思い起こしてほしい。人件費や不動産コストの高い都市では経営が立ち行かず、愛知県の一宮市や大阪府の門真市のように、工場がつぎつぎと閉鎖され雇用が失われていくということが起きる。デトロイトですら、約半世紀で深刻な都市衰退に見舞われ(Sugrue 1996)、2013年には市は財政破綻に見舞われた。豊田市の場合は、1970年代末までの工場立地と歩調をあわせて都市成長が続いたが、その後貿易摩擦問題で海外進出を迫られ、円高とグローバルな競争が強まるなかで、なんとか今日まで競争力と雇用を維持してきた。そこには、自動車が高度な工業製品であったこと、トヨタ生産システム自体の進化や、協力企業のネットワークを通じた部品調達の絶え間ない合理化、非正規労働力の活用、さらに近年の自動車購入への減税措置など、数多くの有利な条件が働いていた。もちろん、現在はリーマン・ショック=トヨタ・ショック後の時期を迎え、先行きは不透明な状況になっていて、豊田とトヨタ自動車も歴史的な岐路に立っていることは確かである。ともかく、「豊田市」が誕生し、自動車産業で働くため最初の地方出身者たちが住むようになってから半世紀が経過し、最後の工場が立地してからすでに一世代の年月が経過している。

序章では、この間の地域社会をめぐる長期の構造的変化を4つの観点から取り上げた。それは、①グローバル化、国内他地域に向けたトヨタ自動車の経営の外部展開、これにともなう企業と地域のあいだの社会的交換関係の変化、②市の財政基盤の強化とまちづくり施策の展開、である。これらは地域コミュニティを支える外的構造条件のもっとも有力な要因であった。さらに、③自動車産業で働く人たちの定住化と、定住層が構成する中流的な地域社会の階層構造の展開と再生産があり、④周辺的労働力の利用拡大、とくに外国人労働力の導入と、これにともなう外国人住民の来住・集住、という構造的変化がある。これらは、地域コミュニティの内的構造条件のもっとも大きな変化であった。以下ではまずこれらがそれぞれ地域住民と団体・組織間の関係に何をもたらしたのか、順序は若干変わるが振り返ってみよう。

1　トヨタ自動車と地域社会

本書では、社会貢献と従業員育成を中心に企業としてのトヨタと地域社会とのかかわりをみてきたが、改めて社会的交換という視点から整理してみよう。

1960年代以降の高度経済成長は、経済的発展をもたらすと同時に自動車の大衆化を大きく進展させた。しかし、公害問題やさまざまな社会問題（品質問題など）を同時にもたらし、その結果、自動車業界は自らが発展し続けるためには、社会環境の変化と向き合わざるをえなくなった。トヨタもしかりで、社会の変化とどのように向き合っていくのか、その対応は喫緊の課題となっていた。自動車会社は性能のよい車をつくるだけでなく、社会環境の変化への対応が重要になってきたのである。2章では高度経済成長以後、トヨタが外部環境との関係を変化させることで、単に品質と性能のよい車をつくるだけでなく、社会貢献を前面に出すことで企業イメージを保とうとしてきた点を見てきた。とくにトヨタは事業展開に密接な関係をもつ地域、ローカルな環境を常に重視せざるをえなかった。グローバルに事業を展開する際にも、かえって経営の現地化というローカルな文脈に密着した問題への対応を求められたのである。

それぞれの時期にトヨタは社会貢献活動の重要性を認識していくものの、そこにはトヨタ独自の戦略があったというよりも、その時々に社会環境の変化に対応するために取ってきた行動がトヨタの社会貢献活動の全体を構築している。そして、それぞれの問題、外部環境の影響を受けて、社会貢献活動に関する組織も再編されてきたのである。こうしたトヨタの社会貢献プログラムは、大きく二つに分けられる。自主プログラムと協賛プログラムである。自主プログラムは一見するとすべて独自に行っているように見えるが、そうではない。それは貢献相手の意思を考慮しながら有形・無形の財を交換しながら実施するものである。

過去にトヨタが豊田市に工場を建設した際には地域社会との間に権力関係に近い状態が発生したと考えられるが、これは、事業や雇用を拡大するのにともない用地の確保や道路・生産インフラ・生活インフラの整備を求める開発期特有の交換関係から発生していた。しかし地域の経営基盤が確立し工場立地が一段落すると、交換の条件は大きく変化した。経営を左右する資源やチャンス、施策の力点は市外の社会的空間へ――リージョナル・レベル、ナショナル・レベル、グローバルレベルへと――移行した。他方で地域社会には生産活動にともなう一定の負の影響が及ぶ（道路の混雑はその最たるものである）と同時に、地方から来住し、トヨタ・関連企業に勤める住民とその家族が年を追って増えていく。このような状況のもとでは、企業側にとって地域社会から生産のための資源をそれ以上獲得することは意味をもたなくなる。むしろ自社・関連企業の従業員たちが住民の多くを占める地域の生活基盤を整え企業のイメージを良好に保つことが従業員のモラールを引き出すためにも重要になってくる。トヨタが豊田市の都市政治に対してさまざまな働きかけをおこない、たんなる社会貢献を超えた「地域貢献」をおこなってきた理由は、こうした交換条件の構造的変化にある。

交換関係の内容は、経済的、政治的な色合いを少しずつ脱し、社会的、文化なものに変化していく。そしてこの社会的交換はまた企業側が一方的に与えるだけのものではない。従業員たちが多くを占める地域社会からの信認や正当性を得ることと、従業員たちに地域を支える企業で働くモラールを引き出すことができるメリットは決して小さくないからである。豊田市から中部圏へ、そしてナショナル、グローバルな段階へ、それぞれの時期ごとにトヨタはさまざまな資源と活動メニューを地元に提供してきた。地域社会、住民はそれを受け、トヨタに良い企業イメージを付与するようになる。トヨタ・関連従業員が地域住民男性の約6割を占める豊田の地域特性を考えると、社会的交換は企業イメージの問題にとどまらない。トヨタがさまざまな地域の行事や施設をつくる際に寄付金を出したり、会社として社会貢献活動をおこなうことは、その地域に住んでいるトヨタ関連従業員への企業内福利的な意味合いに加え、トヨタに対するコミットメントを調達するという意味がある。

また10章で触れたボランティア活動への参加は、活動それ自体の受け手や、それを目にする側もトヨタ・関連企業の人が多いことから望ましい相互作用が生まれる。トヨタのイメージが良くなることと表裏一体の関係であるが、会社に対するコミットメントを引き出せるのである。トヨタ従業員がボランティアをすること自体が自社の、あるいは関連企業の社員との相互作用を部分的につくり出すのである。

こうした循環と相互作用がうまく行われるよう、トヨタはさまざまな社会貢献活動・地域貢献活動を行ってきた。現在、トヨタの社会貢献活動に対する積極性はよく知られており、経済誌『東洋経済』が毎年日本の主要企業を対象に調査、発表している「CSR企業ランキング」でも常に上位にランクされ、2011年は総合第1位に選ばれている。そうしたなかでも、工場の立地する地元地域との関係はやはり特別な位置を占めている。

本書では企業と地域社会の関係が「成熟期」を迎えるなかで、従業員のエートスが継承される場についても検討した。14章ではトヨタウェイが職場で継承されるだけでなく職場以外の人間関係や間接的に地域活動にまで影響を及ぼす可能性をトヨタ工業学園の人材育成・教育プログラムに注目し、その実態をみながら考察した。自動車生産会社としてのトヨタにとって、精度の高いモノづくりを支える優れた技能者は常に必要とされる。優れた技能者養成のためにトヨタは、現代日本において衰退の方向にある企業内訓練制度をいまだに存続させている。しかしトヨタ工業学園における人材育成・教育プログラムは単なる生産上の技能を養成する機能をはたしているのではない。学園のカリキュラムはトヨタの変化にあわせて更新されており、現在では「グローバル教育」にも力を入れている。しかし、最も特徴的なのは、トヨタ生産方式や「カイゼン」などトヨタの生産現場で必要な知識教育だけでなく、「よきトヨタマン」、つまり生産現場でチームの一員として力を発揮できる心と体を育むための「心身」教育に力を入れていることである。

学園教育を通して身に付けたトヨタウェイは直接には生産活動に向けられ継承されるものだが、意図せずして、職場集団以外の人間関係にまでおよぶ可能性がある。同期や先輩-後輩関係、豊八会のような親睦組織、取引先との人間関係、イベントやサークル活動、そして社内のボランティア活動もその影響を受けている。そして、本書でもっとも注目してきたのが、一見職場の集団・組織とは関係のない、近隣との紐帯や、自治活動、地域活動の場への間接的な経路と影響であった。

2 「中流的」階層形成と市民活動の展開

地域コミュニティについて中心的な問題としたのは、好調な地域経済に支えられ、ホスト社会側の地域に安定した「中流的」な階層構造が出現し、それが世代内、世代間で再生産されたこと、それがもたらした意識や行動、社会関係の変化である。第4章、5章でもみたように、自動車産業で働く正規就業者たちの収入は相対的に高く、雇用が安定し異動も少なかったため、中間部分が分厚い安定した階層構造が形成され、職場で安定した地位にある人は、そこでキャリアを追求することができた。この「中流社会」を構成している世帯は、自動車関連産業で働く夫が主な稼ぎ手となり、妻は主婦として家事や育児を担当する「近代家族型」の性別役割分業によって支えられていた。それなりの格差があり、このような安定した生活様式から落伍していく人や、そこに入り込めない流動的周辺階層が一定の割合でいることを考慮すれば、このような中流的生活様式は安易に理想化できない。しかし、補章でもみたように、低所得化も社会的排除も、トヨタ生産システムによって「搾取」されたり「疎外」されることによって生じているとは言えないことには注意しておきたい。脱産業化が進行していくことによって衰退と危機にさらされた欧米の都市、地場産業の衰退や炭鉱閉山に悩んだ日本の都市と比較すれば、少なくとも豊田の状況ははるかに恵まれたものであった。夕張市や、都市危機が長く続き財政破綻したデトロイト市と比べてみてもこの点はあきらかだろう。

職場と住居が比較的近接し、雇用が安定していて異動も少ない郊外での生活は、居住地域に職場の知人が多くいるという特異な環境を生み出した。職場への献身と地域へのコミットメントのあいだでよく生じるトレードオフ関係はここでは緩和され、5章でみたように相互促進的な関係にもなりうる。職場関係の知り合いを地域にもつことが近隣との紐帯を強化し、男性たちの地縁的な活動への参加を促していたのである。仕事への愛着も、通常予想されるのとは反対に活動参加を促していた。このような条件により、時がたつにつれて、地方出身のトヨタ従業員も近隣とつよい結びつきをもつようになった。自治区制度を後押しする市のまちづくり推進施策、資源投入もあり、自動車産業就業者たちは、まちづくり活動に積極的に参加するようになり、退職期に入ると、自治区役員としての活動を経て、リーダー層として活躍するようになる人も多くなっている。これらの地縁的な市民活動は、男性住民たちが地域にもつ職縁や、仕事への愛着に支えられているが、にもかかわらず企業が組織する社会貢献・地域貢献活動からは独立して自律的に展開されている。紛らわしいが、このことを理解することが何より重要である。

6章、9章でみたように、女性住民の間でも近隣との紐帯に支えられ市民活動は活発であるが、事情は男性と若干異なる。彼女たちの活動は子供が学齢期に進むとともに高まり、そこを足がかりに活動を広げていく場合は、保健、医療、福祉に関連した活動が相対的に多い。言いかえると、地縁的色合いより、ライフステージに関連したケア役割を担う――性別役割分業の外部化とも言うべき――傾向がつよい。

このような中流社会的な地域階層構造、地域的紐帯のつよさ、市民活動、地域活動の活性化などは、従来の豊田研究の盲点に入っていた。後知恵で言うなら、それは、先行研究が、開発期から成長期にかけての産業都市の特徴――工場立地にまつわる企業の動きや市の対応、インフラの不足、地元にまだなじみがなく、自宅と工場を往復する地方出身者の生活や疎外――を過度に一般化してとらえたためであろう。

ホスト社会、定住層の階層構成は現時点でみれば、フルタイム就業者を中心としており、世帯年収の点でも、職業階層の点でも、中間部分が分厚い分布を示している。家族構造も近代家族的な核家族と三世代同居が多く、安定したかたちを保っている。しかし、今後、トヨタ自動車が国内生産300万台体制維持を縮小し、量産工程を海外に移転すれば、事態は大きく変化する可能性がある。国内には、本社管理機能、研究・企画機能、試作開発機能、高級車製造のラインが残り、いくつかの工場が閉鎖されたりラインを縮小するシナリオが考えられる。このケースでは、期間工や派遣、パート労働で調整していたこれまでのやりかたでは対応しきれなくなり、現場の技能職に余剰人員が生じ、なんらかのリストラがおこなわれる可能性もある。そうなれば、中間部分の厚い階層構成は、上と下に分化していくかもしれない。

市民活動、地域活動については、現時点では、活動水準はひじょうに高くなっているが、それが地縁型の活動と広域型のテーマ活動に分化していて、またそれが性別役割とゆるく相関しているという特徴もみられる。今後、自動車産業を退職する人がさらに増え、地域社会の高齢化が進むとどのようなことが生じるだろうか。活動内容の点では、保健・医療・福祉に関連した活動の比重がさらに増える可能性が高い。担い手の点では、性別役割が少しずつ緩和され、長期的には男性も保健・医療・福祉や、男女の共同参画、国際交流・多分化共生などの分野に進出していく可能性がある。その際には、男性を中心とした現在の自治活動、まちづくりに女性が参入し、テーマ型の活動の苗床になりうるか、あるいはそれらとネットワークを形成できるかがひとつの焦点になる。

3　市の都市整備とまちづくり施策

経済成長と人口流入にともない、旧豊田市は合併を繰り返しながら市域を広げてきた。1980年代以降はそれも一段落し、広く分散した市街地に都市基盤・生活基盤を整備し、まちづくり施策を推進することが課題となった。それを可能にしたのが、豊かな法人市民税収に支えられた財政基盤の強さであった。住宅・宅地の供給、道路網や中心市街地の再開発、保健・医療施設や幼稚園・保育園、小中学校の整備などは、「低密分散型」の都市を一体化し住みやすくするための営みであった。中学校区を範囲とした地区コミュニティ会議の設置、交流館の整備、まちづくり協議会への助成、自治区まちづくり活動補助金などはまちづくり関係の施策であった。

地方分権化の流れと2005年の合併を機に地域自治条例と市民活動促進条例が制定され、現在の豊田のまちづくりの制度とメニューが順次出揃うが、そこにはいくつかの特徴がみられる。ひとつは、地縁型の活動に対する手厚い補助である。「わくわく事業」や地域予算提案事業は、地方自治体としては異例なほど予算規模が大きい施策メニューであるが、これらは第7章でもみたように、男性メンバーを主たる担い手とし、自治区活動の役員を経験した層の地縁的なまちづくり活動で利用される傾向が強い。自動車産業に就労するため来住した人も退職年齢を迎え、自治区の役員を経てこのような地縁型のまちづくり団体の活動で活躍するようになっているケースが多いことはすでに述べた。自治区－コミュニティ会議や、そこから派生したまちづくり団体、地域会議といったまちづくりのしくみは、行政の支援、補助体制と、参加者の集合財供給への参加（行政の補完的役割も含んでいた）の遂行という「社会的交換」をつうじて強固で安定したものになっている。これに対して、広域的な範囲で活動するテーマ型の市民活動は、どちらかといえば女性を担い手とし、挙母地区や市外に拠点を置く場合が多い。市の支援メニューは、とよた市民活動センターのような場所・施設の提供や「つなぎすと」のようなネットワークづくりを中心としており、そのための「市民活動促進補助金事業」「共働事業提案制度」は金額、件数ともに比較的少ない。

こうした施策が住民のニーズと組み合わさり、現在では豊田市のまちづくりと団体活動は、住民の参加率や団体数でみても——40万都市としては異例なほどに——活性化している。それは豊かだった財政を背景とした市行政によるまちづくり施策の成果でもあるが、同時にこれまでみてきた産業都市の構造的な特徴も色濃く映し出している。地縁的なまちづくり活動は、資源と人材に恵まれ、地区内で男性の定住層、団体間のつよいむすびつきを発達させたが、ネットワークは外には広がっていない。子育てやケア、市民活動支援などに取り組む広域的な市民活動は、女性たちを中心に広くネットワークを発達させているが、資金面でのサポートは弱い。担い手の面でも、イシューの点でも、おたがいどうしの関係という点でも、両者はやや分離する傾向がみられる。このような傾向は、男性の社会的紐帯が強いコミュニティや、家庭や職場の性別役割分業を、あるいは郊外地区特有のニーズと、市中心部に多様な下位文化が発展していないことを反映しているといえよう。

4　外国人住民と支援活動

地域社会の長期の構造的変動に関する第四の論点は、周辺労働市場の利用拡大にともなう問題で、外国人、とくに日系ブラジル人の来住・集住の影響であった。かれらは1990年の入管法改正以降に大きく増加した（1989年と2010年を比較すると、ブラジル人人口は69.4倍に達している）。近年は、中国人技能実習生の増加とともに、豊田市の外国人住民の多国籍化が進行し、ブラジル人が全外国人に占める比率は相対的に低下しつつある。とはいえ、豊田市居住外国人住民のうち、もっとも大きなグループであることには変わりはない。この状況を背景に、全体として居住は長期化している。

日系ブラジル人は人材派遣会社に勤める派遣労働者として、または業務請負会社で働くかたちで、非正規労働者として豊田市の自動車産業を支えてきた。同時に、その就労形態は不安定なもので、2008年秋からの不況の影響により、多くの日系ブラジル人が職を失った。豊田市では日系ブラジル人の居住長期化がある程度見られたが、職を失った日系人たちの相当数が帰国を選択した。そうしたなかで、NPOの支援活動などに触れることを通じて、他分野に就労機会を求めたブラジル人も少なくなかった。

こうしたグローバル化にともなう地域の変動の影響について、本書12、13章を中心として、豊田市でおこなわれている外国人住民支援活動とそれをとりまく地域社会に着目して検討をおこなってきた。外国人住民支援活動に関する研究は、それが埋め込まれている地域社会の文脈を十分考慮せずおこなわれることがあった。しかし本書では、豊田市のまちづくり活動全体の中に外国人住民支援活動を位置づけ、他の諸活動との関係や重なりを探り当てようと試みてきた。その結果、外国人住民支援活動は他のまちづくり活動、市民活動と比較すると少数にとどまり、またそれらとの関係があまり強くなく独立性が高いことが明らかになった。活動の担い手を見ても、豊田市外の活動者が相対的に多いようである。これは、豊田市の外国人住民の諸問題が広く都市住民の関心をもつ層にアピールすること、またこの種の特殊な活動に参加する層は、豊田市単独では多くならない（5%程度）ことの反映とみられる。

とはいえ、外国人住民支援活動にかかわる豊田在住の人々は、豊田市のまちづくり活動のなかでたんに「周辺的」な位置にあるとはいえないことも明らかになった。12章1節でふれたように、これらの人々は、他分野のまちづくり活動にも参加した経験が多く、活動にアクティブに参加する層の一部を構成している。活動団体間の直接的なつながりがなくても、このようなアクティブな活動者たちが同時に参加している他団体の活動から刺激を受けることもある。こうした状況もあり、支援団体と自治区、当事者団体との協働がみられるようになっている。

豊かな豊田市でもかなりの時間を要したが、行政、企業から外国人支援にかかわる市民活動への資源が現在ではある程度（という留保をせざるをえないが）投入されるようになっている。12章で見たように、こうした資源の直接、間接的投入によっておこなわれる活動にはさまざまなものがある。そしてトヨタ自動車からの寄付を基金とした他地域に例のない「とよた日本語学習支援システム」が動いている。

このように、豊田でおこなわれている外国人支援活動には、なお不十分とはいえ、他都市と比較すると、サービスの独自の「積み増し」がされている面がある。「積み増し」の背景には、豊田市が有する潤沢な資源・人材と、行政、企業、市民活動アクターの間での社会的交換がある。そしてこのような社会的交換とサービス積み増しの定着は、ローカルな制度化に近づくものもあり、域内で享受可能な権利（いわゆる都市市民権（Holston 2008））を部分的に生み出しつつある。

本書ではこれらのうち、保見団地で長年日系ブラジル人との共同活動に取り組んできた人々とブラジル人当事者団体設立者の活動を12章で取り上げた。この章は、外国人住民にかかわる活動が既存のアクターや制度によるまちづくり活動と重なりあっていく過程を描いたものとなっている。また、「とよた日本語学習支援システム」について、同章でその構築の経緯とその概要、実際の日本語教室運営（とくに企業内教室）をみてきた。

一方で、そうした資源に恵まれず、不安定な状況にある事例として、「外国人医療支援グループ」の活動を13章で取り上げた。同活動は、各所にネットワークを形成して活動の質を追求し成果をあげてきた。とはいえ、同活動はまちづくり活動支援補助金を受けられなかったり、市当局との連携も十分でなく、決して恵まれた状況にはないことがわかる。外国人医療グループの今後の活動は、行政や地域社会の諸アクターの承認や支援をめぐって展開されるだろう。これを都市市民権の拡充という視点からみれば、イシューごとのサービス水準と資源をめぐり、都市内でさまざまなアクターがかかわる活動が生じてくるということである。その意味でも同グループの今後の実践が注目される。

本書で扱った内容は、あくまでもユニークな地域特性をもつ豊田市での事例である。豊田市の外国人住民支援活動のネットワークと成果は、相対的に潤沢な資源、およびそれに裏打ちされた地域活動の厚み、また地域外からの多様な参加者の存在、特定区域に集中的に居住する日系ブラジル人人口、そして当事者団体の出現と定住化のきざしといった諸要素を背景としている。これらの条件は、他の外国人集住都市では当然異なる。このような条件を考慮したうえで、外国人住民支援活動とそのパフォーマンスに関する地域間比較をおこなっていくことにより、新たな知見が得られるかもしれない。

今後無視できないのは外国人住民の加齢（および居住長期化・滞日化）である。先にみたように、入管法の改正からはすでに20年以上の年月が流れている。かつて渡日した外国人住民はその分年齢を重ね、第二世代が着実に育ってきている。こうした人口構成の変動を受けて、外国人住民の側のニーズ、また当事者団体の活動内容やその規模にも変化が生じる可能性がある。豊田市というユニークな地域で、それがどのように変容をとげていくのか、今後も注視する必要があるだろう。以上のような取り組みを通じて、外国人支援活動について、また日本の移民の社会統合に関する社会学的見通しをよりクリアにできるのではないだろうか。

第２節　豊田の位置価と都市研究

最後に、豊田研究が都市研究、地域研究にとってもつ意義を、全体をふりかえりながら整理しておこう。**図15-1**は現在を念頭に置いて序章の図に少し手を加えたものである。豊田市は、従来の都市研究――シカゴ派や新都市社会学――が対象としていた諸都市とは異なり、動的密度が低く、産業による富の蓄積や市民所得が大きい都市であるから、第2象限に属する都市である。このような都市を動的密度や階級対立を重視する枠組から分析しようとしてもうまくいかない、ということを序章では述べた。動的密度の低さと、産業発展による富・人材の蓄積というこの組み合わせに加え、豊田では、職住の近接と安定、職場集団の凝集性を背景とした近隣的紐帯のつよさ、近代家族的な性別役割の明確さという条件がさらに加わっている。このような前提条件は都市と市民になにをもたらすのだろうか。難しい問題だが、これを考えてみよう。

わかりやすくするため生産と消費、公共生活に分けて考察してみよう。豊田のケースに即して考えると、高度な技術・管理能力をもつホワイトカラーと、勤勉なブルーカラーを中心とした職場秩序の編成が、工場周辺の郊外住宅地から通勤し、きびしい労働に励み、トヨタ生産システムの高い生産性を

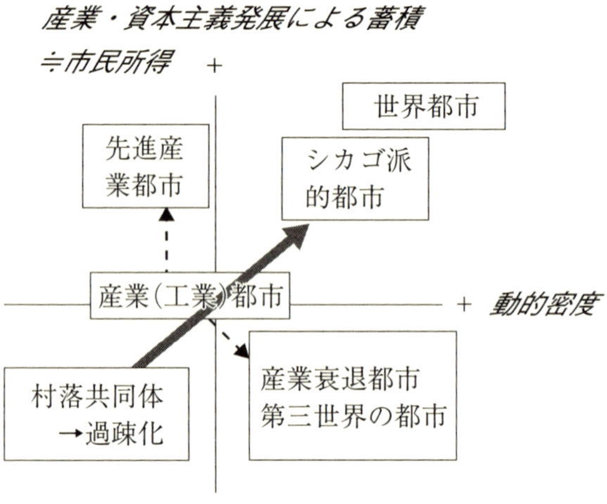

図15-1　都市化の類型

これまで支えてきた。工場という空間自体は人口密度の高い場所だが、トヨタ生産システムの強みは、異質なアクターどうしのダイナミックな相互作用よりも、どちらかといえば長い期間をかけフレキシブルな生産システムと集団主義的職場秩序に従業員たちを統合し、高い生産性を発揮してきたところにある。豊田ほどR. フロリダ（2002=2008; 2005=2010）が喧伝する「クリエイティブ都市」からかけ離れた特徴をもつ都市は珍しいが、それでもその生産性は非常に高かったのである——最終製品である自動車が高度な量産品であることによるのかもしれないが。そこから還流する利益は、企業によって新たに投資されるか、従業員たちの所得になり、人材とともに地域内にふたたび蓄積される。工場・設備、生産基盤への投資も然り、雇用とキャリアの安定性、異動の少なさもそうだが、郊外に分散した物的資源と人材の安定性の点で、豊田は群を抜いていた。

私的な消費の点では豊田ほど堅実にしつらえられた都市は珍しい。通常都市の魅力の中心とされる繁華街や歓楽街はないに等しく、通勤での駅利用が少ないこともあり、ショッピングやレジャーで市民が豊田市駅周辺を訪れることはかなり少ない。市民の消費支出の重要な部分は、快適な一戸建て住宅、複数の車、子供の教育などに向けられているが、これらの消費は、郊外のどこかで独立しておこなわれるものであり、動的密度を増すどころか減少させるものである。そして親たちの堅実な消費と働きかたが、次の世代の勤勉な労働力とライフスタイルを再び育ててきたのである。つまり市民の私的消費は、あたかも産業の発展と動的密度の低さを相互に促進させ再生産する触媒であるかのように編成されていることになる。

「動的密度」が低く下位文化が発達しない代わりに、豊田のコミュニティは相対的に安定しており、長期的信頼をめぐる競争・評価の力、地域的紐帯、地域的愛着の強さに富んでいる。多様なアクターが多数集まり相互作用することで、多様性や下位文化が生まれるのがシカゴ派的な「都市度」の高さであるとするなら、比較的均質で安定したメンバーたちが、長期間つきあうなかで信用を競い合い、「通念的」な社会関係や活動に資源や人材を気長に投入して大きな成果を達成するのが、豊田にみられる社会関係の特質である。職場秩序にもみられるこうした特質が、豊田の自治活動や地域活動にもみられること、トヨティズムのエートスや人間関係が個人の生活過程で選択的に濾過されて、そうした活動にもち越されていく可能性―― M. ヴェーバーの表現を借りて「トヨティズムの倫理とまちづくりの精神」と言いたくなる移行関係――については本論中でみたとおりである。メンバーも関係者も顔なじみが多く、移動と異動が少ないため、集合財供給に「ただのり」して逃げることはむずかしい。このような環境のもとでは、長期的に評定、選抜、蓄積された「紐帯」「信頼」が重要になり追求される。通念的価値の追求も、すぐれた人材が継続的におこなうと特異なものになっていく。活動の恩恵を受ける者は、功労者に「社会的評価」という報酬――物質的な利益ではないが、豊かな社会でも受け取ることが難しい価値である――を与えることになる。豊田の地域コミュニティに、いまでも名望家的な秩序に近いものがかすかに感じられるのは、おそらくこのためであろう[1]。職住の近接性に基づくコミュニティ的結束の例は、炭鉱都市の柵内集団や自営業層による自治活動の例もあり、決して新しいものではない。しかし最先端のグローバル産業が立地し、トヨティズムをベースとしていること、階級対立が顕在化していないこと、長期の繁栄に基づき、リージョナル、あるいはナショナルに経済を牽引していることを考えると、豊田市のケースはやはりユニークだと言わざるをえない。

こうした信頼関係や地域的紐帯を基盤に、現在豊田では、市民活動への参加者や団体間に――あるいは行政や企業とのあいだに――社会的交換のネットワークが定着し、ローカルなレジームとでも言うべきものが発達しつつある。しかしこれは抽象的な価値理念や合理的な利害計算に基づいたものというより、豊富な資源と人材、そして個人間、団体間に長期間かけて築かれた信頼関係と社会的評価によって支えられているネットワーク[2]と集合財供給なのである。

このように、生産と私的消費、社会関係・公共的活動のそれぞれが、動的密度の低い都市空間と、産業活動による蓄積とを相互に促進するかのように編成されていることが豊田の特徴である。こうした関連は、郊外に散開する生産点（＝社会的分業の場）に近いところに生活の場があり、安定した関係を保っていることで可能になっている。このような都市の内部では、共時的空間内の動的密度よりも、人材・資源のストック・投入の通時的な安定性が、また信頼を促進するローカルな関係の蓄積が重要な意味をもつ（時間次元の優位性）。多様で非通念的な価値のぶつかりあいよりは、長期的信頼関係や（結束型優位の）社会関係資本に基づく通念的価値の追求、そのための人材・資源の継続的投入が集合財供給の重要なファクターになる。R. ペッカネンは、自治会を基盤とした関連団体のネットワークが、地域に社会関係資本と信頼関係を構築し、「地域市民社会」の形成を促進している点に日本社会の独自性をみている（ペッカネン 2006=2008: 129, 154-161）。豊田では、産業の発展と職住の接近により、この特徴がさらに強められているといえよう。

他方、長期的な関係の蓄積の点で、定住層住民と対照的な位置に置かれているのが、上にみた外国人住民や技能実習生、期間工や派遣労働者らからなる流動的な周辺階層である。彼らは生産の場で重要な役割を果たしているが、多くが正規従業員ではなく、市民としてのステータスももたないためマージナルな位置に立たされている。景気による調整に用いられる安価な労働力でもあるためそもそも地域に定着しにくい。周辺階層のマージナルな立ち位置は、意図的な排除によるものではないが、所有する資源の乏しさや、その流動性そのものが、彼らを不安定な状況に立たせている。このために、社会的交換の対等なプレーヤーになることはむずかしく、彼らが地域にとって潜在的問題とみなされる場合にはじめて支援の対象になるケースが多い。それでも外国人住民については、居住の長期化にともない少しずつ自治区の活動に参加するようになり、自助団体も一部で現れはじめている。まちづくり活動の積極的な担い手が、市外のアクターとともに外国人住民に対しても支援を展開していることはすでにみた。多文化共生についてもみたように社会的マイノリティに対する豊田の行政・民間団体の支援体制は他地域と比べればかなり充実しているが、ネットワーク上をうごく資源の流れは非対称になりがちである。

以上みてきた内容を社会学で用いるS（構造）⇒C（意識）⇒A（行為）の因果的図式に都市問題の性質、適合性の高い社会理論を加えた図式にまとめると、**表15-1**のようになる。いずれの局面でも、図15-1でみた第2象限に位置する都市が独自の位置を占めていることがわかる（豊田独自の特徴について

表15-1　都市研究の3類型

	シカゴ派的都市空間（第1象限）	先進産業都市（第2象限・**うち豊田型**）	産業衰退都市・初期の工業都市（第4象限）
構造（S） ↓	・大規模×（動的）高密度×異質性 ・余剰資源大×不平等な配分	・中規模×相互作用の反復×相対的均質性 ・流動的周辺層の存在 **・生産性と余剰大×中流社会的配分** **・職住の接近・安定** **・性別役割のつよさ**	・中規模×敵対関係の反復×二極性 ・余剰資源小×不平等
意識（C） ↓	・非通念的価値の強化・多様なアイデンティティ ・都市アノミーと公共性喪失	・通念的価値のつよさ＝非通念性の弱さ **・集団主義・企業アイデンティティのつよさ** **・定住化による地域アイデンティティの強化**	・階級的（エスニックな）利害・アイデンティティの発達
行為・関係（A）	・下位集団の競合・市民文化の発達 ・下位集団のセグリゲーション	・信頼関係に基づく交換・ネットワークと集合行為 **（近隣的紐帯に基づく男性の地縁志向／女性のケア志向）** ・周辺層の不参加	・階級的利害に関連した連帯・闘争
都市問題の性質	・セグリゲーション ・公共財の過小供給（オルソン問題）	・集団的閉鎖の傾向 ・周辺層の疎外と流動性、不安定性	・搾取と貧困、ゼロサム的な階級対立、人種・民族対立 ・階級的居住分離
適合性の高い社会理論	・シカゴ派的図式（下位文化論） ・創造都市論	・ヴェーバー的集団（閉鎖）論 ・社会関係資本論、信頼論	・階級理論 ・新都市社会学

は太字で示した）。大規模な人口集積地から離れたところに位置しているのに産業が発達し、（正規の）労働力の移動が相対的に少なくてすむのは、やはり高度な固定資本によって可能になる先進的製造業が立地する都市だろう。通念的価値のつよさや信頼関係に基づく安定した社会的交換、ネットワークといった特徴も、動的密度の低さ、相対的均質性、余剰＝資源の存在というこの前提条件に結びついて成立する。社会問題も、この安定した秩序に周辺的流動層が関与しにくいことから生じるだろう。グローバルな経済競争のもと先進国で製造業が競争力を維持し続けることは難しいから、このような類

型に属する都市はさほど多くはない。日本では、刈谷市、安城市、東海市、鈴鹿市、四日市市、日立市、君津市、防府市などがこの類型に属する都市になるだろう。このうち、日立市は豊田より早く都市形成が進んだ企業都市であるが、定住化が進み、「百年塾」活動にみられるように日立グループ退職者のまちづくり参加が進んでいる（長谷川 1993; 伊藤 1993）。豊田に隣接する刈谷市はトヨタグループ大手企業群が立地する産業都市であるが、2012年度に実施した住民向け質問調査から豊田市とよく似た特徴――元新住民の定住化、地域的紐帯の強さ、地縁的市民活動の活性化――が確認されている（2013 丹辺編）。君津や防府については企業立地後の従業員たちの定住化へのプロセスが報告されている（原田 1981; 三浦 2004）。豊田はこの象限のなかで、とくにトヨティズムを支えとした職場の凝集性と生産性が高く、市民所得平均が高く近代的性別役割が明確な都市として位置づけられるだろう。おなじく製造業が盛んな地域でも、東京都大田区、墨田区、東大阪市、北九州市八幡区、川崎市、名古屋市南区などは人口が稠密で、第1象限側に位置づけるべきだろう。これらは大都市地域で既存の製造業が残っているだけでなく、消費者に近いことを活かした製品や、メーカーの本社機能、開発・営業部門が立地し、先端分野や試作開発を支える特注品を製造している地域にあたる。おなじ先進国の産業都市でも、産業の特性や盛衰は立地条件に左右されると同時に、時間軸とともに地域特性を分岐させていくのだと言えよう。

今後の豊田をみる上で大きなポイントになるのは、域内での自動車生産の縮小、避けるのが難しい高齢化、東南海地震発生による被害であろう。これらはいずれも、地域内の格差を広げて周辺的な流動層の生活状況を悪化させ、地域統合をおびやかす可能性がある。恵まれた定住層住民どうしの結束はつよいが、彼らが集団的閉鎖に向かう可能性もないとは言えない。そのときに、それをくい止める効果を発揮するのも、それまでに蓄積した資源と人材であり、異なるグループや領域を「橋渡し」する機能をもつ社会的交換や地域的紐帯の力なのである。豊田の地域社会では結束型の紐帯が優勢でこの点がまだ弱く、この点では課題を抱えていると言えよう。

以上みてきたように、豊田ではユニークな社会学的条件から地域コミュニティ形成が展開し、かつて自動車産業で働くため来住した中高年男性も活発に地域活動をするようになっている。豊田のような都市は、先進諸国では現在比較的めずらしい類型に属するためか、欧米、日本の都市社会学では正当な扱いを受けてこなかった。しかし、このような個性的な都市のコミュニティ形成は、たんなる「変種」なのではなく、製造業のシェアが相対的に大きい日本、なお製造業が盛んな先進諸国の地域にとっては大きな意味がある。とくにアジア地域は今後ものづくり——とくに量産品のそれ——ではますます世界の中心になり、中間層を増やしている。製造業が発達する地域を中心に、豊田に近いタイプの都市がいくつも現れるかもしれない。このときに、典型的な特徴をもつ豊田との比較が大きな意義をもつだろう。欧米のパラダイムの輸入にとどまらず、日本発、アジア発の都市論を展開しようとするときに、豊田の事例はガラパゴス的な進化の道ではなく、ユニークで重要な「理念型」的事例としての意義をもつかもしれないのである。

注

1　ある自治区でのヒアリングによると、新区長を選出する際には、歴代の区長たちにお伺いを立てる習慣が現在も残っているという。

2　橋渡し型の社会関係資本にとってもこのことはあてはまる。

引用・参考文献

愛知県県民生活部統計課, 2009,『平成21年版愛知県統計年鑑』, 愛知県統計協会.
————, 2012a,『平成22年あいちの工業』, 愛知県統計協会.
————, 2012b,『平成23年版愛知県統計年鑑』, 愛知県統計協会.
愛知県企画振興部, 2004,『あいちの人口（年報)』, 愛知県統計協会.
————, 2005,『平成15年あいちの工業』, 愛知県統計協会.
愛知県国際課, 2004,『多文化共生プロジェクト事業　外国人集住地域ネットワーク報告書　すべての人が住みやすい地域づくりをめざして』.
秋津元輝, 1998,『農業生活とネットワーク――つきあいの視点から』御茶の水書房.
SRI International Staff, Bob Daniel, 1991, *Japanese Companies in American Communities: Cooperation: Conflict and the Role of Corporate Citizenship*, Japan Society Gallery（=1991, 青木榮一・大原進訳,『アメリカ市民が見た日本企業――期待される企業市民像』, 日本経済新聞社.）
Baumgartner, M. P., 1988, *The Moral Order of A Suburb*, Oxford University Press, New York.
Berger Bennett M., 1960, *Working-Class Suburb: A Study of Auto Workers in Suburbia*, University of California Press, Berkeley.
Berger, S., Michael Piore, 1980, *Dualism and Discontinuity in Industrial Society*, Cambridge University Press, N.Y..
Castells, Manuel, 1977, *La question urbaine*（=1984, 山田操訳,『都市問題 科学的理論と分析』, 恒星社厚生閣.）
Eells, R., Clarence Walton, 1968, *Man in the City of the Future*, Macmillan（= 1971, 木内信蔵監訳,『新しい都市の人間像』, 鹿島研究所出版会.）
榎本徹, 2005,『CSR活用ガイド――問われはじめた企業の社会的責任』, オーム社.
Fischer, C. S., 1984, *The Urban Experience*, Thomson/Wadsworth（= 1996, 松本康・前田尚子訳,『都市的体験』, 未來社.）
Florida, Richard, 2002, *The Rise of Creative Class*, Basic Books（= 2008, 井口典夫訳,

『クリエイティブ資本論』, ダイヤモンド社.)
———, 2005, *Cities and Creative Class*, Routledge（= 2010, 小長谷一之訳,『クリエイティブ都市経済論』, 日本評論社.)

Fujita, K., 1991, "A World City and Flexible Specialization, : Restructuring of the Tokyo Metropolis", *International Journal of Urban and Regional Research*, 15(2): 269-285.

Gans, H. J., 1967, *The Levittowners: Ways of Life and Politics in a New Suburban Community*, Columbia University Press, New York.

Greer, Scott, 1962, *The Emerging City: Myth and Reality of Modern City*, The Free Press, Glencoe（=1970, 奥田道大・大坪省三訳『現代都市の危機と創造』, 鹿島出版会.)

原田勝弘, 1981,「進出企業の労働者の性格と生活意識」, 舘逸郎編,『巨大企業の進出と住民生活』, 東京大学出版会.

長谷川幸介, 1993,「日立市『団塊市民層』の生活構造」, 帯刀治編,『企業城下町日立の「リストラ」』, 東信堂.

東山町自治区創立30周年記念誌部会, 1993,『ふる里づくり30年　1964-1993』, 豊田市東山町自治区創立30周年記念事業実行委員会.

Holston, James, 2008, *Insurgent Citizenship --- Disjunctions of Democracy and Modernity in Brazil*, Princeton University Press, Princeton.

本間康平, 1980,「地域社会と企業」, 青井和夫・庄司興吉編,『家族と地域の社会学』, 東京大学出版会.

堀田学, 2009,「事業指向型と生活指向型の受け入れプログラム」,『農業と経済』9月号, 15-22.

Hoyt, Homer, 1939, *The Structure and Growth of Residential Neighborhoods in American Cities*, U. S. Government Printing Office, Washington.

伊原亮司, 2003,『トヨタの労働現場』, 桜井書店.

伊藤智毅, 1993,「日立市の生涯学習とまちづくり——『百年塾』運動の先導的実験」, 帯刀治編,『企業城下町日立の「リストラ」』, 東信堂, 209-235.

自治大学校地方行政研究会監修, 1993,『コミュニティ振興課』, ぎょうせい.

梶田孝道・丹野清人・樋口直人, 2005,『顔の見えない定住化——日系ブラジル人と国家・市場・移民ネットワーク』, 名古屋大学出版会.

鎌田慧, 1983,『自動車絶望工場——ある季節工の日記』, 講談社.

加茂利男, 2005,『世界都市——都市再生の時代の中で』, 有斐閣.

香取一昭・大川恒, 2009,『ワールド・カフェをやろう！』, 日本経済新聞社.
経済団体連合会編, 1992,『社会貢献白書――企業と社会のパートナーシップ』, 日本工業新聞社.
――――, 1994,『企業の社会貢献ハンドブック――近未来の企業像』, 日本工業新聞社.
――――, 1996,『社会貢献白書――企業と社会のパートナーシップ』, 日本工業新聞社.
――――, 1999,『社会貢献白書――企業と社会のパートナーシップ』, 日本工業新聞社.
Kennedy, Martin, Richard Florida, 1993, *Beyond Mass Production: The Japanese System and Its Transfer to the U.S.*, Oxford University Press.
企業メセナ協議会編, 2000,『なぜ、企業はメセナをするのか？――企業とパートナーを組みたいあなたへ』, 企業メセナ協議会.
――――, 2003,『メセナマネジメント――戦略的社会貢献のすすめ』, ダイヤモンド社.
木本喜美子, 1994,「大企業労働者の〈家族と企業社会〉」, 職業・生活研究会編,『企業社会と人間――トヨタの労働、生活、地域』, 法律文化社.
――――, 1995,『家族・ジェンダー・企業社会――ジェンダー・アプローチの模索』, ミネルヴァ書房.
小池洋一編, 1992,『日本産業の構造調整と地域経済』, アジア経済研究所.
小池和男, 1997,『日本企業の人材形成――不確実性に対処するためのノウハウ』, 中公新書.
小松史朗, 2011,「多文化共生のためのソーシャル・ネットワークの形成の課題――中京地域の事例――」, 守屋貴司編,『日本の外国人留学生・労働者と雇用問題――労働と人材のグローバリゼーションと企業経営――』, 晃洋書房, 165-191.
Kornblum, William, 1974, *Blue Collar Community*, The University of Chicago Press, Chicago.
小山陽一編, 1988,『巨大企業体制と労働者――トヨタ生産方式の研究――』, 御茶の水書房.
楠兼敬, 2004,『挑戦　飛躍――トヨタ北米事業立ち上げの「現場」』, 中部経済新聞社.
Lipset S. M., R.Bendix, 1959, *Social Mobility in Industrial Society*, University of

California Press (=1969, 鈴木広訳,『産業社会の構造』, サイマル出版会.)
松宮朝, 2011,「「農」の活動による社会参加」,『高齢者の生活保障』, NHK出版, 129-142.
松宮朝・山本かほり, 2009,「地方自治体における外国籍住民統合政策――東海地方の自治体調査から」,『多文化共生研究年報』, 6:1-21.
松島静雄, 1978,『友子の社会学的考察』, 御茶の水書房.
三須田善暢, 2005,「新規参入者の土地確保過程と村落――山形県飽海郡遊佐町藤井での事例――」,『村落社会研究ジャーナル』22:30-42.
三浦典子, 2004,『企業の社会貢献とコミュニティ』, ミネルヴァ書房.
Molotch, Harvey, 1976, "The City as a Growth Machine: Toward a Political Economy of Place", *American Journal of Sociology*, 82-2: 309-332.
森本三男, 1994,『企業社会責任の経営学的研究』, 白桃書房.
Muramatsu, K., 2012, *Usage de l'agriculture dans le social : Dispositifs, practiques et formes d'engagement*, Thèse de doctorat, Université de Liège/ Université de Haute-Alsace.
内閣府統括官, 2004,『地域の経済2003 成長を創る産業集積の力』, 内閣府.
名古屋大学, 2008,『外国籍住民の日本語学習における実態等予備調査委託・調査報告書』, 名古屋大学.
中川順子, 2003,「トヨタ式生活様式と生活問題」, 職業・生活研究会編,『企業社会と人間――トヨタの労働、生活、地域』, 法律文化社.
中川勝雄, 1994,「豊田市地域社会の成熟過程と住民自治」, 職業・生活研究会編『企業社会と人間 ――トヨタの労働、生活、地域――』, 法律文化社.
中井美樹・赤池麻由子, 2000,「市場参加/社会参加:キャリア・パターンの多様性とその背景」, 盛山和夫編,『日本の階層システム4　ジェンダー・市場・家族』, 東京大学出版会, 111-131.
中島豊雄・中田実, 2000「逢妻地区コミュニティ会議（豊田市）の組織と活動」,『コミュニティ政策研究2』, 愛知学泉大学コミュニティ政策研究所.
中村麻理, 2013,「都市農業の就農支援と地域ネットワークづくり:愛知県豊田市」, 碓井隆崧・松宮朝編,『食と農のコミュニティ論:地域活性化の戦略』, 創元社, 132-143.
Nibe, Nobuhiko, 2008, Cities and Class Structure in the Advanced Industrial Area: Industrial Globalization during 30-year Period in Aichi, *Journal of the School of Letters 4, Nagoya University*: 51-63.

丹辺宣彦, 2009,「産業グローバル化先進地域の都市形成と地縁的市民活動――愛知県豊田市にみる動向：『わくわく事業』を中心に」,『名古屋大学社会学論集』, 29:105-127.

――――, 2011,「産業グローバル化先進都市豊田の住民活動と社会的ネットワーク――就労期・退職後の自動車産業就労者をめぐって――」,『都市社会学会年報』, 29, 111-126.

丹辺宣彦・新城優子・美濃羽亜希子, 2011,「産業グローバル化先進都市豊田の地域コミュニティ形成」,『地域社会学会年報』, 23: 53-65.

丹辺宣彦編, 2010『産業グローバル化先進地域の階層構造変動と市民活動 ――愛知県豊田市を事例として』, 2007-2009年度科学研究費補助金（基盤研究(C)）研究成果報告書.

――――, 2011,『「豊田市のまちづくり団体と活動ネットワークに関する調査」報告書』, 2010-2012年度科学研究費補助金（基盤研究(C)）研究成果報告書.

――――, 2013,『「刈谷市のまちづくりと市民活動に関する調査」報告書』, 科学研究費（基盤研究(C): 課題番号22530542）研究成果報告書.

日本人文科學會編, 1963,『技術革新の社会的影響』, 東京大学出版会.

日本経団連社会貢献推進委員会編, 2008,『CSR時代の社会貢献活動――企業の現場から』, 日本経団連出版.

日本経営学会編, 1975,『企業の社会的責任（経営学論集第45集）』, 千倉書房.

西村雄一郎, 2003,『職場・家庭におけるジェンダーの地理学：ジェンダー秩序とトヨティズムに着目して』, 平成15年度博士学位論文.

似田貝香門・蓮見音彦編, 1993,『都市政策と市民生活 福山市を対象に』, 東京大学出版会.

野原光・藤田栄史編, 1988『自動車産業と労働者』, 法律文化社.

農協共済総合研究所・田畑保編, 2005,『農に還るひとたち――定年帰農者とその支援組織』, 農林統計協会.

尾高煌之助, 1993,『企業内教育の時代』, 岩波書店.

岡村徹也, 2009,「企業による芸術文化支援活動の戦略に関する一考察――トヨタ自動車の音楽支援事業を例として」,『東海社会学会年報』1:100-112.

Oliver, J. Eric., 2001, *Democracy in Suburbia*, Princeton University Press, Princeton.

大友信勝, 1987,「企業都市における『地域生活』問題と『地域管理』」, 都丸泰助・窪田暁子・遠藤宏一編,『トヨタと地域社会』, 大月書店.

大谷かがり, 2007,「日系ブラジル人の健康を守る」,『地域問題研究』74:2-9.
――――, 2009,「日本に暮らす日系ブラジル人の子どもの健康をめぐる人びとの実践」,『共生の文化研究』2:20-29.
小山陽一郎編, 1995,『巨大企業体制と労働者』, 御茶の水書房.
Pekkanen, R., 2006, *Japan's Dual Civil Society: Members Without Advocates*, Stanford: Stanford University Press.（= 2008, 佐々田博教訳,『日本における市民社会の二重構造――政策提言なきメンバー達』, 木鐸社.）
ロバート・ペッカネン, 2008,『日本における市民社会の二重構造――政策提言なきメンバー達』, 木鐸社.
Roos, D., J. P. Wamack, D. Jones, 1990, *The Machine that Changed the World*, Harper Perennial.（=1990, 沢田博訳,『リーン生産方式が世界の自動車産業をこう変える』, 経済界.）
斉藤尚文・大谷かがり, 2008 ,「市民活動を書く――豊田市の外国人医療支援グループ」松田昇・小木曾洋司・西山哲郎・成元哲編,『市民学の挑戦』, 梓出版社, 186-209.
佐久間健, 2006,『トヨタのCSR戦略――世界から尊敬される企業の経営』, 生産性出版.
櫻井克彦, 1991,『現代の企業と社会――企業の社会的責任の今日的展開』, 千倉書房.
猿田正機, 1995,『トヨタシステムと労務管理』, 税務経理協会.
――――, 2008,『トヨタ企業集団と格差社会』, ミネルヴァ書房.
――――, 2009,「トヨタと地域社会」,『東海社会学会年報』1: 19-38.
澤田守, 2003,『就農ルート多様化の展開論理』, 農林統計協会.
Scott, A.J.(ed.), 2001, *Global City Regions*, Oxford University Press.
渋谷敦司, 1986,「都市とフェミニズム運動女性の視点からの都市再生」, 吉原直樹・岩崎信彦編,『都市論のフロンティア』, 有斐閣.
渋谷敦司, 1990,「『女性政策』としての『地域政策』の展開」, 飯田哲也・遠藤晃編著,『家族政策と地域政策』, 多賀出版.
四方洋, 1992,『アメリカフィランソロピー紀行――日系企業の社会貢献活動』, TBSブリタニカ.
新海英行・加藤良治・松本一子編, 2002,『在日外国人の教育保障　愛知のブラジル人を中心に』, 大学教育出版.
総務省統計局, 2003,『平成12年国勢調査編集・解説シリーズNo.2 都道府県の人口その23 愛知県の人口』, 日本統計協会.

————, 2009,『平成17年国勢調査編集・解説シリーズNo.8 通勤・通学人口及び昼間人口』, 日本統計協会.(その他該当年次各年版による)

職業・生活研究会編, 1994『企業社会と人間 ——トヨタの労働、生活、地域』, 法律文化社.

菅原純子, 1995,『企業社会とジェンダー——愛知県豊田市の主婦活動と地域政策』, 平成7年度修士論文.

————, 2011,『市民活動促進に関する実践的研究』, 愛知淑徳大学大学院現代社会研究科博士論文.

Sugrue, Thomas, J., 1996, *The Origins of the Urban Crisis: Race and Inequality in Postwar Detroit*, Princeton University Press, Princeton.

隅谷三喜男, 1970,『日本職業訓練発達史《上》——先進技術土着化の過程』, 日本労働協会.

————, 1971,『日本職業訓練発達史《下》——日本的養成制度の形成』, 日本労働協会.

————, 1978,『日本職業訓練発達史《戦後編》——労働力陶冶の課題と展開』, 日本労働協会.

谷口功・三村聡・床尾あかね・坂本竜児, 2010,「地域自治と市民活動——豊田市の都市内分権と共働の具体化——」,『コミュニティ政策』8: 50-69.

丹野清人, 2007,『越境する雇用システムと外国人労働者』, 東京大学出版会.

多和田眞・家森信善, 2005,『東海地域の産業クラスターと金融構造』, 中央経済社.

都丸泰助・窪田暁子・遠藤宏一編, 1987,『トヨタと地域社会——現代企業都市生活論』, 大月書店.

東海農政局, 1982,『豊田市の農林業』, 愛知農林統計協会豊田支部.

————, 2007,『View 夏号』, 東海農政局.

東洋経済新報社, 2011,『週刊東洋経済』2011年2月26日号, 東洋経済新報社.

豊島慎一郎, 2000,「社会的活動」, 高坂健次編,『日本の階層システム6 階層社会から新しい市民社会へ』, 143-159, 東京大学出版会.

豊田市, 2003,『第15回 市民意識調査報告書』, 豊田市総合企画部企画課.

————, 2007a,『豊田市統計書平成17年度版』, 豊田市総務部庶務課.

————, 2007b,『第2次豊田市農業基本計画』, 豊田市.

————, 2008,『第7次豊田市総合計画——新とよたプラン21』, 豊田市社会部共働推進課.

――――, 2009,『豊田市市民活動促進計画』, 豊田市社会部共働推進課.
――――, 2009a,『豊田市の国際化（現状と取組）』, 豊田市.
――――, 2011a,『ふじおか支所だより 2011.3 NO.66』, 豊田市役所藤岡支所.
――――, 2011b,『農山村振興施策・活動事例集　チャレンジガイド』, 豊田市総合企画部企画課.
――――, 2011c,「平成22年度の補助金等の実績一覧」, 豊田市総務部財政課.
――――, 2012,「平成23わくわく事業 実施事業一覧」, 豊田市社会部.
豊田市国際課, 2011,『外国人統計』, 豊田市.
豊田市区長会, 2009,『平成21年度 自治区実態調査票 集計結果』, 豊田市区長会事務局（豊田市社会部自治振興課内）.
――――, 2010,『豊田市区長会五十周年記念誌』, 豊田市区長会.
――――, 2011,『平成23年度 地域運営の手引き』, 豊田市区長会事務局（豊田市社会部地域支援課内）.
とよた市民活動センター, 2010,『平成22年度 とよた市民活動センター事業概要』, とよた市民活動センター（豊田市社会部地域支援課）.
――――, 2011,『とよた市民活動センター10周年記念誌　10年のあゆみ』, とよた市民活動センター（豊田市社会部地域支援課）.
豊田市農ライフ創生センター, 2013,『平成25年度 事業概要』, 豊田市農ライフ創生センター.
豊田市社会貢献活動促進協議会, 2002,『市民と行政の協働の推進に関する提言』, 豊田市社会貢献活動促進協議会.
豊田市社会部地域支援課, 2012,「地域自治区・地域会議マップ」,『わたしたちがつくるわたしたちの地域』, 豊田市社会部.
豊田市総務部庶務課, 2006,『豊田市統計書 平成16年版』, 豊田市.
――――, 2007,『豊田市の工業 平成19年工業統計報告書』, 豊田市.
――――, 2008,『豊田市統計書 平成18年版』, 豊田市.
――――, 2009,『豊田市の工業 平成21年工業統計報告書』, 豊田市.
――――, 2011,『豊田市の人口』, 豊田市.
――――, 2012,『豊田市の人口 平成23年版』, 豊田市.
豊田市有識者会議, 2007,『「世界に開かれた国際都市」報告書』, 豊田市有識者会議.
トヨタ自動車販売社史編纂委員会, 1980,『世界への歩み――トヨタ自販30年史』, トヨタ自動車販売.

トヨタ自動車工業社史編集委員会, 1958,『トヨタ自動車20年史』, トヨタ自動車工業.

Tsuda, Takeyuki, 2006, "Localities and Immigrant Rights", Takeyuki Tsuda (ed.), *Local Citizenship in Recent Countries of Immigration: Japan in Comparative Perspective*, Lexington Books, 3-36, Lanham.

鶴本花織・西山哲郎・松宮朝, 2008,『トヨティズムを生きる』, せりか書房.

都築くるみ, 1993,「日系ブラジル人の受け入れと地域の変容――愛知県豊田市H団地を事例として」,『名古屋大学社会学論集』14:107-159.

――――, 1995,「地方産業都市とエスニシティ」, 松本康編,『増殖するネットワーク』, 勁草書房, 235-281.

――――, 1996,「日系ブラジル人受け入れと地域の変容――愛知県豊田市H団地を事例として」, 駒井洋編,『日本のエスニック社会』, 明石書店, 310-330.

――――, 2001,「外国人との『共生』とNPO――愛知県豊田市H団地を取り巻くNPOの現状と課題――」,『コミュニティ政策学部紀要』3:61-79.

――――, 2003,「日系ブラジル人を受け入れた豊田市H団地の地域変容―― 1990～2002年」,『フォーラム現代社会学』2:51-58.

渡戸一郎, 2004,「『多文化都市論』の視座」,『NIRA政策研究』17(6): 47-50.

山口博史・坂本久海子, 2009,「外国籍住民をとりまく地域社会」,『東海社会学会年報』1:39-51.

矢澤澄子・国広陽子・天童睦子, 2003,『都市環境と子育て――少子化・ジェンダー・シティズンシップ』, 勁草書房, 171-201.

米勢治子, 2007,「外国人集住地域におけるネットワーク形成――あるNPOの活動を通して」, 村井忠政編,『トランスナショナル・アイデンティティと多文化共生』, 明石書店, 331-358.

――――, 2008,「地域日本語教育は誰のためか――排除される日系労働者」,『トヨティズムを生きる』, せりか書房, 63-72.

財団法人トヨタ財団30年史編纂委員会, 2006,『トヨタ財団30年史』財団法人トヨタ財団.

巻末資料1

調査データについて

丹辺宣彦・中村麻理

本書は、研究者だけでなく、それぞれの立場で豊田のまちづくりにかかわってきたメンバーたちの論考からなっている。実践的な立場でまちづくりの当事者であったメンバーもジャーナリストもいるが、全員が、事実の認識を優先する立場でそれぞれの章を担当している。各章は、執筆者それぞれの調査データに基づくものであるが、多くの章で用いられている3つの量的調査データについては説明が必要だろう。

この3つの調査は、丹辺が代表をつとめた2つの科研費プロジェクトにより、2009年夏に実施した地域住民調査と、まちづくり団体の代表者に対して2011年冬におこなったものである。

第一の質問紙調査では、旧市域に住む30歳以上69歳までの男女、計3000人を同じ確率で抽出するため、確率比例抽出法による二段抽出をおこなった。最初に、当該対象年齢の人口数に準拠した通し番号を旧市域の263町に振り当て、コンピューターで発生させた乱数をもとに、50町を抽出し（抽出率19.0%）、ここからそれぞれ60名を抽出することにした。

対象年齢の性比は2009年の時点で111.3と男性が多くなっていた。ところが豊田市が定期的におこなっていた市民意識調査では、毎回男性からの回収数が女性に比べて10%あまり低くなっており、男性票が少なくなってしまう事態が危惧された。そこで、旧市域を対象とした最後の調査である第15回市民意識調査での回収率をもとに、男性に対してオーバーサンプリングをおこなうことにした。この調査では、2003年5～6月に成人市民を対象に5000票を配布し、3247票を回収しているが、回答者の性比は44.3：55.7と偏っている。当時の豊田市の成人人口の性比から、回収率は男性52.1%、女性で79.2%と推測された。ここから計算すると、有効回収票が、調査対象年齢層の性比111.3になるためには、男性票1886票、女性票1114票を配布すればよい。抽出した50地区にこの比で割り当てたところ男性が37.7サンプル、女性が22.3票となったので、それぞれ38サンプル、22サンプルとして実施することとした。したがって、じっさいの配票数は、男性1900票、女性が1100票となった。実際のサンプリング作業は、2009年6月末から7月にかけ、市役所の住民基本台帳を用い、地区ごとに等間隔抽出でおこなった。

配票は、自記式の質問紙（巻末資料2参照）を郵送で配布し郵送回収とした。7月中旬に依頼ハガキを郵送し、匿名による返送（名古屋大学社会学研究室宛）を依頼した。返信封筒・記入用のボールペンを同封して8月3日に調査票を発送し、8月18日を最初の〆切とした。調査実施後8月末にお礼状を兼ねた督促状を再度発送し、これにより返送されてきた調査票を加えて調査終了とした。

有効回答数は1534票、有効回答率は51.1%であった。調査環境の厳しくなっている昨今の地域調査としては比較的高い回答率となっている。トヨタ関連企業の操業率が以前より下がっていたこと、またお盆前後の時期をねらって調査をおこなったことで、回収率が若干上がった可能性がある。男性の回答票は898票、回答率は47.3%、女性が636票、57.8%であった。男女の回答率の差が予想より小さかったため、回答サンプルの性比は141.2と、実際の111.3よりかなり高くなっている。このため本書では、男女を合わせた集計・分析をおこなう際には、データの比重を実際の人口比に合わせるためウェイトバックをおこなっている。

第二の調査では、豊田の市民団体の活動をなるべく広く捕捉するため、とよた市民活動センターの登録団体（210団体）、わくわく事業の補助団体（380団体）、豊田市社会福祉協議会のボランティア・グループ登録団体（247団体）の全数を調査対象とした。しかし調査対象となる市民団体の連絡先住所は代表個人の住所となるため、一部ＨＰなどで公開されている場合をのぞいて入手することはできない。そのため、豊田市役所に郵送用のタック・シールを作成して貼付する作業を依頼し、郵送による配票・回収をおこなった。社会福祉協議会の登録団体では住所を公開していない団体が多く、郵送できた団体（41団体）を含めて、対象団体は合わせて658団体であった。ここから重複して登録している団体の重複分をのぞき、626団体に宛てて2011年1月

31日に発送した。調査票（巻末資料３参照）には、調査協力依頼と、個人情報が保護されていることを明記した文書を地域支援課名で作成してもらい同封した。回収は2月中にほぼ終えることができ、回収数は464票、うち有効票が447票であり、有効回収率は71.4％であった。

この質問紙調査では付随してまちづくり団体へのインタビュー調査を実施しているので付記しておきたい。行政や自治区、まちづくり団体、企業へのインタビュー調査は、それぞれのメンバーが必要に応じてその都度おこなっているが、第二の団体向け質問紙調査に続けて、団体活動をより詳しく知るためまちづくり団体に対する集中的なインタビューを実施した。この質問紙には末尾にインタビュー調査への協力意向を問う欄が設けてあり、意向が確認できた230団体（うち男性リーダーの団体が184団体、女性リーダーの団体が46団体）から抽出して2011年春から秋にかけてインタビュー調査をおこなった。インタビュー可能数は計50団体とし、上の数に応じて、男性リーダーの団体40、女性リーダーの団体10を抽出してインタビューをおこなうこととした。男性リーダー票については、（元）就労先別にトヨタ従業員20団体、他の自動車関連企業従業員8団体、その他の就業先12団体を割り当て、無作為に割り振ったナンバー順に対象団体を抽出した。実際のインタビューでは、団体発足の経緯、活動の内容、団体内外のネットワーク、活動の成果と課題について項目を用意し半構造化された形式で各団体1時間半ほどかけてヒアリングをおこなった。後から連絡が取れた団体をふくめ、調査実施団体は計51団体（巻末資料４を参照のこと）となった。

自動車産業退職者の定年帰農を扱う11章では、豊田農ライフの会の会員を対象として2011年9月に「豊田農ライフの会の活動および就農状況に関する会員アンケート調査」という名称でおこなった第三の量的調査のデータを用いている。豊田農ライフの会は豊田市が開設した農業研修施設である豊田市農ライフ創生センターの修了生が設立した新規就農者組織であり、センター修了者の多くが加入している。調査実施にあたっては、豊田農ライフの会の協力のもと、当時の全会員229名に自記式の調査票を郵送した。調査票には豊田農ライフの会による調査協力、および個人情報保護について記載した。9月中には回収がほぼ終了し、154名から回答を得て、回収率は67.2％

であった。

第一の住民向け質問紙調査はリーマン・ショック後まだ1年を経ていない時期であり、第二の質問紙調査は2011年3月の東日本大震災の発生直前に回収し終えたが、続くインタビュー調査は開始直後震災により一時中断し、トヨタ・関連企業の工場の操業停止が解けてから本格的に実施した。第三の質問紙調査はその秋に中村が独自におこなったものである。

巻末資料2

平成 21 年 8 月吉日

豊田市のまちづくりと市民活動に関する調査

先日葉書でご案内致しましたように、現在、名古屋大学社会学研究室では文部科学省から科学研究費（基盤研究(C)一般:課題番号 19530437）を受け、豊田市にお住まいの方を対象に、まちづくりへの参加と市民活動に関するアンケート調査を実施しております。本調査は、豊田市にお住まいの方からくじ引きのような方法（無作為抽出）で選んでお願いしているもので、変化の大きい豊田市の都市発展とまちづくり活動の関連を分析するための学術調査です。回答いただきました内容は、すべて統計的にコンピューターで集計し、個人を特定できないようにいたしますので、皆さまの個人情報が外部に出てご迷惑をかけることは決してございません(本研究は、「日本社会学会倫理綱領」にもとづいて行われます)。お忙しいところ誠に恐縮ですが、差し支えなければご協力くださいますようお願い申し上げます。

なお、本アンケートに関するお問い合わせにつきましては、下記までご連絡ください。

〒464-8601　名古屋市千種区不老町
名古屋大学大学院環境学研究科・文学部　社会学研究室
教授　丹辺（にべ）　宣彦（のぶひこ）　TEL 052-789-2276（平日 10:00～17:00）

【ご記入に関してのお願い】

① 本アンケートは、封筒のあて名に記された **ご本人** にご回答をお願いいたします。
② 同封のボールペン、あるいは鉛筆でご回答ください。
③ 回答は、当てはまる項目の数字を○で囲んでいただくものが中心ですが、空欄に○を記入するもの、数字や文字を記入していただくものもございます。指示にしたがってお答えください。
④ 質問によっては、一部の方だけにおたずねするものもあります。この場合は、矢印(→)の指示にしたがってお進みください。
⑤ ご記入いただきましたら、記入もれや間違いがないか再度ご確認ください。
⑥ ご回答いただきました用紙は、返信用封筒にお入れいただき、**8月 18 日(火)まで** にご返送ください(匿名化するため、差出人住所・氏名は記入不要です)。

地区コード：

以下の問いの回答欄の数字を〇で囲んでください。

問１．あなたの性別はどちらですか。

１．男性	２．女性

問２．あなたの年齢はつぎのどれに当たりますか。

１．30～34歳	２．35～39歳	３．40～44歳	４．45～49歳
５．50～54歳	６．55～59歳	７．60～64歳	８．65～69歳

問３．豊田市と現在のお住まいには何年ほどお住まいですか【数字をご記入ください】。

豊田市に約（　　　　　）年　→　うち現在の住まいに約(　　　　　)年

↓

現在のお住まいに引っ越されて来た方にうかがいます。

【付問】直前にお住まいの場所はどちらでしたか。またその引越しのきっかけは何でしたか。

１．おなじ町内	２．豊田市内	３．愛知県内（市町村名:　　　　　）
４．県外（県名:　　　　　）		５．国外（国名:　　　　　）
１．仕事のため	２．結婚のため	３．住み替えのため
４．家族の都合で	５．その他（　　　　　　）	

問４．あなたは現在お住まいの地域に愛着がありますか。

１．強い愛着がある	２．ある程度愛着がある	３．どちらとも言えない
４．あまり愛着はない	５．まったく愛着はない	

問５．あなたは現在お住まいの地域に今後も住み続けたいですか。

１．ぜひ住み続けたい	２．どちらかといえば住み続けたい
３．どちらともいえない	４．どちらかといえば引っ越したい
５．いずれ引っ越したい	

問6．日ごろはどれくらいお忙しいですか【一つを○で囲んで下さい】。

1．非常に忙しい	2．どちらかといえば忙しい	3．どちらとも言えない
4．あまり忙しくない	5．忙しくない	

問7．現在のお仕事にどれだけ愛着がありますか【一つを○で囲んで下さい】。

1．強い愛着がある	2．ある程度愛着がある	3．どちらとも言えない
4．あまり愛着はない	5．まったく愛着はない	6．今は仕事をしていない

問8．自由に使える時間が今より増えたら、あなたは何をしたいと思いますか。次の a）～ g）についてお答えください【1～4の数字のうち一つを○で囲んでください】。

	とても したいと思う	ある程度 したいと思う	あまりしたいとは 思わない	したいとは 思わない
a）趣味や娯楽	1	2	3	4
b）仕事や能力開発	1	2	3	4
c）友達とのつきあい	1	2	3	4
d）家族とすごす	1	2	3	4
e）ボランティア活動や NPO 活動	1	2	3	4
f）地域交流や自治区活動	1	2	3	4
g）休息をとる	1	2	3	4

問9．これまでに、地域の問題についてあなたは以下のところに話や相談をしたことがありますか【○はいくつでも】。

1．自治区・コミュニティ会議	2．市役所や支所
3．専門機関・相談所など	4．学校や PTA
5．ＮＰＯ・ボランティア団体など	6．近所の知り合い
7．その他（　　　　　　　　　　）	8．とくにない

問 10. あなたは、どのような種類のまちづくり活動に参加したことがありますか【 a)～h)について数字に○をしてください】。また参加したことがある場合、①この 1 年間の活動の有無、②通常の集まりにどのくらい出ているか、③活動から充実感を得ているか、についてお答えください【あてはまる場合は空欄に○を記入してください】。

	以下のまちづくり活動に参加した経験がある	①この 1 年間に活動したことがある	②通常の集まりには半分以上参加している	③活動していて充実感を感じる
【回答例１】○○に関する活動	(1.) はい→	○		○
	2. いいえ			
【回答例２】△△に関する活動	1. はい→			
	(2.) いいえ			
a) 青少年の育成・世代間の交流(PTA・子供会を含む)	1. はい→			
	2. いいえ			
b) 地域の伝統・文化やスポーツの振興	1. はい→			
	2. いいえ			
c) 地区の住環境の整備・向上活動(美化・緑化など)	1. はい→			
	2. いいえ			
d) 防犯活動や交通安全、防災活動など	1. はい→			
	2. いいえ			
e) 自然環境の保全活動	1. はい→			
	2. いいえ			
f) 健康・医療・福祉活動の増進	1. はい→			
	2. いいえ			
g) 多文化共生や国際交流に関する活動	1. はい→			
	2. いいえ			
h) その他（　　　　　）	1. はい→			

（次のページへ続きます）

→ 以上の活動のうちいずれかに参加していた方にうかがいます。

【付問１】 もっとも熱心に関わっている活動は左のページの a)～h)のうちどれで、何年ぐらい続けていらっしゃいますか【アルファベットと数字で】。

活動の記号 (　　　　) → 約(　　　　) 年ぐらい続けている

↓

【付問２】 その活動にはなにがきっかけで参加されましたか【○はいくつでも】。

1．活動の様子を見て	2．広報や宣伝をみて
3．自治区活動をきっかけに	4．順番が回ってきたため
5．職場の社会貢献活動を機に	6．友人がやっていたため
7．仕事関係の知り合いがいた	8．その他(　　　　　　)

→ 問 10 の a) ～ h) のいずれの活動にも参加していない方にうかがいます。

【付問３】 参加されない理由はどのようなものですか【○はいくつでも】。

1．忙しいから	2．娯楽や余暇を楽しみたいから
3．とくに不満はないから	4．考え方が合わないから
5．交通が不便で参加しにくいから	6．活動の情報が得られないため
7．健康上の理由	8．その他（　　　　　　）

【すべての方にうかがいます】

問 11.　あなたは、以下の活動にどれくらい関心がありますか。次の a) ～ d) についてお答えください【１～４の数字に一つだけ○を付けてください】。

	つよい関心がある	ある程度関心がある	あまり関心がない	まったく関心がない
a) 地元地区のまちづくりや地区環境の改善	1	2	3	4
b) ハンディをもつ人への支援活動	1	2	3	4
c) 仲間で楽しむ活動	1	2	3	4
d) 社会全体、人類的課題への貢献活動	1	2	3	4

問 12. 次の a) ～ h) について、この１年以内にメンバーとして活動に参加したことのある団体はありますか【数字に○をつけてください】。また参加しているばあい、①どのくらい集まり

に出ていて、②周囲から評価されていますか【あてはまる空欄に○をおつけください】。

	この１年以内に活動に参加した		通常の集まりには半分以上参加している	活動していて周りから評価されていると感じる
【回答例】 ○○団体	(1.) はい	→	○	
	２．いいえ			
a) 自治区やコミュニティ会議の会合・活動	１．はい	→		
	２．いいえ			
b) 子ども会の活動・PTA の役員・委員としての活動	１．はい	→		
	２．いいえ			
c) 地域的なまちづくり団体（上の a)・b)以外のもの。消防団や婦人会なども含めます）	１．はい	→		
	２．いいえ			
d) NPO・ボランティア団体（地元地域の枠を超えて活動をしているもの）	１．はい	→		
	２．いいえ			
e) 社会運動団体（平和運動や環境運動のように新しい価値の実現を目指す団体）	１．はい	→		
	２．いいえ			
f) 企業や経営団体関連の社会貢献活動	１．はい	→		
	２．いいえ			
g) 労働組合関連の社会貢献活動	１．はい	→		
	２．いいえ			
h) その他 （　　　　　　）	１．はい	→		

↳【付問】a)～h)のいずれかに参加されている方にうかがいます。

① おなじ種類で複数の団体の活動に参加しているものがあれば記号をご記入ください

→（　　　　　　　　　）

② ホームページなどをつくって活用している団体があればその記号をご記入ください。

→（　　　　　　　　　）

問 13. あなたが地域のためにいろいろと活動することで、地域社会は良い方向に変化するだろうとお感じですか。

1．良い方向に変化する	2．どちらかといえば良い方向に変わる
3．どちらかといえば変わらない	4．変わらない
5．分からない	

問 14. この１年間に以下のような施設・サービスを利用したことがありますか【○はいくつでも】。

1．とよた市民活動センター	2．交流館
3．区民会館	4．市の図書館や美術館
5．公営の病院・診療所など	6．公営のスポーツ・レクリエーション施設
7．勤め先の付属病院・診療所など	8．勤め先のスポーツ・レクリエーション施設
9．民間の病院・診療所など	10．民間の有料スポーツ・レクリエーション施設

問 15. 豊田市のまちづくり施策についてとくに望むことがありますか【○はいくつでも】。

1．自治区・コミュニティ会議支援	2．他の自主的な地域まちづくり活動支援
3．NPO や多様な市民活動への支援	4．情報提供や参加機会の拡充
5．国際化や多文化共生の推進	6．都市基盤・インフラ整備の推進
7．防犯や安全・安心の確保	8．生涯学習や高齢者福利の推進
9．教育問題や子育て支援	10．福祉や医療の充実
11．雇用の確保や地域経済振興	12．環境問題への対応
13．行財政改革の推進	14．その他（　　　　　　　　　）

問 16. 今後の地域のまちづくりの担い手として、あなたは次のうちどのようなものに期待しますか【○はいくつでも】。

1．市の行政	2．自治区やコミュニティ会議
3．任意のまちづくり団体やＮＰＯ	4．企業の地域貢献
5．官民で設立した第三セクターの団体	6．地域会議
7．その他（　　　　　　　　　）	8．とくになし

問 17.　さまざまな国から豊田市に来ている人が地域社会の活動に参加することについてどれほど重要と思われますか。a）～ d）についてお答えください【１～４の数字に一つに○】。

	とくに重要	どちらかといえば重要	どちらとも言えない	重要ではない
a）地域のまちづくり活動に参加すること	1	2	3	4
b）文化的な交流やイベントに参加すること	1	2	3	4
c）投票権をもったり議員になったりすること	1	2	3	4
d）地域で働いたり事業を経営すること	1	2	3	4

問 18.　あなたが現在お住まいの地域について、以下の a）から i）の項目について評価をお聞かせください【数字に○を付けてください】。

	良い	まあ良い	あまりよくない	よくない
a）　緑や川などの自然環境	1	2	3	4
b）　通勤や買い物の便利さ	1	2	3	4
c）　物価や生活費の安さ	1	2	3	4
d）　治安の良さ	1	2	3	4
e）　教育や文化面での環境	1	2	3	4
f）　医療・福祉施設の充実度	1	2	3	4
g）　町並み、景観の美しさ	1	2	3	4
h）　行政の施策の手厚さ	1	2	3	4
i）　知人・友人の多さ	1	2	3	4

問 19.　あなたは、ふだんいっしょにお茶や食事を楽しむ人が、何人くらいいますか。

1．　1人	2．　2～3人	3．　4～5人
4．　6～9人	5．　10人以上	6．　とくにそういった人はいない

問 20.　あなたは、ご近所の親しい方とはどのようなおつきあいをされていますか【○はいくつでも】。

1．お茶や食事をいっしょにする	2．　趣味・娯楽をいっしょに楽しむ
3．情報を交換したり相談にのる	4．　子どもを通したつきあい
5．困ったときに助け合う	6．　外で立ち話をする程度
7．とくにつきあいはない	

問 21.　お住まいの地域に、勤め先や仕事関係で知り合った知人の方はいらっしゃいますか。

1．　たくさんいる	2．　数名いる	3．　1～2名いる
4．　いない	5．　分からない	6．　仕事をしたことがない

問 22.　あなたは現在の生活について、どの程度満足していますか【1～4の数字の一つに○】。

	満足している	どちらかといえば満足	どちらかといえば不満	不満である	該当しない
a) 全体的に	1	2	3	4	＼
b) お仕事の面で	1	2	3	4	9
c) 家族との関係で	1	2	3	4	9
d) 地域との交流で	1	2	3	4	＼
e) 友人との関係で	1	2	3	4	＼
f) 健康面で	1	2	3	4	＼
g) 周囲からの評価	1	2	3	4	＼

問 23. あなたは、どのような社会のあり方が望ましいと思われますか。つぎの a）～ i）の項目についてそれぞれお答えください【１～４の数字に一つに○を付けてください】。

	とくに重要	どちらかといえば重要	どちらとも言えない	あまり重要ではない
a）個人の能力が発揮され業績が認められる社会	1	2	3	4
b）チャンスや手段が平等に与えられる社会	1	2	3	4
c）伝統や年長者を尊重する社会	1	2	3	4
d）自然や環境を大事にする社会	1	2	3	4
e）経済成長や豊かさを追求する社会	1	2	3	4
f）個人の自由やプライバシーが優先される社会	1	2	3	4
g）生活の安心と安全が保障された社会	1	2	3	4
h）さまざまな差別のない社会	1	2	3	4
i）国籍や文化の異なる人たちが共生する社会	1	2	3	4

問 24. 一般的信頼感と言われる項目についてうかがいます。あなたは、たいていの人は信頼できると思いますか、それとも他人と付き合う際には注意深いにこしたことはないと思いますか。

１．信頼できる
２．どちらかといえば信頼できる
３．どちらとも言えない
４．どちらかといえば信頼できない
５．信頼できない

問 25. 最近の社会状況について不安に感じていることがありますか【○はいくつでも】。

１．雇用や失業の問題
２．年金など老後の問題
３．格差の拡大などの問題
４．自然や環境の破壊
５．犯罪の増加
６．子育てや教育環境の悪化
７．人間関係が薄れていること
８．グローバル化が引き起こす問題

問 26. あなたの現在の暮らし向きは、世間一般からみてどのくらいですか。

1．上	2．中の上	3．中の中	4．中の下	5．下

問 27. あなたは人とくらべて、めぐまれた生活を送っていると思いますか。

1．めぐまれている	2．どちらかといえばめぐまれている
3．どちらとも言えない	4．どちらかといえば損をしている
5．損をしている	

最後に、あなたご自身のことについておうかがいします。

問 28. あなたは現在結婚されていますか。

1．未婚
2．既婚・配偶者あり(現在、夫または妻がいる)
3．離別・死別(夫または妻と離別・死別して、現在は独身)

問 29. 同居されているご家族は何人ですか。

あなたを含めて　（　　　　　　　）　人

↓ ご家族と<u>同居されている方</u>にうかがいます。

【付問】あなたの家族構成は次のうちのどれですか。

1．　核家族（父親・母親と子どもだけ）
2．　三世代同居家族（親子と祖父母、祖父だけ、祖母だけも含む）
3．　その他（どのような構成ですか？　　　　　　　　　　　　　　　）

問 30. お住まいの場所から名鉄豊田市駅まで、徒歩あるいは交通手段（自家用車もふくむ）を利用して何分ぐらいで行けますか。

1．　15 分以内	2．　15～30 分	3．　30～45 分
4．　45～60 分	5．　60 分以上	

問 31.　中学校を卒業されたときはどこにお住まいでしたか。

1．現在の住所	2．豊田市内	3．愛知県内
4．県外（県名：　　　　　）	5．国外（国名：　　　　　）	

問 32.　豊田市内にご親戚（親・子を含む）の家は何軒ほどありますか。

1．　1軒	2．　2軒	3．　3～4軒
4．　5軒～9軒	5．　10軒以上	6．　ない

問 33.　現在お子さんはいらっしゃいますか。

1．　いる　→（　　　　）人	2．いない

↓

【付問（お子さんがいらっしゃる方のみお答えください)】

上のお子さんから順に（３人まで)、あてはまるものに○をつけてください。

	1番上のお子さん	2番目のお子さん	3番目のお子さん
性別	1．男性　2．女性	1．男性　2．女性	1．男性　2．女性
年齢	（　　　　）歳	（　　　　）歳	（　　　　）歳
この方とはどのくらいの頻度で会ったり、連絡をとっていますか。 【一つに○】	1．同居している 2．ほぼ毎日 3．週に1回以上 4．月に1回以上 5．年に数回程度 6．ほとんどない	1．同居している 2．ほぼ毎日 3．週に1回以上 4．月に1回以上 5．年に数回程度 6．ほとんどない	1．同居している 2．ほぼ毎日 3．週に1回以上 4．月に1回以上 5．年に数回程度 6．ほとんどない

問 34.　現在、または以前にどのようなお仕事をなさっていますか。配偶者がいない方は「あなた」の欄だけお答えください【それぞれの欄の数字に一つ○をつけてください】。

	あなた	配偶者
a)　現在、収入をともなう仕事をしていますか。 ***以下は右で1～3を選ばれた方にうかがいます*** ↓	1．フルタイムで働いている 2．パートや非常勤で働いている 3．今は働いていないが、過去には働いていた 4．外で働いたことはない ***↳以下の欄は記入不要です***	1．フルタイムで働いている 2．パートや非常勤で働いている 3．今は働いていないが、過去には働いていた 4．外で働いたことはない ***↳以下の欄は記入不要です***
b)　そのお仕事の種類は、どれに当たりますか。 (現在お仕事をしておられない方は、これまでに一番長く勤めた仕事について○をつけてください。) ↓	1．専門職・技術職 (教員・技術者・看護師など) 2．管理職 (企業や役所の課長以上) 3．事務 (営業事務もふくみます) 4．販売・セールス (販売店員・商店主など) 5．サービス・保安職 (美容師・飲食店員・警備員など) 6．技能・労務 (工場・建設作業など) 7．運輸・通信 (運転手・配達など) 8．農林漁業など 9．その他(　　　　　　　　)	1．専門職・技術職 (教員・技術者・看護師など) 2．管理職 (企業や役所の課長以上) 3．事務 (営業事務もふくみます) 4．販売・セールス (販売店員・商店主など) 5．サービス・保安職 (美容師・飲食店員・警備員など) 6．技能・労務 (工場・建設作業など) 7．運輸・通信 (運転手・配達など) 8．農林漁業など 9．その他(　　　　　　　　)
c)　雇用関係 ↓	1．雇用されている(いた) 2．人を雇っている(いた) 3．自営・家族経営	1．雇用されている(いた) 2．人を雇っている(いた) 3．自営・家族経営
d)　お勤め先の規模 ↓	1．1～29名 2．30～299名 3．300～999名 4．1000名以上 5．官公庁	1．1～29名 2．30～299名 3．300～999名 4．1000名以上 5．官公庁
e)　トヨタ自動車関係の会社ですか ↓	1．トヨタ自動車 2．トヨタ関連のメーカー・販売会社など 3．それ以外	1．トヨタ自動車 2．トヨタ関連のメーカー・販売会社など 3．それ以外
f)　お勤め先の場所	1．豊田市内 2．名古屋市内 3．それ以外 (　　　　　　)	1．豊田市内 2．名古屋市内 3．それ以外 (　　　　　　)

問 35.　あなたが最後にご卒業された学校はつぎのどれに当たりますか。

１．	新制中学校、旧制小学校
２．	新制高校・専門学校
３．	短期大学・高等専門学校
４．	大学
５．	大学院

問 36. 現在のお住まいは、どのような種類のものですか。

１．一戸建て（持ち家）	２．一戸建て（賃貸）	３．民間集合住宅（持ち家）
４．民間集合住宅（賃貸）	５．公営住宅	６．社宅・寮など

問 37.　去年一年間のお宅の収入は、税込みでおおよそ次のどれに当たるでしょうか。他の家族の方も含めてお答えください。

１．	300 万円未満	２．	300～600 万円
３．	600～900 万円	４．	900 万円～1200 万円
５．	1200 万円～1500 万円	６．	1500 万円以上

質問は以上です。お答えいただき大変ありがとうございました。
本アンケートについてお気づきの点やご意見などがございましたら自由にご記入ください。今後の参考にさせていただきます。

巻末資料3

平成 23 年 1 月 31 日

豊田市のまちづくり団体と活動ネットワークに関する調査

現在、名古屋大学社会学研究室では文部科学省から科学研究費（基盤研究(C)一般：課題番号 22530542）を受け、豊田市のまちづくり団体を対象に、活動内容とネットワーク形成に関するアンケート調査を実施しております。本調査は、豊田市役所にご協力いただき、わくわく事業参加団体、とよた市民活動センター、豊田市社会福祉協議会の登録団体にお願いしているもので、変化の大きい豊田市のまちづくりと、活動団体・ネットワーク形成の関連を分析するための学術調査です。ご回答は、すべて統計的にコンピューターで集計し、個人や団体を特定できないようにいたしますので、皆さまの個人情報、団体情報が外部に出てご迷惑をかけることは決してございません（本研究は、「日本社会学会倫理綱領」にもとづいて行われます）。お忙しいところ誠に恐縮ですが、差し支えなければご協力くださいますようお願い申し上げます。

なお、本アンケートに関するお問い合わせにつきましては、下記までご連絡ください。

〒464-8601　名古屋市千種区不老町
名古屋大学大学院環境学研究科・文学部　社会学研究室
教授　丹辺宣彦（にべ のぶひこ）　TEL 052-789-2276/6269（平日 10:00～17:00）

【ご記入に関してのお願い】

① 本アンケートは、封筒のあて名に記された **ご本人** にご回答をお願いいたします。
② 同封のボールペン、あるいは鉛筆でご回答ください。
③ 回答は、当てはまる項目の数字を○で囲んでいただくものが中心ですが、空欄に○を記入するもの、数字や文字を記入していただくものもございます。指示にしたがってお答えください。
④ 質問によっては、一部の方だけにおたずねするものもあります。この場合は、矢印（→）の指示にしたがってお進みください。
⑤ ご記入いただきましたら、記入もれや間違いがないか再度ご確認ください。
⑥ ご回答いただきました用紙は、返信用封筒にお入れいただき、**2月15日（火）まで** にご返送ください（匿名化するため、差出人住所・氏名は記入不要です）。

貴団体のあゆみについておうかがいします。

問１　貴団体の設立はいつでしたか。

西暦＿＿＿＿＿＿＿＿年
（昭和／平成）

貴団体のご活動についておうかがいします。

問２　貴団体が主に行っているご活動は、つぎのうちどの分野にあたりますか。

【ひとつに○】

1	青少年の育成・世代間の交流（PTA・子供会を含む）		
2	地域の伝統・文化やスポーツの振興		
3	地区の住環境の整備・向上活動（美化・緑化など）		
4	防犯活動や交通安全、防災活動など	5	自然環境の保全活動
6	健康・医療・福祉活動の増進	7	国際交流・多文化共生の推進
8	市民活動・NPO 活動の支援		
9	その他（具体的に：　　　　　　　　　　　）		

問３　貴団体はどれくらいの頻度で活動を行なっていますか。

【週・月・年のうちひとつに○を付けてください】

週・月・年　に　＿＿＿＿回程度

問４　貴団体では、次にあげるような趣旨の活動をどれくらい行なっていますか。

【項目ごとにひとつに○】

	よく行なう	時々行なう	あまり行なわない	まったく行なわない
(a)地元地区のまちづくりや地区環境の改善	1	2	3	4
(b)ハンディを持つ人への支援活動	1	2	3	4
(c)仲間で楽しむ活動	1	2	3	4
(d)社会全体、人類的課題への貢献活動	1	2	3	4

問５　貴団体が活動をされている主な拠点はどの地区にありますか。一つお選びください。

【ひとつに○】

1　旭地区	2　足助地区	3　稲武地区	4　小原地区	5　上郷地区
6　挙母地区	7　猿投地区	8　下山地区	9　高岡地区	10　高橋地区
11　藤岡地区	12　松平地区	13　豊田市外		

問６　貴団体のご活動の範囲の広がりはどのくらいですか。

【ひとつに○】

1　町内　2　自治区内　3　中学校区内　4　豊田市全域
5　豊田市および近隣自治体　6　特に決めていない

問７　貴団体は制度上どのような位置づけにありますか。

【ひとつに○】

1　地縁的な任意団体（自治区・老人会・子ども会など）	2　ボランティア、サークルなどの任意団体
3　ＮＰＯ法人	4　他の非営利法人
5　行政の外郭団体	6　会社
7　その他（具体的に：　　　　　　　　）	

問８　貴団体内で行なっているご活動はどういったものですか。それぞれの項目ごとにひとつお選びください。

【項目ごとにひとつに○】

	よく行なう	時々行なう	あまり行なわない	まったく行なわない
(a) 運営に関する日常業務や会合	1	2	3	4
(b) 会報の発行やメールでの連絡	1	2	3	4
(c) 活動に必要な知識を得るための研修や教育	1	2	3	4
(d) メンバー間の親睦活動	1	2	3	4
(e) メンバーからの相談に応じる	1	2	3	4
(f) メンバーから会費や寄付を集める	1	2	3	4

問 9　貴団体は、外部に向けてどういったご活動を行なっていますか。それぞれの項目ごとにひとつお選びください。

【項目ごとにひとつに○】

	よく行なう	時々行なう	あまり行なわない	まったく行なわない
(a) イベントやバザー、講演会等の開催	1	2	3	4
(b) ポスター、ビラ、レター、広報誌等による活動紹介	1	2	3	4
(c) 団体のホームページ作成（ブログ・とよた市民情報サイトをふくむ）	1	2	3	4
(d) 署名活動・寄付を集める	1	2	3	4
(e) ボランティア活動をする	1	2	3	4
(f) 自治区やコミュニティ会議の活動に協力する	1	2	3	4
(g) 行政や関連委員会へのはたらきかけ・参加	1	2	3	4
(h) 地域の有力者や議員へのはたらきかけ	1	2	3	4
(i) マスコミへのはたらきかけ	1	2	3	4

問 10　貴団体の活動方針決定にあたって、特定の少数の人が決定を行ないますか、それとも多くの人が方針の決定にかかわりますか。下の１から５までの間で、ひとつお選びください。

【ひとつに○】

少数の人が方針の決定を行なっている	←→	どちらでもない	←→	方針決定にはさまざまな人が関わっている
1	2	3	4	5

問 11　これまでのご活動で、どういった手ごたえがありましたか。それぞれの項目ごとにひとつお選びください。

【項目ごとにひとつに○】

	かなりあった	ある程度あった	あまりなかった	まったくなかった
(a) サービス提供をした相手から感謝された	1	2	3	4
(b) 活動によって周囲から評価された	1	2	3	4
(c) 団体のメンバーが増えた	1	2	3	4
(d) 他団体とのネットワークができた	1	2	3	4
(e) 活動が新たな政策につながった	1	2	3	4
(f) 仲間での活動の充実や楽しみにつながった	1	2	3	4
(g) 活動地域の地区環境がよくなった	1	2	3	4
(h) ハンディのある人に対する支援ができた	1	2	3	4
(i) 社会全体に広く貢献できた	1	2	3	4

問 12　よく似た活動をしている他の団体と比べたとき、貴団体の活動は成果をあげていると思いますか。

【ひとつに○】

1　大変成果が上がっている	2　ある程度成果が上がっている
3　あまり成果が上がっていない	4　成果が上がっていない

貴団体の運営についておうかがいします。

問 13　貴団体のメンバーは、どれくらいいらっしゃいますか。

約＿＿＿＿人

問 14　貴団体が行なう活動・行事のうち、一年間でもっとも大きな活動・行事にはどれくらいのメンバーが参加されますか。

メンバーの＿＿＿＿割程度

問 15　現在活動されているメンバーの構成についておたずねします。以下の項目ごとに、メンバー全体に占める次の方々の割合についてあてはまる数字に○をつけてください。

【項目ごとにひとつに○】

	いない	3 割未満	3〜6 割	6〜9 割	9 割以上
(a)フルタイムで働いている方	1	2	3	4	5
(b)自動車産業で働いている（いた）方	1	2	3	4	5
(c)定年退職された方	1	2	3	4	5
(d)男性の方	1	2	3	4	5
(e) 専業主婦の方	1	2	3	4	5
(f) 外国籍の方	1	2	3	4	5
(g) 市外に住んでいる方	1	2	3	4	5
(h) 行政関係者の方	1	2	3	4	5
(i) 自治区役員の経験者	1	2	3	4	5

問 16　団体の運営に関わる、明文化された会則、定款などはありますか。

【ひとつに○】

1　はい　　　　2　いいえ

問 17　<u>2009 年度（平成 21 年度）の活動資金</u>（人件費を含む）はどれほどでしたか。

【ひとつに○】

1　30 万円未満　　　　2　30 万円〜99 万円
3　100 万円〜299 万円　　　　4　300 万円〜999 万円
5　1000 万円〜2999 万円　　　　6　3000 万円以上
7　2009 年度(平成 21 年度)以降に団体設立したため、回答できない問 18　貴団体では、新入会員の募集について（i）どのような方法をとっていますか。また（ii）その方法でこの一年に入会者はありましたか。募集を行っていない場合は (h)「特に募集は行っていない」の右欄に○をおつけください。

【項目ごとにひとつに○】

募集方法	（i）あてはまる	（ii）昨年度の入会あり
（a）会員の個人的つながり、口コミ		
（b）広報誌やホームページ等での募集		
（c）他の市民団体からの紹介		
（d）行政機関からの紹介		
（e）企業からの紹介		
（f）その他（　　　　　　　　　）		
（g）特に募集は行っていない		

↓　昨年度「(a) 会員の個人的つながり」による入会があった団体様におたずねします。

【付問】　紹介で入ってきた人は紹介者とどのようなつながりの人でしたか。当てはまるものをすべてお選びください。

【あてはまるものすべてに○】

1　近所や自治区の知り合い	2　職場関係の知り合い
3　学生時代の知り合い	4　家族や親族
5　いまの活動のなかで知り合った	6　子どもを通した付き合いのある人
7　わからない	
8　その他　（　　　　　　　　　　　　　　　　）	

問 19　貴団体の運営についてのスタッフの役割分担は、どの程度決まっていますか。

【ひとつに○】

1　はっきり決まっている	2　だいたい決まっている
3　あまり決まっていない	4　決まっていない

ご活動の状況についておうかがいします。

問20　現在、活動を行なうにあたり、問題を感じていますか。お感じになっておられる問題点をお選びください。活動にあたってとくに問題を感じておられない場合は「10　問題を感じたことはない」をお選びください。

【あてはまるものすべてに○】

1　活動に割く時間が不足している	2　活動にあたって必要な専門知識が足りない
3　活動にかける資金が不足している	4　活動にかかわる人員が不足している
5　活動がワンパターン化している	6　団体間の連携がうまくいっていない
7　活動の回数が少なくなってきている	8　活動に手ごたえが感じられない
9　目的通りに活動できていない	10　問題を感じたことはない
11　その他（具体的に　　　　　　　　　）	

問21　豊田市行政の市民活動支援施策のうち、活動にあたって活用したことがある制度があればお教えください。

【あてはまるものすべてに○】

1　とよた市民活動センターへの登録・センター事業への参加	
2　わくわく事業	3　共働事業提案制度
4　「はじめの一歩」助成金の活用	5　「ネットワークづくり事業」への参加
6　「つなぎすと」関連事業への参加、あるいは「つなぎすと」の活用	
7　社会福祉協議会ボランティアセンターへの登録	
8　豊田市ボランティア連絡協議会への参加	
9　その他（具体的に：　　　　　　　　　）	

問22　豊田市行政の市民活動支援施策について、どのようにお感じになっていますか。

【ひとつに○】

1　大変評価できる	2　ある程度評価できる
3　あまり評価できない	4　評価できない

問23　豊田市行政の市民活動支援施策について、お感じになっていることやご要望があればお書きください。

他団体との連携についておうかがいします。

問 24　ご活動にあたって、他の団体と連携して活動をされていますか。

【ひとつに○】

1　はい	2　いいえ

問 24 で「1　はい」と答えられた団体様におうかがいします。

問 25　協力、連携して活動しているのはどのような団体ですか。下記の選択肢から、あてはまるものすべてに○をつけてください。

①協力、連携している市民団体の活動内容

【あてはまるものすべてに○】

1　青少年の育成・世代間の交流（PTA・子供会を含む）	
2　地域の伝統・文化やスポーツの振興	
3　地区の住環境の整備・向上活動（美化・緑化など）	
4　防犯活動や交通安全、防災活動など	5　自然環境の保全活動
6　健康・医療・福祉活動の増進	7　国際交流・多文化共生の推進
8　市民活動・NPO 活動支援	
9　その他（具体的に　　　　　　）	

②市民団体以外で協力、連携している団体・機関

【あてはまるものすべてに○】

1　行政、あるいは行政関連団体	2　医療機関	3　教育・研究機関
4　政党・議員	5　企業	6　労働団体
7　マスコミ・報道機関	8　消費者団体（生協など）	
9　自治区・コミュニテイ会議	10　その他（具体的に　　　　　　）	

問 26　他団体と連携して活動する際にはどのようなことをとくに重視されていますか。下記の選択肢からあてはまるものすべてに○をつけてください。

【あてはまるものすべてに○】

1　相手方の理念	2　相手方の実際の活動内容
3　相手方の知名度や評判	4　連携によって得られそうな成果・効果
5　相手方とのこれまでの信頼関係	
6　その他（具体的に　　　　　　）	
7　提携したことはない	

問 27　今後協力していきたい団体、機関があれば以下のものから選んでください。

①今後協力していきたい市民団体

【あてはまるものすべてに○】

1　青少年の育成・世代間の交流（PTA・子供会を含む）
2　地域の伝統・文化やスポーツの振興
3　地区の住環境の整備・向上活動（美化・緑化など）
4　防犯活動や交通安全、防災活動など　　5　自然環境の保全活動
6　健康・医療・福祉活動の増進　　7　国際交流・多文化共生の推進
8　市民活動・NPO 活動支援
9　その他（具体的に　　　　　　　　　　　　　　　　）

②市民団体以外の団体・機関

【あてはまるものすべてに○】

1　行政、あるいは行政関連団体　　2　医療機関　　3　教育・研究機関
4　政党・議員　　5　企業　　6　労働団体
7　マスコミ・報道機関　　8　消費者団体（生協など）
9　その他（具体的に　　　　　　　　　　　　　　　　）

問 28　今後のまちづくり活動の担い手として、どのようなものに期待しますか。

【あてはまるものすべてに○】

1　市の行政（地域会議をふくむ）　　2　自治区やコミュニティ会議
3　市民のまちづくり団体や NPO　　4　企業の地域貢献
5　官民で設立した第三セクターの団体
6　その他(具体的に　　　　　　　　　　　　　　　　)
7　特になし

ここからはご回答いただいている方、ご本人のことについておうかがいします。

問 29　現在のご活動を始められてから何年になりますか。

＿＿＿＿＿年

問 30　団体の活動を通して、あなたは会員の方と活動以外の場でも以下のような交流を持つことはありますか。当てはまるものすべてに○をおつけください。

【あてはまるものすべてに○】

1　お茶や食事をいっしょにする　　2　趣味・娯楽をいっしょに楽しむ
3　情報を交換したり相談にのる　　4　子どもを通したつきあい
5　困ったときに助け合う　　6　外で立ち話をする程度
7　とくにつきあいはない

問 31　あなたはどのような社会のあり方が望ましいと思われますか。次の項目 (a) ～ (i) について、選択肢の中から一つ選んで○をつけてください。

【項目ごとにひとつに○】

	とくに重要	どちらかといえば重要	どちらとも言えない	あまり重要ではない
(a) 個人の能力が発揮され業績が認められる社会	1	2	3	4
(b) チャンスや手段が平等に与えられる社会	1	2	3	4
(c) 伝統や年長者を尊重する社会	1	2	3	4
(d) 自然や環境を大事にする社会	1	2	3	4
(e) 経済成長や豊かさを追求する社会	1	2	3	4
(f) 個人の自由やプライバシーが優先される社会	1	2	3	4
(g) 生活の安心と安全が保障された社会	1	2	3	4
(h) さまざまな差別のない社会	1	2	3	4
(i) 国籍や文化の異なる人たちが共生する社会	1	2	3	4

問 32　さまざまな国から来ている人が地域社会の活動に参加することについてどれほど重要と思われますか。

【項目ごとにひとつに○】

	とくに重要	どちらかといえば重要	どちらともいえない	重要ではない
(a) 地域のまちづくり活動に参加すること	1	2	3	4
(b) 文化的な交流やイベントに参加すること	1	2	3	4
(c) 投票権をもったり議員になったりすること	1	2	3	4
(d) 地域で働いたり事業を経営すること	1	2	3	4

問 33　現在活動をなさっている団体以外に、何らかの団体活動、市民活動に関わった経験はおありですか。当てはまるものをすべて選んでお教えください。他の活動に関わったことがない場合には「10　どの活動にも関わったことがない」をお選びください。

【あてはまるものすべてに○】

1	青少年の育成・世代間の交流（PTA・子供会を含む）		
2	地域の伝統・文化やスポーツの振興		
3	地区の住環境の整備・向上活動（美化・緑化など）		
4	防犯活動や交通安全、防災活動など	5	自然環境の保全活動
6	健康・医療・福祉活動の増進	7	国際交流・多文化共生の推進
8	市民活動・NPO 活動の支援		
9	その他（具体的に：　　　　　　　　　　　　）		
10	どの活動にも関わったことがない		

問 34　現在の活動を行なう前に、どのような活動団体に所属していたことがありますか。あてはまるものをすべて選んでお教えください。所属していた団体がない場合には「8　どの団体にも所属したことはない」をお選びください。

1	自治区・コミュニティ会議の役員	2	子ども会、PTA の役員・委員
3	1・2 以外の地域的まちづくり団体	4	NPO・ボランティアの団体
5	社会運動団体	6	企業や経営団体関連の社会活動団体
7	その他（　　　　　　　　　　）	8	どの団体にも所属したことはない

問 35　現在、ご職業をお持ちですか。

【ひとつに○】

1	はい	2	いいえ

問 36　今まで就かれたご職業のうち、現職も含め、もっとも長く続けたご職業をお教えください。

【ひとつに○】

1	専門職・技術職（教員・技術者・看護師など）
2	管理職（企業や役所の課長以上）
3	事務（営業事務も含みます）
4	販売・セールス（販売店員・商店主など）
5	サービス・保安職（美容師、飲食店員・警備員など）
6	技能・労務（工場・建設作業など）
7	運輸・通信（運転手・配達など）
8	農林漁業など
9	市民団体の専従職員
10	その他の職業（具体的に：　　　　　　　　　　　　）
11	外で働いたことはない

問 37　今まで就かれたご職業のうち、現職も含め、もっとも長くつづけたご職業は次のどの業界でのものでしたか。

【あてはまるものに○】

1	農林漁業	2	建設業
3	自動車関連産業(→ a. トヨタ自動車 b. それ以外)	4	自動車関連以外の製造業
5	電気・ガス・熱供給・水道業	6	運輸・通信業
7	卸売・小売業・飲食店	8	金融・保険・不動産業
9	その他のサービス業	10	教育
11	公務	12	その他（　　　　　　）

問 38　経済面からみて、現在の生活についてどのように感じていますか。次の１～５のうち、ひとつお選びください。

【ひとつに○】

余裕がある	←→	どちらでもない	←→	苦しい
1	2	3	4	5

問 39　全般的にみて、現在の生活に満足していますか。次の１～５のうち、ひとつお選びください。

【ひとつに○】

満足している	←→	どちらでもない	←→	不満である
1	2	3	4	5

問 40　あなたの性別をお教えください。

【ひとつに○】

1	男性	2	女性

問 41　あなたの年齢は次のどれにあたりますか。

【ひとつに○】

1	20 歳未満	2	20 歳～29 歳	3	30 歳～39 歳
4	40 歳～49 歳	5	50 歳～59 歳	6	60 歳～69 歳
7	70 歳～79 歳	8	80 歳以上		

日頃、団体の運営やネットワークづくりについて考えておられることなどがありましたら自由にご記入ください。本アンケートに対するご意見、ご感想でも結構です。

（　　　　　　　　　　　　　　　　　　　　　　　　　　　　　　　　）

質問は以上です。お答えいただき大変ありがとうございました。

・お手数ですが、もう一度、記入間違いや記入もれがないかどうかお確かめください。

・ご記入済みのアンケート票は、折りたたんで同封の封筒に入れ、２月 15 日（火）までに投函いただきますようお願い申し上げます。

※インタビュー調査のお願いについて

本研究室では、まちづくり活動の団体の活動、ネットワークについてより具体的に把握するため、ご了解をいただいたうえでいくつかの団体にインタビュー調査を実施させていただく予定でおります。もしインタビュー調査(通常１時間半～2 時間ほどお時間をいただきます)をお受けいただけるようでしたら、下の欄に貴団体の名称、ご連絡先をご記入ください。お願いする場合は、後日、あらためて日程、場所などについてご相談させていただきます。

貴団体の名称： ご連絡先 　お名前（ふりがな）： 　お電話番号： 　E メールアドレス（お持ちの場合）：

巻末資料4

2011年ヒアリング調査対象団体一覧（50音順）

団体名	主な活動分野	調査日	団体名	主な活動分野	調査日
逢妻女川を考える会	⑤	7/9	楽しい街をつくろまい会	③	6/30
井上自治区	多	8/10	渡刈町サポート会	③	7/16
伊保原ボランティア会	③	5/11	とよた子育てネットワーク・コネット	①	8/17
上原町老人クラブ睦会	③	6/18	豊田青少年アドバイザー会	①	9/15
畝部まちづくりの会	多	8/31	豊田男性保育師連盟	①⑨	8/20
オイスカ石野地区友の会	⑦	7/12	なかよし会(ふれあいサロン手呂)	⑥	8/8
オイスカ豊田推進協議会	⑦	7/12	西田公園をつくる会	③	8/12
音訳サークル・銀河の会	⑥	8/17	根川小ふれあいゲートボールを支える会	①	7/21
オールド・アート会	⑥	3/3	花やか豊田プラント	③	5/26
外国人医療支援グループ	⑦⑥	7/21	東山自治区	多	8/23
学生によるまちづくりの会	①	7/15	ピースガーデン	③	10/21
かすみ草	⑥	7/7	法雲寺ボランティア	③	6/17
川田まちづくり会	③	6/4	豊栄第一長寿会	③⑥	10/26
氣の健康を学ぶ会	⑥	4/27	ほっとほーむよっといでん	⑥	6/19
オイスカ中部日本研修センター	⑦	7/12	本地プラネット	③	7/22
交流サロン「五えん」の会	①	8/3	本徳町まちづくり委員会	②	8/2
米米クラブ	②⑦	7/16	丸山まちづくり協議会	多	8/18
さなげ台愛護会	③⑤	3/1	緑ヶ丘自治区	多	7/28
自立のための道具の会	⑦	8/21	御船の川と環境を守る会	⑤	5/12
新日本婦人の会	⑧	9/1	向井川サンポクラブ	③	5/31
新矢作緑道愛護会	③	5/6	山室を愛する会	③	5/2

団体名	主な活動分野	調査日	団体名	主な活動分野	調査日
すえのまちづくりの会	③	5/26	吉原町自治区防犯・防災隊	④	5/25
たかがみプレーパーク	①	7/13	ラブ＆アース駒場の会	①③	9/13
高橋おせんしょの会	⑥	5/20	B29の里整備実行委員会	⑦	8/9
高橋地区災害ボランティア連絡会	④	6/10	Green Maman	⑤	8/8
高町まちづくりの会	③	6/23			

活動分野：

①青少年の育成・世代間の交流　②地域の伝統・文化やスポーツの振興　③地区の住環境整備の整備・向上活動　④防犯活動や交通安全、防災活動など　⑤自然環境の保全活動　⑥健康・医療・福祉活動の促進　⑦国際交流・多文化共生活動の推進　⑧市民活動・NPO活動の支援　⑨その他

*主要活動分野が3分野以上に及ぶ団体は「多」と表記してある。

初出一覧

序章　書き下ろし

1章　Nobuhiko Nibe, 'Cities and Class Structure in the Advanced Industrial Area: Industrial Globalization during 30-year Period in Aichi', *Journal of School of Letters*, vol.4, Nagoya University（2008）を大幅に改訂し（前半部）、後半部は書き下ろしたもの

2章・3章　書き下ろし

4章　丹辺宣彦「産業グローバル化先進都市豊田の地域コミュニティ形成」『地域社会学会年報』第23集（2011）をデータ・分析も入れ替えて大幅に改訂したもの

5章　丹辺宣彦「産業グローバル化先進都市豊田の住民活動と社会的ネットワーク——就労期・退職後の自動車産業就労者をめぐって——」『日本都市社会学会年報』29号（2011）をデータ・分析も入れ替えて大幅に改訂したもの

6章　新城優子・丹辺宣彦「豊田市における女性の市民活動参加」『東海社会学会年報』4号（2012）を全面的に改訂したもの。

補章　書き下ろし

7章　丹辺宣彦「産業都市における市民団体の活動空間とネットワーク」『名古屋大学社会学論集』33号（2013）を全面的に改訂したもの

8章・9章・10章・11章・12章・13章　書き下ろし

14章　岡村徹也「グローバル企業の人材獲得と育成に関する一考察——トヨタ工業学園高等部の人材育成・教育プログラムをめぐって——」『フォーラム現代社会学』12号（2013）を部分的に改訂したもの

終章　書き下ろし

執筆者一覧

（50音順）

大谷 かがり（おおたに かがり）中部大学生命健康科学部・助教 13章

岡村 徹也（おかむら てつや）中京大学非常勤講師／中日新聞社 編者・2章・10章・14章・終章

木田 勇輔（きだ ゆうすけ）大同大学非常勤講師他 8章

新城 優子（しんじょう ゆうこ）中京大学非常勤講師他 6章

菅原 純子（すがわら じゅんこ）元とよた市民活動センターNPO相談員 8章

谷口 功（たにぐち いさお）椙山女学園大学人間関係学部・准教授 3章

鄭 南（てい なん）吉林大学哲学社会学院（中国）・講師 5章

土井 佳彦（どい よしひこ）NPO法人多文化共生リソースセンター東海・代表／元とよた日本語学習支援システム・システムコーディネーター 12章

中村 麻理（なかむら まり）名古屋文理大学健康生活学部・准教授 11章

中根 多惠（なかね たえ）名古屋大学大学院環境学研究科研究員 7章・9章

丹辺 宣彦（にべ のぶひこ）名古屋大学大学院環境学研究科（文学部）・教授 編者・序章・1章・3章・4章・5章・6章・補章・7章・終章

山口 博史（やまぐち ひろし）名古屋大学国際教育交流本部国際教育交流センター・特任講師 編者・7章・12章・終章

米勢 治子（よねせ はるこ）NPO法人保見ヶ丘国際交流センター・理事 12章

索　引

【さ行】

【た行】

【な行】

【は行】

【ま行】

【や行】

【ら・わ行】

豊田とトヨタ——産業グローバル化先進地域の現在

2014 年 10 月 10 日　　初　版第 1 刷発行　　〔検印省略〕

定価はカバーに表示してあります。

丹辺宣彦
岡村徹也
編著者©　山口博史　　発行者　下田勝司　　印刷・製本／中央精版印刷株式会社

東京都文京区向丘 1-20-6　　郵便振替 00110-6-37828

〒 113-0023　TEL (03) 3818-5521　FAX (03) 3818-5514

発行所
株式会社 東信堂

Published by TOSHINDO PUBLISHING CO., LTD.
1-20-6, Mukougaoka, Bunkyo-ku, Tokyo, 113-0023, Japan
E-mail : tk203444@fsinet.or.jp　http://www.toshindo-pub.com

ISBN978-4-7989-1234-9 C3036

東信堂

豊田とトヨタ—産業グローバル化先進地域の現在	丹辺宣彦・岡村徹也・山口博史 編著	四六〇〇円
社会階層と集団形成の変容—集合行為と「物象化」のメカニズム	丹辺宣彦	六五〇〇円
日本コミュニティ政策の検証—自治体内分権と地域自治へ向けて	山崎仁朗編著	四六〇〇円
現代日本の地域分化—センサス等の市町村別集計に見る地域変動のダイナミックス	蓮見音彦	三八〇〇円
地域社会研究と社会学者群像—社会学としての闘争論の伝統	橋本和孝	五九〇〇円
「むつ小川原開発・核燃料サイクル施設問題」研究資料集	舩橋晴俊・金山行孝・茅野恒秀 編著	一八〇〇〇円
組織の存立構造論と両義性論—社会学理論の重層的探究	舩橋晴俊	二五〇〇円
新版 新潟水俣病問題—加害と被害の社会学	飯島伸子・舩橋晴俊 編	三八〇〇円
新潟水俣病をめぐる制度・表象・地域	関礼子	五六〇〇円
新潟水俣病問題の受容と克服	堀田恭子	四八〇〇円
公害被害放置の社会学—イタイイタイ病・カドミウム問題の歴史と現在	飯島伸子・渡辺伸一・藤川賢 編	三六〇〇円
階級・ジェンダー・再生産—現代資本主義社会の存続メカニズム	橋本健二	三二〇〇円
市民力による知の創造と発展—身近な環境に関する市民研究の持続的展開	萩原なつ子	三二〇〇円
自立支援の実践知—阪神・淡路大震災と共同・市民社会	似田貝香門編	三八〇〇円
〔改訂版〕ボランティア活動の論理—ボランタリズムとサブシステンス	西山志保	三六〇〇円
自立と支援の社会学—阪神大震災とボランティア	佐藤恵	三二〇〇円
個人化する社会と行政の変容—情報、コミュニケーションによるガバナンスの展開	藤谷忠昭	三八〇〇円
〈大転換期と教育社会構造：地域社会変革の社会論的考察〉		
第1巻 教育社会史—日本とイタリアと	小林甫	七八〇〇円
第2巻 現代的教養Ⅰ—生活者生涯学習の地域的展開	小林甫	六八〇〇円
第2巻 現代的教養Ⅱ—技術者生涯学習の生成と展望	小林甫	六八〇〇円
第3巻 学習力変革—地域自治と社会構築	小林甫	近刊
第4巻 社会共生力—東アジアと成人学習	小林甫	近刊

〒113-0023 東京都文京区向丘 1-20-6　TEL 03-3818-5521　FAX03-3818-5514　振替 00110-6-37828
Email tk203444@fsinet.or.jp　URL:http://www.toshindo-pub.com/

※定価：表示価格（本体）＋税